U0487340

陇中文化研究丛书

# 陇中文化研究

（第二辑）

主编：连振波

西南交通大学出版社
·成都·

图书在版编目（CIP）数据

陇中文化研究. 第二辑 / 连振波主编. —成都：
西南交通大学出版社，2018.3
（陇中文化研究丛书）
ISBN 978-7-5643-6049-8

Ⅰ. ①陇… Ⅱ. ①连… Ⅲ. ①文化史 – 研究 – 甘肃
Ⅳ. ①K294.2

中国版本图书馆 CIP 数据核字（2018）第 023966 号

陇中文化研究丛书
Longzhong Wenhua Yanjiu
陇中文化研究
（第二辑）
主编　连振波

| 责 任 编 辑 | 吴　迪 |
|---|---|
| 助 理 编 辑 | 罗俊亮 |
| 封 面 设 计 | 严春艳 |
| | 西南交通大学出版社 |
| 出 版 发 行 | （四川省成都市二环路北一段 111 号 |
| | 西南交通大学创新大厦 21 楼） |
| 发行部电话 | 028-87600564　028-87600533 |
| 邮 政 编 码 | 610031 |
| 网　　　址 | http://www.xnjdcbs.com |
| 印　　　刷 | 四川森林印务有限责任公司 |
| 成 品 尺 寸 | 170 mm×230 mm |
| 印　　　张 | 20 |
| 字　　　数 | 356 千 |
| 版　　　次 | 2018 年 3 月第 1 版 |
| 印　　　次 | 2018 年 3 月第 1 次 |
| 书　　　号 | ISBN 978-7-5643-6049-8 |
| 定　　　价 | 78.00 元 |

图书如有印装质量问题　本社负责退换
版权所有　盗版必究　举报电话：028-87600562

# 《陇中文化研究》
## （第二辑）

### 编委会

主　任：贾国江

委　员：（按姓氏笔画排列）

　　　　石善儒　李富强　李政荣　连振波

　　　　何启明　汪海峰　杨　齐　罗卫国

　　　　贾国江　常　彦　梁发祥　谢春丽

主　编：连振波

副主编：汪海峰　杨　齐　谢春丽

# 前言 ‖ PREFACE

渭水、洮河流经陇中，秦长城横亘腹地，形成了灿烂的"两河一路"文化圈。这里是悠久古朴的华夏文明在黄土高原文明的发源地，是传承创新和发展流变的核心地带。陇中以其重要的地理坐标，绾毂秦陇，兼控巴蜀，是丝绸之路上的一颗耀眼明珠。这里人文荟萃，民族融合，是一块华夏文明整合发展的福地。历朝历代，许多民族以各自独特的生活方式，形成了各种观念、习俗、宗教、艺术，但又无一不在民族大融合的伟大进程中，成为华夏文化的一脉，陇中文化就是一种广义的文化集合。它们在政治、经济、文化等方面有明显的特殊性，在创造自己历史的同时，形成了地域特色和民族风情。这里有马家窑文化的悠远深邃，有李氏文化的博大精深，有秦嘉、徐淑爱情与诗文的凄美浪漫，有洮岷花儿的鲜活生动，有古堡长城的旷远苍凉，有渭水源头清圣故里的淳朴善良。

六千多年前，马家窑文化无疑创造了华夏文明的最高成就。1923 年，瑞典人安特生揭开马家窑文化的神秘面纱，这个默默无闻甚至被时人认为"苦甲天下"的地方，原来是人类文明最重要的发祥地之一。若以马家窑为圆心，两百公里为半径，则在这个圆面上，国家级的史前文化遗址，如大地湾文化遗址、石岭下文化遗址、牛门洞文化遗址、马家窑文化遗址、寺洼文化遗址、半山文化遗址、马厂文化遗址等均在其中，这在世界文化文明史上，也是非常罕有的。我们从大地湾文化、石岭下文化、马家窑文化遗址出土的彩陶、玉器等可以看出，其图案、器形不仅具有高超的审美功能，更是古人类在祭祀、礼葬时，表达哲学思想和巫医观念的精神载体，其蕴含的巫易数理思想和价值取向，与华夏文明"生生为易"的传统是相一致的。然而，当下对陇中史前文化的研究，还主要集中在文物鉴定、考古发掘等方面，而以哲学、文化学、社会学、历史学的视角进行的综合研究，尚处在初期阶段，需要国内外学者进一步发掘其文化内涵与历史意义。本辑中《"窜三苗于三危"新辨》是把考古、文物和社会历史相结合研究的一篇文章，其研究方法借鉴俞伟超先生把考古发掘同古史传说结合起来研究的方法，是一个比较有益的尝试。

陇中文学发展，一直走在时代前列。两汉时期，秦嘉、徐淑的文人五言爱情赠答诗的创作，开拓了一个时代的文学主题。唐传奇小说，如"陇西三李"的创作，与唐诗共领时代风骚，《柳毅传》《南柯太守传》等成为经久不衰的文学经典，极大地丰富了陇中文学。明清以来，陇中诗人林立，文风鼎盛，成果众多。段坚、周蕙等引洛学入关学，与关学大师薛敬之、吕楠等亦师亦友，形成了关陇理学的基本脉络。这对胡缵宗、张晋、吴镇、巩建丰等的创作，有较大的影响，形成了陇中文学直抒胸臆的基调。晚清受到甘陕分闱的影响，甘肃的文化教育得到了全面的发展。甘肃最优秀的知识分子吴柳堂、牛树梅、安维峻等，致力于经学、理学和实业，是陇文化的再一次复兴。辛亥革命后，陇中知识分子，如陇西的阎士麟、定西（现为榆中）的水梓、通渭的牛士颖等，宣传新文化运动，在日本创办《新陇报》，直接促进了陇中文学的现代化。因此，陇中文学的研究，一直是国内学者关注的重要领域，也取得了较多的成果。2012年，定西师专陇中文学研究团队成功申报国家哲学社会科学项目"陇中文学研究"，早期成果已经初步显现。本辑中汪海峰副教授的《宋金元时期的陇中文学综述》，李富强副教授的《唐代陇中传奇作家李朝威及其作品述评》、贾伟的《清末民初陇中诗文创作述略》、谢春丽的《80年代后期陇中小说创作述略》都是这个课题研究的重要成果。关于对陇中文学的研究，其理论高度、研究视角，其广度和深度也在日益拓展。

越是民族的，便越是世界的。陇中的民俗研究、非遗研究一直受到国内外学者的重视。陇中民俗文化的原生态和地域性特点，可以说独树一帜。陇中非物质文化遗产保存的原创性和大众性比较好。大致可分为陇中民俗建筑、陇中习俗文化、饮食文化、民间剪纸绘画、民间曲艺、民间信仰等。许多留存在民间民俗文化中的艺术，蕴含着古代人民的生活习惯和思想价值取向，经过一代又一代薪火相传，形成了具有明显地域特色的文化现象。如著名的洮岷花儿，是陇中地域民俗文化的代表，它是远古羌狄文化的遗存，也是陇中语言的"活化石"，也是第一批确定为国家级非物质文化遗产名录的项目，被联合国教科文组织给予了极大重视，岷县被确定为"联合国教科文组织民歌考察采录基地"。另外，如定西榫卯木制手工制作技艺、岷县湫神祭祀、羊皮扇鼓舞；通渭地方丧葬仪式与春叶遮面、民间彩绘；漳县皮活制作技艺、井盐手工熬制技艺等，都是劳动人民在漫长的岁月里创造的文化瑰宝。本辑中重点介绍的甘肃中医药大学定西校区常彦教授负责的国家非遗及民俗研究团队的研究成果，其研究方法新颖，学术视野开阔，田野调查翔实，用第一手材料支撑了其学术论点，具有原创性和现实性，这对促进陇中民俗文化研究有重要意义。

当然，古老的陇中作为一个全新的学术研究领域，已经引起了国内学者的高度重视。《陇中文化研究》（辑刊）是展示这些研究成果的学术平台，受到了国内一些学者的支持。西北大学郝润华教授的论文《诗书传家——清代定西文化家族及其著述》、集美大学张克锋教授的文章《师古创新——刘小农书法、篆刻的个性意识》等，都关注到了陇中地方文化的重要领域，对富有家族文化传统，寓诗书画为一体的文人文化传统，有进一步深入的挖掘和了解。这对陇中文化的研究起到了带领和促进作用。但是，上述所有研究，与陇中古老的文化研究的价值、需要还相差甚远，与定西市建设"文化大市"的要求相差甚远。陇中文化研究的许多领域还是未开垦的处女地，需要更多的学者倾其毕生精力，去发掘，去研究，去领悟。基于此，在本辑《陇中文化研究》出版之际，愿与有志于陇中文化研究的学者共勉！是为序。

连振波于甘肃中医药大学定西校区陇中文化研究所
2017 年 12 月 28 日

# 目录 ‖ CONTENTS

## 文学综合研究

宋金元时期的陇中文学综述 ……………………………………汪海峰/2

唐代陇中传奇作家李朝威及其作品述评 …………………………李富强/15

许珌生平与文学述论 ……………………………………………郑珊珊/26

许铁堂心系明室散议 ……………………………………………郭建民/35

吴镇若干生平事迹丛考 ……………………………………………杨 齐/39

吴镇诗歌中的女性形象分析 ……………………………曹艳华 杨 齐/45

清末民初陇中诗文创作述略 ………………………………………贾 伟/53

80年代后期陇中小说创作述略 …………………………………谢春丽/63

## 特色文化研究

"窜三苗于三危"新辨 ……………………………………………连振波/80

诗书传家——清代定西文化家族及其著述 ………………………郝润华/95

性灵说影响下的清中期诗学思潮转向

——以吴镇诗学观为中心 ……………………………杨 齐 曹艳华/110

师古创新

——刘小农书法、篆刻的个性意识 ……………………………张克锋/122

游子心 征夫泪

——《采薇》赏析 ………………………………………………常平福/128

花间词大家——陇中词人牛峤的情语 ··················· 任俊华/132

"仁""礼"之境
——先秦儒家的治道指向及理论困境 ··················· 王宏强/138

## 牛树梅研究

巴蜀名臣　关西汉儒
——牛树梅雪樵生平综述 ··················· 连振波/162

牛树梅《省斋全集》（同治本）诗歌文本错讹考辨 ··················· 李政荣/172

忠臣孝子一等人　读书耕田两件事
——清代通渭乡儒牛作麟先生简评 ··················· 苏建军　王晓燕/176

## 陇中民俗研究

陇中小戏《张连卖布》蕴含民俗事象撷要 ··················· 梁发祥/184

论身体仪式性表演与民族传统体育非物质文化遗产
——以甘肃临洮县"师公跳神"仪式为例 ··················· 张学军　何亚丽/217

## 县域文化研究

甘肃通渭话中的古词语例释 ··················· 苏建军/230

秦嘉、徐淑生平著作考 ··················· 温虎林/236

通渭书画产业化发展研究 ··················· 张怀德/241

清代通渭四大书院及其教育影响 ··················· 李璧强　连振波/256

## 陇中当代文学研究

论王守义小说中的"敬畏生命"思想 ··················· 谢春丽/264

民国时期陇中文学生态论略 ············································ 贾　伟/271

从生态主义视角解读夏羊的《"水土保持"诗抄》····················· 司娅英/278

## 国家非遗研究

关于"岷县青苗会"几个问题的思考 ·································· 常　彦/284

试论"花儿"的称谓、起源与发展 ···································· 吉文莉/288

民俗文化空间保护的可持续性策略初探
　——以甘肃岷县锁龙乡月露滩青苗会的可持续发展为例 ············· 闫　晶/300

浅析"岷县青苗会"的文化功能 ······································ 宋　梵/305

# 文学综合研究

| | |
|---|---|
| 宋金元时期的陇中文学综述 | 汪海峰/2 |
| 唐代陇中传奇作家李朝威及其作品述评 | 李富强/15 |
| 许珌生平与文学述论 | 郑珊珊/26 |
| 许铁堂心系明室散议 | 郭建民/35 |
| 吴镇若干生平事迹丛考 | 杨 齐/39 |
| 吴镇诗歌中的女性形象分析 | 曹艳华 杨 齐/45 |
| 清末民初陇中诗文创作述略 | 贾 伟/53 |
| 80年代后期陇中小说创作述略 | 谢春丽/63 |

# 宋金元时期的陇中文学综述[①]

## 汪海峰[②]

（甘肃中医药大学定西校区 人文教学部）

【摘　要】陇中在宋金元时期就是民族战争拉锯的战场，也是各民族大融合的重要地域。尽管战争促进了民族的融合，但文学的发展却因此受到了影响。纵观宋金元五百余年，陇中很少有在全国产生重大影响的文人大家，这一地区的著作，除了张炎词作外，也只有邓千江、刘锜的传世孤篇。虽然传统意义上的诗文缺如，但这一时期却有许多重要的碑刻、碑文保存了下来，这些记人叙事的碑文，也是陇中文学的重要内容。尤其是与巩昌汪氏相关的碑文、诗文，更有其特殊的历史文化意义。陇中洮河流域出产的洮砚是中国四大名砚之一，在宋金元时期有许多全国著名的文学大家因之激情流溢，写下了不胜枚举的诗文。

【关键词】陇中；巩昌；定西；文学；宋金元

　　陇中的概念，最早是清末左宗棠提出来的。1876年他给光绪皇帝的奏章中，有"陇中苦瘠甲于天下"之说。现在我们说的陇中，其实不是行政区划，而是一个地域文化概念。其主要地理区域在陇山以西，秦岭以北，黄河以南，属于典型的黄土高原地貌。陇中以现定西市六县一区即安定、陇西、临洮、通渭、渭源、漳县、岷县为中心，包括周边的榆中、会宁、靖远、武山、甘谷、秦安、静宁等县。这些县域在地理、文化、民俗等方面有许多共性，属于同一个文化板块。

　　陇中在宋金元时期就是民族战争拉锯的战场，也是各民族大融合的重要地域。虽然战争促进了民族的融合，但文学的发展却因此受到了影响。纵观宋金元五百

---

[①] 基金项目：2012年国家社会科学基金项目"陇中文学研究"（项目号：12XZW008）成果之一。
[②] 作者简介：汪海峰（1958—），男，甘肃陇西人，甘肃中医药大学定西校区人文教学部副教授、图书馆馆长。研究方向：陇中文化。

余年，陇中很少有在全国产生重大影响的文人大家，这一地区的著作，除了张炎词作外，也只有邓千江、刘锜的传世孤篇。虽然传统意义上的诗文缺如，但这一时期却有许多重要的碑刻、碑文保存了下来，这些记人叙事的碑文，也构成了陇中文学的重要部分。尤其是与巩昌汪氏相关的碑文、诗文，更有其特殊的历史文化意义。陇中洮河流域出产的洮砚是中国四大名砚之一，在这一时期有许多全国著名的文学大家因之激情流溢，写下了不胜枚举的诗文。以上就是宋金元时期陇中文学的概况，本文试从这个范畴列举综述。

# 一、宋金元时期陇中词人及其作品

陇是甘肃的简称之一，因为在历史上有过著名的陇西郡，所以陇也代表着陇山以西的甘肃省辖境。在中国文学言语中，与陇相关的词汇，具有苍凉悲壮之感，是有特定感情色彩、地域蕴含的意象性词汇。汉唐盛世，曾有很多陇中文人创作了许多伟大作品，不时领时代风气之先。但自安史之乱后陇中陷入吐蕃以来，随着此起彼伏的宋、夏、吐蕃、金、蒙之间的战争，随着丝绸之路的萧条，中原文化也日益远离陇中，陇中成了"苦瘠甲于天下"的贫困落后地区。因此整个宋金元时期陇中文学的发展日趋衰落，作家作品寥寥无几。

在陇中文学整体衰落的前提下，南宋陇中成纪人张炎作为宋词的最后作者，给中国文坛留下了大量词作。金代的邓千江写了一首被推为"金人乐府第一"（杨慎《词品》）的千古绝唱《望海潮》，也算是这一时段陇中文学整体黯淡无光中的亮色。虽有张炎、邓千江的出现，标志着陇中文学仍有一定成就，但从整体高度和地域特色而言，陇中文学已日益远离全国主流文坛。这一时段，除了张炎、邓千江，还有南宋陇中静宁人刘锜有一首《鹧鸪天》传世。此外，因资料缺如，即使当时有文人进行了创作，也无可搜罗了。

（一）南宋格律派词人张炎

张炎（1248—1320），字叔夏，号玉田，又号乐笑翁，循王张俊六世孙，祖籍陇中成纪，寓居临安。他是南宋最后一位著名的格律派词人。著有《词源》《山中白云词》，存词约三百首。文学史上把他和另一著名词人姜夔并称为"姜张"。他与宋末著名词人蒋捷、王沂孙、周密并称"宋末四大家"。

张炎作为南宋遗民，他的词作苍凉哀痛，述说家国之伤，黍离之悲，代表着宋末元初的时代之声。他的作品长于咏物，以清空之笔写个人哀怨，时代印记鲜明。主要代表作品有《南浦》《高阳台》《月下笛》《解连环》《甘州》等。

月下笛

孤游万竹山中，闲门落叶，愁思黯然，因动《黍离》之感。时寓甬东积翠山舍。

万里孤云，清游渐远，故人何处。寒窗梦里，犹记经行旧时路。连昌约略无多柳，第一是难听夜雨。漫惊回凄悄，相看烛影，拥衾谁语。

张绪，归何暮。半零落依依，断桥鸥鹭。天涯倦旅，此时心事良苦。只愁重洒西州泪，问杜曲人家在否。恐翠袖正天寒，犹倚梅花那树。

《月下笛》是"遗民"张炎艺术风格的代表作。此时南宋已亡，张炎流寓甬东一带，"孤游万竹山中""因动《黍离》之感"。运用含蓄曲折的手法，反映其家国之恨。整首词的悲凉凄楚，含蓄深厚，代表了张炎当时的心态。

## （二）邓千江及其他陇中词人

邓千江（生卒年不详），陇中临洮人，金代初年士子。金初张中孚镇西边时，邓千江献了一首《望海潮》，此词遂誉满天下，奠定了他在金代词坛上的地位，其词也仅存《望海潮》一首。明人杨慎《词品》卷五谓"金人乐府称邓千江《望海潮》为第一"。元好问编《中州乐府》收录此词，小题"上兰州守"，注"一作献张六太尉。"张六太尉即张中孚[1]，天眷初，为陕西诸路节制使知京兆府，亦可称陕西六路节制使，太尉是对武官大员的尊称。

望海潮·献张六太尉

云雷天堑，金汤地险，名藩自古皋兰。营屯绣错，山形米聚，襟喉百二秦关。鏖战血犹殷。见阵云冷落，时有雕盘。静塞楼头晓月，依旧玉弓弯。

看看，定远西还。有元戎闻命，上将斋坛。瓯脱昼空，兜鍪夕解，甘泉又报平安。吹笛虎牙闲。且宴陪珠履，歌按云鬟。招取英灵毅魄，长绕贺兰山。

这首词强调了名城皋兰在金和西夏对垒背景之下的重要位置，描写了战斗的激烈、战场的苍茫，歌颂了边关将士为国立功的豪情壮志，境界苍凉辽远，格调沉雄悲壮。张中孚《蓦山溪》一词有"山河百二，自古关中好"之句，与此词"襟喉百二秦关"同用一典，都形容西部地势险要。邓千江以孤篇名世，被后人排在"宋金十大名曲"的行列，在我国古代文学的历史长河中，占有重要位置。游国恩等也认为邓千江的《望海潮》"风格豪迈雄壮""颇能代表金词的成就"[2]。此词堪称我国古典诗词中的精品，历来对其评价是非常之高的。

除了邓千江的《望海潮》之外，还能提及的就是刘铸的《鹧鸪天》。

刘锜（1098—1162），字信叔，宋代德顺军（治今静宁县）人，南宋抗金名将。刘锜也留下了一首词作：

鹧鸪天

竹引牵牛花满街，疏篱茅舍月光筛。琉璃盏内茅柴酒，白玉盘中簇豆梅。
休懊恼，且开怀，平生赢得笑颜开。三千里地无知己，十万军中挂印来。

此词写英雄失意，报国无门，吴钩闲置，处境索寞。词应作于刘锜被主和派排挤、知荆南府之时。词的上片描写闲居之时村舍环境优美、生活安适，由此安慰自己"休懊恼，且开怀"；下片抒怀，写自己最终不能忘情金戈铁马，以昔衬今，以闲逸生活的无奈抒写理想受阻的苍凉，悲寂之情用安逸之笔写出，含蓄隽永，耐人寻味。

## 二、宋金元时期陇中碑志文学

所谓碑志文，是对刻在石碑上的各种文辞的总称。碑志文是中国古老的文体之一，历代文人均有涉猎，像庾信、韩愈、柳宗元、苏轼、欧阳修、陆游等人就写过许多碑志文。碑志文作为一种重要的志墓文体在历史上曾经被广泛地运用。传统的碑志研究一直属于金石学的范畴，研究的思路大多以证"史"为主，对于碑志文学特性的探讨则相对较少。[3]文学性散文样式的确立与完善，是碑志文体真正成熟的表现。唐宋大家的创作，最大限度地激发了这一文体的活力，成就空前绝后。[4]

宋金元时期，陇中文学整体较为暗淡，但留存在陇中或与陇中人物相关的碑刻众多，这些碑刻铭文不仅是陇中历史的真实反映，也是陇中文学的生动体现，具有很高的文献和文学价值。陇中地区由最早的陇西郡到金、元、明、清时期的巩昌府、临洮府，一直是甘肃乃至西北重要的政治经济文化中心，清代才逐渐将这一中心移到兰州。时代的变迁，政权的更迭，这些在碑志文中都有真实地反映。记人叙事的碑志文也不乏生动的描述，碑志文中的纪实散文，不但充实了宋金元时期陇中文学的内容，在中国文化史上也占有重要的地位。陇中碑志文篇目浩繁，以下仅举几例以窥端倪。

### （一）宋岷州广仁禅院碑

唐"安史之乱"后，陇中陷入吐蕃，直到北宋熙宁年间，在宰相王安石的支持下，王韶熙河开边，收复陇中部分地域，算起来有300年左右的岁月里，陇中不在中原文化控制范畴。宋神宗元丰年间，宋王朝曾在岷州（今岷县）修建一禅院，赐名广仁禅院，并立碑刻文记其事，这就是"岷州广仁禅院碑"。广仁禅院建于种谔知岷州期间，此碑文记叙熙宁、元丰年间，宋朝开拓熙河，收回岷州后，修建佛寺之事。对于吐蕃部落的出家制度、坐禅方式等都有较详细的描述。"其诵贝叶傍行之书，虽侏离鴃舌之不可辨，然其音琅然如千丈之水赴壑而不知止"。该碑文运用比喻的手法，将西北吐蕃诵经方式描绘得形象生动，反映出这一地区历史上藏传佛教的特色。文中运用大量排比句，写岷县在宋代的山川形胜、今昔对比，历历如在目前。文中海渊即是当时吐蕃高僧，也是宋代在岷州进行民族融合的重要人物。总之，该碑文不仅反映了宋朝对吐蕃的民族政策，蕴有珍贵的藏传佛教资料，具有很高的史料价值，而且在文学上也颇具民族与地方特色，是宋朝开拓西北的历史见证。

新修岷州广仁禅院记（节录）

　　王师既开西疆，郡县皆复，名山大川，悉在封内。惟是人物之未阜，思所以繁庶之理；风俗之未复，求所以变革之道。诗书礼乐之外，盖有佛氏之道大焉，乃敕数州皆建佛寺，岷州之寺曰"广仁禅院"。

　　岷州，故和政郡。通吐谷浑青海塞，南直白马氏之地，大山重复以环绕，洮水荡橘于其中，山川之胜，可以言天下之壮伟。前日之颓垣废垒，今雉堞楼橹以卫之；前日之板屋聚落，今栋宇衢巷以列之，又得佛宫塔庙以壮其城邑，凡言阜人物，变风俗者，信无以过此也。

　　西羌之俗，自知佛教，每计其部人之多寡，推择其可奉佛者使为之，其诵贝叶傍行之书，虽侏离鴃舌之不可辨，然其音琅然如千丈之水赴壑而不知止。又有秋冬间聚粮不出，安坐于庐室之中，曰坐禅，是其心岂无精粹识理者，但世莫知之耳。

　　元丰初，予以市国马数至其郡，见海渊首其事，其后继之，则见其功之半；今年遂自来，告其功毕，请予记其终始。予谓海渊既能信其众，又能必其成，复能知其终，必以示后皆非苟且者，乃为书之。

　　这篇碑文由北宋名家王钦臣撰写。王钦臣是北宋藏书家，领国家藏书、校书之职。[5]宋朝之所以如此热衷于在新占领区建立佛寺，是因为佛寺及其僧侣具有巨大的教化威力，具体有两点：一是迎合并拉拢蛮人之心。吐蕃俗"尊释氏"而"重僧"，宋朝为之修建宏伟壮丽的佛寺，并请高僧主其事，这无疑会大大地拉近宋朝与吐蕃民众的心。高僧海渊来到岷州后，"老幼争趋，或以车致，或以马驮，健者则扶持而至，人大归信"，佛寺及其僧侣征服了武力所无法征服的蛮人之心。二是变革风俗。变革风俗本质上是一种文化同化，变革吐蕃风俗，纯粹中土式的"诗书礼乐"是不可能被接受的，因此，"求所以变革之道""诗书礼乐之外，盖有佛氏之道大焉"。[6]

## （二）宋故赠检校少保王德神道碑

王德（？—1155），字子华，宋通远军熟羊砦（今陇西县）人。他戎马倥偬，南征北战，与金兵鏖战近30年，坚守着南宋王朝的东部防线，战功卓著，成为彪炳史册的抗金英雄。由于他战无不胜，金兵闻风丧胆，称王德为"王夜叉"。王德一生，战功卓著，诚如傅雱在碑文中的评价："战必胜，攻必取，国士无双，诚类乎韩淮阴。求其忠劲特立，抗志不回，过信远甚。"绍兴二十五年（1155），王德在南京逝世，葬于今南京市栖霞区燕子矶镇下庙村伏家桥。王德以战功拜清远军节度使、侍卫亲军马军都虞候、充荆湖北路马步军副都总管、荆南驻扎、陇西郡开国公，赠检校少保，谥威定。墓前石碑刻王德生平事迹，为知韶州军州事傅雱所撰，共5千多字，铭文如此之长的碑刻在全国也是非常少见的。陇西县首阳镇也有王德将军衣冠冢。《宋史》立有《王德传》，《中国大百科全书·军事卷·中国历代著名军事人物》立有王德条目。

碑文描述王德体貌性格："公讳德，字子华，代为熙河着姓，占籍巩州。公体貌雄伟，少有大志，慷慨喜任侠，不拘细节。世保赐田籍，习骑射，射必命中。居西陲，距房不远，故房畏之，莫敢犯塞。"寥寥数语，就写出他体格魁梧，性格豪放，武艺高强。他从小生活在战火纷飞的西部边陲，常习骑射，素有报国鸿志。

"燕云之役，诏天下武勇，公求用于熙帅姚公古。时古提军与宣抚折公彦质遇怀、泽间，患谍者多诈，遂遣公往，尽得房情，斩房酋一人，持其首还，以功补初等官。古复命公俘生口，将亲诘之。公引十六骑疾驰入上党，手擒伪守姚太师以归。"作者描写王德在收复燕云十六州战役的大背景下投军从戎，实现其报国衷心，初战即不同凡响。既斩房酋，又率领十六骑敢死队突入上党，亲手擒获伪守姚太师，出入万军丛中如入无人之境。其过程细节肯定是惊心动魄的，王德的神勇于此可见一斑，作者择其要述之，以朴实笔法塑造其生动的形象，符合碑文叙事简略的特点。

绍兴十一年，兀术帅九万精兵南下侵宋，取东路而进。东部战场为张俊（循王）、杨沂中、刘锜和韩世忠等人驻守。此时，王德是张俊手下都统制。此次战役，因张俊指挥有误，致使宋军先胜后亏。但在战斗中，王德的神勇再次凸显。"十一年春，金人率步骑大入淮泗，江东震动，咸请分兵守江。公曰：'敌远来趋战，强弩末势，当其未定，济师急击，以折其气。若弃淮守江，则唇亡齿寒矣！'遂率所部涉采石，循王督军踵之。至中流，众闻贼盛，莫敢前。公首登岸，约循王明旦会食历阳。循王宿江中，公夜袭历阳，拔之。晨迎循王，悉如公料。又败北军于万岁岭，乘胜克昭关，追至柘皋。酋帅兀术率铁骑十余万，分两隅夹道而陈。公谓诸帅曰：'贼右隅皆劲骑，吾先为破之，遏其奔冲，然后诸军奋击之。'公麾军渡桥，贾勇先登，薄其右隅，贼陈动。一酋被铠跃马，指画部队，公引弓一发，酋应弦堕马，叱左右斩其首还。公大呼驰击，贯贼阵。诸军鼓噪乘之，贼大败，辎械被野，俘斩万数，遂复合肥。"料敌如神，指挥有方，不畏强敌，奋勇当先，这就是王德的真实写照。尤其是柘皋战役宋军的大获全胜，王德功不可没。作者傅雱对王德的描述，既符合历史事实，又突出了王德的英雄气概，是碑志文学的典范。

### （三）元代巩昌汪氏相关碑刻

汪世显家族是一个历金、元、明、清四代，鼎盛于元代，且在元代政治、军事、社会各方面都有重大影响的家族。巩昌汪氏作为西北的望族，除了对国家统一的贡献之外，对以陇中巩昌为中心的广大地域的民族团结、经济文化发展也做出了不可磨灭的贡献，对西部地区的安定起到了举足轻重的作用，因而受到上至朝廷下至百姓的尊重和拥戴。

汪世显、汪德臣、汪惟正三王的神道碑文均出自当时一流的文章大家之手。汪氏三王神道碑碑文留存了下来，但石碑现仅存"总帅贞肃公汪惟正神道碑"，此碑原在甘肃省陇西县教师进修学校院内，后移置陇西仁寿山碑林。

下面着重以金蒙之际文学家、河南路廉访监榷征收课税所长官杨奂撰写的"总帅义武公汪世显神道碑"碑文以及汪氏门人冉南翔所撰"万卷楼记"碑文为例，来研究汪氏碑刻的历史和文学价值。

汪世显（1195—1243），字仲明。巩昌盐川（今甘肃漳县）人。"王名世显，字仲明，巩昌人。仕金以战功擢千夫长，累迁巩昌府便宜总帅。金亡逾年，始属国朝，职仍旧，赐金虎符，伐蜀有功。癸卯岁卒，年四十九。"汪世显本是金朝旧臣，屡立战功，官至镇远军节度使、巩昌便宜总帅。直至金朝灭亡之后，郡县风靡，汪世显依然率部坚守。面对元蒙军队的反复进攻，汪世显告诉大家："宗祀已失，吾何爱一死，千万人之命悬于吾手，平居享高爵厚禄，死其分也。余者奚罪？与其自经于沟渎姑殉一时之节，孰若屈己以纾斯人之祸乎？"作者杨奂的这一段语言描写，说明汪世显在封建时代"臣节"的矛盾中做出降元的决定，一方面是因为金已亡，无所归依，一方面是为了保全阆城军民。汪世显降蒙元，舍弃自己的名节，保全数十万人生命，使陇右地区避免了一场更大的浩劫。而会州（今甘肃会宁）守军将领郭虾蟆顽固抵抗以致屠城，百姓遭殃，相比之下汪世显的选择是顺应天下之变的明智之举。降元之后，因功高被封陇右王，不能不说汪世显是很有政治眼光的。"会皇子顿兵城下，率僚佐耆老持牛羊酒币迎谒焉。皇子曰：'吾征讨有年，所至皆下，汝独固宁，何也？''有君在上，卖国市恩之人谅所不取。'皇于大悦，敕其下，丝发无所犯，盖乙未冬十月四日也。但诣随行帐，宠之以章服，职仍故云云。"1234 年金朝灭亡，郡县望风款附，世显独守城，1235 年皇子阔端驻兵城下，始率众降。皇子曰："吾征四方，所至皆下，汝独固守，何也？"对曰："臣不敢背主失节耳。"又问曰："金亡已久，汝不降，果为谁耶？"对曰："大军迭至，莫知适从，惟殿下仁武不杀，窃意必能保全阆城军民，是以降也。"皇子大悦，承制锡世显章服，官从其旧。（《元史·汪世显传》）归降元蒙之后，即从蒙古军南下攻宋，断嘉陵江路，捣大安军，入武信。元太宗窝阔台于十年（1238），进军葭萌，取资州、嘉定、峨眉。十一年（1239），从都元帅塔海绀卜略地东川，破开州。十二年（1240），攻重庆。十三年（1241），从阔端攻成都，杀宋蜀帅陈隆之。汪世显南征北战，身先士卒，屡立战功，为元朝的统一做出了巨大贡献，但不幸于四十九岁时疾作而亡。"癸卯春，公且疾，忽被召，即戒途。既见，赐虎符，擢便宜都总帅。手札付秦、巩、定西、金、兰、洮、会、环、陇、庆阳、平凉、德顺、镇戎、原、阶、成、岷、叠、西和二十余州事，无巨细，惟公裁决。"元初于巩昌府（治今陇西县）设置巩昌路便宜都总帅府，作为元代西北地区军政官府，辖地包括今甘肃省大部分地区。这也说明巩昌汪氏作为军功世家对稳定西北局势的重要性，以及朝廷对巩昌汪氏的信任与重视。

碑文最后，杨奂用富有感情、叙议结合、整散相间的笔调对汪世显的一生作了高度评价："喜儒术，闻介然之善，应接无少倦。羁人寒士，解衣推食。生馆死殡，各得其所。……士卒必同甘苦，如父兄之于子弟。然临阵整肃，无敢干者。……燕居逸游，若不胜衣。遇敌先登，刘旗斩将，勇冠三军。虽古之名将无以加矣。"

此碑原在甘肃省陇西县城，今已不存。元代文学家、江南行台监察御史苏天爵《元名臣事略卷六·总帅汪义武王》主要据此碑文。

1964 年 4 月，陇西县城西门内城墙下出土了一块元代《万卷楼记》碑刻。该碑刻记载了汪氏祖孙搜罗图书文物，建万卷楼陈设的过程，是关于巩昌汪氏的一块重要碑刻。历任巩昌便宜都总帅的汪世显、汪德臣、汪惟正祖孙三代，屡次受命南征南宋治下的四川。四川作为天府之国，文化发达，"文物繁夥，户有诗书"。汪世显在战火纷飞中不看重金玉财帛，却看重书籍、绘画等文化遗散物，并于兵火中尽力抢救搜罗，运抵巩昌。汪世显去世后，二儿子汪德臣袭任其父之职，数度从征四川，在战火中又抢救出许多孤本珍品。德臣子汪惟正袭巩昌总帅时，对书籍十分笃爱，对先祖获得的这批文化遗物倍加珍惜。他于世祖至元四年（1267），在府治东南择地建造了一座规模宏大的藏书楼。楼中除陈列书籍外，还陈设了大批搜罗来的字画、文物等珍玩。各类书籍分门别类，设架置放，造册编目，存典籍二万卷，故称万卷楼。

汪氏藏书经三世而成，可以想见，当时万卷楼在西北地区是规模最为宏大的藏书楼兼博物馆。汪惟正在史家笔下也是全国有影响的著名藏书家和文化传播者之一，与耶律楚材、张文谦、张柔、贾辅、庄肃、张雨并称元代七大藏书家。

### 万卷楼记

国家创业以来，披舆地图，启土西南。越岁丙申，惟我陇西义武汪公，佐命之初，总戎先驱，比岁浑入蜀。承平日久，文物繁夥，户有诗书。于是，诸将士争走金玉财帛，惟公所至，独搜典籍，捆载以归，常曰："金帛世所有，兵火以后，此物尚可得耶？吾将以遗子孙耳！"

厥后，仲子忠烈公世其官，补所未足，雅欲创书院，集儒生，备讲习，以建、油、益昌戎事倥偬，未遑也。

叙斋相公方妙龄，袭祖父爵任，于书尤笃好而宝藏之。凡遇善本，又极为收致。既而，即府治东南隅隙地，摒瓦砾，铲荒秽，因城闉，建书楼。列架于中，签整排比，条为之目，经史子集，亡虑万余卷；图画、琴剑、鼎砚、珍玩横列其间，皆希世宝。扁颜曰"万卷"。万，取盈数也。

昔杜兼聚书至万卷，每卷必题其末曰："清俸买来手自校，汝曹读之知圣道，坠之鬻之为不孝。"夫兼之用心远矣，惜子孙无闻焉。公今创斯楼，可谓克念厥绍，而无忝乃祖矣！

然公之于书，非惟藏之，而实宝之；非惟宝之，而又详读之、明辨之，克之于行己治政，非直为观美而已。敢请刻诸坚珉，以示将来云。

至元四年岁强圉单阏相月七日，门人素斋冉南翔谨记<br>清真老人书

碑文作者冉南翔为汪氏门人，生平待考。碑文不仅记述了汪氏搜书、藏书的过程，并且用唐代杜兼题卷后诗的事例，委婉地表达了对汪氏子孙能够珍惜万卷

楼珍藏的希望。"万卷楼"毁于何时已无从考证，但因为巩昌便宜都总帅府辖地广阔，万卷楼的图书资料在元代及以后应该流布陇中及西北地区，无疑对陇中乃至西北民风、民俗、文化事业产生了积极的影响。

陇中各地遗留了宋金元时期的大量碑刻，参见《陇右金石录》（张维着，民国三十二年甘肃省文献征集委员会校印本），《西北民族碑文》（吴景山着，甘肃人民出版社 2001），《陇西金石录》（汪楷着，甘肃人民出版社 2011）。这些碑刻不仅会为我们讲述逝去的历史，同时作为记人叙事的历史散文，也充实了陇中文学的内涵。

## 三、外籍文人记述陇中诗文

陇中悠久的历史文化、苍凉广阔的山川形胜，使不少客陇文人驻足。因而陇中文学的历史长河里，有本土作家的创作，也有外籍作家的创作。但在整个宋金元时期，旅陇作家很少。陆游有一首诗作表现了陇中金戈铁马。元朝著名史学家、文学家揭傒斯的诗作，既是对陇右巩昌汪氏的称颂，也是对这个显赫军功世家的总结和评价。王恽与汪惟正有交情，曾赠诗称赞他。这一时期外籍文人以吟咏洮砚的诗文最多，苏轼、黄庭坚、张耒、陆游、洪咨夔、范成大、冯延登等都从不同角度赞誉陇中的洮砚。由于他们大多没来过陇中，因而诗文范围和生活涵盖面不广，并没有深入陇中生活。这种现象与当时陇中政治、经济、文化的发展状况有着直接关系。

陆游《陇头水》抒发陇上边关将士报国无门的情景：

> 陇头十月天雨霜，壮士夜挽绿沉枪。
> 卧闻陇水思故乡，三更起坐泪数行。
> 我语壮士勉自疆，男儿堕地志四方。
> 裹尸马革固其常，岂若妇女不下堂？
> 生逢和亲最可伤，岁辇金絮输胡羌。
> 夜视太白收光芒，报国欲死无战场！

这首诗调动丰富的想象，通过"我"与前方将士的交谈，谴责"和亲"政策的不得人心，抒发了"报国欲死无战场"的悲愤之情，是陆游爱国诗中的名篇。

临洮县城东岳麓山上有一超然台，宋元丰中，知熙州蒋之奇登县城东岳麓山凤台眺望，因易名超然台，并有《寄超然台故友》一诗：

> 超然台上望超然，一别悠悠路八千。
> 春水满濠花满谷，不知今此得依前。

元代著名学者、诗人兼政治家王恽曾赠诗《寄赠总帅便宜汪侯》，称赞汪惟正在西北地区的贡献：

  陇西名将相山东，与别诸侯总不同。
  陇右风尘天一柱，将坛恩礼汉元戎。

元代著名学者、诗人兼政治家揭傒斯写了一首与巩昌汪氏相关的长诗《送汪司徒致政归巩昌》[7]，诗题中的汪司徒是汪世显曾孙、汪惟正次子汪寿昌。汪寿昌先袭任巩昌等处便宜都总帅，后在陕西、四川、江南等行省以及朝廷担任过重要官职。顺帝时，汪寿昌见朝政日非，深感宦海浮沉，为官不易，且自己又早已过了致仕年龄，正当急流勇退。于是上疏，恳请告老还乡。顺帝见其言词恳切，又离家数千里，遂准其以银青荣禄大夫、大司徒的正一品衔致仕还乡。这首诗是揭傒斯写给汪寿昌的送行诗。诗中盛赞巩昌汪氏"父子穷百战，祖孙勤四征"，追述了汪氏家族的显赫战功和开发建设西北边疆的丰功伟绩。诗中还表达了"愿公与终华，永为西人正"的希望，祝愿汪氏家族继续在西部建功立业，将祖上的功业发扬光大。

  汪氏起秦陇，世总西方兵。赫赫大圣朝，独擅勋与名。
  父子穷百战，祖孙勤四征。智勇侔造化，忠孝通神明。
  雷电避韬略，风云随旆旌。勒铭望帝国，走马镇王城。
  一顾青海晏，再顾流沙清。三边罢斥堠，四海收经营。
  建国余百年，以身为重轻。至今论兵力，劲节莫与并。
  司徒蹑世胄，弱岁彩华缨。出即拥旄节，入则持钧衡。
  脑绝函谷隘，气直金天晶。文尚存治体，武贵锄奸萌。
  服义贯夷险，施仁齐死生。方深省台寄，忽辞轩冕荣。
  天子为之叹，百辟为之惊。命契美虞廷，饯疏陋汉京。
  眷德追祖烈，临轩注皇情。锡爵超五等，延赏懋群英。
  因之劝臣工，岂独尊老臣。及此春正月，发轫方启行。
  祖帐充路衢，轩盖集公卿。赵女合奇舞，燕姬扬妙声。
  东日红杲杲，西云白庚庚。共叹君子去，何由赞隆平。
  秦人闻公还，牛酒出郊迎。夏人闻公至，瞻望如父兄。
  耄耋或垂泣，军士皆光精。愿公与终华，永为西人正。

诗中说汪氏起于秦陇，坐镇巩昌，概括写其祖孙几代对元代建国及稳固的重要功绩。接着从文、武、义、仁等个人品质方面，写汪寿昌本人继承先祖功业，为国家做出了重大贡献。面对汪寿昌告老回乡的请求，天子叹，百官惊，无奈之下准其所请，这都说明汪寿昌的人品和能力得到了朝廷上下的一致认可。揭傒斯这首诗叙述、议论、抒情相结合，概括全面，情感丰富，是关于巩昌汪氏不多见的重要诗作。

由于陇中洮河出产洮砚质地优良，为中国四大名砚之一。唐代开始开采，至宋鼎盛，因而宋金元时期有许多外籍文人写了大量吟咏洮砚的诗歌。限于篇幅，以下仅列举几位诗人诗作。

苏轼《鲁直所惠洮河石砚铭》赞誉洮砚质地，可磨刀枪，终为文房珍宝：

洗之砺，发金铁。琢而泓，坚密泽。

郡洮岷，至中国。弃矛剑，参笔墨。

岁丙寅，斗南北。归予者，黄鲁直。

黄庭坚酷爱洮砚，他有一首著名的诗《刘晦叔许洮河绿石砚》：

久闻岷石鸭头绿，可磨桂溪龙文刀。

莫嫌文吏不知武，要试饱霜秋兔毫。

这首诗不但赞誉洮砚色泽美丽、质地优良，更借题发挥，抒发了文人的豪迈之气。他还在《谢王仲至惠洮州砺石黄玉印材》诗中运用浪漫文笔描写洮砚色泽："洮砺发剑贯虹日，印章不琢色烝粟。"在《以团茶洮州绿石砚赠无咎文潜》诗中盛赞"洮河绿石含风漪，能淬笔锋利如锥。"可见自唐代开采以来，到了宋代，洮砚已普遍被文人所认同，成为文人的珍宝。

大约是洮砚碧绿的色泽引发了文人无穷的想象，发而为诗，句皆精美。张耒《鲁直惠洮河绿石研冰壶次韵》："谁持此砚参几案，风澜近乎寒生秋……明窗试墨吐秀润，端溪歙州无此色。"陆游《休日与客燕语既去听小儿诵书因复作草数纸》："玉屑名笺来濯锦，风漪奇石出临洮。"洪咨夔《洗研》："自洗洮州绿，闲题柿叶红。一尘空水月，百念老霜风。"范成大《嘲峡石》："端溪紫琳腴，洮河绿沉色。"诗人每将洮砚与端砚、歙砚比，运用生动形象的语言，展现深邃优美的意境。

冯延登《洮石砚》更于细微处见文人的雅静情愫：

鹦鹉洲前抱石归，琢来犹自带清辉。

芸窗尽日无人到，坐看玄云吐翠微。

诗用"鹦鹉""清辉""翠微"等意象，写洮河石其润如玉，其色如碧，令人神往。尤其后两句写诗人整日独在书斋无人打扰，写作枯坐，静看砚池里浓墨如乌云漫天，砚池外洮石似山色青翠，一方小小洮砚，引发了诗人将人文融于自然的联想。

以上所引诗作充分说明，陇中洮河流域所产"四大名砚"之一的洮砚，在宋代以来受文人青睐、珍视。但是陇中地域在宋金元时期战争频仍，民族矛盾突出，导致了这一地域经济文化落后。再加上地处偏远，交通不便等因素，历代文人很少亲临陇中。陇中的地域文化、民风民俗等，在当时也并未受到主流文化的重视。

**参考文献：**

[1] 蒲向明. 金人乐府第一寻幽——临洮邓千江《望海潮》之张六太尉探讨[J]. 黄山学院学报，2007（4）.

[2] 游国恩，等. 中国文学史（修订本）[M]. 北京：人民文学出版社，2002.

[3] 魏宏利. 北朝碑志文研究[D]. 兰州：西北大学，2008.

[4] 刘绚蓓. 中国古代碑志文研究[D]. 上海：华东师范大学，2009.

[5] 曾枣庄. 中国文学家大辞典宋代卷[M]. 北京：中华书局，2004.

[6] 廖寅. 传法之外：宋朝与周边民族战争中的佛寺僧侣[J]. 中国文化研究，2014（4）.

[7] 揭傒斯. 揭傒斯全集[M]上海：上海古籍出版社，1985（6）：189-190.

# 唐代陇中传奇作家李朝威及其作品述评

李富强

（甘肃中医药大学定西校区 人文教学部）

**【摘　要】** 在唐代传奇的发展过程中，陇中作家李朝威做出了积极贡献，取得了卓越成就。其作品仅存《柳毅传》和《柳参军传》两篇。代表作《柳毅传》将神话、侠义与爱情完美结合，闪耀着人格美和生活美的理想光辉，具有浓厚的浪漫主义色彩，在中国古典小说史上具有奠基意义，推动了唐代乃至中国古代小说的繁荣与发展，影响广泛而深远。

**【关键词】** 唐代；陇中；李朝威；传奇作家

"唐代政治开明，文禁松弛，而且思想非常开放，这很有利于推动文坛上各种风格流派的形成，促成了百花齐放的兴旺景象，宽松开放的文化政策与相关的政治制度，给外来文化的传入和域内文化的输出提供了丰富的土壤。"[1]陇中文化是整个陇右文化带或西北文化带的核心部分和关键地带，中西文化水乳交融，"胡"汉文化相互渗透，它比陕秦文化含有更多的少数民族文化成分，比西域文化具有更多的汉文化特征。"这种文化优势，不但促进了自身文化的发展和繁荣，又为陕秦文化和西域文化源源不断地注入新鲜养料。同时它也在域外文化本土化的过程中重塑了陇中人文化心态的价值观念、思维方式、审美情趣和行为准则等，成为陇中地域文化中长期传习和内在积淀的一种文化基因。它一方面具有强烈的历史性、遗传性，另一方面又具有鲜活的现实性、变异性。"[2]因此，陇中文化是不同文化模式、不同价值观念、不同宗教信仰在陇中这块特定土壤上相互碰撞、交流、影响、认同、渗透和包容的基础上形成的带有浓厚民族色彩和复杂过渡性特征的

---

① 基金项目：2012年国家社会科学基金项目"陇中文学研究"（项目号：12XZW008）阶段性成果之一。

② 作者简介：李富强（1969—），男，甘肃定西人，甘肃中医药大学定西校区人文教学部副教授。研究方向：古代文学、地域文学。

中华传统文化的一个典型缩影。它多元开放、海纳百川、豪爽刚毅，既有厚重浓郁的异国情调，又不乏亲切熟识的中原风格，是地道的大熔炉。"陇中，是中国北方农耕文化长期孕育和传承的一个典型区域，八千年彩陶文化的悠久历史，多民族融合，全方位交流，开放包容、兼收并蓄的多元文化现象，构成了丰富博大的文化景观。"[3]陇中文化对唐传奇的影响在地域文化与文学的研究中占有重要地位，在这一特殊地域文化的影响下，陇籍大批优秀唐传奇作家的出现为中国文学特别是唐传奇的发展与繁荣注入了新鲜的血液。"唐代的李朝威是当时最重要的小说家之一，他的作品体现着当时小说艺术的最高水平。尽管他一生不全在陇中地区从事文学活动，但乡土文化中那种宽容开放、求新尚奇的精神，却无疑对其选择并坚持小说这一新的文学形式，起了积极的作用。"[4]

## 一、李朝威及其作品概述

李朝威，陇西人，生平无考，"大约为中唐时人，活动于唐德宗贞元到唐宪宗元和年间"[5]。可能是唐宗室蜀王后裔，因为在"蜀王房，渤海王房"第七代有名"朝威"者，无官职。[6]被后来学者誉之为传奇小说的开山鼻祖。李朝威虽然名气颇大，但其生平事迹却极为寥落，目前所知，仅此而已。其创作仅存《柳毅传》《柳参军传》两篇。鲁迅先生将其代表作《柳毅传》与元稹的《莺莺传》相提并论。该传奇主要描写人神（龙）相恋故事，是唐传奇之名篇。《太平广记》卷四一九收录，据载，引自《异闻集》，题作《柳毅》无"传"字。小说讲述主人公书生柳毅应举下第南归，在泾河边遇见洞庭龙女在牧羊，遂代为其父洞庭君传书，后几经周折，终与龙女结为夫妇的感人故事。书生柳毅见义勇为、助人为乐，人物形象栩栩如生，同时塑造了身世不幸、柔弱无助但渴望幸福爱情的龙女这一形象。龙女叔父钱塘君的勇猛刚烈性格，也极为突出。这篇传奇小说，对当时和后世小说以及戏曲创作产生了广泛而深远的影响。后世作品中描写英雄救美这一主题的很多，几成小说创作的传统。主人公柳毅路见不平、拔刀相助，最终二人结为秦晋这一构思和框架，为后世此类小说提供了模板，这在唐传奇乃至中国古典小说史上是具有奠基意义的。其次，当时孙揆的《灵姻传》就把《柳毅传》引为典实，后代的改编更是不绝如缕，如：宋代的《柳毅大圣乐》官本杂剧，元代尚仲贤的《柳毅传书》杂剧等，不一而足。李朝威的《柳毅传》将神话、侠义与爱情完美结合，具有浓厚的浪漫主义色彩。作品"关于英雄救美范式的开创，在中国古典小说史上具有重要意义"。[7]鲁迅在其《中国小说史略》中，称其为"较显著者"，可以说，李朝威仅凭《柳毅传》一篇，便足以名世。

《柳参军传》收录在《太平广记》卷三百四十二，作品写名族之子华州柳参军罢官后游曲江，路遇容色绝代崔氏女。当时，崔氏已许配于其舅金吾王之子，但心中不乐，而慕柳参军。于是，崔氏与母亲相商，暗地里让柳参军携去金城（今甘肃省兰州市）。后来，金吾王到崔家要人，而崔氏之母故意哄骗说已被金吾王之子强行窃去了。这样，崔氏之舅恼恨交加，狠狠地将儿子鞭打了一番，并且四下打听崔氏的下落。这时，崔氏母不巧过世，柳参军携崔氏奔丧，恰好被金吾王之子撞见。金吾王责问柳参军，柳参军却诡辩说是明媒正娶的。于是，金吾王将柳参军告到了官府，最终崔氏被判给了金吾王之子。但崔氏始终不乐意，私下里到处打听柳参军，二人又走到了一起。后来，柳参军与崔氏流落江陵（今湖北省荆州市），崔氏不久过世，金吾王之子前来送丧，哀恸异常，而柳参军更是怀念不已。一日，崔氏突然出现在柳参军面前，金吾王之子也前来相看，由于金吾王之子的一声惊呼，崔氏又神秘消失。柳参军与金吾王之子都颇感迷惑，前往崔氏之墓开棺验看，却见崔氏容颜如旧，奇怪的是崔氏在江陵所施的铅黄也是如新。最后，"柳与王相誓，却葬之。二人入终南访道，遂不返"。从作品创意来看，并无新意，实际上是一个老套的离魂型故事。这类故事，早在六朝刘义庆的《幽明录》中就有《庞阿》篇，而唐代大历中，更有陈玄的名篇《离魂记》。

## 二、《柳毅传》的思想内容

《柳毅传》的主题存在多种解读，正统文学史中，游国恩把它放入以"爱情为主题的作品"[8]一类中；中科院文学研究所编著的《中国文学史》，也认为这是一篇"神话爱情小说"，并指出小说"通过龙女的遭遇，对父母包办婚姻制度做了批判，具有一定的反封建意义"。[9]张友鹤在《唐宋传奇选》中也讲："龙女对受到夫家种种虐待所提出的控诉，正是封建社会里妇女们普遍的遭遇，她……力图挣脱这残酷的枷锁……追求自己终身的幸福，这又表达了受压迫的妇女们的内心感情。"[10]周先慎先生认为《柳毅传》是一篇"以由父母包办婚姻所造成的妇女的不幸境遇为背景，描写和歌颂美好的人，美好的人与人之间的关系，美好的人生"[11]的小说；周潇认为"小说寄托了儒家'仁、义、礼、智、信'的人格理想与仁君仁政、儒侠互补的社会理想"[12]，但没有充分肯定这是它的主题。

我们认为，《柳毅传》闪耀着人格美和生活美的理想光辉，其主题思想不是揭露，而是歌颂；不是批判包办婚姻，肯定自由爱情，而是以由父母包办婚姻所造成的妇女的不幸遭遇为背景，描写和歌颂美好的人，人与人之间美好的关系，以及美好的人生。作者对他所描写的社会生活，主要是进行道德的评价，而不是社会历史的评价，读者极易被小说中一种充满诗意的美和颇具理想色彩人物的高尚道德情操所打动，进而向往于这种美好的品德和人与人之间的美好关系。

（1）主要人物柳毅及其活动寄托了作者的美好理想。

小说的中心人物是柳毅，而不是龙女，柳毅的活动不仅构成全篇小说的主要部分，而且成为故事情节发展的线索。柳毅及其活动，是小说艺术构思的中心。作者的笔犹如摄像机的镜头，始终是对准柳毅，跟随着柳毅而不断转换，由此推动着故事情节的发展，而龙女则主要在小说的一头一尾出现，在托付给柳毅传书的任务以后，即隐去不见，中间只在钱塘君将她救回时闪现一次，直到最后才又化为卢氏女出现，其中，她由父母包办婚姻所造成的悲惨遭遇，写得非常简略，主要由龙女口述，采用的是间接虚写的手法，这样的艺术处理，表明了作者虽然写到了包办婚姻的不合理，但对此并不是非常重视的，他显然无意于揭露包办婚姻的罪恶并将其作为小说描写的重点。由此可以推断出，作为龙女包办婚姻主事人的龙女的父亲和叔父——洞庭君和钱塘君，并没有被处理为鞭挞的对象，去强调他们在龙女爱情婚姻问题上的专横与粗暴，而恰恰相反，作者倒是多处以肯定和赞美的笔调描写他们，给我们留下了可敬可爱的美好印象。

在作者的笔下，必得使有良好义行和美好品质的人获得最美满幸福的生活，只让柳毅享受人间的荣华富贵还不够，最后还让他成为神仙中人，从而进入一种幻想中的最美妙的理想境界，这种带有缥渺色彩的成仙结局，表现了作者对柳毅深挚的爱和无限赞美之情。作者热情地肯定和歌颂小说中人与人关系所体现出的美好品德，正是表现了他热爱人生、执着人生的积极的思想倾向。

（2）故事情节及其矛盾冲突反映了作者的崇高理想。

纵观整篇小说的故事情节，可以发现基本的矛盾冲突是以泾川龙子一家为一方，以龙女、柳毅、洞庭君、钱塘君为另一方构成的。作者在描写这一矛盾冲突时，只是间接的概括的表现。因为作者的目的并不在描写这一矛盾冲突的本身，即无意去具体揭露公婆如何虐待儿媳和丈夫如何虐待妻子的细节，而仅仅是将这一矛盾冲突作为展开故事情节的背景，由于龙女受虐待，柳毅偶然遇见而产生同情，出于义愤为她传书，书传到之后，洞庭君为龙女的不幸遭遇感到十分悲愤，钱塘君更是为此震怒而替她报仇。泾川龙子一家只是在龙女及钱塘君口中提到，根本没有上场，龙女回龙宫以后就再也没有叙述了。小说真正展开描写的是柳毅与龙女一家的关系，写柳毅热情助人而不图报的美德，写洞庭君钱塘君对他的真诚感谢和盛情款待，写龙女有感于柳毅的恩义而钟情于他，两人的故事曲折发展，得到了美满的婚姻。小说中对于龙女与柳毅的结合，洞庭君、钱塘君是理解支持并最后确认的。其间所经历的曲折，是由于柳毅坚守义行、贞操及其拒婚行为而产生的，并非出于父母的阻挠。也就是说，在龙女受迫害的问题上，龙女、柳毅、洞庭君和钱塘君这四个人物的态度上也大体一致。钱塘君以粗暴的方式逼婚，主要是由于性格的刚烈鲁莽，其目的如他所说，是求托高义，世为亲戚，使受恩者知其所归，怀爱者知其所付，同样是有感于柳毅的侠义行为，为他高尚的道德情操所动，这跟龙女的态度本质上没有什么区别。因此钱塘君同柳毅之间虽然在请婚和拒婚问题上曾尖锐对立，却仅仅是由于性格的不同和道德原则的不同而引起的，并不是根本对立的矛盾冲突。因此，在柳毅义正词严地陈说大义以后，钱塘君便立即承认错误，并自责请罪，到晚上婚宴时，两人便和好如初了。作者的目的，在于通过对这四个人物相互关系的描写，塑造出柳毅美好的崇高的形象，借以表明他对社会生活的道德评价，并寄托他对人与人关系的一种美好理想。四个人物之间的关系，体现了一种高尚的道德情操，用两个字来概括就是"重义"。柳毅的义表现在对龙女的不幸遭遇充满深切的同情，不避艰辛，救人于危难之中，而不夹杂任何个人的私心；龙女的义，则主要表现于受恩知报，她为了报答柳毅的救助，实现同他的美满结合，克服了许多困难。两个人都是十分重义的，有义才有情，他们的爱情是建立在义的基础之上的。

其实，这篇小说的主题思想不在于揭露和批判包办婚姻，作者已经在篇中明白点出。在小说的最后，作者仿史传文体式，篇末有以下一段议论："陇西李朝威叙而叹曰：'五虫之长，必以灵者，别斯见矣。人，裸也，移信鳞虫。洞庭含纳大直，钱塘迅疾磊落，宜有承焉嘏咏而不载，独可邻其境。愚义之，为斯文。'"也就是说，作者是有感于义才创作这篇小说的这个义，既体现在救人于危难之中而无所求，正直无私见义勇为的柳毅身上，也体现在受恩而知报的龙女以及洞庭、钱塘二君身上。

## 三、《柳毅传》的艺术特色

唐代传奇的文笔"精细曲折"，故事生动有趣，情节复杂离奇，宋人洪迈将它与唐诗并称为一代之奇。鲁迅先生也赞叹道："实唐代特绝之作也。"李朝威的《柳毅传》就是唐代传奇中的优秀作品，由于作者才华过人，精心构思，使这篇文言小说"无不经纬文心"（汪辟疆《唐人小说序》），在艺术上也极具特色。

（1）新颖巧妙的选材构思，详略得当的结构布局。

柳毅传的题材是神话爱情题材，我们知道，从审美心理的角度来讲，人们对于自己熟悉的东西往往不太关注，而对于不太熟悉的东西总是充满着向往的心情，这种向往的心情往往会产生一种期待，观众的这种期待必然会使得他的作品具有可读性，因此，在用神话为题材这一点上，李朝威的柳毅传在唐传奇中可以说是充满"文采与意想"[13]。值得注意的是，李朝威在选用神话这一题材上，他又不同于魏晋时期的证神道之不诬的志怪小说，他实际上书写的还是人间的问题。同时，李朝威在借用神话为题材的时候，还糅合了爱情，我们知道，爱情是人一生中最美好的话题，白居易就曾经在《偶作寄朗之》中说："老来多健忘，唯不忘相思。"自然，它也是文学所表达的永恒主题，翻开《柳毅传》，我们可以发现小说处处在围绕着两人来写，如柳毅送书，钱塘君逼婚，柳毅辞婚，柳毅再娶卢氏等，处处都在他们的关系上给读者留下悬念，但最终作者还是让他们结合。

《柳毅传》紧紧围绕主题来写，从而能够深深地扣住读者的心。文章在一开始就点明了柳毅的落第。紧接着叙写了他在归家途中偶遇龙女并答应为之送书的事件，在文中，作者没有描写柳毅是如何落第的，却重点交代了他与龙女的对话，并通过他们的对话揭示了柳毅"吾义夫也"的形象。紧接着，小说详细地描写了柳毅送书的经过，钱塘君救出龙女后的欢宴场面及席间的逼婚，这些都交代了洞庭龙王的仁、柳毅的义、钱塘君的知错能改，但却对于钱塘君如何救出龙女的事件没有详写，只是通过钱塘君向洞庭龙王的报告：

"向者辰发灵虚，巳至泾阳，午战于彼，未还于此。中间驰至九天，以告上帝，帝知其冤，而宥其失前所谴责，因而获免。"

短短五十三字交代得一清二楚，在柳毅以"义"辞退婚事后，小说通过一句话暗示出了他"殊有叹恨之色"，但并没有接着写下去，而是写他回到人间变卖宝物发家，连娶张、韩二氏，但"张、韩继卒"，最终在媒人的介绍下娶了卢氏（龙女），过起了平凡人的生活。可是故事在此并没有打住，而是顺着柳毅的感觉"妻子像龙女"的情节发展，通过龙女与他的谈话交代了卢氏即龙女，并在此表达了龙女因爱君子、以托相生的衷情。柳毅的君子人格和对于心爱之人失而复得之后"永奉欢好，心无纤虑"的兴奋之情，通过柳卢的长相守和柳毅的成仙再次让这一个复合的题材得到了从头到尾的贯彻。因此，《柳毅传》不仅选题巧妙，而且在结构布局上还详略有当，张弛有度，能很好地为主题服务。

（2）曲折多变的故事情节，浓郁浪漫的艺术色彩。

《柳毅传》以生动的情节揭示了封建社会为争取婚姻自由的青年特别是女性与

封建礼教之间尖锐的矛盾冲突。作者驰骋想象，运用浪漫主义的表现手法安排了虚幻的情节，运用亦人亦神的生活描写巧妙地来解决这一矛盾。情节结构天衣无缝，矛盾解决合情合理。作品中描写龙女牧羊的幻境，入洞庭的秘密，龙君的威仪，龙宫的瑰奇，歌舞的美妙，龙女化为卢氏女与柳毅成婚，柳毅登仙等情节，无不惝慌迷离、曲尽其妙。虽然似仙似幻却不会使人怀疑其真实性。这篇传奇充满了传奇色彩故事，情节离奇古怪。如开头写龙女的现身到"女与羊，俱亡所见"就神奇莫测，而龙女所牧之羊竟是"雨工"所化更令人匪夷所思。柳毅入洞庭先向社橘"三击而止"，靠"俄有武夫出于波间""揭水指路，引毅以进"。再如钱塘君得知侄女落难后挣脱锁链驾风驭电，一时间云烟沸涌，天地坼裂。这一段描写是通过柳毅的眼睛、柳毅的感受写出来的，气势雄奇、震魂慑魄，使柳毅"恐蹶扑地"。而当龙女获救归来，景象又为之一变："祥风庆云，融融洽洽，幢节玲珑，萧韶以随，红妆千万，笑语熙熙。"神仙境界，脱俗超凡。作者妙笔生花，使人目迷心醉，飘然欲往。

（3）栩栩如生的艺术形象，曲折鲜明的人物性格。

这篇传奇主要运用了分析描写的技法着力将形、神、意三者统一于完整细致的描写之中，刻画出几个个性鲜明、栩栩如生的人物形象。

贯穿全篇的主要人物是柳毅。这个"应举不第"的落魄书生是一个正直志诚，具有侠肠义骨的人，在还乡的途中，他邂逅素昧平生的龙女，听了她的哭诉，"气血俱动，恨无毛羽，不能奋飞"。于是他接受委托为她传书洞庭，不辱使命，表现出豪侠气概和急人之难的可贵品质。龙女获救回宫，钱塘君向柳毅表示"飨德怀恩"，他"俯仰唯唯"，态度诚恳谦虚，这表明柳毅是把传书看作分所应为，并不居功自傲，他为龙女传书完全出自一种正义感和同情心，并非有所企图。当然他内心有着对龙女的钟爱之情，但是当钱塘君以粗暴的方式向他逼婚时，他大义凛然，严词拒绝，从而进一步展示了柳毅的精神面貌。特别是柳毅是在自己落第失意之时，能够见义勇为，"威武不能屈，富贵不能淫"，这种品格就更是显得难能可贵。

这篇传奇写龙女着墨不多，但刻画充分。她温柔善良，又对爱情有着执着的追求，又有尊贵的大家闺秀的矜持。作品一开头通过柳毅的观察、感觉以极俭省的笔墨勾画出龙女的天生丽质并在她获救回宫后再次对她的殊色进行渲染。但就是这样一个血统高贵、姿容出众的女子，却为"夫婿所薄，舅姑不念"被迫"牧羊于野"。与柳毅初逢她"凝听翔立，若有所伺"显然为身份和男女大防所拘，不便先行启齿。在柳毅询问她后，她才是"始楚而谢，终泣而对"，是试探的而不是毫无顾忌地吐露自己内心的痛苦。显然她这时已对柳毅萌生好感,"衔君之恩,誓心求报",但回宫后,仍未吐露心曲,而有"依然之容",这十分符合封建时代一个弱女子的内心活动,而又不失龙宫贵主的身份。后来她隐瞒身份与柳毅结为夫妇,她也较长时间保守了这一秘密,生怕柳毅对自己产生什么看法。作品中龙女很想知道柳毅昔日拒婚时的心情,窥探丈夫此时对自己的态度。直到柳毅说明了真相,读者才知道当初在泾滨柳毅一句随便说的"他日归洞庭,慎无相避",便已经在她内心激起了涟漪,燃起了爱情的火花。从她毅然拒绝婚配"濯锦",可知她那种"报君之意"是何等坚定,她说的"获奉君子,成善终世,死无恨矣",也就不可作为泛泛之词来看了。这些方面又表现出龙女善良、多情的性格和她对于自由幸福的爱情的矢志追求。作品所塑造的龙女是一个心地善良、勇于追求爱情、光彩照人的形象。

作品热情颂扬的另一个可敬可爱的人物是钱塘君。这个人物出场不多,但由于作者善于写出不同环境里人物性格的变化,因而他的形象也很鲜明。过去他曾因一怒"使尧遭洪水九年",在得知龙女受虐待的消息后,他"擘青天而飞去",作者具体描写了他出场时的骇人情景,这里用正面描写和侧面烘托的手法,他为什么会这样暴躁呢,原来是他救人心切,以至"刚肠激发",由此反映出他疾恶如仇的性格和敢做敢为的脾性。他为人豁达,心口如一,在救回龙女后他对自己先前"惊扰宫中,复忤宾客"的做法表示"愧惕惭惧",对洞庭君的训诫能诚恳接受。他简单粗暴地对柳毅逼婚,遭到柳毅的坚拒和指责,他醒悟后承认"词述疏狂,妄突高明"并"逡巡致谢",与柳毅结为"知心友",说明了钱塘君这一人物是坦诚直率、是非分明的。总之"这一形象,在封建时代明显具有叛逆者的气质,反映出作者反封建的思想倾向。"[14]

(4) 节奏明快的骈散句式,文采斐然的语言特点。

语言骈散结合,句式参差多变。其中用四字句较多,少则一字,多则十一字。("宁有屈于己而伏于心者乎?")四字句写得好的如"长天茫茫,信耗莫通,心目断尽,无所知哀""柱以白璧,砌以青玉,床以珊瑚,帘以水晶""率肆胸臆,酬酢纷纶,唯直是图,不遑避害"等;还用了一些修辞格,比喻如"风鬟雨鬓""零泪如丝",夸张如"电目血舌""杀人六十万",借代如"闺窗孺弱""红妆千万",对偶如"雕琉璃于翠楣,饰琥珀于虹栋""体被衣冠,坐谈礼义"等等。这些写法使得文章声韵流转,节奏鲜明,增强了作品的艺术感染力。就整体而言,《柳毅传》的语言是典雅的,然而也有接近口语的地方,如柳毅忆及前后遭际时开口说的"似有命者",与开玩笑时说的"吾不知国客乃复为神仙之饵",就有明显的口语色彩,比那些典雅的书面语更能表现出彼时彼地的人物心情。《柳毅传》对话语言的美妙，历来为人称道。钱塘君大战泾河小龙后，与洞庭君有一段对话：

> 君曰："所伤几何？"曰："六十万。""伤稼乎？"曰："八百里。""无情郎安在？"曰："食之矣。"

这段对话是直接问答，都是省略句式。一问一答，急促干脆，简洁明快，闻声如见其人，表现出发问者的关切和急迫之情，答问者对自己作为的坦然和快慰。

《柳毅传》"工于造语"，语言精炼而极富表现力，一字一词，力求稳妥，恰到好处。作品中比较突出的是钱塘君以雷霆之怒，"断金锁，掣玉柱"，怒救侄女一节的描写，风起云涌，惊天动地；把龙女救回后，宫中香气环绕，春意融融，前后形成鲜明的对照。前已述及，此不多说。又如作品开头写龙女初见柳毅，先是"蛾脸未舒"，写龙女内心极度痛楚，而又强忍不幸；再写"楚而谢"，很有分寸地写龙女面对一个陌生男子的垂询，欲畅诉心中苦处，又不得不强力抑住；再写"终泣"，龙女冤屈甚深，虽欲忍而不能，终于哭了起来，"泣"是小声哭，如果是捶胸顿足、号啕大哭，便失了龙女的身份。这种极有分寸的用词，精确地展示了龙女深哀巨痛的心理变化过程。"不论从思想内容或艺术形式来看，《柳毅》（笔者注：《柳毅传》原名《柳毅》）在传奇小说中确称得起是出类拔萃之作。"[15]

## 四、《柳毅传》对后世的影响

《柳毅传》以其杰出的艺术成就对中国文学的发展产生了不小影响。早在唐末就有人写了一篇《灵应传》，继续敷演这段故事。故事仍然发生在泾阳这片富于传奇色彩的土地上。在这篇传奇中，《柳毅传》中的一切已完全被当作了真实发生的故事，善女湫的九娘子，就自称是洞庭君的外孙女，言谈中甚至也提到钱塘君食泾河龙子的往事：

> "泾阳君与洞庭外祖世为姻戚，亦后琴瑟不调，弃掷少妇，遭钱塘之怒，伤生害稼，怀山襄陵。泾水穷鳞，寻毙外祖之牙齿。今泾上车轮马迹犹在，史传具存……"

就作品意旨而言，这篇作品与《柳毅传》正好相对，《柳毅传》写龙女的再婚，此篇就写龙女的守节；《柳毅传》写钱塘君一怒伤稼八百里，此篇就写九娘子体恤民生不肯扩大事端；《柳毅传》写钱塘君怒食无情郎，此篇就写九娘子宽释朝那神。《柳毅传》文辞华美，曲折生动；此篇就炫耀学识，叙事谨严。可以看出，《灵应传》原本师法《柳毅传》，而又处处与《柳毅传》争胜，但不论其思想倾向还是艺术境界，均要稍逊一筹。这篇传奇中写到的节度使周宝，是一个真实的历史人物，而文中涉及的泾州地势，也与实际颇为相符，因而有人推测作者也是陇右人士。即便此点难以证实，这篇作品的产生与泾州一带的文化的密切关系也是不容置疑的。

唐代以后，《柳毅传》故事仍然为后人所青睐，演绎不绝。宋人有《柳毅大圣乐》官本杂剧，元代尚忠贤又将它改编成《柳毅传书》杂剧，明代许自昌的《桔浦记》，黄维楫的《龙绡记》杂剧，也是根据此作翻演而成；到清代，李渔又把它和《张生煮海》的故事柔和到一起，编成《蜃中楼》传奇。一般诗文中引来作典，更是极常见的事。明胡应麟《二酉拾遗》中的一段话颇能见出它不可抵御的艺术魅力。胡应麟原本也佩服《柳毅传》的文笔，曾说过"唐人传奇小说，如《柳毅》《陶岘》《红线》《虬髯客》诸篇，撰述浓至，有范晔、李延寿之所不及"的话，但对诗文引此为故实却不能接受，有趣的是，在他的朋友中竟也出现了引用《柳毅传》的事情：

"唐人小说如柳毅传书洞庭事，极妄诞不根，文士亟当唾去，而诗人往往好用之。夫诗中用事，本不论虚实，此事特诞而不情。造言者至此，亦横议可诛者也。何仲默每戒人用唐宋事，而有"旧井潮深柳毅祠"之句，亦大卤莽。今特拈出，以为学诗之鉴。黎惟敬本学仲默诗，而与余游西山玉龙洞，有"封书谁识洞庭君"之句。暗用《柳毅》而不露，而语独奇俊，得诗家三味。总之不如不用为善。然二君用事，偶经意不经意耳。（《二酉拾遗》卷中）

这段议论除了表现出以史学为根本的旧学人对小说的轻视外，更出乎胡氏意外地说明了《柳毅传》在艺术上的成功。"造言者至此"让人忘记事实与虚构的界限，让拘拘儒士防不胜防，竟至说出"横议可诛"的恨话来，正说明了它的魅力不可阻挡。

**参考文献：**

[1] 郭兴良，周建忠. 中国古代文学[M]. 北京：高等教育出版社，2009：251.

[2] 李子伟，张兵. 陇右文化[M]. 沈阳：辽宁教育出版社，1998：2.

[3] 劾天庆，杨齐. 文化人类学视域下的陇中文化研究思考[J]. 甘肃高师学报，2012（7）：53.

[4] 伏俊琏，王思远. 展示陇右文学风采 宏扬乡梓人文精神——读《陇右文学概论》[J]. 天水师范学院学报，2009（4）：144.

[5] 侯忠义. 隋唐五代小说史[M]. 杭州：浙江古籍出版社，1997.

[6] 卞孝萱. 唐传奇新探[M]. 南京：江苏教育出版社，2008.

[7] 李军，刘延琴. 论唐传奇作家群"陇西三李"及其创作[J]. 连云港师范高等

专科学校学报，2012（12）：4.

[8] 游国恩，等. 中国文学史：第二册[M]. 北京：人民文学出版社，1963.

[9] 中国社科院文学研究所. 中国文学史：第一卷[M]. 北京：人民文学出版社，1962.

[10] 张友鹤. 唐宋传奇选[M]. 北京：人民文学出版社，2007.

[11] 周先慎. 古典小说鉴赏[M]. 北京：北京大学出版社，2004：53.

[12] 周潇.《柳毅传》中的君子人格与社会理想[J]. 青岛师范大学学报，2003（3）：28.

[13] 鲁迅. 鲁迅全集：第九卷[M]. 北京：人民文学出版社，1981：70.

[14] 李宗为. 唐人传奇[M]. 北京：中华书局，1985.

[15] 吴小如. 中国小说讲话及其它[M]. 上海：古典文学出版社，1956.

# 许珌生平与文学述论

郑珊珊[①]

（东南学术杂志社）

**【摘　要】** 许珌生逢明清鼎革，历经变故，虽诗才出众，备受当时名士推崇，却屡试不第。直至晚年才任甘肃安定县令，仅两年就因为民请命而遭罢官。空有才华与雄心的许珌始终无法掌控自己的命运，在大时代的左右下漂泊沉浮。他的人生是明清之际许多士人的缩影，他的诗文反映了当时士人矛盾复杂的思想与心态。

**【关键词】** 许珌；铁堂诗草；明清之际

许珌（1614—1671），字天玉，号铁堂，又号星亭，自署天海山人、清初明末诗人。福建侯官（今福州）人。诗风沉雄浑厚，才调激越，为王士禛、施闰章、周亮工等名士所推崇。著有《铁堂集》《天海山人诗钞》《品月堂集》《梁园集》等。又工书法，以小楷、行草见长。明崇祯间中举，清康熙间任安定（今甘肃省定西市）知县，勤政爱民，官声极佳，却因为民请命而遭罢官，后流寓陇中，贫病潦倒，客死安定，受当地百姓建祠供奉至今。

许珌生逢明清鼎革，历经变故，虽有才华与雄心，却始终无法掌控自己的命运，在大时代的左右下漂泊沉浮。他的人生是明清之际许多士人的缩影，他的诗文反映了当时士人矛盾复杂的思想与心态。

## 一、从闽海奇人到安定循良：许珌生平概述

关于许珌在明朝时的生平，现存材料不多，仅知其在明崇祯十二年（1639）中举，[1]中举时的门师为夏允彝。[2]民国《福建通志·文苑》称："珌，明季提学豸犹子。世居会城乌石山麓光禄坊。"许豸为崇祯辛未（1631）进士，官至浙江按

---

[①] 作者简介：郑珊珊，文学博士，东南学术杂志社编辑。

察司副使提督学政，政绩颇丰，为晚明名宦。虽不知许玢生父，但明清时期的光禄坊乃福州权贵世家聚居之地，许玢为许豸侄子，居于此地，亦可算官宦子弟。

甲申之变时，许玢已过而立之年，他在《铁塔寺作七歌 有序》[3]中曾自述："慈父见背岁改元……此时海氛家难作……"推知其父在明清鼎革的战乱中逝世，而家境亦随着世变而衰落，以至于"咄咄天壤饥乞食"。妹夫又遭牢狱之灾，"每欲救之囊无钱"。或许正是为生存所迫，又出于"丈夫意气空崚嶒"的不甘，许玢在母亲"昨日来书教勿仕"的情况下，仍屡屡进京应试，只是从未中榜。

许玢在入清后的这种强烈的入世之心，无疑有悖于当时主流的儒家道德观念。传统士人极重气节，讲究忠君报国，不仕二朝。许玢虽未在明朝出仕，但考取举人即已食明朝之禄，严格来说，也算明朝的臣民。因此，他对清朝功名的接受，不免受到一些明遗民的非议。清顺治十五年（1658），许玢在北京待选知县时，结交了不少名士，经常与待选诸友陆卿等交游，又与来京参加殿试的王士禛订交。遗民方文曾作《柬章翌兹、许天玉、姚瞻子、陆汉东四孝廉》曰："之子登科日，先皇全盛年。高文传海内，晚节老江边。有逼重来此，虽官亦可怜。不如鹧鸪鸟，奋翅向南天。"[4]诗中的"逼"字或表明了许玢等人乃是受清廷的威逼而被迫应试，但方文仍规劝许玢诸人莫忘明朝，不要仕清。可是此时清朝统治已较为巩固，士人们也大都无奈地屈从于历史洪流而选择了在政治上认可清朝。对于许玢而言，他也的确一心入仕。因此几番进京求取功名，并漫游四海，广交诗友。在诸多名士诗友的推崇下，许玢诗名大震，尤其是王士禛盛赞道："千秋万岁知者谁，闽海奇人许天玉。"[5]顺治十五年（1658）八月，王士禛返山东，许玢随之浪游齐鲁。是年冬，许玢结识了时任山东提学道的施闰章，又发生了令其感慨万分的一件事。"少陵台畔与愚山相遇，愚山曰，尔有母，曷归乎？因数言别去。忽于腊月大雪中，一骑从千里至，乃愚山使者，遗美金华茧而去。嗟乎！愚山念朋友之寒而及其母，其天性可见矣。余拜其高义，达旦即行，逾春渡江，始闻再试之信。嗟乎！假使余山东不归，或得便道入京师，遇不遇未可知也。亡何，吾闽再上公车者，多为江警散去，岂非天哉！"[6]"遇不遇未可知也"的感叹显示出许玢对功名的渴望，他回顾此事时的语气不免遗憾。一方面感叹施闰章的仗义襄助，另一方面又感叹造化弄人、时运不济。许玢返乡次年二月，云贵荡平，顺治帝特开恩科，于是年秋再举会试。若非施闰章的劝说，许玢将在逗留山东数月，知悉恩科事宜后即可于隔年秋再度入京赶考，或能考取功名。可惜他已听从施闰章的劝说而南还，次年春渡江后方知恩科之事，想再北上又遇到郑成功北伐，长江一带陷入战火，交通断绝，由是又失去一次机会。

直至康熙四年（1665），许珌以前明举人授巩昌府安定（今甘肃省定西市）知县，才终于正式踏入仕途，此时许珌已过知天命之年。许珌到任后，重教兴学，清廉爱民，公俸所得大都用于济民助学，又不畏权势，断案公正，被当地百姓目为"许青天"。"余甫至安定，与诸士相见毕，便督课文字。"[7]作为一名富有才华的诗人，许珌对安定的文教事业非常重视，创办学坊，奖掖士子。据孙学稼诗集《鸥波杂草》中《同姚培公集许天玉署中看晚菊》《与杜正言孙伯麐皆安定人夜集许天玉署中》《与许天玉对雪有怀许漱石》《与吴岱观集饮许天玉署中因送岱观之西凉幕府》《许天玉招同林宗一王叔绪王平甫刘大生孙伯麐夜饮眷西楼》[8]等诗，可知许珌在安定任内，常常召集当地诗友社集，一定程度上带动了当地的文化发展，促进了文化交流。许珌关注民生，架桥修路，提倡卫生，备受百姓爱戴。但是，安定地处西北，清初的反清势力在这一带也连年起兵抗争，直至顺治十年（1653），清军才完全控制这一地区，连年的征战使得民生凋敝。并且，此地自然灾害较多，地震、洪涝、大旱等屡屡见诸史志。在许珌任内，正逢连年大旱，民不聊生。康熙六年（1667），他为民请命，上疏请求赈灾，乞免岁赋，却得罪了上司，反遭革职。许珌的官场生涯不过三年即告终止，可谓仕途不畅。

罢官后，许珌一度客居甘肃提督张勇府上，并作《河西铙歌十二曲》献之，备受张勇称赏，"金钱裘马之赠，辉奕道路。铁堂固亢爽，缘手立尽，无所吝惜"。[9]值得注意的是，《铁堂诗草》所附《轶事及题赠附》称："张靖逆侯飞熊克服临洮日（时为滇逆所据），铁堂作诗谒之，张大悦，曰君名士乃肯顾予武夫，因赠四百金为润笔，今其诗逸矣。"[10]即指此事，文中的"滇逆"应指吴三桂在云南举兵反清一事，当时张勇平叛有功，被称为"河西四将"，备受康熙皇帝的赏识，于康熙十四年（1675）获授靖逆将军，封靖逆侯。但是，吴三桂起兵于康熙十二年（1673），此时许珌已去世两年，不可能"作诗谒"张勇。《铁堂诗草》所收轶事为编辑者吴镇所记录，细节应有失误。但许珌确实生性慷慨大方，这一点使得他身无余蓄，最终贫病不能返乡，客死安定。当地老百姓将其安葬在安定县东山之麓，名为"许公墓"，岁时祭祀。

## 二、致祭惟慕许铁堂：许珌的身后隆名

许珌逝世后，他的惠政和高洁品质仍为安定人民所牢记。自雍正七年（1729）至乾隆六年（1741）间，安定知县应际咸、许宗崃、进士孙昭等感念许珌居官清廉、勤政爱民，先后为他重修墓园，撰文立碑予以褒扬。道光二十七年（1847），

陕甘巡抚张祥河捐资，命时任安定知县胡荐夔在修葺城垣时为许公建祠，供人们悼念和缅怀。宗祠建成后，临祠街、巷被命名为"许公街""许公巷"。民国《定西县志》载李谷人吊许铁堂墓古风称："定西自昔多循良，致祭惟慕许铁堂……小邑连年苦旱暵，徒跣祈祷东山旁……讵知坚白反见诬，直道遭黜徒悲凉……东郭有幸埋忠骨，子孙乏绝民蒸尝……"每年清明节，历任县官率士民百姓，簇拥定西城隍轿仗，备抬酒肴，撰写祭文前往许公墓祭祀，此风一直延续至1946年。作为一名"七品官耳"，能享受如此冥福殊荣，在福建历史上，唯许珌一人；放眼全国，也甚为罕见。

1998年8月，因天巉公路国道310线穿越定西，定西政府划出数亩地作为移葬许公陵墓之用，并在陵园内辟名人碑廊，筹建"许公纪念馆"，当地群众近千人自愿前往参与迁葬仪式。笔者于2014年11月初曾往定西考察，根据调研，许珌墓原在城东凤凰山脚下，原墓碑早已佚失，但定西人都知道山下的大土包是许公墓。又据当地文史专家、多部志书撰写者、原《定西电业报》总编马宝珊讲述，1998年8月16日上午，许公墓搬迁时他在现场观看。当天大雨，但仍有各行各业的近千名群众自发前来。迁墓工作由墓地所在乡的大队组织，挖掘机从地面下挖5米仍未见棺柩，于是派人去城隍庙向当地城隍文天祥问卦占卜，占卜结果是继续挖，遂再挖1米左右，见到遗骸。棺木与服饰均已朽，唯见遗骸前胸有两枚万历通宝，双手双脚和后背处各有一枚万历通宝。然《甘肃日报》1998年9月2日第8版文章《诗人许铁堂墓迁新茔》称："原深5.2米的土穴中，一具薄棺内仅有清顺治、康熙铜钱各一枚，别无他物，清贫如此。"马老坚称《甘肃日报》报道有误。马老还称，定西共有三座祀奉许公的祠堂，一为许公祠，已迁到山上改建为许公纪念馆；一在新集乡仁义村；一在通安驿镇冯河村。后二祠还有供奉其他人。笔者在2014年11月3日拜谒许公纪念馆，虽然该馆尚未全面竣工，但初步的规制已颇为可观。许珌墓重修一新，墓头草青青，墓碑前已有点燃的香和一个新鲜的苹果。据当地人说，时至今日，仍经常有人来拜谒许公。曾有来拜谒的老人称，许公已成为他们所在乡的城隍。许珌在当地还留下了不少民间传说，当地戏剧陇曲也有《许铁堂》，结合史诗和民间传说，共分《上任》《平冤》《整饬安定》《减负》《罢官》和《送别》六场，歌颂了许珌的为官清廉，关爱百姓。

许珌书法亦工，以小楷、行草见长。吴镇撰写的《轶事及题赠附》称："铁堂书法奇古，狄道旧家多有存者。观其《颜平原厌次碑□歌》云：'余年十五学公书，中道弃去，徒欷歔，犹知酷爱《争坐位》。行囊维扬，叹子虚则知始学鲁公，后乃随意自成一家耳。'然铁堂专门诗，学书盖以余力为之。"[11]可知许珌书法主要学颜真卿，又自创一格。狄道即临洮，由于许珌晚年流寓临洮，以卖字、教书为生，所以当地人家收有一些许珌手迹。笔者见过民间藏家发来的《许铁堂真迹》照片，封面题写着"道光戊申中秋，杜文凤题"，道光戊申为1848年，杜文凤不知何许人也，或为许珌在安定的学生杜证言后裔。内有11页许珌手书诗若干首，钤印有"铁堂""铁堂书画""铁堂许珌书画"及若干收藏章，卷末自署名"天海山人"。根据诗文内容，可以判定这就是吴镇所见书法，并被收入《铁堂诗草》[乾隆五十五年（1790）兰山书院刻本]。据安维岱言："右皆先生亲笔墨迹以赠杜正言者，杜氏装裱成册什，袭五世矣。兹从正言元孙茂文借钞，内如《黄河龙衣舟看月》《銮江看花曲》俱已付梓，不及备录外，得未刻诗若干首，唯《送弟南归五首》乃罢官后寄寓孙氏时所作耳，茂文名蔚林，安定廪生。"[12]

历时三百多年，许珌在定西仍声名赫赫，清誉不衰。由于他在福州留下的印迹较少，以往福州对许珌的关注并不多。但近年来，福州和定西的学界政界都因许珌而展开了一些交流，也促进了福州一带对许珌的宣传。2014年9月18日开馆的福州三坊七巷历史人物勤廉馆展出了许珌的生平事迹。近年新创作的闽剧《铁堂记》也取材于许珌的故事，随着"送戏下乡"向全省传播许珌清正廉洁的光辉形象。尽管时代不断变迁，许珌的伟大人格却从未随着历史而消逝，反而日益生辉。

## 三、沉雄孤峭：许珌的诗歌特点

许多名士都曾总结过许珌的诗风，如王士禛曾赞道："读铁堂诗，沉雄孤峭。愚兄弟私叹百余年来，未见此手。"[13]施闰章《梁园集序》称："许子之诗，气雄力厚，如巉岩猛虎，凛乎其不可攀，森然其不可犯。"[14]周亮工《铁堂诗草序》称："侯官许子天玉，天下士也。其奇藻天发，鹏迁海怒，神标挺持，波澜灏漾，又手击钵，千人自废……升沉感愤，可涕可歌，变而不穷，放而愈细，至于佗傺雍土，驰驱边塞之作，莫不穷览山川，熟视形胜，指两河于掌上，收六郡于目中。皋兰高阙，想卫霍之遗勋；同谷原亭，继杜陵之遗响。"[15]可见，许珌诗风豪迈，格调昂扬为文坛所公认。诗如其人，许珌本就性情豪爽，广交游，在家乡时，常与兄弟、友人社集，结社平远台，诗酒酬唱，吟咏不辍。青壮年时，曾"负一布囊，历游吴、越、齐、鲁、燕、赵之乡"[16]，与王士禛、陈维崧、汪琬、施闰章、周亮工、吴绮诸名士游，诗歌酬答不断。许珌文学活动的广度和性情怀抱的深度影响了他的诗歌创作，形成了沉雄孤峭的个人风格。

许珌最早成名的诗，即与王士禛结交时所写的《访王贻上于慈仁寺双松下同作歌》：

骑马横过五都市，独数中原问王子。才闻近自泰山来，置身却在双松里。入门拔地摇穹苍，老树盘根浑四旁。白日蔽亏郁萧莽，樛枝拂拂栖凤凰。世间灵物忌孤美，此松殊有相连理。青铜降粒神仙家，黑铁修鳞帝王里。银栏绣砌徒岩峣，六月高寒气弗骄。科头其下吾与尔，摩崖索碣寻前朝。长啸悠悠自千古，虚坛忽听生雷雨。月石风泉迥绝尘，如入灵源不知处。因之雅欲游山东，齐州九点摩秦封。尔归岱侧吾闻海，明年野夫来看松。

杨芳灿于诗后点评曰："此先生得名之作，格高气老，模纸气棱，宜为阮亭推服。"[17]此诗首先称赞王士禛的才华与名气，而后论及其住处的双松，极力描写双松的雄奇高大，以突出王士禛的形象。最后谈到自己因仰慕王士禛而想游山东的愿望。全诗一气贯注，用笔雄健，不事雕琢，风格苍劲雄放。尤其中间描写双松的那几联，"青铜降粒""黑铁修鳞"，完全是一派天马行空、超凡脱俗的奇特气象。最能体现许珌诗"沉雄孤峭"特点的就是这些以雄阔气势见长和怪奇意象著称的长篇歌行。如"蛟宫倒翻逸鲲鲉，击浪冲腥冒龙子"[18]（《己亥岁除日述事作歌》）充满怪奇的意象，"吾闻西京刘生慷慨天下无，虬髯虎气磊磊落落真丈夫"[19]（《广陵刘生行赠峻度》）具有雄浑的气势，"金龙玉凤一齐飞，四壁网虫垂破衲。铁堂老人居其中，斗鸡角鹰五都杂。失路悲风万里来，夜起开门叫阊阖。眼穿不见鲁先生，英雄到此气空喝。呜呼七歌兮歌思长，光岳楼前非故乡"[20]（《铁塔寺作七歌》）慷慨悲歌发自肺腑，极具感染力。

当然，许珌的诗并非一味地豪迈慷慨，但即使是写景抒情，景象也是比较阔大的，如《銮江看花曲十首》之四：

丞相华堂水接天，桃花百里有人烟。此来正值江潮大，箫鼓声中好放船。[21]

这首清丽小诗描写了明媚的江南春光，但"桃花百里""江潮大"等仍不失许珌一贯的壮阔气势。

或许受到王士禛的影响，许珌有些诗写得极富神韵，如《秋柳和贻上四首》之一：

秋色行人易怆魂，垂杨垂柳黯江门。烟含驰荡宫中影，风弄灵和殿上痕。晓笛暮帘还出郭，青枫黄菊自成村。关情最是长干路，攀折残条哪可论。[22]

这首诗与王士禛《秋柳》四首唱和，写法与风格相似。诗人博取秋柳凋伤摇落的自然意象和历史盛衰兴废的人事意象，如颔联，驰荡宫乃汉朝建章宫中一宫殿，《三辅黄图·建章宫》："驰荡宫，春时景物驰荡满宫中也。"[23]灵和殿，南朝齐武帝时所建，古人多有诗吟咏其间春光。如五代李存勖《歌头》词："灵和殿，禁柳千行，斜金丝络。"明代夏完淳《插柳》诗："却忆灵和殿，杨花满地飞。"可是，春光已逝，秋柳伤情。而长干路旁，离人攀折残条之处，最为销魂。中间两联对美好风光的极力书写与诗首和诗末的衰败景象，形成了强烈的反差，强化了盛景难驻的幻灭感。值得注意的是，"江门""长干"都表明了诗中描述的地点是南京，而南京曾是明朝初建时的首都，也是明朝覆灭后、南明政权一度的建都所在，因此，在许多清初士人的心目中，南京成了寄寓兴亡之感的重要意象。王士禛如此，许珌亦如此，因此《秋柳》绝非单纯的咏物抒情诗，而是别有意味地表达诗人对历史兴废、盛衰无常的深沉慨叹。许珌此诗以秋柳凋残为中心，感物兴情，勾画了意绪朦胧、哀婉含蓄的离别情境，既抒发了韶光易逝、世事无常的无奈，也蕴含了易代之后士人难以言喻的沧桑之感。

许珌遭革职后失意沉沦，生活贫困，诗风转向沉郁。自安定知县罢职时，许珌作《解组后别安定父老四首》，抒发自己的百感交集。试看其一：

作吏爱令名，赋异毋乃迁。金钱若夜来，奚由逭殛诛。三载食膏脂，相报惟区区。浩然拂衣去，欲去还踟蹰。反顾鸠鹄残，羊皮不蔽肤。求索多意外，能无宽征输。得罪诚所甘，但愿汝欢愉。悲风吹出关，犹自立须臾。[24]

诗中阐明了自己廉洁为民的行政作风，对自己反遭革职深感不平。其四也写道："坚白反见诬，廉吏不可为。"然而这只是牢骚，对于安定百姓，诗人还是倾心眷顾的，所以"欲去还踟蹰"。平日里许珌尽心济民，正如其二所写"忆昔在署时，蟋蟀鸣我床。忧来揽衣起，明星何煌煌"。眼看着安定百姓受苦受难，作者宁愿遭罢职，也要减轻百姓的赋税，以保障他们生活的安乐。最后，诗人在离去之前，还恋恋不舍地回首，站立须臾。其四的尾句也同样表明了诗人的道别："愧无赫赫名，去后休见思。"这组诗饱含诗人对安定人民的同情眷念和痛楚忧伤之情，言辞恳切，展现出一个一心为民的廉洁父母官的形象。无怪乎安定百姓们三百余年来从未忘记许珌，让他的"赫赫名"永留青史。

仕途的失意，生活的贫困，构成许珌晚年的生活，然后他宽阔的胸襟使得他能够坦然面对一切坎坷，并开解自己。如《临洮寒食》：

六时减饭护巢鸦，板屋安闲即是家。今日他乡寒食好，幸无风雨送梨花。[25]

诗中充满乐观精神，在穷困中仍减饭来照顾巢鸦，只要"板屋安闲""无风雨送梨花"，诗人就能乐在其中，享受寒食好时节。

许珌门人杜诗才言："吾师全诗气格力追盛唐，而竖言命意亦宗骚选，是不以意言而掩气格者也。"[26]具体分析许珌诗歌，所谓的"追盛唐""宗骚选"，是追模盛唐诗人的气象格调，宗尚《楚辞》《文选》的文学传统，后者的涵盖较广，从许珌诗的气格来看，盛唐气象的特质是比较明显的。但细味许珌诗歌，其所宗尚的，也不仅仅是盛唐诗人，例如一些歌行明显有中晚唐诗人韩愈等追求奇险意趣的痕迹。从体裁来看，许珌律绝、歌行各体皆善，以歌行成就较高，常常打破诗歌创作的固有格式，笔法多端，任性恣肆，达到了变幻莫测、超凡脱俗的雄奇境界。从题材来看，许珌诗主要取材于个人经历，由于其游历四方，故有不少纪游诗；其交游广阔，故有许多寄赠诗友的唱和诗；其仕途乖蹇，命运多舛，故有不少感慨遥深的抒情诗。终其一生，经历比较丰富，眼界比较宽广，投射在诗歌创作上，也显示出题材丰富、意境阔大的特点。加上其性情爽朗，诗风也倾向豪迈奔放。总体而言，许珌诗歌创作具有鲜明的个人特点，在文学史上应有一席之地。

## 四、结语

依笔者之见，许珌之所以留名于青史，主要有两个原因：一是由于其文学才华，二是由于其官风清正。在许珌生前，前者是主要原因。许珌交游广阔，在王士禛、施闰章、陈维崧、周亮工、邓汉仪等名士的推崇下，许珌的诗名传播甚广。张际亮曾提道："余童子时，见王贻上、陈其年、邓孝威诸先生所集录其交游之诗，因知吾乡许先生天玉者。"[27]但在许珌去世后，其在安定任内施行的惠政为其声名更添助益。祠堂的几番修建，诗集的几番刊印，足以反映许珌对后人的影响力。

总体而言，许珌诗诸体皆善，歌行体偏向奔放恣肆，格律诗刚正典雅，颇具个人风格，在清诗史上应有一席之地。又由于其官声极佳，造福安定人民，因此数百年来，甘肃和福建文人都甚为推举许珌其人其诗。笔者在甘肃定西调研时，亲见当地许多学者对许珌的推崇与重视。可以说，许珌的人格魅力与文学才华相互辉映，足以使其不朽于文学史。

## 参考文献：

[1] 陈寿祺．福建通志：卷二百三十九[M]//中国省志汇编：九．北京：华文书局股份有限公司，1968：4312．

[2] 黎士弘．仁恕堂笔记[M]//昭代丛书：己集．刻本．1876（光绪二年）：71．

[3][6][7][10][11][12][13][15][16][17][19][21][22][24][25][26] 许珌．铁堂诗草[M]//四库未收书辑刊：5辑30册．北京：北京出版社，1997：653，616-617，614，664，664-665，663，615，612-613，614，642，651，656-657，647，

658，658，663．

[4] 方文．嵞山续集前编：北游草[M]//方嵞山诗集：下．合肥：黄山书社，2010：451．

[5] 王士禛．慈仁寺双松歌许天玉[M]//渔洋诗集：卷1．刻本．1699（清康熙三十八年）：11．

[8] 孙学稼．鸥波杂草[M]．福建省图书馆藏稿本．

[9] 黎士弘．托素斋文集：卷3[M]//清代诗文集汇编：第68册．上海：上海古籍出版社，2010：65．

[14] 施闰章．学余堂文集：卷5[M]//文渊阁四库全书：集部0252册．

[18][20] 许珌．天海山人诗钞[M]．北京大学图书馆藏清抄本．

[23] 何清谷．三辅黄图校释[M]．北京：中华书局，2005：177．

[27] 张际亮．铁堂诗钞：序[M]．刻本．1834（道光十四年）：1．

# 许铁堂心系明室散议

## 郭建民[①]

（定西市文史研究会）

【摘　要】许珌是清康熙年间在安定知县任上，因为上疏减赋而被革职，"客死陇上"，人称许铁堂。但是，他一直"心系明室"，以南宋抗元英雄文天祥为楷模，愤清怀明，为民请命，上书减赋，堪为一代廉吏。

【关键词】许铁堂；心系明室；《铁堂诗》

清康熙年间在安定知县任上因上疏减赋而被革职、"客死陇上"的许铁堂，一共活了57岁。他的前30年生活在明朝，后27年在清朝度过。在清朝的二十七年，他一直沉浸于对明朝的怀念之中，可谓是始终"心系明室"。苦于其生平资料的欠缺，笔者仅能从掌握的零星资料，对此做一散议。

## 一

许铁堂于明万历四十二年（1614）出生于福建侯官即今福州市一"文献世家"，铁堂诸人"皆衍其门风"（《退庵金石书画跋》）。这就是说许铁堂自小就受到明代汉文化深深的熏陶。他的叔父、明崇祯初进士、后任浙江提学副使的许豸，一直视他"犹子"（如同亲子）。崇祯初年，他又师从万历举人、复社成员夏允彝。应该说一生"抗不为礼"的许豸和后来结兵反清的夏允彝在思想和性格上给了青少年时代的许铁堂深刻影响。

崇祯十二年（1639），二十五岁的许铁堂中举。二十多岁的青年人，思想已经基本成熟，经历万历、（泰昌）、天启至崇祯三朝，他已经形成了自己的世界观。正当他欲"大展鸿途"迈向登第之路时，1644年清军入关，明清换代，山河易主。与所有的明代知识分子一样，异族的入主、政权的更替，给他的身心造成了极其

---

① 作者简介：郭建民（1956—）男，山西沁源人。历任定西市委党史研究室助理研究员、定西市文联秘书长、定西市文联副主席、政协定西市委员会文史委主任、定西市作家协会名誉主席。

强烈的冲击，而叔父许豸的亡故，恩师夏允彝等复社成员与江南总兵吴志葵结兵反清，顺治二年（1645）投江自尽的现实，又加重了他的感情负担。

这时候的许铁堂，留恋前朝，但又处在矛盾之中。一方面不满清朝统治，一方面又深受儒家思想熏陶，在无奈地接受现实后"累累赴试北上"，还是希望有官做，但"心系明室"的思想却伴随着他走过一生。

## 二

"累累赴试"，累累落第。从顺治元年（1644）到他担任安定知县的康熙四年（1665），共21年，史籍中除了他在侯官与亲友结平远诗社，以及"性豪侈，金钱缘手力尽"（《闽侯县志·文苑下》）的记载外，其他生平资料是相当欠缺的。据他后来诗集自序"向者负一布囊，历游吴越燕赵齐鲁之间"，可知他每进京赴试之后，便过着游历的生活。从他《(山东聊城)铁塔寺作七歌》"我今行年过四十"诗句看，起码顺治十年（1653）他40岁时即已进行了游历，并且是以诗人的身份进行着游历。明末清初文学家、河南人周亮工后来曾序铁堂自选诗："（铁堂）关山陇水之间，潦倒宦途，欲归无计，出其《铁堂诗》若干卷见示。""若干卷"的"铁堂诗"绝大部分出于他游历期间。

当时文人游历天下，一方面是为了丰富阅历，一方面也是为自己积攒名声。在十多年的游历期间，铁堂结识了不少文人名士。从《铁堂诗草》中看，他结交的文人名士达三十七、八位。其中有移居金陵（南京）的原复社成员周亮工，有山东王士禛、宋琬，江浙陈维崧、邓汉仪、吴绮、汪琬、邹祇谟，安徽施闰章，湖北杜濬，直隶（河北）申涵光，陕西韩诗、李念兹等。这些人都是明末清初的文学家，除小铁堂二十岁、基本在清朝长大的王士禛，其他都大致与铁堂处于一个年龄段，其身世遭遇与铁堂如出一辙，都经历了明清换代后艰难而痛苦的抉择，用铁堂自己的话讲，是"抱椷入秦，本非其志"（铁堂诗自序）。他们中的一些人如申涵光等在明朝覆灭后很长一段时间"时而纵酒狂欢，时而痛苦高歌"。铁堂与这些"巨卿雅士击钵刻烛，旗鼓角垒，争相雄长"。他们的字里行间隐露出对清王朝异族统治的不满。应该说心系明室、怀念前朝构成了他们共同的思想基础。

而基本在清朝长大，也较快适应了明清交替的王士禛，曾在铁堂"尝试赴北上，缺资斧"时"妻张氏脱金约腕使为费"，并且给予铁堂诗很高的评价："读铁堂诗沉雄孤峭，愚兄弟私叹百余年来未见其手。"创立了诗坛"神韵说"的一代宗师王士禛，他未必看不出铁堂许多诗作隐露出的怀念前朝的情绪来。

## 三

从铁堂现存的大量诗作看，他的诗大致可分为酬和应答、吊古伤今，以及抒情寄事三类，绝少咏时之作。他的诗，除了《关山月》《江南曲》等"秋风吹渭水，闺梦依沙场；愁绝从军者，何年罢望乡"因袭前人而缺少新意的诗，其余都很齐整。王士禛谓其"百余年来未见其手"显然逢人说项，但"谓其沉雄孤峭"，却是准确的。

纵观铁堂诗，吊古伤今的诗显然更高于其他，特别是他怀念前朝的诗，写得非常好。从艺术角度和当时统治背景来看，他不可能写出直露不满的诗作；或是性格使然，不像杜濬那样志行皎然，却像陈维崧那样倜傥豪迈，他只能通过吊古抒发情感，以浇块垒；只能从字里行间隐露地表达"心系明室"的情绪，如《公车出西洪》"白云轻许国，红豆暗伤春"，《大梁》"大夫身到此，便欲报人恩。不见魏公子，悠悠登古原"，《岳坟》"一子渡江天意定，靖康遗恨岂班师"，《北平怀古》"寂寞桃李蹊，何处怀国土"……而以明朝人事入诗，则直接切入心系明室的感慨。

铁堂诗中，直接以明朝人和事成诗的作品，有《钟山寺次杜濬四首》《于（谦）坟》《武部谒杨公椒山（继盛）祠三首》《戚（继光）家屯》《过于麟李（攀龙）公墓下作》等，"孝陵陵上草萋萋，日落江南杜宇啼""五国翠华原不返，当年庙议是耶非""不谓朝廷改，瞻依犹在今""只今余父老，还说义乌兵"……可以说这些诗倾注或渗透了铁堂发自内心的情感，所以表现得真诚而强烈！

到了康熙朝，清朝统治更加巩固，不少人的民族情绪亦逐渐趋于淡薄，但铁堂诗作中的这种情绪却保持了始终。

令人意外的是，铁堂诗《卞坟高》是为明末烈女钱淑贤而作，序中写道："扬州城破，烈女死而后绝命，父母从其志，葬于卞忠贞祠南。许子过而哀之。"该诗一反先前隐晦的表达手法而直抒胸臆。这首长调，"东邻飞人肉，西邻溅人血"，竟以当朝顺治二年（1645）史可法率扬州军民坚守孤城，城破后清兵屠城十日的事件为背景，对扬州死节妇女钱淑贤备极褒扬，至于"九解"，哀恸无已，对清兵的残酷屠杀进行了强烈的控诉，写得铿锵遒壮，催人泪下。和铁堂绝大多数诗作一样，这首诗不知道作于什么时候，也不知道在文网严密的清当朝是怎么留存下来的，不过铁堂心系明室、痛愤清朝的情绪，通过这首诗得到了尽情的表现。

## 四

1662年康熙即位后，政策开始松动，在经济上解决满族贵族推行入关前的制度，政治上提倡儒学作为统治思想，又采取了一些缓和矛盾和怀柔笼络的措施。康熙四年（1665），51岁的前朝举人许铁堂被录用为安定知县，不管是谁人推荐的或怎么被录用的，肯定与康熙的这些政策和措施有关。

　　许铁堂上任伊始，便祭起了文天祥的大旗。他到任后，杜撰了在孟津黄河上与另一竖有"安定县正堂"旗旌的官船相遇，经造访为"安定城隍"文天祥与他同时赴任的故事。这个故事使当时大部分安定士民信以为真，乃至一个与西北、与安定毫无干连的文天祥，做了300多年定西的城隍。有理由说这个故事不是铁堂信口而来，是经过铁堂深思熟虑的。一方面他的身份已经是当朝的官吏了，一方面他的思想始终是前朝的"遗民"。既想当朝为官，又要心系前朝，他需要这个故事来帮助自己，一面为自己作为知县治理地方打造舆论基础，一面寄托下自己不能袒露的心迹。而故事的另一主人公，他恰到好处地选择了南宋抗元英雄文天祥。宋朝、明朝，同是汉族"正统"；元朝、清朝，同是异族入主；文天祥抗元兴宋，自己愤清怀明，这是非常精彩的。

　　铁堂在任不到三年，因县境连年大旱上疏减赋被解组革职，最终"无资返里，客死陇上"，堪令叹息。这里有个问题，就是他被革职的真实原因。仅仅因为上疏请求减少辖境税赋，充其量不予允应，更甚遭到严重的斥责罢了，还不至于被立马革职吧？是否还有其他的因素呢？这因素是不是含有他心系明室所表露出的些许思想行为，而被借端革职呢？铁堂写下的《解组后别安定父老四首》，是他最接地气的诗，除了表露他心忧父老、情系父老和披露自己清正廉洁的情怀，他写道"坚白反见诬，廉吏不可为""此邦非我邦，奚能缓辕绥"；从这两句诗，特别是"坚白"的用词和"此邦非我邦"的感慨中，不就传达出某种些微的信息吗？

　　应该说铁堂到了西北干旱频仍、民生困苦的安定县做知县，才真正了解了人民大众的生活，接触到人民大众的疾苦，世界观发生了一定变化。他廉政勤民，教化民风，兴办学堂，架桥铺路，深入山区（葛家岔、新集）访贫问苦，这在当时是很难得的。从旧朝举人到新朝知县，从生性豪侈、金钱缘手立尽的诗人，到无资返里、最终客死陇上的廉吏，许铁堂完成了他的转变，同时留下了许多令后人研究的地方，当然，这已属于另外一个问题了。

# 吴镇若干生平事迹丛考

杨 齐[①]

（甘肃中医药大学定西校区 人文教学部）

【摘 要】吴镇是乾嘉时期关陇文坛领袖，因成就较高，影响较大，其生平事迹有传记、碑志以及大量作品等资料资以考索，后人也编撰有年谱，但因各种原因，其生平事迹中仍有部分事件模糊不清。今据新发现的行状、家谱和著述，结合传记、碑志等资料，对其若干生平事迹进行重新考证，力图更清楚地还原吴镇一生。

【关键词】吴镇；松厓府君行略；吴氏家谱；生平事迹

  作家的成长首先离不开家庭环境的熏陶，吴镇祖上以诗书传家，吴镇的祖父和父亲以及叔父都爱好诗歌，有作品存世。吴镇也继承了祖上诗书传家的传统，非常注重培养兄弟子侄的诗学才能，故临洮吴氏一家多诗人。吴镇从小好诗，后来先后入临洮府学、兰山书院学习，师从牛运震等老师，诗学日进。中年远宦陕西、山东、湖北、湖南，长期担任教职，八次科举不第，正当仕途上升时又突遇罢官，坎坷的遭遇促成了他诗歌的成就。晚年讲学兰山书院，与诗友唱和，奖掖后进，领导关陇文坛活动，成为关陇文坛领袖。

  目前，吴镇的生平研究资料主要有王文焕的《吴松厓年谱》（后文简称《年谱》）、李华春撰写的《皇清诰授朝议大夫湖南沅州知府吴松厓先生传略》（后文简称《传略》）、杨芳灿撰写的《皇清诰授朝议大夫湖南沅州知府吴松厓神道碑铭》（后文简称《神道碑铭》）以及自身著述乾隆刻本《松花庵全集》。笔者在甘肃省图书馆查阅嘉庆刻本《松花庵全集》时，新发现了比现行《松花庵全集》多出的六种作品集，查阅到了杨芳灿代作的嘉庆刊本《皇清诰授朝议大夫湖南沅州知府显考松厓府君行略》（后文简称《行略》），从吴镇六世孙吴世维处寻访到手抄本《吴氏家谱》。

---

[①] 作者简介：杨齐（1981—），男，湖北咸丰人，博士，甘肃中医药大学定西校区人文教学部副教授。研究方向：地域文化与文学。

《年谱》对吴镇生平事迹记载比较简略,王文焕在编撰《年谱》时主要取材于《传略》《神道碑铭》及其乾隆刻本《松花庵全集》,其《导言》说:"由友人处得到一部《松花庵全集》,发现先生许许多多事迹,遂开始撰这年谱的工作,经三月而始成。"[1]对吴镇生平事迹的考订不甚详细,而且还有一些错漏之处,对吴镇研究产生了一些误导。本文根据这些新发现资料,增补了一些《吴松厓年谱》未记载的事件,也对一些年份不详或错置的事件进行了考证,对吴镇的生平事迹做了大量的补充。

## 一、吴镇两次求学兰山书院情况考

吴镇曾经两次进入兰山书院学习,中间曾离开书院赴平番(今甘肃永登)师从牛运震,《吴松厓年谱》仅记载乾隆七年(1742)入兰山书院,乾隆十二年(1747)师从主讲兰山书院的牛运震,[2]且对这段学习经历语焉不详,师从牛运震的时间也有错误。第二次是其师牛运震罢官后主讲兰山书院,吴镇随师再次入书院。

吴镇第一次入兰山书院读书是在被选为拔贡后。乾隆七年(1742),二十二岁的吴镇进入兰山书院读书,得到时任兰山书院讲席的常熟盛仲奎先生指导。"乾隆壬戌之岁,予从常熟盛仲奎先师,肄业兰山书院。"[3]兰山书院于雍正十三年(1735)由甘肃巡抚许容奉旨建立,为西北最高学府。吴镇在兰山书院读书四年,期间成长为书院最优秀的学生。

乾隆十一年(1746),二十六岁的吴镇听闻山左著名学者牛运震从秦安调任平番(今甘肃永登县)任知县,他离开兰山书院拜入牛运震门下。《行略》记载:"(吴镇)虚心善下,匹马寻师,不惮千里。闻平番尹牛真谷先生,山左名宿也,遂往从游。"[4]"牛运震留之署中,学业益进。"[5]第二年秋天,吴镇曾参加乡试,"予丁卯出闱,与同人僦车泾阳,时阴雨连旬,夜不能寐"[6]。归来后,吴镇继续从学于牛运震。

乾隆十四年(1749),牛运震受聘为兰山书院主讲,吴镇再入兰山书院师从牛运震学习。牛运震主讲兰山书院,一时才俊云集,从游者有七十四人。"乾隆十四年,余自平番罢官,主书院讲政,维时从游肄业者七十有四人。其第则选贡诸生及应童子试者,其籍则东至空同,西极流沙,凡八府三州之人士,咸在焉。其年则少者自成童以上,长者年疑其师也。"[7]吴镇再入兰山书院学习,学业上进步非常明显,陕甘学使官清溪先生案临兰棚,三百人参加岁试,松厓名列第一。"乾隆己巳夏,学使官清溪先生案临兰棚,予适肄业书院,因复与考。时先生合六属生童及书院秀异者约三百人，扃门而试。其命题则有《皋兰山赋》《积石歌》《侯马亭歌》《鸟鼠同穴辨》《泄湖峡铭》《双忠赞》《红泥岩宝志遗迹记》《红药当阶翻》五排，共八首。其全作完卷者，惟予及皋兰刘渭卿二人而已。案发，予第一，刘次之，余皆以乙等发落。"[8]文学上取得的成绩更大。牛运震主讲书院，督课之余，颇为重视文学。吴镇与老师牛运震、诸多同学以及在兰名士梁彬、阎介年等人诗文唱和，文学水平也得到很大的提升。吴镇第一部诗集《玉芝亭诗草》，于乾隆十四年（1749）十月刊刻于兰山书院，老师牛运震为该诗集作序。

## 二、吴镇八次参加会试的时间及情况考

吴镇在乾隆十五年（1750）中举之后，"先后赴礼闱者八，而六荐未售。"[9]关于吴镇八次参加会试的时间和具体情况，《年谱》记载不全。从吴镇在乾隆十五年（1750）中举开始，至他在乾隆三十七年（1772）担任山东陵县知县这二十一年间，会试共举行了11次，分别是：乾隆十六年、乾隆十七年恩科、乾隆十九年、乾隆二十二年、乾隆二十五年、乾隆二十六年恩科、乾隆二十八年、乾隆三十一年、乾隆三十四年、乾隆三十六年恩科、乾隆三十七年。

按清朝定制，会试四次不第，可参加朝廷的大挑，吴镇于乾隆二十五年参加大挑，则乾隆十六年到乾隆二十五年的五次会试只参加了四次。乾隆十九年和二十二年，吴镇有诗作显示其在京城，则吴镇没有参加乾隆十七年的恩科会试。乾隆二十八年秋，吴镇丁母忧，丁忧时间为三年，而会试考试在该年春，吴镇能够参加参加乾隆二十八年的会试，但不可能参加乾隆三十一年的会试。乾隆三十七年，吴镇被毕沅推荐到吏部选任知县，应该也没有参加当年的会试。

如此，则吴镇参加八次会试的时间分别是乾隆十六年、十九年、二十二年、二十五年、二十六年、二十八年、三十四年、三十六年。

乾隆十六年（1751），吴镇第一次参加会试。落第回乡后重结洮阳诗社。

乾隆十九年（1754），吴镇第二次赴京参加会试，"余甫甲戌岁，以公车赴都"[10]。该次会试落第回乡途中，吴镇曾赴山西拜会主讲晋阳书院的老师牛运震，《空山堂师远寄长歌敬和一首以代短札》说："甲戌之岁历古晋，狐突台畔还相求。社燕春鸿暂相值，金乌玉兔谁能留？"[11]

乾隆二十二年（1757），第三次参加会试的吴镇再次落第归临洮乡居。

乾隆二十五年（1760），已经四十岁的吴镇第四次参加会试，再次不第，吴镇不久因大挑列二等，以教职用。

乾隆二十六年（1761），因皇太后七旬大庆，开恩科会试，吴镇再次前往。吴镇年轻时认识的好友吴坛于该年也参加科举考试，两人过从甚密，"辛巳春，予与信兄，同试礼闱，朝夕倡和，纵谈千古"[12]。

乾隆二十八年（1763），吴镇第六次参加会试，再次落第。

乾隆三十四年（1769），吴镇第七次入京会试，曾与老师李友棠见面，李友棠《松花庵集唐诗序》说："（吴镇）乙丑北来，见余《侯鲭集》，好之甚笃。"[13]

乾隆三十六年（1771）恩科会试，吴镇第八次参加，常在张翙官邸一起饮酒论诗，吴镇《雪舫诗钞序》曾回忆当时情景："武威张桐圃者，予之忘年友也……忆二十年前，予数上公车，时桐圃已官民部，每花朝月夕，邀予饮酒邸中，娓娓谈诗，浃旬不倦。"[14]张翙为乾隆三十四年进士，选授户部主事，吴镇于乾隆三十七年升任山东陵县知县，此间只有乾隆三十六年恩科。《雪舫诗钞序》写于乾隆五十八年，序中说"二十年前"也指出两人在京城交往的时间在乾隆三十六年。

## 三、其他生平事迹丛考

吴镇父亲吴秉元去世时间考。关于吴秉元去世时间，王文焕《吴松厓年谱》暂系于雍正六年（1728）[15]，实际上应在雍正五年（1727）。据《吴氏家谱》记载，"秉元有隽才，病酒（应为"久"）卒。子吴镇方幼，氏年二十八，矢志柏舟教子，为知名士，事姑元氏，尤以孝闻，后年六十四卒。"[16]"氏"指吴镇母亲魏氏。《吴松厓年谱》"乾隆二十八年"条记载："秋，先生丁母魏太恭人忧。"[17]魏氏享年六十四岁，吴秉元去世时魏氏年二十八岁，中间相隔三十六年，魏氏去世于乾隆二十八年（1763）秋天，上推三十六年为雍正五年。由此可知，吴秉元去世于雍正五年。

吴镇担任耀州学正的时间考。吴镇于乾隆二十五年（1760）大挑，但实际授予耀州学正的时间并非当年，而是在乾隆二十七年（1762）。王文焕《吴松厓年谱》依《传略》"庚辰，由大挑授陕西耀州学正"[18]语，记在乾隆二十五年。[19]但是，据《续耀州志》第五卷《官师志》"乾隆学正"条载："吴镇，字信辰，号松花（为厓字误），狄道举人，乾隆二十七年至。"[20]吴镇《北五台山赋·序》自述也说："予以乾隆壬午夏，司铎华原。会州牧汪公，编次州志将成。阅艺文类，他作皆备，而赋独缺焉，公因嘱予为《北五台山赋》。"[21]由此可见，吴镇担任耀州学正的时间应在乾隆二十七年。如果吴镇在乾隆二十五年担任耀州学正，则该年夏天不可能有江汉漫游之行和坐馆的经历，"庚辰夏，予南游太和，馆均州"[22]。太和即今安徽太和县，均州即今湖北丹江口市，从太和到丹江口，吴镇沿汉水西行，后来在均州教授士子。《行略》也记载："庚辰赴都大挑，列名二等，遂南游江汉。而归后，授陕西耀州学正，樽酒论文，待生徒如子弟。"[23]明确说是在南游江汉之后才授耀州学正。

在耀州学正任上，吴镇参与了《续耀州志》的参编工作。《续耀州志》由时任耀州知州的汪灏主修，钟研斋纂。吴镇于乾隆二十七年（1762）夏天任耀州学正，时《续耀州志》将成，吴镇参加了后期编写工作。《吴氏家谱》记载吴镇著述时说："《续耀州志》《狄道州志》，已梓行。"[24]《续耀州志》卷九"艺文志"载有吴镇以当地历史风光为题材的散文《北五台山赋》和《刺史汪公重修东岳庙记》两篇。

吴镇入毕沅早期幕府考。乾隆三十六年（1771）正月，毕沅补授陕西按察使，五月署理布政使事，十月补授布政使。毕沅于该年开始组建自己的幕府，吴镇得入毕沅幕，常相往来。正是在毕沅的推荐下，吴镇才得以出任山东陵县知县。十二月十九日，从京城回来的吴镇参加了毕沅组织的苏东坡生辰祭祀赋诗活动，毕沅咏七古一首，参加活动的十四人均有和诗。若干年后，吴镇罢官回乡，读毕沅诗，有感而作《和毕秋帆中丞苏文忠公寿宴诗》回忆当年盛况："春兰秋菊纷满堂，初度称觞庆览揆。遏云音绕鹤南飞，此老至今原不死。迢迢岐下亭，活活东湖水。座中题诗十四人，宾主略尽东南美。"[25]

吴镇被聘为兰山书院山长的情况考。《年谱》仅记载为受福康安聘，关于福康安为何聘请吴镇等情况，并未交代。《行略》介绍比较详细："乙巳，使相福公，开府甘肃，聘主兰山书院。盖府君品学，素为观察王芍坡先生所重。观察言之使相，故以礼币招延。时使相位望隆赫，府君以师道自处，每见独长揖，然使相亦因此愈加礼焉。"[26]福康安知道吴镇，由其幕僚王曾翼推荐。但需要说明的是，王曾翼在推荐吴镇给福康安之前，两人并不认识，王曾翼说："曩在京师，耳熟洮阳吴信辰先生之名。戊戌来甘，始得《松花庵诗草》而读之，乃叹名下洵无虚士。越岁乙巳，节相福公聘主兰山讲席，因得挹先生之议论丰采。"[27]王曾翼到甘肃后，读到吴镇诗作，为吴镇才学倾倒，才将吴镇推荐给福康安担任书院山长。

吴镇因病从兰山书院回到临洮后的活动考。吴镇《年谱》《吴氏家谱》等均未记载吴镇回到临洮的活动。吴镇在家养病期间，仍然继续从事创作，"吟咏不废，所著有《伏枕草》"[28]。乾隆六十年（1795）三月，吴镇的儿子吴承禧代父写诗祝袁枚八十大寿。五月，在病情好转后，七十五岁的吴镇前往金陵，两次拜访袁枚于随园，遂平生所愿。据《袁枚日记》记载，乾隆六十年五月初八，"见吴松崖，饮蒋莘家，极肴馔之美，有出意外"[29]。七天后的五月十五日，吴镇再次拜访袁枚，袁枚烹猪头待客。《袁枚日记》记载："不出门，烹猪头享客。春圃、松厓、云谷、又恺在座。"[30]两位高龄老人，一为乾嘉文坛领袖，一为西北文坛盟主，相隔万里，相见交谈，在文学史上是绝无仅有的。

另外，还有一些《年谱》未明原因的事迹，如，因经济困难，吴镇在丁母忧期间还曾到海城（今宁夏海原县）就馆课士，《行略》明确说："嗣因家贫，就馆海城。"[31]吴镇有诗《海城客馆疏理小畦漫赋》，即写在海城的住所。

**参考文献：**

[1][2][15][17][19] 王文焕．吴松厓年谱[M]．民国丛书（第四编）本．上海：上海书店，1989：19，24-25，19，42，39．

[3] 吴镇．松花庵全集：松厓文稿：风骚补编序[M]．嘉庆刻本．甘肃省图书馆．

[4][9][23][26][28][31] 杨芳灿．松厓府君行略[M]．嘉庆刻本．甘肃省图书馆．

[5] 清史列传：文苑传[M]．王钟翰，点校．北京：中华书局，1987．

[6] 吴镇．松花庵全集：松花庵诗话：卷一[M]．嘉庆刻本．甘肃省图书馆．

[7] 牛运震．空山堂文集：皋兰书院同学录序[M]．清代诗文集汇编本．

[8] 吴镇．松花庵全集：松厓文稿：鸟鼠同穴辨：自记[M]．嘉庆刻本．甘肃省图书馆．

[10][22] 吴镇．松花庵全集：松花庵诗话：卷三[M]．嘉庆刻本．甘肃省图书馆．

[11] 吴镇．松花庵全集：松花庵逸草[M]．嘉庆刻本．甘肃省图书馆．

[12] 吴镇．松花庵全集：松花庵诗草[M]．嘉庆刻本．甘肃省图书馆．

[13] 吴镇．松花庵全集：松花庵集唐[M]．嘉庆刻本．甘肃省图书馆．

[14] 吴镇．松花庵全集：松厓文稿次编[M]．嘉庆刻本．甘肃省图书馆．

[16][24] 吴氏家谱[M]．家藏手稿本．

[18] 李华春．吴松厓先生传略[M]//吴镇．松花庵全集．嘉庆刻本．甘肃省图书馆．

[20] 汪灏，钟研斋．续耀州志：卷五：官师志[M]．刊本．1762（乾隆二十七年）．

[21] 吴镇．松花庵全集：松厓文稿三编[M]．嘉庆刻本．甘肃省图书馆．

[25] 吴镇．松花庵全集：松花庵游草[M]．嘉庆刻本．甘肃省图书馆．

[27] 王曾翼．松厓诗录：序[M]．乾隆五十七年刻本．甘肃省定西市安定区图书馆．

[29] 袁枚．袁枚日记（十三）[M]．王英志，整理．古典文学知识，2011（1）：160．

[30] 袁枚．袁枚日记（十四）[M]．王英志，整理．古典文学知识，2011（3）：158．

# 吴镇诗歌中的女性形象分析[①]

曹艳华　杨　齐[②]

（甘肃中医药大学定西校区　人文教学部）

**【摘　要】** 乾嘉关陇著名作家吴镇对女性群体的生存状态和社会地位非常关注，在诗歌中塑造了一系列生动的女性群体形象。通过这些形象，吴镇揭示了女性的生存状态和社会地位，对她们的遭遇表示了深深的同情，同时，也极力展现出传统女性的优秀品质。

**【关键词】** 吴镇；女性群体；生存状态；社会地位

在传统社会里，女性被各种制度和礼俗所限制，在生活中大多处于艰难的生存状态和弱势社会地位，这种境况得到一些男性作家的关注和同情。乾嘉时期关陇著名作家吴镇，用他的诗歌为女性唱出了一曲曲赞歌和悲歌，塑造了一系列生动的女性形象。在吴镇的笔下，有天真无邪的少女，有出阁后饱受煎熬和桎梏的思妇，有为守节自杀的烈妇，还有为糊口仍辛苦不辍的老妇人。吴镇用他有力的笔调，对女性的生存状态和社会地位进行了揭示，在展现传统女性优秀品质的同时，也对他们的遭遇也表示了深深的同情。

## 一

女性在出嫁前相对自由，她们可以尽情表达对美、爱的喜爱与追求，并付诸实践。

---

[①] 项目基金：甘肃省高等学校科研项目"吴镇与乾嘉陇右作家群研究"（项目号：16CZW032）阶段性成果。

[②] 作者简介：曹艳华（1981—），女，河南杞县人，甘肃中医药大学定西校区人文教学部讲师，研究方向：清代文学。
杨齐（1981—），男，湖北咸丰人，博士，甘肃中医药大学定西校区人文教学部副教授。研究方向：地域文化与文学。

夜夜复朝朝，朝朝复夜夜。买丝绣槿花，不许娇红谢。(《夜夜曲》)
　　侬爱莲花好，南湖荡桨频。相逢湖里客，不是采莲人。(《采莲曲》)
槿花即木槿花，又称"舜华"，花色鲜艳美丽，《诗经·郑风·有女同车》中有句："有女同车，颜如舜华。"但因朝开暮落，生命短暂。历代吟咏者多借瑾花哀叹女子薄命，如唐代诗人崔道融《槿花》一诗道："槿花不见夕，一日一回新。"[1]清代叶申芗《清平乐·木槿》："比似红颜多命薄，休怨朝开暮落。"[2]《夜夜曲》原为沈约所作，《乐府解题》称："《夜夜曲》，伤独处也。"[3]因此无论题目还是咏叹涉及之花，都指向闺怨。但在吴镇这里，闺阁中的少女在面对美丽而易谢的瑾花时，没有憔悴伤神，反而积极行动起来，日夜以继，拼着身体憔悴，也要把这短暂的美维护为永恒。花开花谢，本是人力不可阻止的现象，然而诗中女子并不愿意接受天地规则，用尽全身力气，也不许身边的美丽流逝成空。"不许"二字，活生生刻画出少女未谙世事的娇嗔与天真飞扬的形态。同样，那个频频荡舟南湖的女子，是因为莲花之美，更是为了制造与爱恋之人偶然相逢的局面。她们在美与爱的面前，都是敢于行动的，并且把美当作爱的一部分，把爱作为终其一生的追求，它绝对高于生命：

　　渴亦不能饮，饥亦不能餐，倦亦不能寝，但念心所欢。所欢复何在，咫尺青云端。岂无人所爱，子若桂与兰；岂无我所爱，子若肺与肝。斑斑海中石，文理成波澜。顽石犹变化，何论寸心肝。(《拟古》)

吴镇的这首诗描写了单恋中女子的内心。诗歌的第一层以与日常生存密切联系的吃喝睡眠切入，铺写女子被爱情煎熬以至于不能食与眠，是《诗经·关雎》"辗转反侧"一词的延伸。抓住三个"亦"字，与《关雎》相比，三个排比语言极其朴素通俗，又是吴镇很好继承与彰显汉乐府生活化、平凡化的特点，然却表现出女子在爱情面前，忘记了生命存在，是女子爱情高于生命价值观的体现。第二层仅一句话，一个"咫尺青云端"，急剧转折，写女子对所爱之人近在咫尺却无由亲近的距离感，爱情终可望而不可及。第三层写女子想放弃，奈何所爱之人在女子眼中，像桂兰般美丽高洁，再也无人能替代；所爱之人已经在心中扎根，成为她身体心灵的一部分，无法割舍。最后，女子在挣扎中希冀能像海水冲刷顽石以留下痕迹般感动他，在他心中留下自己的痕迹，从而接受自己。在这首诗中，女子想爱不能，想放弃亦不能，在徘徊犹豫中饱受煎熬，有希望却极其漫长渺茫。她的追求虽艰辛，但却坚守到底，是女子不忍放弃爱与美，为之敢于付出的代表。

# 二

在吴镇眼中，出嫁后的女子内心十分落寞，这种落寞主要与不公平的社会制度有关。由于男女分工不同，男主外，女主内。男子外出谋生，留女子在家，女子无法与丈夫相守，十分不舍，想留下丈夫，却无能为力，只能日日思念，望眼欲穿，这样的作品较多，如：

长绳能系日，不绾一心愁。宝刀能划水，不断双泪流。自从君别后，日日上高楼。高楼临汉水，遥见木兰舟。渺渺波与风，凄凄春复秋。君为云外鹄，妾做雨中鸠。(《古意》)

水陆三千里，阴晴十二时。郎如钗上凤，来去妾难知。(《古意二首》)

片月沉沉下海底，梦魂飞渡三千里。博山炉里贮残香，拨尽寒灰心不死。

纱窗呢呢语痴蝇，欲话相思转未能。天上冰轮如可系，愿抛飞电作长绳。(《懊恼曲》)

妾身似铜雀，日夕在高台。铜雀难飞去，君王岂再来。松风吹飒飒，能助管弦哀。望断西陵月，残香一寸灰。(《代铜雀妓》)

无论多长的绳，都无法绾住思妇内心的愁；无论多快的宝刀，都无法划断她脸上的泪。芍药赠给有情人，鸳鸯都能相守相依到老，可是她却不能留下丈夫，也不能跟随丈夫。丈夫离她有三千里水路，她无法得知那里的阴晴变化，更不知丈夫一天一天的在做什么。她能做的只有在梦里追随丈夫，或独上高楼等待，日日数着归期。孤独寂寞的她无法倾诉对丈夫的思念，只能对着苍蝇说话。她深恨行动不自由，身体受到束缚，干脆觉得自己就是铜雀，风助琴声哀，心也一点点沉沦冰冷。可是，偏偏这份相思之心像博山炉里的残香，燃尽如寒灰，拨开发现心又不能彻底死去。在这死与不死的忍耐悲哀中，人生慢慢耗尽。在古典诗词里，闺怨是常见的主题，吴镇诗里也有天际识归舟的望眼欲穿，但是却突破怀人优美意境，增添新意，表达的女子被困守在家的桎梏现实：男人在外如鸿鹄展翅、凤凰于飞、蛟龙戏水般逍遥自在，而女子被困在家苦守，也似乎被夫君完全遗忘了的。在一夫多妻制的社会里，这种忍耐、漫长等待的结果，却往往事与愿违，现实不仅没有回报女子，反而残忍的让其心灵面临着更大的打击和折磨：

良人远贾妾心哀，秋月春花眼倦开。忍死待郎三十载，归鞍拖得小妻来。(《韩城竹枝词》)

此诗前三句在诗意上承袭了《古诗十九首·行行重行行》，女子不断受着思念的折磨，无心打扮，生活没有趣味，以致"思君令人老，岁月忽已晚"，但无论多苦多难多久，女子都会努力等下去，最终女子是否等到，诗中没有结果。而吴镇给出了"努力加餐饭"结果，往往更具打击与折磨，极具讽刺：在枯寂中盼望了丈夫半辈子，终于等到了丈夫归来，可看到的却是丈夫和别的女子的相亲相爱的场景。这是对社会对女子的不公平待遇、对戕害女子身心的不公平社会现象的控诉。

# 三

传统社会为维护男性特权，在男子死后，女子不能改嫁，甚至未嫁都要殉夫，这些女子被称为"贞女"或"烈女"。对这些女子的遭际命运，吴镇予以关注同情。在他笔下，这些女子，无不是兰心蕙质，然而爱情却与她们无缘，四季缤纷跟她们无关，生命已然俱寂成灰：

蕙心纨质已成尘，一闭空山万劫春。塚上花开郎不见，却疑蝴蝶是情人。（《美人黄土曲》）

明珠蒙尘令人心痛，那么蕙心纨质的女子呢？心已死，化成尘，却无人过问。在封闭的环境和心境中，万事寂灭，春去春回，时光荏苒，与她们何干？偶尔看见花，却是开在故夫墓上，徒留悲哀。对守节而死的烈妇，吴镇有赞扬：

妇咸阳人，明末遭掠，怀刃欲剚贼，不得，遂赴井死。时年十七。

叙舟渡咸阳，两岸芦花雪。中有孤鸳鸯，哀鸣口流血。胜国昔崩腾，三秦尤破裂。奇哉刘氏妹，独抱巾帼节。娥亲志未遂，古井闻呜咽。铜瓶牵素丝，相见幽兰折。百年止水清，墓草深石碣。春风蛱蝶飞，过客为愁绝。（《书刘烈妇哀词后》）

夫死守节的刘氏在盗贼的面前选择自杀守身，吴镇认为她是奇女子，也令人惋惜哀叹。对殉夫的烈女，吴镇十分心痛：

范烈女，生何许？乃在嵯峨之南，泾川之浒。天不可移父难忤，曲池水清儿心苦。白莲夜深作人语，下有鸳鸯啸匹侣，吁嗟女兮哀千古。（《范烈女歌》）

开头以设问的方式，一问一答，既是向众人叙述烈女出身，亦是感叹烈女。"嵯峨之南，泾川之浒"，即在高耸的嵯峨山之南方，清清的泾水之岸边。语言行云流水，自然如话家常，但蕴意丰厚。一方面表明范烈女秉承天地灵气而生，虽未点出范烈女的容貌，但山之清，水之秀，自然可以想象。另一方面高山比德，水清见洁，此句更是对范烈女品德的暗喻，符合烈女身份：以贞德牌坊为众人竖立榜样，为家庭取得骄傲。以自己的牺牲换来荣耀，范烈女是否心甘情愿呢？"曲池水清儿心苦。白莲夜深作人语，下有鸳鸯啸匹侣。"莲本出淤泥而不染，白莲更是无瑕，而其心莲子却是苦的。吴镇采用南北朝乐府诗中常用的双关和暗喻手法，范烈女内心一个"苦"字，是最大的无言，可见范烈女的不情愿。唐代卢照邻有《曲池荷》一诗："浮香绕曲岸，圆影覆华池。常恐秋风早，飘零君不知。"[4]此诗前两句写的是正值盛夏，莲花处在最好的时光。而后两句转写花之自悼，实际上是借物抒情，唯恐美人迟暮。这花之自悼实为人之自悼，亦是烈女之"夜深作人语"的自悼。清代王士禛《池北偶谈·白海棠》记载："范烈女者，易州范良女，许字田，未婚而夫死，烈女闻之，即自缢。庭前有海棠一株方花，时甚艳，女死，花忽变白。一时文人奇之，多为赋咏云。"[5]鸳鸯固然呼朋引伴，不肯独活，若连堂都未拜、夫君的面都没见，就要去陪他去做鬼鸳鸯，难道到了地底下，真能琴瑟和鸣吗？唯恐秋风，但秋风早至而横扫，范烈女在韶华之年生命便被收割，而这无情的秋风，竟然是自己的亲生父亲，还有不可移之"天"。君权、父权、夫权下的女子，年轻的生命任由宰割，只能是牺牲品，不能不使人感叹，只能令人"吁嗟女兮哀千古"。在那样的年代，吴镇不仅没有成为卫道士，反而对对范烈女给予同情之心，对逼迫女子死亡的君权、父权不满，实在可贵。

## 四

在吴镇笔下，即便如虞姬、杨妃、苏小小等名女子，虽然貌美如花，但命运也不能自主。

赢女练童颜，箫声满华山。何当骑彩凤，白日下人间。（《赢女曲》）

萧萧松柏林，何处结同心。墓草成花落，山云带雨深。一掊兰麝土，五夜管弦音。翠烛劳光彩，风流自古今。（《苏小小墓》）

吴镇认为，女子只有得到爱情方可幸福，因此《赢女曲》前两句对赢女容颜和才华进行烘托，突出赢女的仙气。后两句却笔锋一转，认为赢女只有在人间寻找到爱情，才算美满。《苏小小墓》感叹名妓苏小小生倾国倾城，才华绝世，引人竞献奉承，可死后孤坟凄凉，伴随的仅是萧瑟之风，肃穆之松柏。生前无人结同心，死后万事皆空，令人遗憾惆怅。可是即便有英雄相护，外界风雨一来，女子也纷纷如花凋零：

怨粉愁香绕砌多，大风一起奈卿何？乌江夜雨天涯满，休向花前唱楚歌。（《虞美人花》）

首句描写虞美人花之美态，花瓣重重叠叠，繁富妖娆，粉重香多，以至于花朵低垂，似怨如诉。然而再美的花，无论多么千娇百媚，摄人心魄，占尽风光，也无法抗衡风雨的摧残，季节的变迁。女子美如花，亦脆弱如花。即便受尽英雄呵护，赢得八方妒忌，奈何保护大厦一夜哗啦啦倒下，便是天涯海角，亦无遁处。

女人一旦与政治相连，更遭到世人唾弃，吴镇不满世人对女子红颜祸水的评价，为女子的无辜鸣不平，对杨贵妃的遭遇给予无限怜悯，可谓新人耳目：

晚装犹带睡余春，无数秋花枉效颦。一叶西风千点泪，不知肠断似何人？（《秋海棠》）

倾城花向马嵬残，无限春风解恨难。惟有香囊消不得，又含铃雨挂雕栏。（《荷包牡丹》）

倾国蛾眉葬此间，六龙西去杳难攀。汉廷祸水传犹烈，楚岫行云梦已闲。在昔罗衣曾作谶，于今香粉亦成斑。桓桓却恨陈元礼，一矢何曾向禄山？（《马嵬》）

越女浣春纱，香风遍若耶。谁将麋鹿恨，说与苎萝花。（《越女曲》）

楚宫芳草今无主，桃洞鲜花尚有神。莫问息亡缘底事，阿妳即是可梧人。（《桃花夫人曲》）

秋海棠花开烂漫，望上去犹如睡意未退的美人，引得它花羡慕，纷纷模仿，意图东施效颦。可全然不知一派好风光，在一夜西风下就会凋零殆尽，只留下斑斑残粉似血泪。"海棠春睡"典故因杨玉环而来，吴镇写西风一夜凋零的秋海棠，暗喻杨贵妃的不幸遭遇，对杨妃投去同情，为她的无辜鸣不平。对不顾往日温情、为保江山半途丢下杨玉环，让她做替罪羊的唐玄宗予以隐隐指责。特别是对不能抵抗外敌，却以冠冕堂皇的理由逼死杨玉环，让她背上红颜祸水罪名的陈元礼，吴镇尤其痛恨。袁枚在《随园诗话》中也说："余雅不喜陈元礼逼死杨妃。《过马嵬》云：'将军手把黄金钺，不管三军管六宫。'吴（镇）《过马嵬》云：'桓桓却恨陈元礼，一矢何曾向禄山。'亦两意相同。"[6]对被用作政治计谋的西施，吴镇惋惜她有诸多委屈，无处可说。对命运不能自主的息夫人，吴镇觉得她让人怜惜。

甚至对受非议的胡太后，吴镇也给予同情，并借此表达历史兴亡之感：

武都杨花愁日暮，化作晴云渡江去。白门疏柳鸟争栖，谁复念尔飘零处？连臂歌，伤情怀。杨白花，归去来。春雪明年满宫湿，杨花归来悔何及。（《杨白花歌》）

《杨白花》为乐府杂曲歌辞名，诗歌本事为北魏胡太后胁迫杨白花（名杨华）秽乱后宫，杨白花心生恐惧而出逃至南方。胡太后日夜备受思念煎熬，专为杨白花创作此曲，并令宫人夜以继日地反复歌唱，情景十分哀伤。吴镇此诗借胡太后和杨华故事，表达对命运不能自主的哀叹。全诗分为三层，第一层四句以七言为主，想象杨白花惧祸渡江远遁后的处境。"白门"本为南朝都城建康的宫门，代指南朝，是杨白花落脚之处，可这个落脚之地却是"鸟争栖"。南朝王朝更迭频繁，动荡不安，杨白花到了南朝，再也不会有在北魏时被胡太后宠幸的时光，也不会有谁像胡太后那样在离开后还如此想念惦记他。此一层韵押"暮""处",低落悲抑,与杨华飘落之景相联系。句句写杨华的飘零落魄,而句句不离开胡太后对杨华的深情,委婉谴责杨华辜负了女子的真情。因而在下一层,场景转到了胡太后在杨华逃离后日夜的伤感、思念与呼喊。吴镇采用三言两两成句的格式,以三言带动,节奏短促,感情激烈,有力的感叹太后的多情:"连臂歌,伤情怀。"并替其呼喊:"杨白花,归去来。"韵转为"怀""来",高远悠扬,与热烈呼喊的节奏相连。然而,吴镇又设想,若杨华为真情感动,为报答太后真的归来,能如何呢?"春雪明年满宫湿,杨花归来悔何及。"在天下大乱的年代,北魏王宫也浩劫频仍,胡太后尚且不能自保,杨华能不被殃及吗?"湿""及"韵细微低落,与杨华无处安身的命运相连。在历史兴亡之中,作为个体,无法把握自己的命运。吴镇这首诗诗句与原诗本事相扣,又翻新其意,格律工整,音韵协调,在托自己感悟和体验的基础上,赞扬了女子的深情。

## 五

对出色的女子,吴镇总是不吝惜他的赞美。

晋文昔归国,实赖从者力。微禄必自言,五贤皆减色。介生笑贪天,怨怼良已极。股肉能几何,令君劳记忆。青青绵山上,一蛇此潜匿。云卧不可求,寒灰抱榛棘。慈母信偕隐,妒女亦矫特。至今野草花,春风愁寒食。(《绵山怀古》)吴镇赞扬了支持儿子隐居而被烧死的介子推之母,对认为哥哥是贪图名声而自焚的妒女,亦不忘捎带一笔。吴镇最欣赏木兰:

绝塞春深草不青,女郎经久戍龙庭。军中万马如摐鼓,只作当窗促织听。(《木兰》)

木兰旧戍木兰游,塞草蕃花万里秋。不是村人频指点,谁知家在古黄州。(《木兰村》其一)

花黄云鬓是耶非,若有灵旗出翠微。古冢尚看双兔走,阴廊应画一驼归。(《木兰村》其二)

第一首诗写在远离家乡、无比严寒的边地,入春很久了草色还如此萧条,可见环境之恶劣。而闺阁女子木兰竟然在这种环境中待了若干年,可见木兰不一般的坚忍。而两军对垒的厮杀,战鼓惊天,木兰也司空见惯,不仅不恐惧,反而当作耳边促织的弹唱,女英雄的豪气立现。后两首诗是诗人作官湖北时,经木兰村所作。前一首写经村人指点,才知是木兰的故里;第二首写想象中木兰的形象,使人宛若看到木兰的英灵出现。诗意无穷,耐人意味,可以看出诗人对这位传说中古代女英雄的景仰。

吴镇能够写出数量较多的女性诗歌,对女性的生存状态和社会地位给予极大的关注和同情,对女性的品质进行高度赞美,对女性的极度尊重,源于他从小的生活经历。吴镇对女性的态度与其从小失去父亲,在母亲的疼爱下长大有很大的关系。雍正五年(1727),吴镇七岁,正要开始读书的时候,父亲不幸病逝,母亲魏氏亲自为他口授经义,并延师课读。吴镇"天禀英绝,幼失怙,赖母魏恭人口授经义,并延师课读,得不废学。"[7]"先生幼秉异姿,弱遭偏露,未承过庭之训,空留凿楹之书。魏太恭人育而教之,燃糠照读,截蒲作编。"[8]吴镇的母亲不仅亲自教其读书,还特别支持他的文学活动,热情接待他的诗友。

同时,吴镇以平等的眼光关注女性,能够认识到女性在社会生活中的贡献。吴镇认为,女性对教育与地方文化发展的作用非常大,他们的言行更应该得到表彰和传写。"《达生编》,辞简理周,最有功于济世……予谓:'为人父母者,不可不知《达生编》。'然而父知之,尤不如其母知之,果也。平时讲贯妇女习闻,而大家贤媛,复能转相告语,则广裙钗之识见,即可助天地之生成。"[9]其《文母陈孺人墓志铭》更是认为女性可以不朽:"古贤媛之卓然不朽者,祇取其德耳、才耳、苦节耳,有功于宗祐后嗣耳,岂必尽桃李之芳春,然后标松筠之劲节哉!……"[10]

## 参考文献:

[1] 彭定求. 全唐诗:卷七一四[M]. 北京:中华书局,1999.

[2] 孙云谷. 历代名家咏花词全集[M]. 北京:博文书社,1990:1373.

[3] 郭茂倩. 乐府诗集[M]. 上海:上海古籍出版社,1998:806.

[4] 彭定求. 全唐诗:卷四十二[M]. 北京:中华书局,1999.

[5] 王士禛. 池北偶谈[M]. 靳斯仁,点校. 北京:中华书局,1982:571.

[6] 袁枚. 随园诗话[M]. 王英志,校点. 南京:江苏古籍出版社,2006:407.

[7] 李华春. 皇清诰授朝议大夫湖南沅州府知府吴松厓先生传略[M]//吴镇. 松花庵全集:卷首. 嘉庆刻本.

[8] 杨芳灿. 杨芳灿集:诰授朝议大夫湖南沅州府知府吴松厓先生墓碑[M]. 北京:人民文学出版社,2014:584

[9] 吴镇. 松花庵全集:松厓文稿次编:达生编跋[M]. 嘉庆刻本.

[10] 吴镇. 松花庵全集:松厓文稿次编[M]. 嘉庆刻本.

# 清末民初陇中诗文创作述略

贾 伟

（甘肃中医药大学定西校区 人文教学部）

**【摘 要】** 由于受到社会文化体制转型的影响与冲击，清末至民国初期的陇中文学作家群逐渐产生分化，出现了三类体现不同创作思想趋向和文本特征的作家群：一类是以安维峻为代表的坚持传统封建文化思想的作家；另一类是以尹世彩为代表的坚持传统文化观念，但面对社会体制的变化和政权的更替表现出一定的接受和认可的作家；第三类则是以阎士璘、杨思和范振绪为代表的体现出了民主主义思想的作家。

**【关键词】** 清末民初；陇中；诗文创作

19世纪末到20世纪初期，伴随着社会文化体制的一步步转型，陇中文学也在清末民初新旧文化的激烈冲突中艰难发展。受时代影响，这一时期的文学创作多表现出感时忧国的爱国主义情怀。但受到社会政治、经济、文化诸因素的影响，陇中文学作家群也逐渐产生分化：一部分作家坚持传统儒家道德理念，面对民主主义思潮的涌起和革命的波澜，感叹清廷的衰亡，唱出对逐渐逝去王朝的挽歌，有的作家还表现出隐遁之情，体现出一定的悲观矛盾的思想，其代表是安维峻；另一部分作家虽依然坚持传统文化观念，但面对社会体制的变化和政权的更替表现出一定的接受和认可的态度，如尹世彩；第三类作家则是社会改革和民主主义革命的参与者、支持者，他们的思想和创作体现出了鲜明的民主主义因素和革命精神，代表人物为阎士璘、杨思和范振绪。

---

① 基金项目：2012年国家社会科学基金项目"陇中文学研究"（项目号：12XZW008），2013年定西师范高等专科学校校级科研项目"文学生态与晚清民国陇中散文研究"（项目号：1322）、"近代文化生态转型与王葆心古文理论体系建构研究"（项目号：1319）阶段性成果。
② 作者简介：贾伟（1982—），男，甘肃陇西人，甘肃中医药大学定西校区人文教学部讲师。研究方向：地域文化与文学。

## 一、"陇上铁汉"安维峻的文学创作

在清代末期的陇中文人中,恐怕没有人可以与安维峻(1854—1925)在政治、文学、学术以及教育方面的成就与影响力一较高下。在政治上,安维峻出于忧国忧民之虑,曾直言上谏惹怒慈禧太后而招致流放,其言行震动京师,被誉之为"陇上铁汉";在文学上,他著有《谏垣存稿》《望云山房诗集》《望云山房文集》《诗文杂集》等诗文集,成就显著;在学术上,他"以读书为志业,自经史、子籍,及天文、地理、兵战、奇门、青鸟、医卜诸书,无不淹究",主持编修了共100卷81册的《甘肃新通志》,其《四书讲义》"盖登高之呼也";[1]在教育上,安维峻曾主讲陇西南安书院,后在家乡办学,光绪三十四年任京师大学堂(北京大学前身)总教习,为陇右乃至中国现代教育文化事业的发展起到了重要作用。辛亥革命后,安维峻回乡定居,整理刊印自己的著作。民国十四年(1925)卒于老家柏崖山庄,享年七十二岁。安维峻的著作主要有《谏垣存稿》《四书讲义》《望云山房诗集》《望云山房文集》《诗文杂集》等诗文集,最具代表性的是《谏垣存稿》及其诗歌作品。

《谏垣存稿》收录奏疏六十五道,第一道上呈于光绪十九年十月二十日(1893年11月27日),最后一道上呈于光绪二十年十二月初二(1894年12月28日),时间相距十四个月,均为安维峻任都察院监察御史时所作。安维峻上谏之时正是中日甲午战争爆发前夕,在日本军国主义即将侵略的危急时刻,清王朝内部却产生主战与主和两派,斗争激烈。面对民族危亡,安维峻坚定地支持主战派,直言上谏,这些奏疏后经整理形成《谏垣存稿》四卷。《谏垣存稿》的内容可以分为前、后两个时期[2],以光绪二十年六月十九日(1894年7月19日)为界,前一时期共二十四道奏疏,主要内容是请求整顿吏治和惩治科场舞弊等;后一时期共四十一道奏疏,全部与甲午战争相关,主要包括主张对日宣战、弹劾查办奸臣等内容。《谏垣存稿》中最著名的是《请诛李鸿章疏》,上呈给光绪皇帝。文中首先历数李鸿章祸国殃民多条罪行,指出:"明知和议之举,不可对人言,既不能以死生争,复不能以去就争,只得为掩耳盗铃之事,而不知通国之人,早已皆知也。"[3]然后陈述日方索派大臣竟为李鸿章之子,指出:"尚复成何国体……若令此等悖逆之人前往,适中倭贼之计。……而乃俯首听命于倭贼。然则此举非议和也,直纳款耳,不但误国,而言卖国。中外臣民,无不切齿痛恨,欲食李鸿章之肉。"[4]紧接着直指慈禧太后、李莲英等干政议和,扰乱朝纲:"而又谓和议出自皇太后旨意,太监李莲英实左右之……皇太后既归政皇上矣,若犹遇事牵制,将何以上对祖宗,下对天下臣民?至李莲英是何人斯,敢干预政事乎?如果属实,律以祖宗法制,李莲英岂复可容！"[5]最后指出李鸿章"事事挟制朝廷，抗违谕旨。……唯冀皇上赫然震怒，明正李鸿章跋扈之罪，布告天下。如是而将士有不奋兴，倭贼有不破灭，即请斩臣，以正妄言之罪"[6]。文章条理明晰、层层铺陈，语言准确精炼，富含激情，一针见血，是政论文中不可多得的精品。

安维峻由于其作《请诛李鸿章疏》不仅指责李鸿章等主和派倒行逆施、丧权辱国，还痛斥慈禧太后干政误国的罪行，因此惹怒慈禧而获罪，最终被革职发往张家口效力赎罪。安维峻以爱国获罪轰动京城，群众纷纷为其送行，乌里雅苏台参赞大臣志锐亲自为其篆刻"陇上铁汉"印章一枚相赠，《清史稿·安维峻传》中记载："维峻以言获罪，直声震中外，人多荣之。访问者萃于门，饯送者塞于道，或赠以言，或资以赆，车马饮食，众皆供应。抵戍所，都统以下皆敬以客礼……"[7]

安维峻的诗歌作品存约三百首，主要收录于《望云山房诗集》。诗集共三卷，上卷《鸿雪偶存》，主要为年少时至谪戍前诗作以及记游、赠答之作；中卷《出塞吟》，主要为谪戍期间的作品；下卷《沆瀣集》，为获赦返乡后所作，以光绪二十九年（1903）安维峻为死去的继室雷氏所作的百首挽诗为主。其中，流放期间所作《出塞吟》历来备受关注。安维峻的诗多以记游、感事、唱和为主，最上乘者为谪戍期间所作。按照作者的思想历程，这一时期的诗歌创作可分为两个时期，第一时期为谪戍三年之作，第二时期为延戍两年之作。

第一时期，作者虽然遭到流放，但其意志未消，他"把三年的谪戍生活看作是进一步磨砺爱国意志的大好时机，筹谋治国之策的准备阶段"[8]。作为一位有着强烈爱国情怀的贤士，其诗作也浸染着浓厚的爱国主义。如《和志伯愚都护同年见赠》："谁向天涯访逐臣，情深潭水感汪伦。北门锁钥新持节，东观文章旧奉宸。苏武自甘胡地牧，贾生终戴汉朝恩。回思抗疏赓同调，鼎镬何曾爱此生。"此诗作于1895年正月，正是谪戍后的第一个月，作者在诗中自比苏武、贾谊，即使受到流放也不忘关注国家。再如《乙未九月十四日第三子生，示不忘君恩，名曰塞生。因步前明杨忠愍公韵率成五古二首》：

> 国贼讨未成，遗恨长终古。他生犹谏官，衮阙吾其补。
>
> 臣罪本当诛，旷典空前古。生平未报恩，付与儿曹补。

一方面表明自己的爱国立场永远不会变，另一方面要后人继承自己未竟之志，报效国恩。

即使诗人远在关外，也无时不关注国家的命运，但诗句中也流露出大志未成的悲愤伤感之情。如《伯愚即席赋诗留别，依韵叠和，即以送行》其三："去国兰成赋小园，金陵时事叹翻盆。天心有意怜忠鲠，锁钥全教镇北门。"其中"金陵时事叹翻盆"一句，作者自注说："闻款议成，割全台，并输金二万万等因，令人痛愤欲死！"同时，在给李叔坚的信中他写道："接友人书，知合约十条无情无理，令人愤懑！……此约一行，恐海内从此多事矣！他日求为太平之民，恐不可得，奈何！奈何！"[9]悲愤而感伤的爱国之情跃然纸上，令人动容。

第二时期，由于延戍、光绪皇帝被软禁，以及谪戍生活的消磨，安维峻的思想相较之前三年略有消沉。他在《丁酉暮春，酬李抟霄刺史见和除夕感怀原韵》其六中说："报国文章期后进，逐臣此外复何能。"原本踌躇满志的诗人现在却"期后进"，自认为自己已"复何能"了，明显体现出意志的消沉。再如其七："葵藿倾阳物性宜，素心惟有故人知。强邻虎视眈眈甚，锁钥凭谁巩朔陲。"诗人自己的一片报国之情"惟有故人知"，他原本期望的清廷中兴也越来越渺茫，悲观思想逐渐凸显了出来。在这种心态之下，安维峻返乡归隐的思想愈发体现出来："两鬓边霜独自搔，杞忧在抱亦徒劳。不如化作冥鸿去，忘却同人笑与咷。"（《秋日，塞上有怀巨子馥同年，仍用原韵》其三）

安维峻返乡后亦有不少佳作，多为记游诗、咏怀诗和唱和诗，如《固原途中感怀》《崆峒寄游五十韵》《咏柏》等。其中《崆峒寄游五十韵》是这一时期篇幅较长的代表性诗作，诗歌从追忆往昔写起，然后咏物写景、抒发情思，最终写道："泾清鉴我形，山静知我意。龙泉韬匣中，终当惊魑魅！"结尾点睛之笔烘托出诗人终其一生的爱国主义情怀。此诗描写崆峒美景，却仍以家国万里心系天下的时事之忧而终篇，可感可叹，堪称安维峻记游写景诗的代表作。

安维峻以爱国而遭谪戍，在当时产生了强烈的社会反响，"即素不相识之人，亦以一面为荣""作诗作序者相踵"，[10]成为当时文学创作的热点题材。同时，安维峻谪戍期间的作品也是近代反帝爱国文学的重要组成部分，是非常值得今人珍惜的文化遗产和精神财富。[11]

总体来看，安维峻创作中表现出来的强烈的爱国主义精神并未超越传统题材，但由于作者特殊的经历和强烈的情感表达，使得诗作表现出浓厚的感时忧世情怀，继承了传统的现实主义精神，其诗文"已经成为感发国人救亡图存的精神力量，他身上体现出来的映照日月的爱国精神远昭屈原、杜甫，成为中华民族精神不可或缺的组成部分，光照青史"[12]。而安维峻的创作思想的特征，与其一生恪守的儒学忠孝传统有着密切联系。安维峻有着高尚的爱国主义情操，这正是与儒家传统伦理道德相应合的，然而，他的一生恰好处在新旧文化激烈冲突和交替的时代当中，这使得安维峻所固守的传统的儒家政治理想逐渐走向幻灭，也是其悲剧所在。有研究者指出："由于不可遏止的社会变革的进行，儒家逐渐失去了其原有的体制性支持，特别是科举制度的废除，切断了儒家的传播、儒家与权力之间的关联，而康有为试图将儒家教会化的努力也因遭到科学主义和进化主义的彻底否定而最终失败，儒家面临'魂不附体'的状况。而清政府变法、'预备立宪'的企图已难以阻挡席卷全国的革命浪涛，同样也无法抑制一场新文化运动的悄然萌发"。[13] 安维峻任京师大学堂总教习后不久，辛亥革命的浪潮很快席卷全国，安维峻"欲障狂澜恨已迟"（《蒋谷席上杨康侯太守出示集香山长句留别二首，依韵奉和即以送别》），时代的更替给他的思想带来巨大的情感冲击，其悲剧性也就在创作中凸显出来。

## 二、岷州文人尹世彩的创作

尹世彩（1859—1930），字文卿，号凤谷，岷州（今岷县）人。光绪十六年（1890）庚寅科进士，以即用知县签分陕西，长期候补。光绪二十六年（1900）任陕西怀远县（今横山区）知事，后又丁忧回原籍，服满后到陕西暂任陕西师范学堂国文正教员，直至宣统元年（1909）才正式补授榆林县知县。辛亥革命后，致力于教育事业，1912年至1921年任陕西第一师范学校国文正教员、成德中学国文和历史教员，任教期间已颇有文名，人称"尹国文"。1921年，由于家境困窘，返回甘肃，后由安维峻的学生、甘肃名士刘尔炘推荐，被委任甘肃省自治筹备处委员、文牍主任等职。后因月薪无法维持十口之家的生计，又兼任甘肃第一师范学校国文教员，仍难以养家糊口，最终于1927年回归岷县。"平生事业付沧桑，白发青袍还故乡"[14]，可谓是他大半生坎坷经历的鲜明写照。

尹世彩的诗多为写景即事之作，借景和事反映他当时的心境，感怀抒情，这些作品与他的一生经历相映照。由于人生历程的曲折坎坷，尹世彩在陕诗作便体现出希望做一番事业而对现实无望想回归闲适生活的复杂心境，如《壬子八月寄生灿》："奇才磊落迈时流，投笔从戎赋远游。大局安危思借箸，长江南北遍登楼。生毛有刺谁青眼，说项无能我白头。天与空间供讨论，皋比坐拥胜封侯。"[15]此诗作于1912年，主要写诗人在风云变幻的时局中彷徨的心态，也将他的窘迫处境表现了出来。

1921年，尹世彩到兰州后，刘尔炘设宴招待他，他即兴写下《雨后晚游五泉》一诗："曲涧雨余争澎湃，远山云散各峥嵘。游人莫怕黄昏近，最好风光是晚晴"。此时的作者已届六旬，然而诗中借五泉山雨后壮丽的风光抒写自己虽已年老但仍想干一番事业的心情。命运却无情地捉弄着这位才华横溢的诗人，他终因穷困潦倒而返回岷县，《和慕少堂》八首便体现了此时失望的心情和困窘的家境："边人生小饮黄河，畜牧常希马伏波。一事无成今皓首，唾壶击碎阿瞒歌。"（其三）"灶冷无烟孰住存，一春多病闲闭门。"（其五）但是，即使生活贫困，诗人心中还是留存着一丝乐观的态度，"独树空山我所居，三秋黄叶满阶余。"（其八）他相信自己如南飞的"旅雁"一样最终会回到北方（兰州）。然而，他最终还是对现实感到了悲观："日月跳丸去不回，镜中霜雪鬓边来。漫言骐骥能千里，伏枥今成恋豆才。"（《六十四自寿》其二）

另外一些诗作则抒写乡间生活的乐趣，多为返回岷县后在农村所作。如《春日晚起》："小楼听雨杏花天，老去吟怀胜壮年。不做京华驷马客，日高犹得枕书眠。"再如《闻莺》："针砭俗耳爱流莺，城市喧嚣鸟厌鸣。残月半规天欲曙，檐前忽送两三声。"此二首诗均将城市生活和农村生活做对比，突出回归田园的恬静闲适、怡然自得之情，有着恰如田园诗一般的诗情画意。

尹世彩写诗善于从寻常事物入手，却能通过描写优美的画面，抓住刹那的感觉，转化普通的题材和意象，从而达到构思奇巧、情景交融、蕴意丰富、意境悠远的境界。[16]如《夜读》："读罢南华秋水篇，风窗清冷不成眠。一声鸡唱邻家院，月落星稀霜满天。"作者通过将自身的"清冷"之感同破晓时的"鸡唱""星稀""霜满天"的情景相融合，动用了听觉、视觉、触觉描写夜读后的感受，巧妙地将自身五官感觉同阅读《庄子》所感受的清静无为的境界合为一体，达到了情景交融、人境合一的妙境。同时，尹世彩的诗精于格律、对仗工整，语句清新、富于情趣，在民国初期的诗人中是不可多得的。

## 三、《秦陇报》《关陇》的创刊与阎士璘等人的创作

19世纪末，晚清政府为挽回颓败之势，开始遣送一部分青年赴日本、欧美诸国留学，学习西方先进科学技术，以期洋为中用。1898年以后，中国赴日留学生逐渐增多。20世纪初，留学已逐渐形成一股热潮，大批血气方刚的知识青年走在时代的前列，纷纷走出国门，前往欧美、日本学习。在这股留学热潮中，地处西北的陕、甘两省也有部分青年列在其中，对陇中乃至甘肃文化现代化的发展起到了重要作用。据记载，从1906年起，有多名陇中青年知识分子赴日本留学，较著名的有阎士璘、陈鸿模、黄文中、南作宾等。[17]其中，陇西人阎士璘赴日后求学于东京法政大学，归国后致力于振兴甘肃教育。

1906年8月，在日本组建的同盟会陕西分会成立，分会确定的任务之一就是

"组织舆论机关，发行刊物，开展宣传鼓动工作"[18]。正在分会开始筹办刊物之时，1907 年 8 月，清政府将西潼铁路（西安至潼关）的建设权转让给洋人，消息传到东京后，在留日学生特别是陕西、甘肃籍学生中引起强烈反响，他们严厉痛斥清政府的软弱腐败，为家国不幸而万分痛心。为唤起国人的警醒，也为对这一丧权辱国的事件引起广泛关注，在同盟分会的倡议下，由陕西同乡会召集在日本东京的全体陕西留学生和甘肃留学生，协同利用课余时间创办一份刊物。1907 年 7 月 20 日，《秦陇报》（简称《秦陇》）在日本东京创刊，后秘密寄回国内，反响很大。《秦陇报》办刊宗旨是"发扬旧文化，灌输新知识"，然而究其实质，则是希望通过"新知识"这一方式"振刷精神，改革思想，以修内政而御外侮"，[19]真正是为了反旧迎新，反对立宪，指斥地方政治流弊，以达到救亡图存、建立共和的目的。该刊是陕西留日学生首创革命刊物的有益尝试，有力地激励了陕、甘留日学生的革命情绪。后于 1908 年分办《关陇》与《夏声》出版。

《关陇》月刊创刊于 1908 年，是由陇中留日学生范振绪和陕西马凌甫、康寄遥等人在原来《秦陇报》的基础上创办的，又名《关陇丛报》。《关陇》杂志的创刊词称："关陇为西北镇钥，天然占优胜之形势，其存亡得丧，在历史上、地理上罔不与神州全局有绝大之关系。况自俄人受挫辽阳后，回风西转，撼我昆仑。西北急警，日紧一日。本社同人，既切桑梓之危，复深祖国之痛，爰自忘其愚，矢移山志，组织斯报，专以提倡爱国精神，浚瀹普通智识为宗旨。其于强俄在蒙回疆之举动，及关陇与吾国全局关系之点，尤特别注意，发挥靡遗。凡留心西北情势者，幸垂览焉。"[20]该刊通过文字大声疾呼："兴我教育、议我政治、整我戎行、新我事业，以争生存于世界。"[21]相较于《秦陇报》，《关陇》在寻找救亡办法的探索过程中认识到了革命的必然性，思想上更站在一个新的高度上，不仅传播了新文化、新知识，促进了关陇新文化的传播与发展，也体现出先进的革命性，为辛亥革命的爆发奠定了思想前奏。

在《秦陇报》《关陇》先后创刊出版后，以阎士璘、范振绪、杨思为代表的陇中留学知识分子陆续回国，也将民主主义革命思想传播到国内，推动了民主主义革命的生发，也为陇中革命思想和新文化的传播起到了积极作用。同时，他们的诗文也代表了这一阶段具有民主主义思想和革命精神的文人创作实绩。

阎士璘（1879—1934），字简斋，号玉彬，陇西人。光绪三十年（1904）进士，任翰林院庶吉士，散馆后授编修、国史馆协修。光绪三十二年（1906），阎士璘及杨思、范振绪、田树槹、万宝成五人作为甘肃第一批留学生远赴日本东京法政大学学习。在日留学期间，阎士璘逐渐接触到同盟会，其思想受到民主主义革命思想的影响，并于 1906 年同范振绪、杨思等参与创办《秦陇报》《关陇》等刊物。回国后致力于甘肃教育事业，以"提倡科学，振兴教育"为己任。先后任陇西县临时议事会议长、甘肃省议会议长、甘肃省图书馆馆长、省教育厅厅长等职。阎士璘是陇中地区走出的最早的新知识分子，他坚定支持辛亥革命和民主主义革命事业，对甘肃教育文化事业贡献极大，有诗赞曰："阎公长教厅，陇上桃李遍地生。"

阎士璘诗文精美，著有《简斋诗稿》一卷，但经兵马沧桑已多散佚，存世极少。著名的是《怀友人王燮臣》："古人音问年来无，回首停云雁影孤。闻道历阳山下过，至今人尚说潜夫。"[22]诗中借陶渊明《停云》诗意和王符《潜夫论》得名由来，将他对友人深切的思念之情表露出来，语言朴实，辞句含蓄，善于用典，表现出较高的意境。再如《无题》："柳絮飞时归故乡，与卿携手别河梁。无情最是莺莺语，一啭一回一断肠。"[23]写他短暂回乡省亲后告别妻子，诗句婉转而不繁复，于凝练的意象中表达出内心情感，将别离之愁绪表现得哀婉动人，扣人心扉，是一篇佳作。此外，最为人称道的是现今兰州五泉山上的对联："萃圣贤豪杰于百尺峰峦，或立德，或立功，或立言，高入云霄垂德远；荐馨香俎豆者万家子弟，为名儒，为名相，为名将，近从桑梓得师多。"[24]

杨思（1882—1956），字慎之，会宁人。光绪二十九年（1903）殿试后任翰林院庶吉士。杨思是甘肃首批留学生之一，同阎士璘、范振绪等一同留学日本，并参与创办《关陇》等刊物。辛亥革命爆发后，杨思积极参加民主革命，并与孙中山常有书信往来。1913 年 3 月，在杨思等人的努力下，甘肃省议会在兰州成立，阎士璘当选议长，杨思当选为副议长。后曾先后任安肃道尹（河西行政长官）、甘肃省议会议长、兰山道尹（兰州市市长）、甘肃省通志局总办兼《甘肃省通志》总纂。中华人民共和国成立后，任西北军政委员、西北军政委员会人民监察委员会副主任、西北军政委员会土地革命委员会副主任等职。

杨思诗词书法俱佳，其诗豪迈雄壮、极富气势，如《游华山》："七十来游太华峰，莲花顶上倚青松。两瞳绝塞八千里，东瞰秦关百二重。岭云变幻朝霞外，渭水萦回夕照中。我是风尘厌倦客，息心高卧学仙翁。"[25]据记载，此诗由习仲勋同志面呈毛泽东，毛泽东看后称赞说："有气势，不愧出自翰林之手！"[26]

范振绪（1872—1960），字禹勤，号南皋，晚年号东雪老人、太和山民，靖远人。光绪二十九年（1903）癸卯科进士，任工部主事。1906 年赴日本留学并加入中国同盟会，成为甘肃早期参加辛亥革命运动的主要人物之一。1909 年回国后任河南省济源县知县。先后担任国民政府第一届国会参议院议员、甘肃省政府顾问兼禁烟委员会委员等职。抗日战争时期，1941 年与张大千同往敦煌，研究壁画，抢救国宝。中华人民共和国成立后，任西北军政委员会委员，后当选为甘肃省政治协商会议副主席、甘肃省人民代表大会代表。范振绪著有《东雪草堂笔记》《夜窗漫录》《学画随笔》多种，但多散佚不存，今存者多为题画诗。

范振绪诗书画创作均有较高水平，其题画诗诗、书、画相结合，提取画中意象形成诗歌意境，含蓄幽远，匠心独具，如《题画十二首》《题画诗》《李营丘雪图》《题大千画》等。其中最著名的是《题画十二首》：

竹里寻春不见春，晓烟一片隔红尘。此中茅舍知多少，只合七贤作主人。（《竹坞晓烟》）

群鸦傍晚入荒村，喜有经霜老树存。暂借一枝为逆旅，寒星冷月度黄昏。（《寒林晚鸦》）

寒来暑往一虚舟，日月经天总未休。任尔沧桑随世变，老人独坐看天筹。（《海屋添筹》）[27]

相较而言，阎士璘、杨思、范振绪三人诗文创作成就不及安维峻、尹世彩，但作为甘肃最早留学且接受民主主义革命思想的新知识分子，他们的功绩主要在创办《秦陇报》《关陇》刊物上。

## 四、结语

在清末民初这一中国社会文化体制发生巨大变动的历史时期，由于受到剧烈的历史转型的影响，陇中地区的文学创作虽然其形式仍以传统形态为主，但其题材乃至创作思想、目的悄然发生了变化，使得旧的文学传统逐渐蕴含了民主、革命等一系列新因素在其中，蕴含了民主主义革命新思想的创作在陇中知识分子群体中的出现。民主主义革命思想传播的结果，是1911年辛亥革命的爆发，这直接促成了中国历史、政治、文化格局向新形态的转折，也进一步转变了陇中文学的发展。这其中，安维峻、尹世彩、阎士璘、杨思和范振绪以他们独异的创作丰富了陇中文学的发展，也折射出了鲜明的历史时代特征。

**参考文献：**

[1] 任承允.内阁侍读原任福建道监察御史翰林院编修安公晓峰墓志铭[M]//安维峻.谏垣存稿.杨效杰，校点.兰州：甘肃人民出版社，1991：135.

[2] 安维翰.清末御史安维峻[M]//政协甘肃省委员会文史资料委员会.甘肃文史资料选辑：第17辑.兰州：甘肃人民出版社，1984：164.

[3][4][5][6] 安维峻．谏垣存稿[M]．杨效杰，校点．兰州：甘肃人民出版社，1991：118，118，118-119，119．

[7] 赵尔巽，等．清史稿：安维峻传[M]．北京：中华书局，1977：12467．

[8] 安维翰．清末御史安维峻[M]//政协甘肃省委员会文史资料委员会．甘肃文史资料选辑：第17辑．兰州：甘肃人民出版社，1984：168．

[9] 李鼎文．评介甘肃举人《请废马关条约呈文》及其他[M]//安维峻．谏垣存稿[M]．杨效杰，校点．兰州：甘肃人民出版社，1991：152．

[10] 任承允．内阁侍读原任福建道监察御史翰林院编修安公晓峰墓志铭[M]//安维峻．谏垣存稿．杨效杰，校点．兰州：甘肃人民出版社，1991：136．

[11][12][13] 史国强．"陇上铁汉"安维峻生平及其著述略论[J]．敦煌学辑刊，2012（2）：152，151-152，149．

[14] 尹世彩．尹世彩诗文选[M]．尹正祥，辑//政协岷县委员会文史资料研究委员会编．岷县文史资料选辑．1990：141．

[15] 尹世彩．尹世彩诗文选[M]．尹正祥，辑//载于政协岷县委员会文史资料研究委员会编．岷县文史资料选辑．1990：137．

[16][17] 张霞光，崔振邦．定西史略[M]．兰州：甘肃人民出版社，2003：459，433．

[18]《陕西报刊志》编委会．陕西报刊志[M]．西安：陕西人民出版社，2000：227．

[19][20]《陕西报刊志》编委会．陕西报刊志[M]．西安：陕西人民出版社，2000：227，229．

[21] 徐玉文．辛亥革命前陕西旅日学生报刊研究[J]．新闻传播．2014（5）：187．

[22] 赵景泉．陇中历代诗词选注：下卷[M]．赵明泉，辑注．香港：香港新文化出版社，2004：47．

[23] 石锡铭．历代陇西诗歌选评[M]．深圳：亚洲联合报业出版社，2007：148．

[24][25][26] 赵景泉．陇中历代诗词选注：下）[M]．赵明泉，辑注．香港：香港新文化出版社，2004：47，106，106．

[27] 路志霄，王干一．陇右近代诗钞[M]．兰州：兰州大学出版社，1988：206-207．

# 80 年代后期陇中小说创作述略[1]

## 谢春丽[2]

（甘肃中医药大学定西校区 人文教学部）

**【摘　要】** 80 年代后期的陇中文坛是繁荣的，这一繁荣景象不仅表现在诗歌与散文的创作上，更加体现在小说的写作方面。以王守义、劲延庆、马步斗、尔雅、陈自仁、王喜平、涛声、李开红等为代表的作家，分别从不同的题材入手，以自己独特的写作方式为 80 年代的陇中文坛添上了浓墨重彩的一笔。

**【关键词】** 80 年代后期；陇中；小说创作

80 年代后期的陇中文坛是繁荣的，这一繁荣景象不仅表现在诗歌与散文的创作上，更加体现在小说的写作方面。以王守义、劲延庆、马步斗、尔雅、王喜平、涛声、李开红等为代表的作家，分别从不同的题材入手，以自己独特的写作方式为 80 年代的陇中文坛添上了浓墨重彩的一笔。

## 一、以王守义、劲延庆等为代表的中短篇创作

王守义所涉猎的文学体裁是非常宽泛的，自 1959 年开始发表作品以来，著有中短篇小说集《纸"皇冠"》，长篇报告文学《新河》，中篇报告文学《极光下的梦》，电影文学剧本《淘金王》《黄金大盗》《驼路神赴女》《血灯》（均已拍摄发行）等。然而，除了他影响极大的电影文学剧本《淘金王》外，王守义在文学创作方面最为重要的成就就是他的中短篇小说集《纸"皇冠"》了。

---

[1] 基金项目：2012 年国家社科基金一般项目"陇中文学研究"（项目号：12XZW008）。
[2] 作者简介：谢春丽（1984—），女，甘肃渭源人，甘肃中医药大学定西校区人文教学部讲师。研究方向：当代西方文艺理论、地域文学。

《纸"皇冠"》收录了作家在1992年前后创作的九部作品,其中包括七部短篇小说《纸"皇冠"》《七十二贤人》《黄金梦》《人情》《鸣》《蜘蛛弯的圣餐》以及《碌碡问题》,两部中篇小说《死亡村庄》和《血灯》。在这部作品集中,王守义作为小说家的特质可以说展露无遗。小说集当中,作家不仅塑造出了一系列形象各异又栩栩如生的人物形象,而且更为重要的是通过短小精悍的篇幅传达出了许多世人的感受,并在他的小说中更进一步深入挖掘的关于人生意义和价值的主题思想。一方面,作家以小人物的生存状态为主要描写对象,深刻记叙了小人物深陷世俗规则或偏见时的挣扎、反抗与感悟,如短篇小说《纸"皇冠"》中就通过对董纸活这一人物形象的描写以及通过他所揭示出来的平凡人的精神困境与挣扎。作品中,董纸活是一个在西北小镇上靠做纸火生意为生的小商贩,然而,他虽然处于社会下层,但却有着强烈的人格尊严感,这突出表现在他为儿子谋职业的过程中和与镇长一家人的冲突上面。除了《纸"皇冠"》外,小说集当中另外一篇小说《蜘蛛弯的圣餐》也有着相同的主题。在这部作品中,作家描写的是一位有着独立女性意识的农村姑娘在面对乡村陋习和偏见时的坚决反抗。玉巧儿这样一位聪慧、美丽,又有理想的女性,她用她的实际行动证明了新一代农村女性所应有的独立、反叛和奋斗的精神。总之,王守义正是通过这样一些人物形象的塑造来揭示小人物在时代变迁中的精神世界。除了对于小人物的这样一些描写外,小说集当中还塑造了几位性格鲜明的知识分子形象,在他们身上,我们看到的是作家对于"文化大革命"背景下知识分子的生活以及精神世界的关注,突出表现在《黄金梦》《鸣》以及中篇小说《血灯》当中。在这三篇小说当中,我们能够感受到虽惨遭迫害,挣扎于生死之间,但依旧坚决追求科学真理和艺术梦想的知识分子形象,他们中有因仗义执言、坚持科学规律而得罪官员,被打成"右派分子"的地质研究员陆地;有历经"文化大革命"摧残,但还依旧苦苦训练,努力传承技艺的口技艺术家卓一鸣;有不忘师命,心怀国家利益,为获得科学真理而置生命于不顾,深入凶险的"金窝子"的研究生牧恒星。他们是在"文化大革命"中惨遭迫害的一代,然而,在他们身上,作家所揭示出来的并非一种单调的反抗行为,更为震撼的是他们在反抗中表现出的丰富的精神世界。在《黄金梦》中,作家采用倒叙的手法一步步地揭开了陆地的身份之谜,而在此过程中,陆地地质研究员的身份所承载的就不单纯是对科学真理的追求,他之所以走上地质研究员的这条道路,有很大一部分是来自于人性深处的愧疚和自责,而他后来真正进入到地质学院读书时所表现出来的对于科学的沉迷以及被迫害关进监狱,甚至越狱时依旧坚守科学信念的疯狂，更让我们感到的是一种陆地所代表的人类对于自然界，甚至自身局限性的征服与超越，因此，在这样的作品中，作家笔墨所触及之处都表现出了一种值得探索和回味的基调。

王守义的小说集《纸"皇冠"》所蕴含的主题是相当丰富的，作品除了探究小人物和知识分子的生存状态以及精神世界外，对于特殊境遇下人性中所表现出来的对于生与死，善与恶的诠释更是他笔下的一个重要主题。他的小说集当中有一篇非常特殊的作品，这在他的作品后记中也特别提了出来："我要特别一提的是《死亡村庄》。这题材便是从埋藏着彩陶灰陶秦砖汉瓦的地方掘得。这是一篇纪实性的小说。除了'驼子姐夫'这个人物是虚构；老儒医李又可是糅合了康家弯那次瘟疫中出生入死救活乡人的几个中医先生的事情。通过驼子姐夫一生的经历，我写了一个村庄半个世纪以来几次毁灭与再生。用了很粗的线条来勾勒。造成这种大生大死的原因有自然的有社会的。人类的生存状态大抵也就是这样。我仿佛觉得驼子姐夫是从大地湾走来的。他那超乎常人的承受力，顽强的生存欲望，满身的贫穷，站在坟地里瞩望着五谷为之着色的黄土坡和复苏的村庄。正是那弯曲的脊梁支撑着贫瘠土地上小小的人类社会。"[1]的确，《死亡村庄》是一篇很独特的作品，然而，这篇作品的独特性不单纯是因为它的纪实性，如前所述，作家认为本篇作品中的"驼子姐夫"已然成为"大地湾"的一个符号，他身上所表现出来的"超乎常人的承受力，顽强的生存欲望，满身的贫穷"正是几千年来生存于陇中这片贫瘠土地上农民形象的典型象征，而作为小说家的王守义不仅非常准确地把握住了这一点，而且更为重要的是通过惨烈再现康家弯几次大的生死事件，深刻揭露了人们在大生大死面前所表现出来的人性中的愚钝、残忍、自私、抗争、决绝以及坚守。在面临马蹄瘟时，康家弯人是愚昧、残忍而自私的，为了摆脱死的威胁与恐惧，他们愚蠢地将希望寄托于阴宅的安顺以及神灵的护佑，将生的希望寄托在践踏和蹂躏别人的生命之上；当瘟疫肆掠时，竟然还有人不知羞耻地敛财，抢夺新娘的嫁妆，剥取死人的衣服；而当瘟疫过去，在瘟疫中被驼子姐夫救起并艰辛养育的张虎，最终还是为看自己的功名，将苦苦劝他放康家弯的农民去收割庄稼的驼子姐夫绑在柱子上活活冻死。在这样的描写中，一种求生的惨烈，对死亡的恐惧，以及被世俗功名所泯灭的人性都被作家真实地揭露了出来。而当读者在阅读这样的文字时，我们的视角或许不会单单停留在康家弯这个小村庄上，瘟疫的发生以及身处"文化大革命"的背景固然是康家弯悲剧的原因，但是，人性中是否本来就有着同样的阴暗和残酷？作家在作品中以第一人称"我"的视角叙述了这些真实事件，同时也力图通过"我"对驼子姐夫态度的转变以及他传奇一生的见证，再一次表明了那个令人深思的主题——人性的阴暗面是否会在天灾人祸中变本加厉？不容置疑，在作品中，作家在反思这个问题时还是较为乐观的，这主要表现在他虚构的人物驼子姐夫身上，驼子姐夫虽然身体畸形，但他却用自己的一生最为有力地诠释了人性始终会向善，并因此而最终被拯救。

如果说王守义的小说以夸张、传奇的手法探究了小人物、知识分子的生存状态和精神世界，以及特殊境遇下人性中所表现出来的对于生与死，善与恶的理解，那么，同样致力于中短篇小说创作的郄延庆，则是从更为广阔和现实的角度展现了他眼中的上至将军、市委领导，下至小商贩等社会各个阶层的人们的生存状态以及丰富的精神世界。从1981年开始至1992年，在将近十年的文学创作过程中，他陆续推出了包括《根》《王大顺小传》《墨色草原》《山水》等在内十多篇中短篇小说，另外还有一部与兰州电影制片厂合作完成的电影文学剧本《叩开心灵的门》。郄延庆的小说在题材的挖掘上面依旧是广泛而多层次的。小说《根》《月亮在疏林那边升起》深刻探讨了新一代知识分子面对社会变迁而产生精神困惑时的思考。在中篇小说《根》中，作家采用倒叙的写作手法，首先写作为司令员"父亲"的盛怒，进而展开对于王援朝大学中爱情故事的描写，这是一段令王援朝深感挫败感的恋情，因为，王援朝低估了自己对殷圆圆的了解程度，他不明白在那么漂亮、温柔又文雅的外表下，会有一颗被金钱和权势已经腐蚀殆尽的心，他不明白人们的价值观已经发生了巨大的变化，他更不能告诉自己一个明确答案，"人生的意义是付出还是索取？"[2]这是新一代知识分子在社会变迁过程中对于人生的一次深刻思考，或者说也是一次新的思想"革命"。然而，对于一位将军的儿子，一个有着强大信念的大学生而言，只能满足人们自私和虚荣欲望的东西永远只是过眼浮云，王援朝在经历了一次精神洗礼之后，他终于重新找到了生命的意义和价值所在，毅然决然地选择去条件艰苦的西北核弹基地工作。同样是写历史变迁中知识分子丰富而复杂的精神世界，但与《根》相比较，在《月亮在疏林那边升起》中，莫明在精神深处所受到的磨砺和创伤是更为刻骨的，莫明与石婷婷有着共同的对于艺术的追求，有着相同的对于未来的憧憬，然而，"摧毁一切的政治风暴"[3]结束了他们俩共同拥有的所有的美好，两人从此天各一方。莫明的痛苦不但是个人的，更是沉重的历史的，因此，要唤醒他对新生活的希望，他所经历的精神洗礼就要更加剧烈和彻底。与前面两篇小说不同，在《弦上的魂》和《王大顺小传》中，作家不再是在完整曲折的情节结构中展现主人公的精神变迁，而是让主人公上演了一场灵魂的"独角戏"。《弦上的魂》中,"他"被别人在世俗与艺术之间选择着,当所有的人都以"他"的社会身份来试图规约他对艺术的追求时,他的灵魂中的高亢、执着与激情却被充分地展现了出来,他用他的实际行动告诉了所有阻挠和质疑他的人——"他渴望自己燃烧,愿自己成为一个新的普罗米修斯。"[4]《王大顺小传》中,王大顺只是一位普通的教师,但是他却用他自己对于生活和工作的执着点燃众多人生命中的希望和热情。正如文中所写"这个县城十多年来,那被人们视作圣土一般的大院里,县委书记、主任、县长上堂卸任,出出进进,走马灯式地不知换了多少轮,除了一次又一次听惯了一个个陌生的名字,人们并没有什么异样的感觉。而走了一个微不足道的王大顺,人们却实实在在地感觉少了一个人。"[5]这是作家对于知识分子精神世界的再一次探索,在这次探索中,一个个超越世俗羁绊的灵魂在艺术的殿堂中升腾而起。爱情在小说中永远是一个书写不完的主题,在劾延庆的小说中,因爱而生的美好、遗憾、伤感都被充分描写了出来。《星星 月亮 灯火》中,军营中的"他"在一次救灾行动中结识了"她",并进而对她产生了深深的爱恋之情,然而,他强烈的情感并没有得到应有的回应,他在无限留恋和伤感中离开了他驻守的营地,而此时的她却正在和她心爱的男子举行着欢快的婚礼。《墨色草原》是以辽阔而凝重的草原为背景展开描写的。漂亮的央金在回家的路上碰到了哥哥的仇人才洛,然而,她并不知道曾经发生在哥哥与才洛之间的事情,她被他忧郁的气质深深吸引,而到后来,当一切真相大白,善良而睿智的才洛在解救央金的哥哥时,央金对才洛的爱就更加深刻了。然而,一切都来不及了,桑吉误杀了才洛,一曲爱情的挽歌在墨色草原上唱起。这两篇小说都是在描写爱情,但却是与人性当中的美德结合在一起,《星星 月亮 灯火》中的"他"是一个铮铮铁汉,他的爱情是以他坚毅、奉献与宽大的胸怀为基础的,而在《墨色草原》中,央金所深爱的才洛更是一位草原上的"英雄"。中短篇小说虽然没有长篇小说的那种气势浩瀚,但它短小精悍的形式中却也蕴含着作家对于人生、社会、历史的深刻感受,劾延庆正是通过他的小说再现了一个又一个历史的场景,展现了生活于其中的人们的悲欢离合,以及深刻的精神蜕变。因此,他的小说世界依旧是丰富而令人回味无穷的。

  乡土,以及对乡土深沉的爱一直是地域作家最为钟爱的主题。出生于20世纪70年代的岷县作家李开红就是一位有着浓厚的乡土情结的作家,他的文学创作开始于2007年,但就在短短几年当中,他的作品就已赢得很多读者的喜爱。中短篇小说集《遥远的情歌》可以看作他近几年创作中的代表作,在这部小说集当中,共收录了包括《风中的忧伤》《迁移风波》《遥远的情歌》等在内的 16 篇作品。如前所述，李开红是一位有着浓厚的乡土情结的作家，因此，他的作品不管是在题材内容上，还是在艺术形式上均透射出浓浓的乡土气息。小说集《遥远的情歌》中，几乎所有作品都取材于作家生活的小山村，在这十几篇作品中，作家从多个角度对生活在这片自己再熟悉不过的山村里的人和事进行描写，它们要么是正直、憨厚但又不服老的犟爷尕黑爷的故事（《风中的忧伤》），要么是木匠虎元艰辛却又踏实的一生（《木匠虎元》），要么是"我"和桃桃，骟匠爷和马阿婆凄美的爱情故事（《遥远的情歌》），总之，在这部中短篇小说集当中，那个充满着传说、记忆、苦难、变迁和希望的小山村永远是作家构思和想象的源泉，也永远是作家不能舍弃的精神家园。作家为我们塑造了一个个鲜活的人物形象，讲述了一个个动人的故事，我们看到的不只是这片乡土上人们的生存状态，更是他们对于自己精神家园的一种执着与捍卫。

## 二、以马步斗、尔雅、王喜平等为代表的长篇小说创作

作为一位在陇中大地上土生土长的作家，马步斗小说的创作题材和这片土地是分不开的，在他的几部代表性作品——《大梁沟传奇》《李家铺外传》《太平寨》《花海药情》《米州天下》中，他不遗余力地书写着生活在这片贫瘠土地上的人们的最本真的生存状态，在这里，既有他们与自然环境做顽强斗争的场景，也有对未来充满希望的奋斗和努力；既有故土难离的深情，又有走进新世界的魄力；既有家族中几代人的艰辛历程，又有个人在历史洪流中的跌宕起伏；既有对淳朴乡情的坚守，又有对现代文明的期许。马步斗是一位写实的作家，在他的笔下，我们看到的是真实的陇中大地以及祖祖辈辈生活在这里的人们，但同时他也是一位传承了中华民族传统精神并借此直通心灵的作家，在他的作品中，传统文化中对于人性真善美的追求非常鲜明地体现在他所塑造的人物身上，不管是老成持重的家族元老，还是初出茅庐的青年才俊，不管是憨厚结实的男人们，还是俊俏温柔的女子，他们的身上无一例外地散发着一种淳朴、善良和真诚，这是作家自己的一种追求，同时也是我们整个民族亘古不变的追求。

在马步斗的早期创作中，《大梁沟传奇》是一部非常优秀的长篇小说。在这部作品中，作家以大梁沟为核心，讲述了发生在这里的平凡而又感人的故事。金州大学高才生马潇潇撇下优越的工作环境以及深爱着她的未婚夫康望要回到大梁

沟来工作了，而她如此的抉择只为安抚多年来歉疚和不舍的心，而她的回乡也引发了大梁沟一系列的故事，"父辈的辛酸，新一代的追求，历史的灾难，男女的恋情……在如此一个特殊的民族地区，竟也异常复杂纷繁。一方面是习惯势力的沉重负载，一方面是现代文明的顽强侵入；古老和新生掺拌汇流，理智与感情痛苦交锋……这一切，使得作品具有强烈的时代气息和浓郁的民族特色"[6]。

《大梁沟传奇》是一部文风朴实的作品，是作家运用传统现实主义手法书写而成的独具地方特色的作品。在这部作品中，作家首先塑造了丰富多彩的人物形象。《大梁沟传奇》的主要人物马潇潇是位颇有精神追求的回族女大学毕业生，她本来可以留校任教，有一个舒适的工作、学习和生活环境，但是，她却毅然回到了父亲曾为之献身的贫困的山乡——大梁沟，去继续父亲生前未完成的事业。然而，马潇潇不仅是果断和火热的，更是充满柔情和理智的，面对害死父亲的仇人的儿子牛努海，她既忘不了那段伤心的往事，却又同情遭到乡亲冷落甚至敌视的牛努海，时常在关键当口帮助牛努海解围。不可否认，作家塑造的这样一位才华出众，又有完善性格的女子是令人钦佩的。除了马潇潇之外，《大梁沟传奇》还塑造了被称为"四怪"的农村妇女典型的形象。作家对于这"四怪"的描写，并不是简单着笔，而是通过细致的刻画来展示"四怪"迥异于他人又各自不同的性格，因此，既显得复杂，又不失生动。除了诸多女性形象外，作家还非常成功地塑造了一位男性形象，他就是牛努海。努海因受到父亲的不光彩的历史的影响，成为大梁沟人心中的罪人后代。然而，他并没有就此一蹶不振，而是依靠自己的双手和宽阔的胸怀，终于赢得了别人的信任和支持。这样一位性格刚强又不失情意的人物也是作家非常钟爱的。

独具特色的环境描写。《大梁沟传奇》中既有对西北荒凉贫瘠的山村这一典型的自然环境的描写，又有深刻反映当时时代特征的社会环境的描写。作品中，环境的描写对塑造人物形象以及深化主题思想有着很重要的作用。严酷的自然环境更加凸显了生活在这片土地上的人们的勤劳和刚毅，而对于社会环境的描写，则体现了新旧交替时代人们思想的矛盾性。

《大梁沟传奇》的情节不仅生动曲折，而且具有典型性。与之前典型人物形象和典型环境描写相一致的是，作家所安排的情节同样具有典型性。"'文化大革命'前后发生在知识分子和农民身上的故事被当今的许多作家都描写过了。《大梁沟传奇》则是通过马潇潇这一人物的生活、命运及奋斗，贯穿了周围（城市与农村）发生的一系列难忘的故事，不论是马潇潇的故事，还是牛努海的故事，还是女性

'四怪'的故事，在我们的日常生活中都随处可见……《大梁沟传奇》不仅所营构的主体情节是典型的，而且其具体细节同样具有典型性。从马潇潇大学毕业志愿去大梁沟工作，到牛努海忍辱奋发图强，诸如此类，构成其间的细节无不在描写人物性格、事件发展，社会环境和自然景物方面具有典型性。"[7]

在马步斗的后期创作中，他的《米州天下》是不能不说的。彭中杰曾这样评价道："如果说张承志的《心灵史》是极富感染力地描绘了中国穆斯林为信仰付出的历史代价；霍达《穆斯林的葬礼》着力表达了回族与中国文化的血脉关系，那么马步斗的几部长篇小说则全方位地铺陈回族的生活和个性，就文学价值而言，《穆斯林的葬礼》虽荣获了茅盾文学奖，但是如果中国历史再推移一两个世纪，那时或许就会像今天的藏学那样形成'回学'（早就应该开创此学），那么马步斗的几部长篇小说，尤其是《太平寨》和《米州天下》，就将会成为'回学'百科全书了。那时这两部小说必定会被认可为'史诗'，是回族文学中的《格萨尔王》。其实，这又何必要等到一两个世纪之后让人们认可？马步斗作为一个回族作家，他是别无选择的，他只能写自己民族的史诗；他的笔一动，就必定是史诗。用他自己的话说：我清真得很。"[8]《米州天下》讲述的是在"米州"这片土地上，万、宋家族为了获得更高的社会地位，试图攫取西山的神奇财富的故事。两个家族为了达到彼此共同的目的曾经在多次历史性的灾难中共同对敌，同舟共济，但在最有利于共同发展的历史时期却发生了许多祖祖辈辈做梦也想不到的种种矛盾：冒着生死不明的危险两进西山，结果，破译自然之谜的人，不是葬送，就是受重伤。而围绕着西山之谜，又发生了一幕又一幕的触目惊心的人性冲突：骨肉残害，亲情相煎，夫妻反目……

作家通过这样一部史诗性的作品，真实地再现了生活在"米州"这片土地上的人们的生存状态。万、宋两家族的发展史作为作品中主要的情节线索，他们发展、兴起和衰落的过程不仅深刻的打上了时代的印记，而且强烈的体现出了与整个自然搏斗和抗争的过程。然而，和前期的创作一样，在马步斗的作品当中，我们始终能感受到作家对于个人、家族命运与自然之间关系的思考和忧虑。如在《太平寨》中，作家写到太平寨曾经发生了一次罕见的大旱，一连两百多天的无雨天气，使得太平寨的人根本无法下种，但是即便如此，"不管多富的农家上户，都不肯丢弃土地。"[9]他们认为："不种田，就像一个富光棍缺一个媳妇一样，那光阴虽过得冒油，也没滋没味。"[10]然而，因为害怕下地的种子颗粒无收，太平寨的人还是没有一个愿意下种，而就在这时，老者宋阿爷却在月光皎洁的夜晚和儿子一起来到田地里种起了庄稼，当儿子问他为什么要做这样冒险的事情时，宋阿爷朴素的答案里却道出了他对于自然运势、人的欲望与生命之间关系的深刻理解，他说："人家外教人还讲究'谦受益，满招损'，不能人寿有限，怕在顿亚上白来一遭，过余的事情接二连三地干，人生不能欲盈，万事欠一点为好。"[11]"在他的思想里，人们在大旱面前所表现出的胆怯、惊恐与不安，正是人过分追求欲望的满足所造成的，而他明知播下的种子颗粒无收但还依旧下种则是自觉地从这种欲望中解脱的行为，这绝不是对自然的对抗和挑战，而是一种在自然中消解自我欲望的努力，自然尚有阴晴荣枯，那么生存于其中的人就更应该顺应这样的规律，而不是因为欲望的无法满足而陷入惊恐与胆怯当中去。"[12]的确，正如作家本人所言"人类的很多活动都是围绕着'权力——利益'这个轴心的压跷板游戏。一切的正义感、良知感、人性感、责任感、生存感、理想感，都在利益冲突面前，溃不成军，想把大自然的天下，变成自己的天下——忘记了唇亡则齿寒，房破则堂危这个生存的世俗化道理。"[13]这是作家的一种思考，同时也是一种忧虑。"米州"虽然记载了宋、万两家子孙不懈的奋斗精神，彰显了人伟大而坚毅的征服与创造力，但是，当人性欲望因此而膨胀，并最终导致亲情变得淡漠甚至冷酷时，这样的精神就不再那么耀眼了，一种阴郁和恐惧就会随之而生。在作品中，这一矛盾被作家充分揭示，而这或许也正是一位乡土作家应有的天性和敏感吧！

正因为作家将作品的重心放在了对人性的揭示上，因而，毋庸置疑，《米州天下》本质是悲剧性的。虽然，对于一位乡土作家来说，"悲剧性"这一来自西方的概念对他而言是生疏和不切实际的，但是，他却用自己的作品阐释了自己对于"悲剧性"的独特理解。在《米州天下》中，从故事的发生，到人物命运的变幻莫测都是那么的自然而然，似乎一切都是在遵循既定的、固有的程序和轨迹，然而，就是在这种原始、自然的必然律面前，作家试图揭示的人性的贪欲、冷酷和自私却表露无遗。"在他看来，人的道德滑落中，本身就包含着自然的报复和良知的责罚"[14]。马步斗作为一个非常虔诚的穆斯林信徒，他的宇宙观并没有因为现代文明的到来而变得功利和科学，他始终是宿命的，而"这表现在文学中往往是一种优势"[15]，这种优势带给作品的不仅是一种强大的悲剧效果，更是揭示了人类一直以来都不能忽视的一个主题，即人类与自然的关系。刘大椿教授曾在《自然辩证法概论》一书中指出"近代，在机械论哲学和科学的作用下，自然的历史性和复杂性被简单取消，自然成了一个没有经验、没有情感、毫无灵性、呆板、单调的存在，不具有自我维护、完善自身的功能。人类成了一个神性的、无畏的存在。

自然在人类面前不再神秘,人类在自然面前也不再毕恭毕敬。"[16]"的确如此,当自然在人类面前失去神秘感之后,人类对于自然的态度就不再是敬畏,而是一种践踏和蹂躏,然而,这一切的发生还是有一定限度的,因为,在信仰的世界里,人类对于自然的崇拜与敬畏依旧存在,也正因为这样,信仰中的人性也得到了净化"[17],而这种净化在马步斗的作品中表现得淋漓尽致。

作为一位一生致力于西部乡土创作的作家,马步斗的作品有一个一以贯之的艺术手法,这尤其体现在鸿篇巨制《米州天下》中。被誉为世界画坛拿破仑的保罗·克利曾这样评判艺术:所谓正确的东西,就是自然和历史感两者完美的结合,而马步斗的创作正是不自觉地将这一创作理念融入了自己的作品当中。马步斗是一位回族作家,因而在他的文学世界中,再现回族的历史就成了其中的核心内容,然而,又因为乡土作家对于故土天然的一种热爱,在他的作品中一种不自觉的自然情怀就成为最根本的情感基调。马步斗是一位现实主义作家,但他在作品中将这两者的完美结合却使得他的现实主义创作渗透了一种浪漫主义的气息,使得作品不仅反映了广阔的社会生活,表现个人或家族的兴衰成败,更为重要的是有一种超越个人体验的努力在其中,因此,这样的作品就不再是一部单纯的反映某一段历史或某一个地方的作品,而是有一种超越时空限制,关注自然、人类,甚至宇宙命题的作品,这正是他的作品被持久关注和富有艺术魅力之所在。

与马步斗不同,久居都市的尔雅对城市,以及弥漫于城市的各色气息有着自己别样的体验与感悟。《蝶乱》是他的第一部长篇小说,作品描写了农村出身的大学生在都市象征的大学校园寻找身份认同的故事,主人公在诱惑、迷失中逐渐成长,在经历了严酷的精神历练之后,终于成长为一个真正的人。小说中弥漫着一股暧昧、甜腻、香艳、迷离的充满肉欲的气味。在他的第二部长篇小说《非色》中,作家依旧叙述的是发生在城市中的故事,只是在这部作品中,主人公式牧是一位高校教师、诗人,这是一位非常注重精神生活的崇高与纯粹的人物,他以对余楠的追寻作为自己精神存在与追求的方式,然而,他的这种追寻却是以逃避现实为代价的,而在此过程中,他并没有因为对于现实的逃避而寻找到自己的精神家园,反而精神恍惚,痛苦不堪。不难看出,尔雅的创作是以探索都市青年男女的精神世界为主题的,然而,如果说前两部作品还只是处在探索阶段,那么他近期推出的《同尘》则更多体现出了对这种探索的一种确认和归宿。《同尘》主要讲述两位艺术家追求艺术理想的历程,以及由此遭遇的爱情和生活冲突。主人公之一许多多是一位乡村画家,携带一幅家传古画,一路行走于书画江湖,梦想取得世俗生活的成功,成为一个真正的画家。另一位主人公许百川是一位在影视界有影响的独立电影导演，期待拍摄更具有艺术品格的电影作品，他以许多多为原型，拍摄了电影《卖画记》。在他们各自的生活中，还有两位女性，刘小美是一个从乡村出发，在城市打拼的书画商人；朵焉是现代城市里的画家和歌手，只追求完美爱情。她们分别与两位男性主人公产生复杂的爱情联系。正如作家在作品后记中所写："艺术家处于欲望漩涡的中心，但常常又被喧哗的声色疏离。他们制造潮流，引领消费，却又是时代的敌人。他们既安静又轻浮，寂寞又敏锐，他们既与日常生活对抗，又是自我舞台上孤独的舞者。他们挣扎、沉沦、感伤、浪漫，是欲望的飞蛾，却保持了飞舞的渴望。"在这部作品中，城市精神之灵魂——"艺术家"——成为作家探求现代人精神本质的一个符号，他们的迷茫辗转、坚守与奋斗、被孤立与漠视不正是现代人真正的精神状态的写照吗？尔雅是现实主义的，他的现实主义不在于他对于都市男女的生活状态的写作，而在于对他们精神世界的细腻而准确地把握，而这种把握是建立在作家对于现代文明、文化的一种深重的忧虑和思考之上的。

作为后起之秀，王喜平也擅长于长篇写作，《至真轻吟》《流芳心语》《嫱》以及近期推出的《城霓》，都是他在长篇小说写作方面的杰作。与尔雅一样，王喜平的创作同样是致力于城市生活的描写，从《至真轻吟》开始，作家的笔触逐层揭示着生活在城市当中的人的精神和肉体。扬子、苏可心、暮云落这些活跃在作家笔下的女性形象都以她们坚定的意志和非凡的才智实现她们的"城市梦""人生梦"。毋庸置疑，王喜平的创作是现实主义的，在他的作品中，我们看到的是一个个为了心中理想努力拼搏的青年男女，他们在这个充满诱惑与欲望的城市中，哀伤过、堕落过、迷离过，但也快乐过、坚守过、拼搏过，没有人天生就被赐予了好运，他或她的成功都是来自不懈的努力和对理想坚定不移的追求，而在此过程中，人生绽放着不同的光彩，生命也因此更加有了意义。王喜平的创作又是浪漫主义的，因为他为他的主人公都赋予了最美好的东西，美貌、才智、坚毅、善良、正直，这是作家人道主义理想的体现。在作家眼中，只有具备这些品质的人才能在城市中自信而健康的生活下去，才可以实现自己的梦想。王喜平是善于叙事的，他的小说往往将读者带入到一个大的场景之下，然后每个人在这里上演属于自己的故事，而他们之间又因为不同的关系相互填充，相互制约，因此，在王喜平的创作中，体系庞大却又不失条理的叙事是其作品的重要特征。

## 三、其他作家的创作

陈自仁是一位多产且涉猎领域和题材都很广泛的作家，自 20 世纪 70 年代中期开始文学研究与创作以来,已出版作品 40 余部,在这 40 余部作品中,既有儿童文学作品,如《恐怖雨林》《猴徒》《小霞客西北游》等,又有科幻小说,如《黑沙暴》《遥控人》《蚂蚁人》等,还有现实主义题材的作品,如《白乌鸦》,长篇人物传记《陇上翘楚》,长篇纪实文学作品《敦煌之痛》,长篇民间文学评论《心灵的记忆》等作品,新近又推出全面反映西北三次回族反清起义的系列长篇小说《天倾西北》三部曲中的第一部《回惊天下》。

儿童文学作品在陈自仁的创作中占有很大的比重,作家在创作中是非常注重生活和知识的积累的。为创作《恐怖雨林》,他曾"在西双版纳体验生活,深入边防站了解边境毒品走私的情况"[18],在创作长篇小说《猴徒》时,他几乎查阅了 1947 年以来国内外研究金丝猴的所有材料,并深入调查金丝猴的野外生活环境,实地感受金丝猴的生活状态。因此,在他的作品中,读者能获取很多相关方面的科学知识,当然,作家更多的是为了引起人们关于人与自然,人与人之间的关系的思考,正因为如此,他的儿童文学作品还被称之为"生命状态小说"。

科幻小说也是作家创作中的一大类,因为这些作品中很大一部分是专门为儿童写作的,因此,这类小说也被很多学者归在儿童文学的范畴。但是,与前面所提到的儿童文学不同,这类带有科幻色彩的儿童文学却表达着作家关于人的另一重思考,即"用幻象拷问人性"[19]。以作品《我是谁》为例,这部小说的故事情节并不曲折复杂,"但它却集中体现了作家在生活冲突中表现出深度人生思考的取向:一方面是对发达的现代科技文明的肯定,另一方面是对科技文化背景下的种种变化和危机又有深深地忧虑,表现出作为人文知识分子对科技发展前提下的人性变异的关注。"[20]

在陈自仁的诸多作品中,《白乌鸦》是一部很重要的作品,作家以现实主义的手法讲述了发生在大西北大山深处的一个世外桃源般的地方的故事,然而,在这个"世外桃源"里却上演着一出出苦难又令人哀伤的悲剧。"小说批判了健康人对疾病人、得意者对落难者、强者对弱者以仇恨为心理特征的一切疯癫的、显性和隐性的战争行为;赞美了疾病人对健康人、落难者对得意者、弱者对强者毫无区分的接纳、包容和帮助,呼唤一种坚强、高贵的同情和爱的行为。"[21]作品的这一主题是作家一以贯之的,不管是在前期儿童文学的创作中,还是科幻小说的创作中,作家的这一人道主义思想都有所显露,而在《白乌鸦》这部现实主义题材的作品中,这一主题得到了更加突出地体现。

陆军,作为陇中小说创作中的新生代力量,已发表各类作品 200 多万字,著有中短篇小说选《樱花深处》,长篇小说《秀才第》。《秀才第》可看作作家近些年创作中的代表作，作品讲述了陇中大户人家"秀才第"俊才一家两代人在20世纪六十年代至21世纪初的爱情、生活和命运，以及在人物命运的进程中时代的变迁，如办食堂、60年大饥荒、改革开放后的经商大潮、打工潮等社会现象。这是一部家族小说，然而，因作品中浓厚的"文化"因素，它又不同于一般家族小说的写作。"秀才第"是作为一种文化象征符号存在于作品中的，它的建造者和守护者——俊才的父辈、俊才、桂花、守仁所代表的是对于传统文化中"仁义礼智信"的坚守，而离开"秀才第"的人物形象——守义、守礼、守智、金扣、玉扣则代表了新时期人们价值观念的转变，这其中包括了对科学技术的追求，对焕发着无限活力的市场经济的顺应，对自由爱情的向往，对蕴藏着无限可能性的都市的渴盼。因此，从这个角度来讲，这部作品可看作是一部文化的寓言，作品中，以桂花和守仁为代表的传统文化的坚守者在历经沧桑的时代变迁之后逐渐走向衰落，而以守义为代表的新生活的缔造者则在经历了艰难的创业之路后，在新时期，终于也实现了自我的追求与价值。作家通过对这些人物命运的着力描写，既表达了对于逐渐衰微的传统文化的惋惜之情，同时也表达了对于新时期人们价值观念转变过程中的矛盾心态。除了《秀才第》之外，陆军还有一部中短篇小说集《樱花深处》，其中的同名短篇小说《樱花深处》反映了与《秀才第》相同的主题。《樱花深处》通过金鑫从"十佳"民营企业家到僧人大起大落的经历，深刻反映了20世纪80年代至21世纪以来中国社会变迁的轨迹，剖析了人物命运所形成的根源，是对改革开放进程的艺术反思。它在歌颂伟大的时代变革的同时，对人们一切向钱看的价值取向予以否定并怀有深深的忧虑。

80年代后期，陇中小说创作阵营是强大的，除了前面所述，还有两位作家的创作也是值得一提的，他们就是涛声和田世荣。涛声，于20世纪90年代开始创作，著有中短篇小说集《远山白云》，长篇小说《七八个星天外》《落幕的悲情》。涛声的写作是现实主义的，在他的作品中，我们能够感受到浓烈的时代气息，而且在这种气息中透射的是一种不容置疑的"真实"，毫无疑问，这样的写作正是来自作家对于时代特征的准确把握，以及对于社会现象的敏锐洞察。田世荣，20世纪80年代以来陆续在《人民日报》《人民文学》《中国作家》等报刊发表诗歌、小说、散文、评论、报告文学等作品。已出版诗集《红柳花开》《钟声与记忆》和长篇小说《生死魔谷》《蝶舞青山》等。《蝶舞青山》是一部反映大西北农村生活画面的作品，在这部小说中，作家以风趣幽默的喜剧方式表现了农民的日常生活，并通过各色人物和有趣的故事反映时代变迁。田世荣是在写乡土，然而，他的写作方式却显得十分轻松自如，在这一点上是与80年代后期陇中其他乡土作家不同的，他的作品完全是忠于现实生活的，贴近老百姓，采用老百姓喜闻乐见的形式进行创作，正因为他的这一创作特征，有评论者将他与当代文学史上"山药蛋派"的代表作家赵树理相提并论。

## 四、结语

作家威廉·福克纳在1949年诺贝尔文学奖受奖辞里曾说过："人之所以不朽，不仅因为在所有生物中只有他才能发出难以忍受的声音，而且因为他有灵魂，富于同情心、自我牺牲和忍耐的精神。诗人、作家的责任正是描写这种精神。作家的天职在于使人的心灵变得高尚，使他的勇气、荣誉感、希望、自尊心、同情心、怜悯心和自我牺牲精神——这些情操正是昔日人类的光荣——复活起来，帮助他挺立起来。诗人不应该单纯地撰写人的生命的编年史，他的作品应该成为支持人、帮助他巍然挺立并取得胜利的基石和支柱。"作为地域作家，80年代后期的这些小说家们可能并不具备"大文豪"应有的那种视野和思想，但是，他们却是在用自己的方式忠实地履行着作为作家的天职，他们所描写的，正是陇中这片土地上人们精神深处的艰辛、不懈、坚守与热情，而这一切，不正"使人的心灵变得高尚"？不正是人类普遍精神中值得颂扬与捍卫的吗？

**参考文献：**

[1] 王守义．纸"皇冠"[M]．兰州：敦煌文艺出版社，1972：294-295．

[2] 效延庆．根[J]．飞天，1984（10）：58．

[3] 效延庆．月亮在疏林那边升起[J]．飞天，1981（11）：63．

[4] 效延庆．弦上的魂[J]．延河，1981（11）：22．

[5] 效延庆．王大顺小传[J]．飞天，1982（11）：38．

[6][7] 伊扬．简评长篇小说《大梁沟传奇》[J]．回族文学研究，1993（03）：38，42．

[8] 马步斗．米州天下[M]．北京：作家出版社，2008（3）：5．

[9][10][11] 马步斗．太平寨[M]．兰州：敦煌文艺出版社，1999：201，201，208．

[12][17] 谢春丽．从《太平寨》看马步斗小说中的生态主义思想[J]．名作欣赏，2014（09）：81，82．

[13][14][15] 马步斗．米州天下[M]．北京：作家出版社，2008（3）：1，8，8．

[16] 刘大椿．自然辩证法概论[M]．北京：中国人民大学出版社，2004（3）：126．

[18] 刘铁军. 高产儿童作家陈自仁[N]. 中国民族报, 2002-11-29（07）.

[19][20] 彭岚嘉. 用幻象拷问人性——读陈自仁的科幻小说《我是谁》[N]. 甘肃日报, 2004-10-15.

[21] 王琼. 断裂的桃花源: 解救疯癫——论陈自仁先生的长篇小说《白乌鸦》[J]. 西北民族大学学报（哲学社会科学版）, 2013（06）: 149.

## 特色文化研究

| | |
|---|---|
| "窜三苗于三危"新辨 | 连振波/80 |
| 诗书传家——清代定西文化家族及其著述 | 郝润华/95 |
| 性灵说影响下的清中期诗学思潮转向<br>　　——以吴镇诗学观为中心 | 杨　齐　曹艳华/110 |
| 师古创新<br>　　——刘小农书法、篆刻的个性意识 | 张克锋/122 |
| 游子心　征夫泪<br>　　——《采薇》赏析 | 常平福/128 |
| 花间词大家——陇中词人牛峤的情语 | 任俊华/132 |
| "仁""礼"之境<br>　　——先秦儒家的治道指向及理论困境 | 王宏强/138 |

# "窜三苗于三危"新辨[①]

连振波[②]

（甘肃中医药大学定西校区 人文教学部）

【摘　要】"窜三苗于三危"的地望研究，是一个关乎西北民族发展流变的话题。以往关于"三危"地望的争鸣，以在今甘肃敦煌市东南三危山，在康、藏、卫三地及在今甘肃中部（鸟鼠山西南）者最有影响力。然而，前二种观点往往与《尚书》"导黑水于三危，入于南海"的记载，在地理常识上有矛盾，"黑水"在敦煌、在四川、在西南的几种观点，往往不能自圆其说。徐南洲"黑水即洮河"的观点，是能够符合人文地理学实际的。齐家文化陶器（包括辛店文化、寺洼文化）相对于马家窑彩陶，我们通过历史段、彩陶器形、彩陶图案内涵的变化三个方面比对分析，得出齐家文化、辛店寺洼文化，不是马家窑文化的延续，而是戎狄部落的文化遗迹。故"窜三苗于三危"在今甘肃中部（鸟鼠山西南）的观点，是比较符合历史真实和考古发现的。

【关键词】三危；黑水；洮河；西戎；彩陶

《尚书·舜典》载："窜三苗于三危。"[1]而《尚书·禹贡》雍州篇的记载却说："三危既宅，三苗丕叙……导黑水于三危，入于南海。"[2]这样，"三危"与"南海"的地望，成了学术上难以形成定论的矛盾问题。事实上，因《尚书》这个记载，人们也无法把"三危""三苗""西戎"和"黑水"分开来思考，故"窜三苗于三危"是我国历史问题中一个重要公案。

---

[①] 基金项目：2017年国家社会科学基金项目"陇学研究"（项目号：17BZX069），2015年甘肃省哲学社会科学基金"关陇理学与当代价值研究"（项目号：WB103）。

[②] 作者简介：连振波（1968—），男，甘肃通渭人，甘肃中医药大学定西校区人文教学部教授，陇中文化研究所所长。研究方向：中国古代文学和甘肃地域文化。

# 一、关于"三危"与"黑水"地望的争鸣

## (一)"三危"地望的几种不同说法

(1)"三危"在今甘肃敦煌说。晋杜预在《左传·昭公九年》注中说:"允姓,阴戎之祖,与三苗俱放三危者。瓜州,今敦煌。"[3]其后,郦道元《水经注》也认为"三危山在敦煌县南"[4]。《后汉书·西羌传》认为"西羌之本,出自三苗,姜姓之别也。其国近南岳,及舜流四凶,徙之三危"[5]。《后汉书·西羌传》之李贤注干脆把"三危"和"三危山"等同,说"三危在沙州敦煌东南,山有三峰,故称三危山"[6]。唐李泰《括地志》认为"三危山有三峰,古曰三危,俗亦名卑羽山,在沙州敦煌县东南三十里"[7]。张守节在《史记·五帝本纪》正义中引《括地志》云:"三危山有三峰,故曰三危,俗亦名卑羽山,在沙州敦煌县东南三十里。"[8]古代"三危"敦煌说基本形成。今人赵小刚先生的《羌汉语言接触形成的一族同源汉字》、李炳海先生的《从狞厉神秘到屈曲宛转》、赵逵夫先生的论文《从〈天问〉看共工、鲧、禹治水及其对中华文明的贡献》,均认为三危在今敦煌一带。李聚宝先生更依据甘肃境内彩陶出土发掘所表现出来的连贯性,认为"甘青地区始终生活着和中原文化一脉相承的有地方特色的发达的远古文化的居民。这里并不曾有过和江淮一带的三苗文化有继承关系的文化类型发现。所以,我们可以断知,尧、舜之际,并没有将长江中游的三苗族的一部分成员流放到这里来"[9]。在否定《后汉书》"西羌之本,出自三苗"的同时,做出了"三危"不可能在甘肃东南部的天水、陇西、渭原、临潭等地和青海某地的判断,进而将"三危"地望最终定在今天敦煌市南的三危山。

(2)"三危"在康、藏、卫三地说。此说始于清朝康熙皇帝。据清朝康熙五十九年(1270)谕旨:"禹贡导黑水至于三危,旧注以三危为山名,而不知其所在,朕今始考其实。三危者,中国之三省也,打箭炉之西,拉撒城之东,为喀木地,达赖所属为卫地,班禅所属为藏地,合之为三危耳。"[10]盛绳祖的《卫藏识略》和黄沛翘的《西藏图考》都持这种观点并有阐释,他们认为"三危"在今西藏中部和东部以及四川西部地区。盛绳祖《卫藏识略》对康熙之说做了具体阐述:"西藏唐古特即图伯忒,部落繁多,明统称乌斯藏。然溯其源,盖古三苗种也。舜窜三苗于三危,三危者为喀木,为卫,为藏"[11]。黄沛翘《西藏图考》(卷二)中更为具体:"西藏古为西南激外诸羌戎之地,其先为伯夷甫,炎帝之裔也。舜窜三苗于三危,三危者,为喀木,为危,为藏。喀木亦曰康,即今打箭炉,里塘,巴塘,

察木多之地。危亦曰卫，即布达拉，亦名拉撒诏，今称前藏，藏即扎什伦布，本拉藏汗所治，今称后藏"[12]。今人姜亮夫、田晓岫等人也持此说。姜亮夫《重订屈原赋校注·天问》谓："黑水、玄趾、三危皆西南地名，玄趾即交趾，玄交形近而误也。此之地皆在藏卫滇越之间。"[13]田晓岫《西藏再入中国版图始见于〈夏书·禹贡〉》认为："九州之中，就包括今日之西藏。今日之西藏在当时属于九州中的梁雍二州"[14]。还有刘逢禄《尚书今古文集解》也认为康藏卫三处统名"三危"，陶志如《西藏民族考》及任乃强《西康图经》等也认为"三危"指康地（即喀木）之说。

（3）"三危"在鸟鼠山西南说。此说最早出自汉代郑玄。郑玄《尚书正义》引《河图括地象》云："三危在鸟鼠西南，与岷山相接，黑水出其南。"[15]《史记》的注者引用了郑玄的观点："郑玄引《河图》及《地说》云：'三危山在鸟鼠西南，与岐山相连。'"[16]鸟鼠山西南即今渭源县露骨山附近，岷山、西倾山、朱圉山等不出其范围。三国时张揖在《汉书·司马相如传》注中说："三危山在鸟鼠山之西，与岷山相近，黑水出其南坡。"[17]支持了郑玄的观点。晋司马彪撰，梁刘昭注补《后汉书·郡国志》更加明确地在陇西郡首阳县注条下说："《地道记》曰：有三危，三苗所处。"[18]鸟鼠山在今甘肃渭源县南，这里南连岷山，西接西倾山，东至朱圉山，正是《地道记》所谓古三危所在。《水经注》援引《山海经》曰："三危之山，三青鸟居之。是山也，广圆百里，在鸟鼠山西。即《尚书》所谓窜三苗于三危也。"[19]并载："渭水上游有苗谷和苗谷水，正在三危山之北。"渭水的源头在鸟鼠山，充分说明了三危在陇右的事实。唐陆德明《庄子音义》说在天水郡、秦州西，其实亦即指鸟鼠山西的三危山。宋洪兴祖《楚辞补注》："《书》曰：'道黑水至于三危，入于南海。'张揖云：'三危山在鸟鼠之西，黑水出其南。'"[20]洪兴祖依据《尚书·禹贡》并援引张揖的注解，认定三危在鸟鼠之西，即今甘肃渭源境内。另如毛晃《禹贡指南》的《禹贡山川总会之图》亦把三苗、三危标在西倾山之西。蒋廷锡的《尚书地理今释》认为："三危山，在大河南，今陕西岷州卫塞外古叠州西。"[21]叠州即今甘肃临潭县西南，亦即鸟鼠山西南，岷山、西倾山、朱圉山的交接处，历代持这种观点的学者较多，因为史料较为翔实，也比较接近历史真实，得到了较多的学者的认同。若按照人类文化学和民族学的视角，迁三苗至此也较为可信。

除了以上三种说法影响较大之外，还有其他几种说法也有一定的依据。如汉代马融的"泛指西裔或西裔之山说"。此说见于马融的《尚书注》《汉书·孔安国传》和唐孔颖达的《尚书正义》等书，具体指何地何山却无确切说法。他们以为

"其山必是西裔，未知山之所在"。元代学者金履祥《尚书注》认为："岩昌羌，即三苗之种，其地有叠州，山多重叠，三苗山有三重，或在其地。"[22]他强调："戎人凡山有三峰者，便指以为三危。"把"三危"从具体的地名分开，以为是羌人的地名习俗，但其具体位置，仍在"鸟鼠山西南"。而今人马少侨《"窜三苗于三危"新解》认为："三危并不是地名，而是泛指山地，窜三苗于三危，即窜群苗于群山。"[23]其说认为山有三峰者即"三危"说。安应民《"窜三苗于三危"之"三危"考》认为："据考证应在今青海省东南部，一并与甘肃西南部及四川西北部交界的西倾山、积石山（即阿尼玛卿山）、巴颜喀喇山三山所在的地区，同时，也包括三山周围的一些地区。"[24]"三危"被其具体认定为即今西倾山、积石山（即阿尼玛卿山）、巴颜喀喇山三山说。另外还有持"三危"在"洞庭、彭蠡之间的山地"和"三危"在四川境内者，但其论据牵强，影响较小。

《尚书·舜典》追记我国传说中的尧、舜时代，由于历史久远，文献不详，"《尚书》的经文有矛盾，诠注家亦不能自圆其说"[25]。而历史上，持在今甘肃敦煌说，在康、藏、卫三地说及在今甘肃中部（鸟鼠山西南说）三种观点者最多，也最为有影响，且各具其理，争鸣不休。然而，从人类文化学的视角看，郑玄引《地记书》"三危之山，在鸟鼠之西。南当岷山，则在积石山西南"最为合理，笔者下文专为论述。

（二）"黑水"地望的探讨

"三危既宅，三苗丕叙……导黑水于三危，入于南海"出自《禹贡》，其与《舜典》"窜三苗于三危"有南辕北辙之嫌。《禹贡》与《舜典》自同一本书，《尚书》之著编者，不会不觉察其中的矛盾而修订之。但是，作者执意这样记载，就说明在作者来讲，其前后内容是相通的，不矛盾的。因此，必须要找到能够自圆其说的答案方为正解。故黑水问题也是"迁三苗至三危"所绕不开的话题。

（1）黑水在河西说。持黑水在河西的观点，大约有三：一是认为黑水为疏勒河或其支流党河；二是认为黑水为流经青海、甘肃、内蒙古的黑河及弱水，即今张掖河；三是以为黑水即今大通河。凡持此观点者，一般本于"三危"在敦煌之说。《春秋左传》杜预注认为："黑水……至敦煌过三危山南流入于南海。"唐李泰《括地志》："黑水出于伊吾北甘里，东南绝流三危山二千余里至鄯州，又东南四百里至河州入黄河。"[26]支持和强化了这样一个观点。

（2）黑水在我国西南说。这种学说是基于对"导黑水……入南海"的质疑，认为黑水只有在我国西南才能注入南海。其观点主要有四：一是认为黑水即金沙江；二是说黑水就是怒江；三是认为黑水就是雅鲁藏布江或伊洛瓦底江；四是说黑水就是澜沧江。然而，这几种观点的根本依据，建立在"三危"在康、藏、卫三地说。此说始于清朝康熙皇帝，其论述的依据，多是根据语音和语言的转译附会。另据《敦煌县志》引述清康熙御订"黑水论"：《禹贡》言黑水者三：华阳黑水是，界梁州者，一黑水也；黑水西河是，界雍州者，一黑水也；导黑水至三危入于南海者，又一黑水也。雍州之黑水即今张掖河，界梁州之黑水，即今四川之泸水也，导黑水至三危入于南海，即西藏之喀喇乌苏江（怒江上游），喀喇译言黑，乌苏译言水。"[27]这样足以证明康熙御定的黑水并不单一，并没有解决《尚书》所指黑水为哪条河，事实上，历史上不可能有三条不同的黑水出现在《尚书》。若按照当时的社会生产力，我国先民根本不可能在青藏高原的崇山峻岭间"导黑水入南海"的。

（3）黑水在陇坂说。《水经注》在渭水条屡有提及黑水者，但一直未有学者进行考证。"渭水自黑水峡至岑峡，南北十一水注之。"[28]《水经注·渭水》载："一水亦出陇山，东南流，历瓦亭北，又西南合为一水，谓之瓦亭川。西南流，径清宾溪北，又西南与黑水合，水出黑城北。西南径黑城西，西南流，莫吾南川水注之。水东北出陇垂，西南流，历黑城南，注黑水。黑水西南出悬镜峡，又西南入瓦亭水，又有渑水自西来会，世谓之鹿角口。又南径阿阳县故城东。"[29]阿阳县故城，即今静宁县所在。瓦亭水即今葫芦河，发源于宁夏西吉县的葫芦河是渭河最大的一条支流，流经宁夏西吉、隆德，甘肃静宁、庄浪、会宁、通渭、秦安、张家川、麦积等县区，在甘肃天水注入渭河。陇山是关陇地区非常重要的人文地理分界线，应当说发源于陇山之巅的黑水（瓦亭水），自然也具有极其重要的地理坐标，但是，由于这条黑水的流量太过微小，二则见诸文献较晚，其主干瓦亭水（葫芦河）横穿陇右黄土高原，两岸同属一个地质和文化板块，其具有的地理文化分界功能"华阳、黑水惟梁州"明显不如洮河，故常常为学者所忽略不论。

（4）"黑水即洮河"说。持"黑水即洮河"观点的代表人物是徐南洲。徐文《〈禹贡〉黑水及其相关诸地考》通过五条理由认为，洮河就是《禹贡》所指黑河。其主要观点一是洮河与经文黑水的地理方位完全相合；二是古之三危山，在现在的洮河流域，此说支持"鸟鼠山西南"说；三是所谓"南海"，即今若尔盖沼泽的前身；四是从字形考证，"洮"字从甲骨文形象看，本身是界水意；五是古代的洮河水色黝黑，故得名为黑水。[30]毋庸置疑，徐南洲这个观点是具有突破性的。徐文认为按经文，梁雍两州的地理方位是雍北、梁南，大体平行排列于秦岭的两侧。黑水应当贯穿于雍梁二州，黑水亦当是其共同的西部边界。但是，域内除了洮河，再没有一条符合上述条件的河流——黑水。徐氏引用了《水经·河水注》"禹治洪水，西至洮水之上，见长人，受黑玉书于斯水上"及《太平寰宇记》称今岷县南一里处故岷山"山黑无树木""洮水经其下"似可作为旁证。洮河上游水色黝黑，主要原因是洮河两岸沼泽泥炭发育，河水呈灰色。其土质亦合乎《禹贡》所谓"厥土青黎"的特点。洮河为黄河上游最大的支流，也是古雍州大水之一。流程除渭水外，泾、沣、漆、沮、弱水等均不及洮河源远流长，而《禹贡》见渭水、弱水却独不说洮河，岂不怪哉？渭河在鸟鼠山发源向东流经关陇注入黄河，而洮河自青海省西倾山东麓发源，流经甘肃碌曲、临潭县、卓尼、岷县、临洮，在永靖县境内汇入黄河。东以鸟鼠山、马衔山与渭河、祖厉河分水，西以长岭山与大夏河为界，北邻黄河干流，南抵西秦岭山脉，此岂不正是《尚书》"华阳、黑水惟梁州"所划定的区域？根据《尚书》经文，岷山、嶓冢山、西倾山、朱圉山、鸟鼠山、积石山均为域内名山，洮河在积石山（今甘肃永靖县）汇入黄河，因此，徐文以为"洮水就是黑水，二名同一实，当《禹贡》成书时，唯有黑水之名，尚无洮水之称也。"[31]假如徐南洲的观点成立，则《尚书》所载梁州、雍州的地理分界就十分清楚，徐文所质疑的《尚书·禹贡》何以只见渭河不见洮河的问题，也得到了很好的解决，这在陇中史前文化遗址与出土陶器中亦可得到印证。

## 二、对"窜三苗于三危"的问题讨论

一般情况下，"窜三苗于三危"问题，学者总是根据已有的文献材料，做出有利于自己的观点。近年来，有学者根据当时的社会生产力和国家疆域问题，对"窜三苗于三危"的问题，提出质疑。许多学者认为传说中尧舜禹的活动地域主要在黄河中下游，其影响所及根本不会到达敦煌一带，所以不可能把古敦煌当作处理罪人的流放区。而李聚宝先生却认为"敦煌盆地，气温适宜，土壤肥沃，党河流经，地域广阔，是较为理想的农牧之地。且河西走廊沙漠重重，是控制割离三苗的理想之地。"[32]因此，就李聚宝的观点，我以为以下几个问题尚待思考解决。

第一，对尧舜时期的生产能力问题。劳动工具决定生产力水平。铁器的使用大约在战国中期普及，在尧舜禹时期，青铜器尚未大量使用，且大多数用在宗教祭祀等大型活动中，不可能变成人们的日用劳动工具。大禹是否有能力用大量的木质工具、骨器和打制石器开山劈石？大禹疏导河流，要"黑水自北而南自三危过梁州入南海"，纵使在现代机械化时期，没有钢筋水泥等基本的生产条件也是没可能完成的。有学者认为"南海"即今青海湖，但是，在没有炸药和铁器的年代，仅凭人力是不可能凿通祁连山的。更何况《尚书·禹贡》记载：大禹"导河自积石，至龙门，入于沧海"，积石山是其明显的地理坐标，其导河有其明确的路线图，实实在在与敦煌没多大关系。况且这一项伟大的水利治理工程，要费多少的人力物力？故在当时的社会生产力条件下，大禹治水能否有能力跑到千里流沙之外的敦煌，疏导"黑水"入南海呢？

另外，根据《史记·五帝本纪》记载，"欢兜进言共工，尧曰不可而试之工师，共工果淫辟。四岳举鲧治鸿水，尧以为不可，岳强请试之，试之而无功，故百姓不便。"[33]由此可知，禹之父鲧治水使用的方法是"息壤"壅塞之法。而鲧采用"息壤"壅塞之法治水，只有古雍州黄土高原上是可行的，在以戈壁沙滩为主要地貌的敦煌安得"息壤"？《尚书·禹贡》明确记载，雍州"厥土为黄壤，厥田惟上上，厥赋中下。"[34]这样"黑水、西河惟雍州"的黄土高原地貌特征是确定无疑的。而河西的敦煌，千里戈壁，既与《尚书》记载不符，也没有完成这项浩大工程必要的生产能力和地质条件。而这种生产工具在黄土高原上，对相对疏松的黄土窑洞、地窖、地穴等工程，是完全能够胜任的，这早在大地湾遗址、马家窑遗址中都得到了考古学证明。

第二，尧舜时期的疆域国力问题。根据《尚书》记载，传说尧曾命羲仲、羲叔、和仲、和叔两对兄弟分驻四方，以观天象，并制历法。和仲"宅西土，曰昧谷。寅饯纳日，平秩西成。宵中，星虚，以殷仲秋"[35]。中国古代疆域看，和仲所居在最西边，其昧谷在甘肃西和县，"周为西犬丘地"，三苗部属迁至"三危"，早已西出昧谷数百里，故"窜三苗"最远只能到甘肃中部，即渭河源鸟鼠山西南。《史记·正义》云："秦州西县，秦之旧地，时献公在西县。"这在《淮南子·主术训》里，也能得到证明："昔者神农之治天下也……其地南至交趾，北至幽都，东至阳谷，西至三危。"非常明显，秦之前，从来没有中央政权或中原部落对河西有过实质的统制，直到秦霸诸戎之后，一条秦长城（秦昭王时期）从甘肃岷县起进入临洮，再经东峪沟长城坡进入渭源，又经樊家湾、秦王寺从野狐湾进入陇西，途径通渭、会宁、静宁，直抵固原、海原，把华夏大地分为塞内和塞外。域内诸县，如陇西（古獂戎）、通渭（古襄戎）、甘谷（古冀戎）、临洮（古狄道）等，均为古羌戎（三苗后裔）之地。只有到了汉武帝大规模用兵西域，才打通河西走廊实现对敦煌的国家统治。当然，没有国家统治并不是说没有人类活动，著名大地湾、马家窑、齐家文化遗址，均在昧谷以西。河西地区还有四坝文化、火烧沟文化遗址群，故国家行为和人口的自然迁移，应当是两个概念。李聚宝先生根据澳大利亚堪培拉大学的托恩博士和美国人类学家沃尔夫教授在奥北部地区发现的人类化石具有北京人的骨骼特征，推断澳大利亚的土著人很可能是北京人和爪哇人融合而成的结论和邓子宜"殷人东渡"说为依据，论证"窜三苗于三危"存在的可能性，显然是把人口的自然迁移等同于虞舜依靠国家意志对三苗部落的处分，应当是站不住脚的。

第三，关于"导黑水入南海"问题。若从人类文化学视角看，大禹治水最主要的地域应当集中在陇右，这里不仅是伏羲女娲创造华夏文明的核心地带，更是黄河最大的支流渭河与洮河东西分流注入黄河，是治理黄河水患的关键地区。"大禹导渭"在史书有非常明确的记载，在民间传说中也有丰富的内容流传。

至于"入于南海"，徐文以为南海即今若尔盖沼泽的前身，实际为内陆湖泊或大泽，如蒲昌海、青海、阳池海等。在西北地区，海的概念不完全指大海，故《水经注》援引"《地理志》曰：谷水出姑藏南山。北至武威入海。届此水流两分，一水北入休屠泽，俗谓之为西海；一水又东迳百五十里，入猪野。世谓之东海。通谓之都野矣。"[36]既然有西海、东海，自然就有北海、南海。著名的苏武牧羊的地方就在北海，但这个北海绝不是北冰洋。对于这个问题，《说文解字》说："海，天池也。以纳百川者。从水每声。呼改切。"[37]至今西北高原上仍称湖泊为海或海子，这或许是戎羌文化遗存。四川九寨沟的堰塞湖，也被称为海子，如五花海等，故徐文所谓"南海即今若尔盖沼泽的前身，实际为内陆湖泊或大泽"是有一定道理的。当然，"南海"还有可能不是地理学意义上的海。所谓："四海会同"，泛指我国四裔之地，实系虚拟。《尔雅》：九夷，八狄，七戎，六蛮，谓之四海。故《尚书》之"导黑水于三危，入于南海"之谓，恐非后世学者所证明的实体水域，而是根据《尔雅》的解释，把"南海"理解为南戎部落所在的一个巨大湖泊或沼泽，如若尔盖沼泽也未尝不可，后人不宜把文献上的南海等同于现在地理学上的南中国海。古今治《禹贡》探黑水者众多，其中以黑水为疏勒河或其支流党河，为流经青海、甘肃、内蒙古的黑河及弱水，亦即张掖河，为川藏交界处怒江者三种观点最有影响力，几乎成为主流观点，但"洮水即黑水"说，恰巧能够让各种疑问得到合理的解释。

## 三、以考古学视角对"窜三苗于三危"的解析

### （一）对李聚宝"敦煌说"观点的批评

俞伟超先生把考古发掘同古史传说结合起来研究的方法，为"窜三苗于三危"

的研究提供了一个新的思路。李聚宝据此理论认为，甘青地区仰韶文化中的各个类型，即"半坡—庙底沟—石岭下—马家窑—半山—马厂"诸类型的文化内涵，如房屋和墓葬遗址、陶器（形制、制作方法、纹饰布局与花纹图案）等方面，都可以看出早晚一脉相承和继往开来递次演变发展的线索。从而证明，"甘青地区的马家窑类型是直接由中原的庙底沟类型自东而西继承和发展起来的，它和中原的仰韶文化的共性是主要的，或者可以说它就是仰韶文化的一个组成部分。……它科学地揭示了甘青地区的马家窑类型是直接由中原的庙底沟类型自东而西继承和发展起来的，它和中原的仰韶文化的共性是主要的，或者可以说它就是仰韶文化的一个组成部分。"[38]由此，李聚宝认为，舜运用强大的军事力量，将战败的三苗一部分成员从江淮地区押解到西北，越过甘肃东南部和河西走廊，进入今敦煌地区的可能性不但是有的，而且是很大的。从而否定了刘光华"尧舜禹的活动地域主要在黄河中下游，其影响所及根本不会到达敦煌一带"的观点，得出"三危"在今敦煌的结论。

然而，李聚宝先生的这个推论，至少有三个问题值得商榷：

其一，甘青地区的马家窑类型是否直接由中原的庙底沟类型自东而西继承和发展起来的？既然说它就是仰韶文化的一个组成部分，为什么中原地区的庙底沟类型不可以是甘青地区的文化发展嬗变而来？安特生作为一个彩陶研究的先驱，从《中华远古之文明》《甘肃考古记》到《中国史前研究》，他的观点随着考古的深入而产生360度的转弯。"当我们欧洲人在不知轻重和缺乏正确观点的优越感的偏见影响下，谈到什么把一种优越文化带给中国的统治民族的时候，那就不仅是没有根据的，而且是丢脸的。"[39]根据考古资料显示，大地湾一期的文化层至少在八千年，而仰韶文化在七千年前，为什么一定要说甘青地区的史前文化不会自己传承流变而要来自中原文化的辐射？要知道，中华文明是由伏羲"一画开天"在陇右肇始的。尽管中原地区后来居上，经济和文化均超前于甘青地区，但中国各种神话原型、人物典籍和考古发现，都证明陇中的史前文化是华夏文明传承创新的核心，否定这个基本现象和事实，"是中国文明西来说者用最简单的办法以解决中国文明起源这一个复杂问题"[40]的另一种翻版。

其二，甘肃地区的马家窑类型与中原仰韶文化是否完全同属于一个共同的体系？一般认为，神农和舜是我国最早教人农耕和制陶的圣人。《太平御览》（卷八三三）引《周书》："神农耕而作陶。"[41]《史记·五帝本纪》："舜，冀州之人也。舜耕历山，渔雷泽，陶河滨，作什器于寿丘，就时于负夏。"[42]但是，神农、虞舜生活的时间，大致不超过五千年的历史，而大地湾文化彩陶、仰韶文化彩陶均在七千年之前，故神农氏发明陶器的命题是不成立的。充其量他们对陶器的贡献在于优化、丰富或改进。远古时期，陇中是中国文化的核心，以此为支点向西北延伸至河湟谷地，向西南沿桓水汉江传入川云贵，向东和中原文化交汇发展。对于这个问题，从安特生"甘肃仰韶文化"到夏鼐对马家窑文化的重新命名，足以说明学术界对甘肃史前文化独立发展、自成一体的认同和共识。而李聚宝先生愿是将二者说成"完全同属于一个共同的体系"，则是为了自圆其说强找的理论根据，其结论本身则完全不可相信。

其三，马家窑文化彩陶和齐家文化、寺洼文化的陶器间有巨大差异。李聚宝先生认为，半坡文化、庙底沟文化、石岭下文化、马家窑文化（包括半山、马厂诸类型）在房屋和墓葬遗址、陶器的形制、制作方法和纹饰的布局与组成花纹图案的基本母体等几个方面，都可以看出早晚一脉相承和继往开来递次演变发展的线索。这的确是符合事实的，可是，却有意回避了齐家文化、辛店、寺洼文化类型的彩陶，与马家窑文化类型的陶器在器形、纹饰、内涵等方面的迥然不同。事实上，我们对二者的纹饰、形制的比对和文化解读，能够清楚地看到"窜三苗于三危"以变西戎的历史印迹就在鸟鼠山西南的历史事实。

## （二）通过陇中彩陶特点的变化看"窜三苗于三危"

### 1. 齐家文化出现在"窜三苗于三危"后

马家窑遗址和辛店、寺洼文化遗址都在甘肃临洮，齐家文化遗址在陇中遍地开花，比比皆是，但其文化内涵却与马家窑文化是完全不同的。而齐家文化和辛店、寺洼文化繁荣的阶段，恰恰正是虞舜"窜三苗于三危"后的历史阶段。齐家文化"所处年代大约是山东龙山文化、河南龙山文化（或称后冈二期）、陕西龙山文化（或称客省庄二期）等文化一致，相当于中原的夏代"[43]。根据朱勇年的《中国西北地区彩陶与上古帝王历史对照表》，齐家文化正好处在虞舜帝之后的夏初三百年之间，这个时期正是舜"窜三苗"和大禹"分北三苗"之后不久，在时间上完全与历史事件吻合。从空间上看，这些散布在渭河上游谷地、洮河两岸、湟水谷地的齐家文化遗址、辛店、寺洼文化遗址和陶器等戎羌文化遗存，均与鸟鼠山这个地理坐标对应，这完全符合文献记载和考古发掘。

在关陇河湟地区，尤其在陇中，伏羲女娲氏早就生息在古成纪这片沃土，画制八卦，肇始文明，结网狩猎，烧制陶器。我们从大地湾文化、石岭下文化、马家窑文化遗址出土的彩陶看出，其图案不仅具有高超的审美功能，更是古人类在祭祀、佣葬时，表达哲学思想和巫医观念的载体，其蕴含的巫易数理思想。如图 1，这件陶器现藏于甘肃临洮马家窑彩陶博物馆，为马家窑时期的杰出代表作品，距今约 5000 年以上，其所代表的易数思想与华夏文明"生生为易"的传统思想相一致的。而齐家文化是由安特生在 1924 年在甘肃广河齐家坪首先发现的。大约年代为公元前 2000—前 1900 年，主要分布在甘肃、青海省境内的黄河及其支流沿岸阶地上。居民经营农业，种植粟等作物，使用骨铲、穿孔石刀和石镰等生产工具。制陶业发达，双大耳罐、高领折肩罐和镂孔豆等为典型器物。已出现冶铜业，有铜刀、锥、镜、指环等一类小型红铜器或青铜器。墓葬有单人葬，也有合葬，以陶器与猪下颌骨等为随葬品。出现一男一女或一男二女的成年男女合葬墓，其葬式是男性仰身直肢，女性侧身屈肢面向男子。这表明当时男子在社会上居于统治地位，女子降至从属境地。这种现象与《尚书》所载"厘降二女于妫汭，嫔于虞"的婚姻状态是完全一致的。辛店文化、寺洼文化晚于齐家文化，最初发现于甘肃临洮寺洼山，年代约为公元前 14 世纪至前 11 世纪，相当于我国夏商时期，中原地区已经完全进入了夏商青铜器时期，故其历史阶段完全在尧舜"窜三苗于三危"之后。

图 1　马家窑彩陶

需要进一步说明的是马家窑彩陶绝非羌戎文化遗迹，但齐家文化和寺洼文化却不同，是特别明显的羌戎畜牧文化的结晶。段小强认为："从渊源的发展看，马家窑文化与古羌族在属性上并不同源，不能说马家窑文化发展出了古羌族。"[44] 而羌戎部落的产生，是在"窜三苗"之后。通过齐家墓葬群中的"白石崇拜"等羌戎文化习俗和陶器上的牛羊鸡犬崇拜等游牧文化特质的表现，我们能够认为羌戎色彩浓厚的齐家文化与辛店、寺洼文化，是外来文化对本土文化的一次突变，其核心事件当为尧舜流放"四凶"而产生的文化突变与传播。

2. 从陶器器型的变化看"窜三苗于三危"

马家窑彩陶在形体上，富态大方，雍容华贵，无论从大地湾的三足钵、石岭下的蜕纹瓶，还是马家窑的尖底瓶（图 2）、四大圈纹罐、蛙人生殖图腾罐，均有一种雍容华贵、体正方圆的优越气势，其文化内涵和特质是圆融和张扬的，其陶质也特别细腻。以陇西县吕家坪出土的尖底瓶为例（现藏于

图 2　尖底瓶马家窑

甘肃省博物馆），其窈窕优雅的身姿，对称平衡的造型，俨然符合华夏文化孕育时期的基本平衡理论——阴阳平衡。"以前有学者认为是为打水方便才造成如此特殊形状的，但现代的实验结果已经推翻了这种武断的推测。"①由此，"这样的礼器也是中国古代'中庸'精神的体现。"[45]但是，到了齐家文化、辛店四洼文化时期，彩陶以泥质和砂质的橙黄陶器为主，彩陶中以小口双耳圆腹罐数量为多，另有各种形状的鬲、碗、豆、盆、杯、壶、尊、甗等，已经带有明显的羌戎民族特色。其黄色陶器、敞口双大耳罐的造型，有了明显的游牧部落的特质。寺洼文化的器形，以罐最多，罐器都是灰砂粗陶，表面磨光，颈部都有对称的特大双耳，高肩而深腹下杀。辛店、寺洼文化陶器"更是在口沿上发生了变化，形成马鞍形，在单调中追求了变化"[46]。这与窜三苗至三危"以变西戎"的民情风俗完全相符。寺洼遗存中鬲、鼎较少，但出土的鬲侈口素面，短腿窄档，乳状空足，颈和腹部极尽夸张马奶子形状，体现的完全是西域游牧民族的性感和奔放。

3. 从陶器纹饰内涵的不同看"窜三苗于三危"

马家窑彩陶从纹饰上和齐家文化、辛店文化、寺洼文化有着本质区别。马家窑在表现敬天亲人的巫术和宗教内容和金木水火土等元崇拜的内容的同时，更多地表现为易数象理与巫女生殖思想。所谓易数象理，就是古人在祭祀天地、祭拜先祖、殉葬贵胄时，用来表达思想意识和精神图腾的彩陶纹饰图案。我们通过研究马家窑彩陶图案发现，马家窑彩陶具有明显的易数思想，如收藏在定西市安定区众甫博物馆的蛙纹卦象盆（图3），明显是早期太极图的雏形，其蕴含的易学数象思想也是不言自明的。假如把这个彩陶盆视为整体一（无极），则无极生太极，太极生两仪，两仪生四象的卦象模式，就非常明确和直白。这种语言在彩陶的传承中一直延续，尤其到了半山、马厂类型中，以四

图3 蛙纹卦象瓶

大圈纹的纹饰风格，更加强化了"五""十"为易的数理思想。当然，在新石器时代，与易学思想并行且时而占据上风的还有巫觋生殖思想，这是氏族对偶婚制体系下的母权地位的体现，故马家窑类型彩陶中，蛙纹是非常重要的题材和图腾元素。"青蛙特征的眼睛被强调，在马家窑类型陶器的装饰上，起到了特殊的效果，

---

① "半坡类型绝大部分尖底瓶因盛水后重心高于瓶耳而倾覆，因此不能用来自动汲水。"（孙宵、赵建刚《半坡类型尖底瓶测试》，《文博》1988年第一期）

它使点和圈这样单纯的几何图形,都赋予生命和律动。"[47]到了"半山和马厂类型的拟蛙纹,有的由头和四肢构成,如人形状,也有的只有四肢而没有头部,成为折肢纹。折肢纹作十字回环状交叉,便成了勾连纹,做横向连续性展开,便成为曲折纹。"[48]其演化历史和脉络清晰可见。

齐家文化陶器多为素面,彩绘极少。彩绘以黑色为主,常见的彩绘纹饰有宽带纹、三角纹、网纹、菱形纹,图案一般以两边对称围棋构图特点。可以说,齐家文化陶器中不包含易数象理与巫女生殖思想,它一改马家窑文化为宗教祭祀、生殖崇拜为目的制作的精美陶器的习俗,而是以实用为主要目的。齐家文化反映了农业文明与游牧文明相互影响、相互融合的社会状况。而辛店和寺洼文化,则更多地体现了游牧民族的文化特质,其彩绘则更加明显转化为以写实为主的羊纹或羊头纹和以犬图腾为主的双钩曲纹。辛店文化是分布于甘肃洮河、大夏河流域和青海湟水流域的一支青铜时代文化。辛店文化的分布地都是古代羌人生活区。辛店文化墓葬中,羊骨的数量往往数倍于其他动物骨骼。由于羊在古代羌人经济生活中的重要地位,因此他们将羊视为图腾崇拜物。辛店文化、寺洼文化彩陶中大量的羊角纹饰现象说明了辛店文化与古代戎羌部落的关系,说明了虞舜"窜三苗于三危""以变西戎"的历史事实。有些陶器上绘着与畜牧、养殖有关的马鹿、犬、羊的形象,个别陶罐上还绘有人的形象。同时,"在辛店文化彩陶上屡有写实的尾巴向上卷曲的侧面犬纹的发现,这为双钩曲纹的发展渊源找到了可靠的依据,双钩曲纹正是由一双相向的侧面犬纹复合而成,左右两侧向上钩曲的纹样,正是一对相向复合的尾巴,而尾巴能向上卷曲则是犬的形象特征之一。"[49]犬的图腾正是古代"三苗"部落的原始崇拜,是畲族、瑶族、苗族等先民的图腾崇拜,有共同的"氏族标记"。据《后汉书·南蛮传》载:"远古帝喾(高辛氏)时,有老妇得耳疾,挑之,得物大如茧。妇人盛于瓠中,覆之以盘,顷化为犬,其文五色,因名槃瓠。"[50]后"槃瓠得女,负而走入南山,止石室中……生子一十二人,六男六女。槃瓠死后,因自相夫妻。织绩木皮,染以草实,好五色衣服,制裁皆有尾形。"[51]因此,如收藏在甘肃临洮王志安马家窑彩陶博物馆的寺洼陶器(图4),通过夸张的双钩曲纹,让我们更能够明确感知到辛店寺洼文化,是甘肃史前文化所发生的一次突变,是实实在在的

图4 寺洼陶器

一次文化中断或转型,是尧舜"窜三苗之三危"的直接结果,并不是俞伟超先生

认为的"把齐家、马厂，乃至上溯到半山、马家窑、石岭下文化，看作是羌人文明的前驱"。[52]当然，从齐家文化中大量使用玉璧、玉琮等礼仪、宗教性玉器的事实看，表明其社会发展的主要宗教伦理思想，并未脱离当时主流思想文化的轨迹，其"天圆地方"的宇宙观和人文理念，并未因大禹"分北三苗"而中断，只不过是戎羌先民根据西北的地理环境，做出了适者生存的游牧选择。

结论：孟子云："尽信书，不如无书。"上古文献历史和神话传说混同，许多学者往往按自己所持观点有选择地引用文献资料，不是按照历史的真实存在，科学分析神话与历史的真实与虚幻，交集和偏误，用人类历史和文化思想的发展路径，科学理性地分析判断，得出客观可信的历史结论。"窜三苗于三危"的争论，就是学者根据自己的臆测，选择对自己的观点有利的文献，对一个历史事件穿凿附会，得出各种相互矛盾的结论。根据陇中史前文化遗址的考古发现和对不同时期彩陶文化的解读，用俞伟超先生把考古发掘同古史传说结合起来研究的方法，我们认为郑玄"三危"在鸟鼠山西南的观点是真实可信的，是和近代考古发现是相一致的。

**参考文献：**

[ 1 ][ 2 ][15] 阮元．十三经注疏：尚书正义[M]．上海：上海古籍出版社，1997：128，126-138，150．

[ 3 ] 阮元．十三经注疏：左传[M]．上海：上海古籍出版社，1997：2056-2057．

[ 4 ][19][28][29][36] 郦道元．水经注：渭水[M]．史念林，曾楚雄，季益静，等，注．北京：华夏出版社，2006：354，770，353，354，764．

[ 5 ][ 6 ][50][51] 范晔．后汉书[M]．李贤，等，注．北京：中华书局，2010：2859，1859，2830，2829．

[ 7 ][26] 李泰，等．括地志辑校[M]．贺次君，辑校．北京：中华书局，1980：228，228．

[ 8 ][16][33][42] 司马迁．史记[M]．北京：中华书局，1959：129，66，28，32．

[ 9 ][32][38] 李聚宝．"舜窜三苗于三危"之"三危"在敦煌[J]．兰州．敦煌研究，1986（3）：21，21，21．

[10] 清实录：第六册[M]．影印本．北京：中华书局，1985：821．

[11] 盛绳祖．卫藏识略[M]//小方壶斋舆地丛钞：第三帙．影印本．杭州：杭州古籍书店．

[12] 黄沛翘．西藏图考：卷二[M]．台湾：文海出版社，1965：77．

[13] 姜亮夫．重订屈原赋校注[M]．天津：天津古籍出版社，1987：294．

[14] 田晓岫．西藏再入中国版图始见于《夏书·禹贡》[J]．中央民族大学学报，1998（5）：94．

[17] 班固．汉书[M]．北京：中华书局，1962：2598．

[18] 司马彪．后汉书：郡国志[M]．刘昭，注补．北京：中华书局，2010：3517．

[20] 洪兴祖．楚辞补注[M]．北京：中华书局，1983：96．

[21] 蒋廷锡．尚书地理今释[M]．台北：台湾商务印书馆，1986：224．

[22] 臧励和．中国古今地名大词典[M]．上海：商务印书馆，1931：26．

[23][25] 马少侨．"窜三苗于三危"新解[J]．北京：中央民族学院学报，1981（2）：90，90．

[24] 安应民．"窜三苗于三危"之"三危"考[J]．西宁：青海社会科学．1983（6）：91．

[27] 苏履吉，等．敦煌县志[M]．刻本．1831（清道光11年）．

[30][31] 徐南洲．《禹贡》黑水及其相关诸地考[J]．中国历史地理论丛，1994（1）：91-114，91-114．

[34][35] 罗庆云．尚书[M]．戴红贤，译注．太原：书海出版社，2001．51，9．

[37] 许慎．说文解字[M]．天津：天津市古籍书店影印，1991：229．

[39] 林少雄．洪荒燧影响：甘肃彩陶的文化意蕴[M]．兰州：甘肃教育出版社，1999．

[40] 夏鼐．中国文明的起源[J]．文物，1985（8）：2．

[41] 李昉，等．太平御览：第7卷[M]．孙雍长，熊毓兰，校点．石家庄：河北教育出版社，1994：751．

[43][45] 朱勇年．中国西北彩陶[M]．上海：上海古籍出版社，2007：89，53．

[44] 段小强．马家窑文化的渊源与属性[J]．上海：东方考古（九），2012（9）：164．

[46][47] 林少雄．人文晨曦——中国彩陶的文化解读[M]．上海：上海文化出版社，2001：42，42．

[48][49] 张朋川．中国彩陶图谱[M]．北京：文物出版社，1990：181，181．

[52] 俞伟超．古代"西戎"和"羌""胡"考古学文化归属问题的探讨[M]//先秦两汉考古学论集．北京：文物出版社，1985．

# 诗书传家——清代定西文化家族及其著述

郝润华[①]

(西北大学 文学院)

【摘　要】清代定西文化家族恪守儒家传统思想，尊师重道，人才辈出，学术成果丰富，在甘肃乃至西北都显得十分突出。尤其以临洮吴氏家族、安定马氏家族、王氏家族、通渭牛氏家族、陇西祁氏家族为例，通过对其代表人物吴镇、牛树梅、马疏、王贯三、祁荫杰、王作枢等著述的研究，得出定西文化家族重视并恪守儒家传统，积极进取；重视教育，注重教书育人；重视文学创作，家族成员均编有诗文集等特点，是陇中地区具有鲜明特色的一个有代表性的文化现象。

【关键词】文化家族；著述；儒学传统；诗书

定西，位于甘肃中部，称"陇中"，人文资源十分丰富，境内有马家窑文化、寺洼文化和辛甸文化遗址、战国秦长城遗址等文化遗存。定西的自然环境虽有局限，但却有着悠久的历史、深厚的文化积淀，尤其值得注意的是：古代的定西一直具有良好的读书、著书传统，历史上产生了如秦嘉、徐淑、辛德源、金銮、杨恩、张晋、王予望、吴之珽、吴镇、牛树梅、马疏、王贯三、祁荫杰、王作枢、王海帆等文人，他们或是学者，或是作家、诗人，都留下了丰厚的文学与文献遗产。更值得关注的是：在整个清代，定西出现了不少文人家族，其中最著名的如临洮吴镇家族、安定马疏家族、通渭牛树梅家族、安定王贯三家族与王作枢家族、陇西祁荫杰家族等，这些家族的子弟都普遍接受了良好的教育，治学勤奋，善于创作、著述，因此学术成就与文学成就都很引人注目。

中国古代长期的小农社会和儒家思想对于家族作用的强化，使得家族在中国传统社会中起着十分特殊的作用。法国汉学家汪德迈指出：中国传统社会是"以

---

[①] 郝润华（1964—），女，甘肃武威人，教授，西北大学文学院博士生导师。研究方向：古典文献、唐宋文学与文献、古典目录学。

家族关系为纽带的古老社会模式","社会的一切行为规范都从家族关系规范中演绎改造而来"[1]。也正是家族制度在传统文化特色中的突出地位，因此，中国"文化家族"现象开始引起今人的关注。本文即对清代活跃于定西的六个文化家族及其著述略做考述。

## 一、临洮吴氏家族——以吴镇为代表人物

吴镇家族从乾隆到咸丰年间（1736—1861）一直活跃于诗坛，成员是吴镇、吴锭兄弟及吴镇之从侄吴简默三人。

吴镇（1721—1797），初名昌，字信辰，一字士安，号松崖，别号松花道人，狄道州（今甘肃临洮县）人。二十六岁入兰山书院，乾隆十五年（1750）中举，任陕西韩城教谕、耀州学正，此后多次会试不中。乾隆三十八年（1773），陕西巡抚毕沅，举荐吴镇升任山东济南府陵知县，因抓获邻境盗匪，授兴国（今湖北阳新县）知州。不久升任沅州（治地在今湖南芷江）知府。在任一年，沅州百废俱兴，深受人民爱戴。因性格刚直遭排挤，乾隆四十五年（1780），解职，还乡归里。乾隆五十年（1785），为陕甘总督福康安聘为兰山书院山长。嘉庆二年（1797）病卒于临洮，享年七十七岁。吴镇著作有《韵史》《声调谱》《八病说》《（乾隆）狄道州志》《李槐堂传》《松花庵全集》（包括《松花庵诗草》《游草》《逸草》《兰山诗草》）、《松花庵杂稿》《四书六韵诗》《玉芝亭诗草》《兰山课业松厓诗录》《古唐诗选》等14种。传见《（道光）兰州府志》卷十一、《（光绪）甘肃新通志》卷六十四、《（民国）甘肃通志稿》卷八十九。

吴锭，生卒年不详，字握之，狄道州（今甘肃临洮县）人，吴镇之弟。从医而好诗，著有《梅斋律古》《草舍吟集句》《唐耳山堂诗草》等。生平见吴镇《松崖诗话》。

吴简默，生卒年不详，字洵可，号可泉，又号板屋居士，临洮（今甘肃临洮县）人，吴镇之从侄。李苞《板屋吟诗草序》云："洵可，寒士也，所居板屋数间，而授徒其中，因自号板屋居士。" 简默善诗，素工五律。生平见吴镇《松崖诗话》。著有《板屋吟诗草》《竹雨轩诗草》。

下以叙录形式简略介绍吴镇、吴锭以及吴简默的主要著述[2]。

（1）《李槐堂传》。

清吴镇撰。该书是吴镇为其弟子伏羌（今甘谷县）人李兆甲所作传。清代乾嘉时期甘肃诗人颇多，尤其是吴镇主持兰山书院期间，积极创作，诗学昌盛一时，

其弟子中不乏如李华春、秦维岳等诗人。伏羌人李兆甲即其中之一，其与江南诗人杨芳灿有交游，著有《椒园诗钞》。此传有嘉庆十五年（1810）刊本（附李恒斋寿诗并寿联、李榴亭对联公济桥歌），甘肃省图书馆藏。

（2）《乾隆狄道州志》十六卷。

长安呼延华国修，狄道吴镇主纂。该志先后编纂二十余年，自乾隆十年（1745）沈青崖修州志时已有成稿，至二十八年（1763），呼延华国任知州时付梓，原刻板毁于同治时期，宣统时续修州志，又为重刻，同时并有排印本，故此志流传较广。

（3）《韵史》一卷。

清吴镇撰。此书为吴镇所撰童蒙读本，以三言四语二韵为一题，咏太古至明季间事，起仓颉，终秦良玉，有镇自注。《（宣统）狄道州续志·人物》有记载。该书现有清乾隆间刻本，甘肃省图书馆有藏。收入吴镇《松花庵全集》。

（4）《调谱》一卷、《八病说》一卷。

清吴镇撰。此二书主要论诗之声律。张维《陇右著作录》有著录。书今存，收入吴镇《松花庵全集》。

（5）《松花庵杂稿》不分卷。

清吴镇撰。《松花庵杂稿》合《四书六韵诗》《沅州杂咏》《潇湘八景》三种为一。有清乾隆间刻本。收入《松花庵全集》中。

（6）《四书六韵诗》一卷。

清吴镇撰。该书取四书句为题，如"山梁雌雉""舍瑟铿尔而作"，各作五言近体十二句，用六韵。《清史稿·艺文志》、郭汉儒《陇右文献录》有著录，《（宣统）狄道州续志·人物》亦有记载。收入《松花庵全集》中。

（7）《玉芝亭诗草》不分卷。

清吴镇撰。《玉芝亭诗草》为吴镇第一部诗集，共有诗题69题78首，内容丰富，抒情言志，吊古咏怀，祖饯伤别，皆可称道[3]。甘肃省图书馆藏有乾隆十四年（1749）刻本。收入《松花庵全集》中。

（8）《兰山课业松崖诗录》二卷。

清吴镇撰，杨芳灿选。芳灿，字蓉裳，无锡人，乾隆拔贡，著有《芙蓉山馆诗文钞》。官伏羌知县，得识吴镇。是编即芳灿选吴镇诗，刊为诸生课本，故名课业。松崖，吴镇号。甘肃省图书馆藏有乾隆五十七年（1792）刻本，卷首有乾隆五十七年（1792）王曾翼序、杨芳灿序，及吴镇诸别集原序。卷末有李芮元、艾恒豫跋及节录吴镇诸别集跋。按，此《诗录》二卷不在《全集》中。

（9）《古唐诗选》。

清吴镇编。《(民国)甘肃通志稿》、王烜《大清甘肃文献录》、张维《陇右著作录》并有著录，郭汉儒《陇右文献录》卷十七云："刻本。今存。"

（10）《松花庵全集》。

清吴镇撰。《(民国)甘肃通志稿》卷一百十五著录吴镇《松花庵全集》14种。王烜《大清甘肃文献录》、张维《陇右著作录》亦有著录。《松花庵全集》包括《松花庵诗草》《松花庵游草》《四书六韵诗》《沅州杂咏》《潇湘八景》（上三种合称《松花庵杂稿》）、《松花庵集唐》《松花庵律古》《律古续稿》《松花庵逸草》《松花庵诗草》《兰山诗草》《韵史》《声调谱》《八病说》（上二种论诗声律）、《松崖文稿》《文稿次编》16种。现有乾隆刻本、嘉庆续刻本、宣统重刻本三种版本，另有单部别行或几部合刻本，藏国家图书馆、甘肃省图书馆、安徽省图书馆等。具体可参见《清人诗集叙录》《清人别集总目》《清人诗文集总目提要》。

（11）《草舍吟集句》。

清吴锭撰。张维《陇右著作录》有著录，并附录吴镇序，云："吾弟握之业医而嗜诗，其集唐约三百余篇，乃先出具草舍吟五七言律各三十首，而问序于予。"郭汉儒《陇右文献录》卷十七载："《草舍吟集句》，写本。吴镇有序。今存。"

（12）《梅斋律古》。

清吴锭撰。张维《陇右著作录》有著录，并附录泰和姚颐序、金匮杨芳灿序。姚颐序云："握之诗有曰《草舍吟集唐》者，有曰《梅斋律古》者，大率皆仿其兄松崖先生为之。"

（13）《唐耳山堂诗草》。

清吴锭撰。张维《陇右著作录》有著录，并附录泰和姚颐序、金匮杨芳灿序及跋各一篇。姚序云："而其所自作曰《耳山堂诗草》，则古近体皆备，其五言出入王、孟，七言亦颉颃许浑、杜牧。"按，书名脱"唐"字。另据杨芳灿序"兹于松崖先生处复见其（即吴锭）所为古近体诗一卷"，可知《唐耳山堂诗草》卷数为一卷。

（14）《板屋吟诗草》。

清吴简默撰。张维《陇右著作录》著录其《板屋吟》一卷，即此书，并附吴镇、李苞及杨芳灿序。李序云："洵可，寒士也，所居板屋数间，而授徒其中，因自号板屋居士。"《清人别集总目》著录有乾隆抄本，藏中国科学院图书馆。甘肃省图书馆藏乾隆末年刻本，有乾隆五十七年（1792）吴镇序、李苞序；五十七年（1792）杨芳灿跋、同年午桥氏（狄道张廷选）跋，又杨芳灿题词一首。书中收诗皆五律，午桥氏跋称"诗凡三十六首"，"且王孟之五律，其精纯者不能三十首也"，"然此帙存诗可三倍之，则乾隆五十七年后又有增补，跋时未及见也。又有近人钞本，即据此本钞出，与潘光祖《海虞遗稿》合订"（甘肃省图书馆《板屋吟诗草》提要）。

（15）《竹雨轩诗草》。

清吴简默撰。张维《陇右著作录》有著录，后附狄道杨芳灿序。今存佚不详。

## 二、安定马氏家族——以马疏为代表人物

安定马氏家族活跃于清代嘉庆至同治年间（1796—1874）的文坛，由马考、马疏兄弟及马圻、马埰（马疏之孙）四人组成，均为诗人。

马考，生卒年不详，字文园，安定（今甘肃定西市安定区）人，嘉庆间岁贡生，马疏胞兄。马考、马疏兄弟二人著有《花萼倡和集》。

马疏，字经帷，号南园，安定（今甘肃定西市）人。马考之弟。少时受业于兰山书院著名学者张澍（甘肃武威人）门下。嘉庆十八年（1813）举人，二十五年（1820）进士，由翰林院庶吉士改任陕西府谷知县，历知洛南、富平、咸宁等县。所至有惠政，年四十，以忧归，遂不复出，读书课子。马疏诗文朴茂，通达事理，所著书凡数十卷，祀乡贤祠。其生平见《（光绪）甘肃新通志》卷六十四、《（民国）甘肃通志稿》卷九十。著述有：《日损益斋文集》《日损益斋古今体诗》《日损益斋试帖》《日损益斋时文》《千腋集》《花萼倡和集》六种。

马圻，生卒年不详，字畴甫，安定（今定西市）人，马疏之孙，咸丰二年（1852）举人。历官兵部车马司主事、广西昭平县知县、全州知县、新宁州知州等。工于诗。生平略见《（光绪）甘肃新通志》卷六十七、卷七十三。与其弟马埰著有《二甫唱和集》。

马埰，字平甫，马圻之弟，安定（今定西市）人，同治十二年（1873）举人，官刑部主事，工于诗。生平略见《（光绪）甘肃新通志》卷六十七、卷七十三。

以下简略介绍马考、马疏等四人著述。

（1）《花萼唱和集》一卷。

清马考、马疏撰。此书，《（道光）宁远志补阙》《（民国）甘肃通志稿·艺文二》、张维《陇右著作录》均有著录。《陇右著作录》并附有王凤翔序，略述马考生平，云兄弟二人有"双丁、二陆之称"，又云"及南园解组归，白头昆弟故园聚首，雨窗雪夜，联床话□，著为吟咏，往复缠绵，语语从其真性情流出。王杏村

题其集曰《花萼唱和》,盖取《雅》诗《棠棣》之意也",可知此集内容及取名由来。郭汉儒《陇右文献录》卷十八载:"《花萼唱和集》,刻本。马疏有序。今存。"此集为兄弟二人唱和诗集,其中收录马考诗57首,马疏诗58首,清刻本。现影印收入《中国西北文献丛书》。

(2)《日损益斋文集》八卷。

清马疏撰。此书民国《甘肃通志稿·艺文二》、王烜《大清甘肃文献录》、张维《陇右著作录》有著录。《陇右著作录》《陇右文献录》并附四川陈燮堃序及马纶笃注。《清人别集总目》《清人诗文集总目提要》著录咸丰七年(1857)家塾刻本,藏中国人民大学图书馆、杭州大学图书馆。《中国西北文献丛书》影印收入。

(3)《日损益斋古今体诗》十八卷。

清马疏撰。民国《甘肃通志稿·艺文二》、张维《陇右著作录》、郭汉儒《陇右文献录》有著录。《清人诗文集总目提要》著录咸丰八年(1858)刻本(亦当为家塾刻本),藏中国科学院图书馆。收录马疏古近体诗,其诗风格淡雅,尤以农事诗显著。《中国西北文献丛书》影印收入。今有王忠禄整理《日损益斋古今体诗校注》(天津古籍出版社2014年版)。

(4)《日损益斋试帖》四卷。

清马疏撰。张维《陇右著作录》有著录。试帖诗是中国古代特殊诗体,用于科举考试,也叫"赋得体",起源于唐代,多为五言六韵或八韵排律,由"帖经""试帖"影响而产生。题目范围与用韵,原规定较宽,后始规定韵脚,内容必须切题。清代形制限制尤严。此书为作者所写试帖诗集。有咸丰八年(1858)刻本,影印收入《中国西北文献丛书》。

(5)《日损益斋时文》一卷。

清马疏撰。张维《陇右著作录》有著录。"时文"即八股文,此书所收皆作者为参加科举所撰八股文。

(6)《千腋集》十卷。

清马疏撰。民国《甘肃通志稿·艺文二》、张维《陇右著作录》并有著录。

(7)《二甫唱和集》三卷。

清马圻、马堔撰。此书道光《宁远志补阙》、张维《陇右著作录》有著录。郭汉儒《陇右文献录》卷二十载:"《二甫唱和集》三册,写本,今存。"

### 三、通渭牛氏家族——以牛树梅为代表人物

通渭牛氏家族从清代嘉庆至光绪年间(1796—1899)活跃于文坛,即父亲牛

作霖及其二子牛树梅、牛树桃与牛树楠（牛树梅之堂兄，牛树桃之堂弟）、牛树梅之子牛瑗五人，均为学者、诗人。

牛作霖（？—1851），字振风，号愚山，通渭（今甘肃通渭县）人，庠生，终身贫寒，教书课子，笃信理学，身体力行。咸丰元年（1851）卒。《(光绪)重修通渭县志》(《中国地方志集成》甘肃省地志第9分册)卷十一有《牛作霖传》。著有《牛氏家言》。

牛树梅（1799—1882），字雪樵，号省斋，牛作麟长子，通渭（今甘肃定西市通渭县）人。少有大志，博览性理诸书，发为文章。道光十一年（1831），由拔贡举于乡，二十一年（1841）中进士。官四川彰明、梓州、宁远等州县，以德化民，政绩显著。后辞官不任，主讲锦江书院六年，教育学生敦品励学，成就甚众。归里，侨居秦安。年八十卒于家。牛树梅学以诚敬为宗，生平践履躬行，且器识豁爽，不为门户异同之见。著有《(同治)彰明县志》《二语合编》《省斋全集》《闻善录》《文庙通考》《湑叶文存》六种。传见《清史稿》卷四百七十九、《(光绪)通渭县新志》卷十一、《(光绪)甘肃新通志》卷六十四、民国《甘肃通志稿》卷九十二。

牛树桃，生卒年不详，字渔溪，牛作麟次子，通渭（今甘肃通渭县）人，岁贡生。从父兄治学，以孝悌称。至老好学不衰，与兄树梅、从弟树楠俱名著一时。其生平见《(光绪)通渭县新志》卷十一、《(光绪)甘肃新通志》卷六十四。著有《思源录》。

牛树楠，生卒年不详，字石亭，通渭人。牛树梅堂兄，同治年间贡生。一生以教书为业，为学务期躬行，与训导皋兰卢政共讲身心之学，在当时的兰州较有影响。懂天文历法。事见《(光绪)重修通渭县志》。著有《浑天仪图说》《闰月定四时注》等书。

牛瑗，牛树梅之子。光绪十六年（1890）进士，官至员外郎衔刑部主事，生卒年不详。有《鹑衣歌》诗存世。

以下简略介绍牛作麟、牛树梅、牛树桃、牛树楠等人著述。

（1）《牛氏家言》二卷。

清牛作麟撰。是书前有牛树梅作于道光三十年（1850）序，可知该书系树梅编辑于母丧期间，刊刻于四川按察使任上，时间在同治四年（1865），内容是牛作麟教子言语，"皆家人父子之私语"。因牛氏兄弟（牛树梅、牛树桃）外出求学，所以牛作霖"以笔代口"，牛氏兄弟将此"零星碎纸"积累起来，由牛树梅编辑成册，书中部分内容为《皇朝续经世文编》采录。此书，乾隆《甘肃通志·书目》、张维《陇右著作录》、郭汉儒《陇右文献录》卷十八均有著录,现存道光三十年(1850)蓉城刻本,附有雷尔卿《读〈牛氏家言〉有感》、牛树梅《纂刻家言》、饶拱辰序、赵畇序、马秀儒序。现有连振波、苏建军整理本,甘肃人民出版社2014年版。

(2)《文庙通考》六卷。

卷首一卷,清牛树梅撰。现有同治十一年(1872)浙江书局刊本,中国国家图书馆有藏。又影印收入耿素丽、陈其泰选编《历代文庙研究资料汇编》第7册,国家图书馆出版社2012版。

(3)《同治彰明县志》五十七卷。

清牛树梅纂,何庆恩、韩树屏续修,李朝栋等增补。彰明县,即今四川江油市。树梅于道光二十五年(1845)任彰明知县,二十七年(1847)创修彰明县志。此后何庆恩于同治四年(1865)任彰明县令,同治十年延请韩树屏、李朝栋对牛志进行增纂,十三年成书,约二十五万字。因此,牛志可称"道光彰明县志",而何庆恩续志才是"同治彰明县志"。该志正文分星野、图考、建置、沿革、疆域、山川、堤堰、古迹、风俗、边防、盐法、茶法、选举、土产、艺文、祥异等五十七志。有同治十三年(1874)刻本,巴蜀书社1992年据以影印出版,收入《中国地方志集成》四川府县志部分。

(3)《闻善录》三卷。

清牛树梅撰。《闻善录》共三卷,第一卷记载87人事迹,第二卷计90之事,末卷主要记载贞妇、烈女、良母,共58人。其中所记大多有名有姓,另有无名之辈且地位卑微之人,如:"秦安儒童样焕妻胡氏。进士荆州通守于果公之媳。……焕应试溺渭水,胡氏殊不哀,从容治殓。婆家人私讪议之,俄而自经死。父文职曰:'私不枉为吾女矣。'乃往哭之。"据牛氏同治三年(1864)正月所作自序,此书所录,全为"孝友节义"之人,旨在"粹之为人劝,且以来人之告善者"。民国《甘肃通志稿·艺文一》、张维《陇右著作录》有著录,《陇右著作录》并附有树梅自序。郭汉儒《陇右文献录》注云"刻本,今存"。现存同治三年刻本,甘肃省图书馆藏。

(4)《二语合编》不分卷。

清牛树梅辑。收录明吕得胜《吕近溪小儿语》,吕坤《吕新吾续小儿语》《吕新吾训子词》《吕新吾好人歌》,清李惺《李西沤老学究语》,南宫庄《醒世要言》以及天谷老人《小儿语补》等七种,皆为教育童蒙之书。该书国家图书馆藏有光绪十七年(1891)刊本,又收录于清代陕西学者贺瑞麟辑《西京清麓丛书·外编》。

（5）《省斋全集》十二卷。

清牛树梅撰。民国《甘肃通志稿·艺文二》、王烜《大清甘肃文献录》、张维《陇右著作录》并有著录。张维《陇右著作录》并附有射洪涂定中序。郭汉儒《陇右文献录》云："刻本，今存。"《清人别集总目》著录咸丰刻本，藏上海图书馆；同治十三年（1874）刻本，藏国家图书馆、安徽省图书馆、四川省图书馆、南京大学图书馆、日本东洋文库等，《清人诗文集总目提要》著录《省斋集》十二卷，并云王煌等辑，同治十三年射洪徐氏成都刻，藏国家图书馆。

（6）《渭叶文存》卷数不详。

清牛树梅撰。民国《甘肃通志稿·艺文二》、王烜《大清甘肃文献录》、张维《陇右著作录》均有著录。郭汉儒《陇右文献录》卷十九载："《渭叶文存》，刻本，今存。"

（7）《思源录》。

清牛树桃撰。张维《陇右著作录》依刻本著录，并附牛氏自序。其撰此书意在告知后人祖先创业之艰难，以戒其骄奢之心，篇名有饮水思源之意。郭汉儒《陇右文献录》卷十九著录，并注云"刻本，有自序，其兄树梅有跋，今存"。此书，现有清同治甲戌年（1874）成都石印本，收入《省斋全集》卷一，《中国西北文献丛书·西北文学文献》影印收入。

（8）《闰月定四时注》卷数不详。

清牛树楠撰。该书，《(民国)甘肃通志稿·艺文一》、张维《陇右著作录》、郭汉儒《陇右文献录》均有著录，疑已亡佚。

（9）《浑天仪图说》卷数不详。

清牛树楠撰。该书，《(民国)甘肃通志稿·艺文一》、张维《陇右著作录》、郭汉儒《陇右文献录》均有著录，疑已亡佚。

## 四、安定王氏家族——以王贯三为代表人物

安定王氏家族活跃于清代咸丰至光绪年间（1851—1908），由王贯三与其子王昱组成，均为诗人，王贯三著述尤其丰富。

王贯三，生卒年不详，字笠天，安定（今甘肃定西市安定区）人，号霞丹子，咸丰九年（1859）解元。同治九年（1870）大挑，选取二等，初授河州学正，后升宁夏府教授，擢长安县知县，未就。同治年间，陕甘回民起义，王贯三曾入范铭、左宗棠军幕，谋划剿回事宜，因意见不合离去。王贯三精通医理，博晓经史，

长于诗文，文章雄放。为人正直，扶贫济困，同情百姓疾苦。晚年多病在乡，箪食陋居，专心著述讲学，卒年六十余岁。其生平见民国《甘肃通志稿》卷九十。著述有：《史学管窥》《食跖集》《寸获集》《渔学钞》《王笠天诗集》《冰鼎诗集》《锥处斋诗草》等。

王昱，生卒年不详，字绍笠，安定（今甘肃定西市）人，王贯三之子。庠生，善诗，精于医。著有《笠园诗草》。

以下是安定王贯三、王昱著述叙录。

(1)《史学管窥》三十卷。

清王贯三撰。《新编甘肃巩昌府安定县乡土志》有传，并云"有《史学管窥》，家贫未梓"。张维《陇右著作录》据《定西采访录》（即《新编甘肃巩昌府安定县乡土志》）著录，云有稿本，并载"《窥古连珠》十卷，当即此书"，今不详。

(2)《王笠天诗集》。

清王贯三撰。贯三诗文杂著甚富，因家贫未能刊行，遗稿多散失。邑人马希元仰慕其人，收集部分诗作310余首，经李浚潭校正，刘庆笃作序，题名《王笠天诗集》，于民国二十一年（1932）刊印行世。安维峻《甘肃新通志·艺文》收录贯三《连园诗草序》。《(民国)重修定西县志》卷三十八载有王贯三《忆定西故里》等作品。

(3)《冰鼎诗集》二十卷。

清王贯三撰。《定西采访录》《(道光)宁远志补阙》《(民国)甘肃通志稿》、张维《陇右著作录》有著录。郭汉儒《陇右文献录》卷二十载："《冰鼎诗集》二十卷，写本，今存。"

(4)《锥处斋诗草》二十卷。

清王贯三撰。《定西采访录》《(道光)宁远志补阙》《(民国)甘肃通志稿》、张维《陇右著作录》均有著录。郭汉儒《陇右文献录》卷二十载："《锥处斋诗草》二十卷，写本，今存。"

(5)《寸获集》一卷。

清王贯三撰。《定西采访录》、张维《陇右著作录》有著录。《陇右著作录》并附有合辑刊本序，张维按语曰："按以上三书（《食跖集》四卷、《寸获集》十卷、《渔学钞》二卷），《新通志稿》俱误为马疏所作，有友人曾见贯三书稿，都不分卷。以意分卷如右，至《志稿》实误听也。"《(道光)宁远志补阙》著录《寸获集》一卷，云写本，今存。

(6)《食跖集》四卷。

清王贯三撰。《定西采访录》、张维《陇右著作录》并著录王贯三《食跖集》四卷。

(7)《渔学抄》二卷。

清王贯三撰。《定西采访录》、张维《陇右著作录》均有著录。郭汉儒《陇右文献录》卷二十载："《渔学钞》二卷，写本，今存。"

(8)《笠园诗草》。

清王昱撰。《(民国) 重修定西县志》、张令瑄《陇右著作录补》有著录。郭汉儒《陇右文献录》卷二十二载："《笠园诗草》，写本，今存。"

## 五、陇西祁氏家族——以祁荫甲为代表人物

陇西祁氏家族，活跃于咸丰至民国时期（1851—1946），由祁理堂、祁炯堂兄弟及炯堂二子祁荫杰、祁荫甲组成。均为诗词作家。

祁允文，生卒年不详，字理堂，号梦楼，陇西（今甘肃陇西县）人。诸生，卒于同治之难。

祁□□，生卒年不详，字炯堂，陇西（今甘肃陇西县）人。曾任职浙江杭嘉湖道。事迹不详。理堂、炯堂，当为亲兄弟或堂兄弟。

祁荫甲（1866—？），字樾门，号梦蘅，晚号双玉词馆主人，祁炯堂之子，祁荫杰之兄。生于同治五年（1866）巩昌府陇西县北关上街人，曾任浙江青田县知县，辛亥革命时参加同盟会，历任孙中山临时大总统留守处秘书、《民主报》副刊编辑、垦殖协会会员，后奉黄兴之命设垦殖协会甘肃分会，并任甘肃省财政厅秘书主任等职。著有《梦蘅词》《度陇小草》《梦蘅词话》等。

祁荫杰（1882—1946），字少昱，一字少潭，号漓云，陇西（今甘肃陇西县）人，祁炯堂之次子。聪颖爽朗，以诗著名，擅书法。光绪三十年（1904）进士，官礼部主事。至辛亥革命，荫杰毅然隐退，奉母课子，以终余年。其生平见王烜《祁少昱传略》。著有《漓云诗存》。

以下是陇西祁荫甲、祁荫杰著述叙录。

(1)《梦蘅词》《度陇小草》各一卷。

祁荫甲撰。二书有清末铅印本，上海图书馆有藏。其《梦蘅词话》，存佚不详。

(2)《漓云诗存》三卷。

清祁荫杰撰，张作谋辑。张作谋（1901—1977），字香冰，甘肃临洮辛甸镇人，

1932年至1942年任甘肃省立兰州中学（现兰州一中）校长。1946年，祁荫杰去世，留下大量手稿，渐有散佚。有鉴于此，作谋将祁荫杰诗作汇辑成册，名《漓云诗存》。诗存收录祁氏诗437首。张维《陇右著作录》著录稿本。郭汉儒《陇右文献录》卷二十三载："祁荫杰《漓云诗存》二卷，油印本。慕寿祺有序。今存。"卷数或误。该书稿本三卷，今藏上海图书馆。又有香港天马出版有限公司2008年整理本。

## 六、安定王氏家族——以王作枢为代表

安定王氏家族生活于清代道光至宣统年间（1827—1930），由王作枢及其子王黼堂组成，学者兼诗人。

王作枢（1827—1886），字宸垣，号少湖，别号文楼，晚年又号慕陶。安定（今甘肃定西市安定区）人，幼时家贫，勤奋好学，受马疏赏识。同治九年（1870）举人，曾任秦安县训导。同治十三年（1874）进士，选翰林院庶吉士，后任翰林院编修，国史馆协修。后应聘主讲平凉柳湖书院、兰州求古学院。光绪十二年（1886）病卒，终年六十。生平见《（光绪）甘肃新通志》卷六十七、《（民国）甘肃通志稿》卷九十。著有《慕陶山房诗文集》《安定县本地风光文集》。

王黼堂（1865—1930），字幼陶，安定（今甘肃定西市安定区）人，王作枢之子。性忠孝，风格严峻，音吐清亮，聪明憨直，博学多艺，尤精于诗赋、楹联，时人称"定西才子"。光绪二十三年（1897）拔贡[①]，选授直隶州州判。分陕西任用，以母老告归。宣统元年（1909），被选甘肃谘议局副议长。清亡，隐居不出，致力于著述。生平见《（民国）重修定西县志》。王黼堂编有《安定县乡土志》，著有《辛亥前集》《辛亥后集》等。

以下是王作枢、王黼堂著述叙录。

（1）《慕陶山房诗文集》。

清王作枢撰。作枢早期文稿多在同治乱中散佚，现存诗文多是晚年之作。其子黼堂与其门生邹福保、宋伯鲁等16人将其遗稿整理校订，集成《慕陶山房诗文集》十余卷，光绪十六年（1890）刊行。道光《宁远志补阙》、民国《甘肃通志稿》、王烜《大清甘肃文献录》、张维《陇右著作录》均有著录。《陇右著作录》并附有高陵白遇道序。郭汉儒《陇右文献录》卷二十一："《慕陶山房诗文集》十余卷，

---

[①] 清制，初定六年一次，乾隆七年改为每十二年（即逢酉岁）一次，由各省学政选拔文行兼优的生员，贡入京师国子监学习，称为拔贡生，简称拔贡。

刻本。今存。"

(2)《安定县本地风光文集》。

清王作枢撰。道光《宁远志补阙》载王作枢著有《本地风光文集》一册，并云刻本今存。郭汉儒《陇右文献录》据以著录。该书是研究定西文化遗存的最佳著作。

(3)《光绪新编甘肃巩昌府安定县乡土志叙》。

清王黼堂纂。该书前有王黼堂序，云："今兹所录，多依康熙十九年旧志。此后守土如传舍，无肯计及于此者，至乾隆三十五年而有白峦山人之抄本野志一卷，叙前事亟详，系予家祖传秘本，亦吾邑之鲁灵光也。而是编也，因陋就简，按谱填词，空言喋喋，无补政教多矣。"该志类目，依据《部颁乡土志例目》，详录旧事，略于今事。乾隆以前之事，悉遵《（康熙）安定县志》与《（乾隆）野志》（已佚），无增无减。条目记事极简，独兵事记载颇详，对于研究甘肃古代军事史有一定参考价值。《中国地方志集成》甘肃省地志第7册据稿本影印。

(4)《辛亥前集》。

清王黼堂撰。疑为辛亥之前诗文集。郭汉儒《陇右文献录》卷二十三载："王黼堂《辛亥前集》，写本，今存。"

(5)《辛亥后集》。

清王黼堂撰。疑为辛亥之后诗文集。郭汉儒《陇右文献录》卷二十三载："王黼堂《辛亥后集》，写本，今存。"

## 结　语

据以上考察，可以推知，清代定西文化家族恪守儒家传统思想，尊师重道，人才辈出，学术成果丰富，在甘肃乃至西北都显得十分突出。考察其特点，可以得出以下几个结论。

第一，定西清代文人家族的成员大多接受了良好的教育，恪守儒家传统，积极进取。定西清代文人家族的成员中举人出身者较为普遍，进士出身者也不乏其人。如马疏为嘉庆二十五年（1820）进士；牛树梅为道光二十一年（1841）进士，其子牛瑗为光绪十六年（1890）进士；祁荫杰为光绪三十年（1904）进士；王作枢是同治十三年（1874）进士。

第二，定西清代文人家族十分重视教育，注重教书育人，如吴镇七岁时父亲病逝，母亲魏氏熟识《四书》《五经》，口授经义，并延请教师在家教授。十二岁即能诗善文,乡里称为神童。乾隆五十年(1785),吴镇为陕甘总督福康安聘为兰山书院山长,自己也培养了一批优秀学生,如秦维岳、周泰元、李苞、郭楷等均考中了进士,后来成为甘肃著名作家或学者。再如牛作麟,曾亲自教其二子牛树梅、牛树桃读书,并自己编有系统的教学材料,内容如《三奉》《三尊》《防患》《养神》《怀古》《访问》《记录》等,十分丰富。《牛氏家言》即是典型的古代优秀家训类著作,可以据以研究古代家族教育。牛树梅辞官后也致力于教育,丁锡奎、原浃等均为其学生。他还十分提携青年文人,奖掖后进,一生为许多文人的诗集、文集作序。马疏曾于兰山书院师从武威学者张澍学习,归乡后专心培养弟子,王作枢即其学生。同治年间,王作枢应聘主讲平凉柳湖书院、兰州求古学院,刘尔炘、安维峻、刘永亨、丁秉乾、张林众、秦望澜等皆出其门下。

第三,清代定西文人家族十分重视文学创作,家族成员均编有诗文集。如吴镇有《松花庵诗草》《玉芝亭诗草》,吴锭《唐耳山堂诗草》,吴简默《板屋吟诗草》,马疏有《日损益斋文集》《日损益斋古今体诗》,牛树梅有《省斋全集》《湑叶文存》,王贯三有《食跖集》《冰鼎诗集》《锥处斋诗草》,王昱有《笠园诗草》。祁荫甲有《度陇小草》《梦蘅词》《梦蘅词话》,祁荫杰有《漓云诗存》。王作枢有《慕陶山房诗文集》,王黼堂有《辛亥前集》《辛亥后集》等。这些诗人的文学成就也较高,如吴镇擅长写诗,当时著名诗人袁枚、王鸣盛读其诗集,皆盛加赞誉。姚颐序吴锭诗集云:"而其所自作曰《唐耳山堂诗草》,则古近体皆备,其五言出入王、孟,七言亦颉颃许浑、杜牧。"午桥氏(即狄道张廷选)《板屋吟诗草跋》称吴简默"诗凡三十六首","且王孟之五律,其精纯者不能三十首也"。这些作品均为研究甘肃文学史的重要材料。

第四,清代定西文化家族重视读书治学,善于立言,所著学术著作不仅数量丰富,而且质量也很高。据不完全统计,临洮吴镇家族著述计有19种、安定马疏家族著述有7种、通渭牛树梅家族著述有10种、安定王贯三家族著述有8种、王作枢家族著述有3种、陇西祁荫杰家族著述有4种[4]。如,吴镇所修纂《狄道州志》,体例简略明晰,结构合理,文笔高简,问世后一直被誉为清代陇上名志。王黼堂所编《安定县乡土志》,记录详备,体例完整,被纳入《中国地方志集成》(巴蜀书社1992年影印出版)。牛树梅于道光二十五年(1845)任彰明(今四川江油)知县,二十七年(1847)修纂《彰明县志》,正文分星野、图考、建置、沿革、疆域、山川、堤堰、古迹、风俗、边防、盐法、茶法、选举、土产、艺文、祥异等57志,亦收入《中国地方志集成》。《文庙通考》是一部系统考证古代孔庙建制的著作,该书被收入国家图书馆编《历代文庙研究资料汇编》。牛树楠所著《浑天仪图说》《闰月定四时注》为天文、历法方面的专门著作，内含研究古代文化史的重要资料。此外，注重地方志与乡邦文献的编撰，也是定西文化家族著述的一个特点。这些特点与清代学术发展不仅同步，而且丰富了整个清代学术史、文化史的内涵。

总之，文化家族是中国文化中极有意思的一面，是中国传统文化能够世代延续经久不衰的重要因素之一。从文化家族的视角来考察中国传统文化是具有重要意义的一个课题。20 世纪 60 年代，文献学家张舜徽在其《清人文集别录》中考察清人学术时就十分关注文化家族以及父子、姻亲、师徒等在创作与学术上的共同成就与传承关系，将文化家族看作一个文化整体来进行考察，使读者由此及彼，对于某个家族的学术文化有了系统全面的了解与认识，进而探究清代学术文化发展演变的整体轨迹[5]。从这个意义上说，定西文化家族的传承与成就也是西北乃至清代文化史、学术史中不可或缺的一个部分。因此，从清代定西文化家族切入，我们不仅可以进一步考察清代定西的地域文化与文学传承情况，而且能够窥知西北学术文化与清代整体文化的发展脉络，从而对于当代陇中文化发展现状及其趋向做出深入思考。

**参考文献：**

[1] 汪德迈. 新汉文化圈[M]. 陈彦，译. 南昌：江西人民出版社，2007.

[2] 郝润华. 甘肃文献总目提要[M]. 兰州：甘肃人民出版社，2014.

[3] 冉耀斌. 新发现清代陇右诗人吴镇诗集一部——《玉芝亭诗草》的内容与文献价值[J]. 语文知识，2010（2）.

[4] 郝润华. 甘肃文献总目提要[M]. 兰州：甘肃人民出版社，2014.

[5] 张舜徽. 清人文集别录[M]. 北京：中华书局，1963.

# 性灵说影响下的清中期诗学思潮转向

## ——以吴镇诗学观为中心

### 杨 齐 曹艳华

（甘肃中医药大学定西校区 人文教学部）

**【摘 要】** 乾嘉时期关陇诗学领袖吴镇，前期诗学观受到格调诗学影响，论诗重风雅格律。晚年在认识杨芳灿特别是性灵诗学领袖袁枚以后，论诗转向性灵，走向性灵与格律的结合。吴镇的诗学观转向是清中期诗学思潮转向的一个缩影，探讨居于边远之地的吴镇诗学观转变，有助于更深刻地了解清中期诗学思潮转向的实际状况。

**【关键词】** 吴镇；袁枚；格调诗学；性灵诗学；诗学转向

伴随着清代文学走向全面繁盛，边地如关陇文学也得到快速发展。继明代李梦阳等人开创关陇文学盛况之后，清初涌现出了一个以"关中三李"（李二曲、李柏、李因笃）为代表的关陇作家群。到清中期，吴镇等人承继传统，融入主流，关陇文学又再次走向繁荣。吴镇（1721—1797），字信辰，号松厓，别号松花道人，甘肃临洮人，著有《松花庵全集》。吴镇一生致力于诗学，尤其精研格律，撰有《松花庵诗话》《声调谱》和《八病说》三部诗学专著，还有大量论诗序跋存世，是乾嘉时期关陇诗学的领袖人物。吴镇以其深厚的诗学修养，一方面着力培养文学后辈，形成了一个以他为中心的关陇作家群，另一方面主动融入乾嘉主流诗坛，与袁枚、杨芳灿等乾嘉诗学名家交往，积极参与到清中期诗学建构中，对清中期的

---

① 基金项目：2016年国家社会科学基金青年项目"乾嘉关陇作家群研究"（项目号：16CZW032）。

② 作者简介：杨齐（1981—），男，湖北咸丰人，博士，甘肃中医药大学定西校区人文教学部副教授。研究方向：清代诗文与批评。
曹艳华（1981—），女，河南杞县人，甘肃中医药大学定西校区人文教学部讲师。研究方向：清代文学。

诗学繁荣局面做出了一些贡献。

吴镇主要生活在乾隆年间,乾隆诗学主要建立在对王士禛神韵诗学的传承和补弊基础之上,先后主要有沈德潜的格调诗学、翁方纲的肌理诗学和袁枚的性灵诗学。吴镇虽然长时间生活于西北边地,但积极融入主流诗坛,其诗学旨趣受主流诗学影响很大。以乾隆四十六年(1781)吴镇罢官乡居认识杨芳灿为界,我们可以把他的诗学观分成前期和后期。吴镇前期论诗受格调诗学影响比较大,极为重视格律,但晚年在认识性灵诗人杨芳灿特别是性灵诗学领袖袁枚以后,受到性灵诗学理论的深刻影响,论诗更加重视性灵,走上了性灵与格律结合的诗学之路。笔者考察吴镇诗学观转变的历程,发现吴镇的诗学转向其实是乾嘉诗学思潮转向的一个缩影,而探讨居于边远之地的关陇诗学代表吴镇的诗学观转变,于窥探乾嘉诗学思潮转向更具有样本意义。

## 一、吴镇的诗学渊源及前期诗学观

吴镇前期诗学观主要渊源于其师牛运震。牛运震(1706—1758),字阶平,号真谷,世称空山先生,山东滋阳(今兖州)人,雍正十一年(1733)进士,历官秦安、平番等地知县。牛运震精于经史之学,工诗善文,著述颇丰,有《空山堂诗文集》《空山堂史记评注》《读史纠谬》《空山堂易解》等传世。乾隆十年(1745),牛运震任平番(今甘肃永登)知县时,吴镇拜入其门下。乾隆十三年(1748)牛运震因事罢官后主讲兰山书院,吴镇继续随师从学,直至乾隆十五年(1750)牛运震返乡。

牛运震论诗主张与沈德潜格调诗学理论一致,继承了儒家诗教观,重格调风雅,主汉魏盛唐,诗学杜甫。但牛运震论诗又有自己的特色,既重性情又重声律。在牛运震看来,诗歌是有感而发的作品,其根本在于性情,性情发而外,成言则需声律,因而诗歌在内则为性情,在外则求声律之精工。《惺斋诗稿序》:"诗有性情,有声律。惺斋诗声律不足绳也,乃于性情可谓有其质者矣。"[1]《颜清谷诗集序》:"诗之行于天下也,岂不难哉!诗者,情之讬于言与声之精者也。"[2]牛运震主张诗抒发性情,其性情主张与性灵诗学领袖袁枚的性情主张不同,与秉承儒家诗教观的清中期著名诗学家王士禛、叶燮、沈德潜不避讳抒发情感相似。事实上,诗歌抒情言志的本质自汉唐以来已为广大诗人所接受,明清的性情之争只是对性情内涵的阐释不同。一方主张诗歌无拘无束地抒发情感,侧重于个人生活,不必教化;而另一方则强调诗歌有限度地抒发情感,侧重写家国风俗,主张关系人伦教化。袁枚的性灵诗学属于前者，而牛运震偏向于后者，这从牛运震特别称赏纪行诗就可以看出。牛运震《张有涧泛槎吟诗集序》认为："古人游而后有诗，诗不厌游也。"[3]"古诗人之纪行者，如杜工部之蜀道诗，苏子瞻之岭南诸咏，后人诵之，谓可系一国之事，形四方之风。"[4]牛运震称赏游览之作，不仅因游览之作是有感而发之诗，更重要的是这类诗往往有所寄托，是古人之诗道，合于《诗经》精神，是其儒家诗教观的体现。

牛运震重视格律工整，在他看来，抒发性情和格律工整是诗之两面，缺一不可。他自己作诗秉承着这样的理念，如《答野石梁公》："拙诗穷而益工。"[5]评论他人诗集时坚持这样的标准，如《张有涧泛槎吟诗集序》："张子熟览山河，抒发情性，诗必益多且工。"[6]由此，牛运震择诗极为严格，好焚诗，自己诗作存者十分之一，今《空山堂诗集》仅存诗六卷，三百五十余首。第一卷《焚余诗草》集前自序说道："幼好吟咏，笔墨随费。自辛丑至辛亥，得诗若干首，悉焚之，存者什一，以志少年之所感，辑《焚余诗草》"。[7]牛运震也帮助吴镇焚烧删改诗作，《松花庵诗集序》"今之存者，皆镇所自焚及余为焚之之余也。刻既成，镇又有请欲焚者，余姑命留以俟后世之人。"[8]

牛运震诗学杜甫，年少时写有《感杜》一首，结尾表达诗学杜甫愿望："汉魏以来无师友，落落天地我与尔。"[9]其《庚午除夜同宝啬斋殿下说杜诗感怀有作》几首均提到自己对杜甫的喜爱和学习，其一："鄙陋哪堪陪宴赏，祗缘曾入杜陵门。"其三："昔人情性堪相许，晚节风骚孰与传？"其四："草堂声律是吾师，樽酒论文可自怡。"[10]而《栗亭杜工部祠堂记》一文于杜甫人品诗作深为赞叹，愿随其学从其游："维子美之诗，于今可征也。……诚以申予二十年来，服膺子美之素。"[11]

师从牛运震的五年时间里，吴镇诗学进步很快。于诗学一途，牛运震对吴镇的推扬和指导颇多。吴镇的诗学才华，得到牛运震的肯定和赞誉。"半载以来，熟复经、传、史册，益复有得，思解才思都进于前；环侍请业者三四十人，吴子学诗，江生绩文；此外，苦心孤诣者，尚有数子，虽未升堂入室，殆骎骎乎，窥空山之门矣。"[12]牛运震以吴镇为学诗登其堂入其室者，认可度是极高的。牛运震在为吴镇诗集写的序中，对吴镇大加赞赏，认为吴镇是秦陇学生最能得其诗真传之人，"余宦西陲十年，从余游者，一时材隽百数十人。其学为时文而庶乎至吾之所至者，秦安吴镫一人而已，顾不肯为诗。其为诗而能学吾之所学者，则于临洮吴镇又得一人焉"[13]。吴镇一生致力于诗学，于举业和仕途用力不够，这与牛运震鼓励其诗才有很大关系。

在牛运震的引导之下，吴镇论诗主汉魏近体盛唐，精研格律，追求风雅格调，诗学杜甫等诗人，尤好唐诗集句。吴镇论诗继承了其师牛运震论诗重风雅精神的传统，关心社会人生。如写于前期的《集古诗序》："诗可以兴，可以观，则拳拳服膺。"[14]《杨山夫诗序》："山夫之诗清刻而坚瘦，荆圃之诗爽朗而高华，其格调不同，而其近风雅则同。"[15]《王芍坡先生吟鞭胜稿序》："先生独开生面，至新疆回部之诗，则古所未有者，而今忽有之，以采民风，以宣圣化，是非徒雨雪杨柳，感行道之迟迟也。"[16]

与牛运震一样，吴镇诗学汉魏盛唐，好古体和律诗，对杜甫特别推崇。牛运震曾说到了吴镇的学诗主张：

镇为诗不自从余始，而自从余，诗益工，其所以论诗者日益进。镇之言曰："古期汉魏，近体期盛唐，合而衷诸三百篇，师其意不师其体，唐以后蔑如也。"镇诚其狂者哉！然其用意亦健矣。镇为诗常薄近代诗人为不足学，而犹知肩随其师，即余于此亦为之三十余年矣，抑不自知其至乎未也。[17]

洮陇鄙地，诗学孤废，而镇独好为乐府古体，岸然自负。[18]

牛运震既重性情又重声律，吴镇对性情论述不多，但却对格律极为重视，以格律为其诗学理论的核心。集中体现其格律诗学理论的有《声调谱》和《八病说》两部专门著作，《声调谱》写成于乾隆二十九年（1764），《八病说》未著写成时间，观其内容，似写于任职兰山书院以前，二书刊刻于乾隆五十三年（1788）。其自序说明了写作缘由：

赵秋谷先生有《声调谱》，然乃古诗之声调，非律诗之声调也。律诗声调最宜知，而初学多茫然，则此《谱》不得不作矣。东阳八病，初亦论古诗耳，今专以绳律，使之声调和谐，讵不妙哉！至于宛陵所注，洵为后学之指南，而其说尚简略，予引而伸之，兼悉以臆见，是耶？非耶？安得起休文圣俞而细论之。乾隆五十三年六月初六日吴镇自序。[19]

由序可知，吴镇《声调谱》主要受到康熙时期诗学名家赵执信的感发而作，主要探讨了五律、五绝、五排、七律、七绝等诗体平仄押韵要求，并举唐人王维、杜甫、李白等诗人作品为例进行详细分析。《八病说》主要是对梅尧臣《续金针诗格》的逐条阐释和评论，末尾附录了与之相关的两篇文章，分别是朱彝尊的《查德尹编修书》和李渔的《笠翁诗韵例言一则》。《声调谱》和《八病说》是吴镇一生律诗研究的总结性著作，其声律理论在前人基础上颇多创见，李华春跋云："《八病说》，讽诵再三，所谓双声叠韵者，今乃能了然于心。至其中议论，多前人所未发，衣被骚坛，功不在宛陵之下也。"[20]于清代诗学格律理论发展做出了重要贡献。

另外，吴镇平时读诗论诗之作《松花庵诗话》也体现出了其对格律的重视。《松花庵诗话》不著写作时间，观其内容，开始写作时间比较早，大部分成书于任教兰山书院之前。卷三有杨芳灿诗的评点，并称其为刺史，杨芳灿任刺史时在乾隆五十二年（1787）。《松花庵诗话》中多处提到沈德潜论诗语，但却没有提到与吴镇晚年有交往的袁枚，原因应该是吴镇未得读袁枚著作。因而，《松花庵诗话》最终写成时间应该在乾隆五十二年到乾隆五十四年（1789）得读袁枚著作之前。《松花庵诗话》生前没有刊刻，后由其学生马士俊于嘉庆二十五年（1820）刊刻，收入嘉庆刻本《松花庵全集》中。《松花庵诗话》评点的诗人诗作主要是唐代诗人以及与吴镇交往的各地诗人，以关陇诗人为主，多摘句评赏其声律，也涉及一些诗坛故事。论诗主要以格律是否工整为标准，如"宁夏一幕客有'九秋蓬上下，三户杵高低'之句，人多称之。予谓'上下'即'高低'也，若易为'蓬断续'，则其语顿工。"[21]"李太白诗'池花春映日，窗竹夜鸣秋'，'春秋'字互见，正是此老疏于律处，又上云'青天月'，此云'春映日'，'日''月'字亦嫌有碍。老杜则无此矣"[22]。又如他评孟津王子陶"作诗好为古险奇谲之体，而实不能工"[23]。

除了牛运震以外，活跃于乾隆前期的诗坛领袖沈德潜对吴镇也产生了较大影响。沈德潜论诗强调"温柔敦厚"的诗教传统，高举诗道之旨，尊体格，讲格律声调。沈德潜执掌乾隆前期诗坛三十余年，其格调诗学风行之时，正是吴镇学诗写诗的时候，而且沈德潜的格调诗学理论与其师牛运震的诗学理论基本同调，这对吴镇接受沈德潜的格调诗学理论提供了良好的基础。远离诗学中心的吴镇对诗坛泰斗沈德潜很是仰慕，在其《松花庵诗话》中就多处提到沈德潜，对其论诗之语多所肯定。如，卷一提到沈青匡《咏杨花》《咏向日葵》两诗，其后引沈德潜评语："沈归愚宗伯谓其工于用意，犹江潭之屈子也。"[24]引王龙标《青楼曲》诗后，又引沈德潜评语："沈归愚评云：'有敌忾执殳之意。'"[25]《松花庵诗话》卷二"沈归愚先生序沈寓舟诗云：'诗家之患在乎读诗成诗而不探其源，此犹铸钱者，凭仗废铜而不探铜于山，亦见泉流之立涸而已。'此诚不刊之论。"[26]

由此可见，吴镇的前期诗学理论主要渊源起于其师牛运震，也受到乾隆前期主流诗学家沈德潜的影响，与主流诗学理论旨趣一致，主格调诗学，并酷爱研究诗律，在诗歌声律方面达到了一定的高度。

## 二、袁枚性灵诗学影响下的吴镇后期诗学观转变

乾隆四十五年（1780）吴镇罢官回乡，先是与袁枚的学生杨芳灿成为诗友，后来又与袁枚建立了直接交往关系。受到袁枚性灵诗学的直接影响，晚年的吴镇

诗学观发生了一些变化，从重格调逐渐转变到更认同性灵。袁枚性灵诗学对吴镇的影响可分成两个阶段，第一阶段是通过袁枚学生杨芳灿带来的间接影响，第二阶段是通过与袁枚交往带来的直接影响。

乾隆四十六年（1781），吴镇与任伏羌知县的杨芳灿相识于兰州，两人遂成忘年之交。杨芳灿（1753—1815），字才叔，号蓉裳，江苏金匮（今无锡）人，以拔贡任甘肃伏羌知县，历官灵州知府、平凉知府、户部员外郎。辞官后曾主讲关中书院、锦江书院等。杨芳灿为袁枚及门弟子，工诗能文，有《芙蓉山馆全集》等作品存世。杨芳灿虽然曾拜格调派王昶为师，但其诗学观主要受到袁枚性灵诗学的影响。杨芳灿于乾隆三十六年（1771）前往江宁参加乡试，在叔父杨潮观的介绍下拜访袁枚，成为随园弟子。乾隆四十三年（1777），杨芳灿以拔贡身份入京参加廷试，第二年正月启程赴甘肃伏羌任知县，在袁枚门下七年时间。在师从袁枚的七年时间里，杨芳灿与袁枚过从频繁，随袁枚参加了许多朋友诗会，并得与孙星衍、黄景仁、洪亮吉等名家订交，诗歌创作和观念也受到袁枚性灵诗学很大影响。杨芳灿论诗主张真性情，标举"性灵"，如《张春溪诗序》："感触由于境遇也，境之真者，语必工；情之真者，传自选。"[27]《药林诗钞序》："情至者，语自真；志和者，声自雅。"[28]《春草轩集序》："但疑其笔有神助，宁知其文自情生。"[29]《袁兰村捧月楼词序》："今兰村之诗，清工遒上，不坠宗风，而尤肆力于词，标举性灵。"[30]其观点一如其师袁枚。

杨芳灿于乾隆四十四年（1779）任伏羌县令，嘉庆五年（1800）由平凉知府调任户部员外郎，在甘肃做官二十多年，与吴镇相交近二十年，关系非常密切，是吴镇晚年论诗挚友。吴镇对杨芳灿非常信任和赞赏，其《松花庵逸草》《兰山诗草》《松花庵诗余》《松厓文稿》等许多诗文作品均由杨芳灿编选删改、评点和写序。两人经常论诗品文，诗学交流非常频繁，"余自辛丑岁，识吴松厓先生于兰山，定忘年交，每过从，必论诗"[31]。作为乾嘉诗坛领袖、性灵诗学巨擘袁枚的及门弟子，来自江南诗学繁荣之地的杨芳灿必然会对吴镇诗学观念产生一定的影响。吴镇自己曾说到两人论诗情况："盖蓉裳久官甘省，与予论诗，尝有水乳之合，后因蓉裳而识荔裳，则声应气求，亦同针芥，不图瘦暮，获见二难，殆亦老夫之幸与。"[32]

除了与杨芳灿交往密切外，吴镇还与性灵派领袖袁枚直接交往。袁枚和吴镇之间的交往从乾隆五十三年（1788）两人相知到嘉庆二年（1797）两人去世结束，共计十年时间。乾隆五十三年（1788），吴镇的学生王光晟前往江宁做典史，在拜访袁枚时把老师吴镇介绍给了袁枚，袁枚在读到吴镇诗作后大加赞赏，并把吴镇诗作为甘肃代表收入《随园诗话》，吴镇在得知此事后写信感谢，二人始建交。吴镇仰慕袁枚已久，但一直未得与其往来订交，也未能得读袁枚著作。吴镇在乾隆五十五年（1790）春写的感谢信里提道："久耳高名，有如山斗，只缘南北途遥，未能把晤，计私心抱憾者五十年矣。昨王柏厓使来，获读《随园诗话》，始知老先生凌铄千古，犹能采及葑菲。何幸如之，何感如之。谢谢！……然《随园全集》，要不可以不读，祈遥颁一部足矣。"[33]应吴镇请求，袁枚随后给吴镇寄来《随园全集》。由此可知，自两人建交后吴镇于乾隆五十四年才得读袁枚《随园诗话》等著作，系统了解袁枚性灵诗学理论。此后，两人书信往来，相互寄送著作，赠诗唱和，关系甚为融洽。乾隆五十七年（1792），袁枚欣然给吴镇诗集写序，称赞吴镇诗："深奥奇博，妙万物而为言，于唐宋诸家不名一体，可谓集大成矣。"[34]乾隆六十年（1795）三月袁枚八十大寿，吴镇的儿子吴承禧代父作祝寿诗。该年五月，吴镇前往江宁，两次拜访袁枚于随园，两人交谈甚欢。嘉庆二年，两人相继去世，他们之间的交往也随之结束。

　　从袁枚与吴镇之间的诗学交流实际看，他们之间的交流主要是袁枚的性灵诗学给吴镇诗学观念带来的影响。吴镇在得读袁枚《随园诗话》和其他著述后，对性灵诗学理论有了系统了解，受到的影响也更加深刻。吴镇在乾隆五十年（1785）乾隆五十八年（1793）主讲兰山书院期间，写了大量提携周围诗人的诗集序跋，这些写于与袁枚建交前后的诗集序跋对诗人的评点吸收了袁枚的性灵诗学理论，明显体现出吴镇后期诗学观从格调向性灵的转向。以下略做例举：

《刘戒亭诗序》："夫作诗之根本，系乎性灵。源深生五陵豪侠之区，历随父之蜀之晋。凡名山大川，草木禽鱼，及晦明风雨，可以嬉笑怒骂者，悉举而罗之于诗。微论其诗之工拙也，即其性灵之超诣，已翛然独远矣。"[35]

《张玉厓集句序》："今其所集，媲黄俪白，若出天然；写景言情，悉如自作，何其得心而应手乎！以此自娱，良足豪矣。"[36]

《李坦庵诗序》："吾州李实之孝廉，以高才逸气，枕藉风骚，尝出其《坦庵诗稿》就正于予。予受而读之，则和平安雅，如其为人，写景摅情，悉脱凡近。"[37]

《竹斋集句序》："翁集句各体略备，缕金错彩，对待天然，而陶写性情，不因辞掩。"[38]

《爱菊堂诗序》："夫诗以言情，然情所关生，半缘阅历。鸣周成长临洮，足未出数百里外，此其游览者隘；砚田糊口，终身作落寞书生，此其唱和者又稀。以常而论，于何得诗？然而掉头苦吟，时获佳句，则以其熏习所染，坐卧难忘，故长言永叹，遂如清风发籁而好鸟变音。此无论诗之工拙也，即其闲情逸致，固已翛然远矣。况乎本色之清拔，貌景摅情，尤迥脱寻常之蹊径耶抑。"[39]

《会宁吴达叔诗序》："今读其诗，抑何其闲情逸致之有余，而不染市井之尘氛也。予尝谓：'诗者，乾坤之清气，肺腑之灵机也。得其趣者，虽学有深浅，工与拙半，然即可以免俗矣。固不学诗者，凡饮酒看花，游山玩水，若无一而可焉。'然则翁之诗，翁之性情也，即翁之声音笑貌也，吾未见翁而恍若觌面矣。"[40]

《石田诗钞序》："予讽诵再三，叹午桥以奇才蹭蹬，作客四方，殆造物欲昌其诗，而故使之纵览名山大川，以发泄其蕴蓄欤？穷乃工诗，不必感士之不遇矣。盖午桥，云间之秀隽也，五茸三泖之灵气萃于笔端，尝以饥驱，捉刀幕府，足迹所经，遍历秦晋梁宋吴楚黔滇，虽因人而作远游，然到处皆有留题，人争传诵。使其幸而膺一命绾半通，吾恐其鞅系官司，反不能如今日之闲情逸致，流溢于词章矣。"[41]

《雪舫诗钞序》："《雪舫诗》情挚而景真，格高而韵胜，摘其合作，虽古人奚让焉。"[42]

《吴敬亭诗序》："然则敬亭一生之所居游，固皆边塞之真诗也，则其骨力清刚，而感激豪宕也，固宜。虽然，敬亭遭际升平，熙熙皞皞，凡从军、乘障、吊古、闺怨之作，骨无所用之，则刻画山水，庶足怡情。"[43]

袁枚论诗标举"性灵"，主张诗歌表达个人性情遭际，抒写人生情感体验，无关伦理教化，求新求真，追求风趣天然。吴镇在这些序跋中展示的诗学观念与袁枚的性灵诗学理论是一致的。如"作诗之根本，系乎性灵""诗者，乾坤之清气，肺腑之灵机也""夫诗以言情，然情所关生，半缘阅历"等即性灵诗学核心理论的表达。而"刻画山水，庶足怡情""以此自娱，良足豪矣""其闲情逸致，固已翛然远矣"等即性灵诗学主张的诗歌娱乐功能，表现自我，无关教化。"况乎本色之清拔，貌景摅情，尤迥脱寻常之蹊径耶抑""写景摅情，悉脱凡近"等则与袁枚反对模拟，主张自然天成与创新相同。从这些序跋可以看出，吴镇后期受到袁枚性灵诗学影响，以"性灵"为诗歌根本的观点，在评论诗人诗作时更多注意到他们对真情实感的抒写，还直接用到"性灵""灵机""灵气""闲情""真情"等性灵诗学理论术语，展示着吴镇诗学观从格调诗学向性灵诗学的明显变化。

当然，吴镇对袁枚的性灵诗学理论并未完全吸收，尤其在对待格律的问题上。袁枚对格律是持批评态度的，他认为格律是自然天成："诗有音节清脆，如雪竹冰丝，非人间凡响，皆有天性使然，非关学问。"[44]他主张"须知有性情，便有格律，格律不在性情外。"[45]袁枚对流传诗坛的《声调谱》颇有批评："近有《声调谱》之传，以为得自阮亭，作七古者，奉为秘本。余览之，不觉失笑。夫诗为天地元音，有定而无定，恰到好处，自成音节。此中微妙，口不能言。"[46]吴镇后期所写的诗集序跋虽强调性灵，但并未轻视格律，仍然认为格律于诗歌的重要性。如《李坦庵诗集序》："诗无尽境，而久则愈工，故古人晚年论定，辄自悔其少作。"[47]《晚翠轩诗序》："官不必大，惟其称；诗不必多，惟其工。"[48]《敦古堂集句序》："盖诗必穷而后工，而集句之难，尤非枵腹者能辨。"[49]《牵丝草序》："游览多，则诗之境界宽；推敲久，则诗之格律细；别择严，则诗之门户真，其流传必远矣。"[50]吴镇长期致力于格律理论研究与格律诗创作实践，因而能看见性灵派走向浅率的弊病。如何避免性灵诗学弊病，吴镇选择坚守格律。吴镇前期论诗以格律为中心，晚年在袁枚性灵诗学影响下，实际走向性灵与格律结合的诗学道路。

## 三、清中期诗学思朝的转向

从整体上看，吴镇诗学观从格调诗学向性灵诗学的转向是乾嘉诗学思潮转向的一个缩影。乾嘉时期，诗学流派纷呈，有以沈德潜为代表的格调派、袁枚为代表的性灵派、翁方纲为代表的肌理派以及厉鹗为代表的浙诗派、秀水派、高密诗派等一些地域诗派，各派竞相申说其诗学旨趣，甚至相互攻击，诗学论争非常激烈，一时形成清中期诗学繁盛局面。在这些诗学论争之中，格调、性灵、肌理三大诗学影响最大，"乾嘉之际，海内诗人相望，其标宗旨，树坛坫，争雄于一时者，有沈德潜、袁枚、翁方纲三家"[51]。伴随着清中期诗学论争的是诗学理论的不断创新以及时代诗学思潮的转向。沈德潜以格调为号召，袁枚标举性灵，翁方纲以肌理为宗旨，但比较而言，翁方纲挟其官高成为馆阁诗群领袖，其以学问考据为诗，虽远导后来的宋诗运动，但在乾隆诗坛的影响实不及沈德潜以及后来的袁枚。因而，考察乾隆中后期的诗学思潮转向，主要是关注沈德潜的格调诗学和袁枚的性灵诗学。

格调诗学领袖沈德潜早在康熙、雍正年间就在江南教授生徒，弘扬诗教。晚年受到乾隆帝赏识，成为乾隆身边的御用文人，声望日高，俨然一代宗主。乾隆十四年（1749）辞官养老后，继续从事诗学活动，特别是乾隆十六年（1751）主讲紫阳书院，一时"海内英隽之士皆出其门下"。[52]沈德潜于乾隆三十四年（1769）去世，主持乾隆前期诗坛三十余年，其格调诗学影响极大。但沈德潜格调诗学的弊端也很明显，朱庭珍在《筱园诗话》中的对沈德潜的评论比较到位："沈归愚先生持论极正，持法极严，便于初学。所为诗，平正而乏精警，有规格法度而少真气，袭盛唐之面目，绝无出奇生新、略加变化处，殊无谓也。"[53]整体上看，格调派诗歌确如朱庭珍所言,比较平庸。在沈德潜生前,针对格调诗学的批评者已多,以后起之秀袁枚的批评责难最为有力。袁枚于乾隆十四年(1749)辞官定居江宁,开始全身心致力于诗学活动,沈德潜去世以后接掌诗坛,是乾隆中后期诗坛领袖。袁枚及其性灵诗学影响空前,"《随园诗文集》,上自朝廷公卿,下至市井负贩,皆知贵重之。海外琉球,有来求其书者。君仕虽不显,而世谓百余年来,极山林之乐,获文章之名,盖未有及君也"[54]。"四方士至江南,必造随园投诗文,几无虚日"[55],各地诗人以拜访随园和入选《随园诗话》为幸事。伴随着格调诗学自身逐渐走向衰微,诗坛逐渐形成了一股性灵诗风,"随园弟子半天下,提笔人人讲性情",[56]诗学思潮至此一变,孙原湘说:"吴中诗教五十年来凡三变:乾隆三十年以前,归愚宗伯主盟坛坫,其诗专尚格律,取清丽温雅,近大历十才子者为多,自小仓山房出而专主性灵,以能道俗情,善言名理者为胜,风格一变。"[57]郭麐也称:"国朝之诗,自乾隆三十年以来,风会一变。"[58]蒋寅先生曾论及乾隆时期的诗学思潮:"清初诗学因处于拨乱反正的转折期,破与立的急迫感使诗人们的主张都带有强烈的情绪色彩和矫枉过正的倾向。到乾隆间,一切都尘埃落定,一种以折中融和为主导意识的诗学思潮逐渐成为诗坛主流。当时的诗学只可根据确立典范和解构典范而分为两派。沈德潜是前一派的代表,袁枚则是后一派的代表。"[59]蒋寅先生对清中期诗学思潮的把握是比较到位的,以沈德潜为代表的一派用"格调"确立了温柔敦厚的儒家诗教,而以袁枚为代表的一派用"性灵"解构了这一典范,把诗歌引向个人情性的表达。从历时性上看,确立典范的沈德潜一派主要在乾隆前期,解构典范的袁枚一派主要在乾隆中后期和嘉庆时期,因而,乾嘉诗学思潮其实经历了从格调诗学向性灵诗学的一次诗学思潮转向。在诗学转向的时代思潮下,各地诗人均受到不同程度的影响,居于边远之地的关陇著名诗人吴镇也顺应了这一潮流。吴镇诗学转变是袁枚性灵诗学影响下的结果,也是时代诗学思潮转向下吴镇的自觉选择。由于其偏居西北,其诗学转向更加艰难,也更能说明从格调向性灵的乾嘉诗学转向是当时乾嘉诗学思潮之大势,也显示出影响范围之广度和影响范围之深度。

当然,乾嘉诗学思潮的转向不是绝对化的,在性灵思潮风靡全国之时,格调诗学理论并未完全被代替,影响力仍然存在。袁枚《再答李少鹤》云:"当归愚极盛时,宗之者止吴门七子耳,不过一时借以成名,而随后旋即叛去。此外偶有依草附木之人,称说一二,人多鄙之。此后如雪后寒蝉,声响俱寂。"[60]袁枚所论虽然展示了格调诗学衰落的现实,但也有些夸大,不仅出于沈德潜门下的王鸣盛、王昶、钱大昕、吴泰来等"吴中七子"以文人和学者的身份继续活跃于乾嘉诗坛,另外,"德潜门下又有褚廷璋、张熙纯、毕沅等之继起。再传弟子则有武进黄景仁,私淑弟子则有仁和朱彭。乾、嘉以来之诗家,师传之广,未有如德潜者。"[61]"吴中七子"以王鸣盛成诗名最早,以王昶诗学成就最高。王鸣盛后来把主要精力转向了经史之学,而王昶在沈德潜去世后的乾隆后期和嘉庆前期,自觉地举起格调大旗,维护格调诗学阵营,编选《湖海诗传》,与袁枚性灵诗学对抗,逐渐成为除了沈德潜之外的格调派另一领袖人物。王昶官高位重,不仅广收门徒,乾嘉时期著名文人黄景仁、汪中、阮元、毕沅等皆曾从其学,还喜欢提携才俊,"所至朋旧文宴,提倡风雅,后进才学之士执经请业,舟车错互,履满户外,士藉品藻以成名致通显者甚众。"[62]"吴中七子"在继承沈德潜的格调诗学理论时,也能够有所补弊。整体上看,吴中七子的诗学理论大都融通,论诗又都强调性情与学问的重要,也大都主张兼宗唐宋。因而,在性灵诗学风靡诗坛之时,仍能有一方城池。这一情况也在吴镇身上有所体现,在格调诗学向性灵诗学的转向中,格调诗学在吴镇的身上仍然还有着影响。如《陆杏村诗草跋》:"古体格高,近体韵胜,而足迹所经,凡怀人吊古之作,下笔如云蒸泉涌哉!"[63]《马让洲诗序》:"盖让洲古诗坚卓,近体清研,骨以格高,情缘韵胜,今摘其合作,足追古人,余稍涉流易者,直汰之可矣。"[64]

总之,与坚守格调的王昶等格调派诗人不同,吴镇不受门户所限,能转益多师,在格调诗学向性灵诗学转向的时代诗学思潮影响下,吸收袁枚性灵诗学理论精华,以"性灵"为诗歌本质,同时以诗歌格律补性灵诗学浅率之弊。吴镇诗学观实质上是融合了格调诗学和性灵诗学理论,在诗歌本质上转向诗歌的抒情性,在形式上重视诗歌声律,于乾嘉之际诗学导向极具价值意义。可惜其偏居西北,名声未显,也未专门著述申说其论,未得到乾嘉诗坛重视。

**参考文献:**

[1][2][3][4][6] 牛运震. 空山堂文集:卷三[M]. 嘉庆刻空山堂全集九种本.

[5] 牛运震. 空山堂文集:卷二[M]. 嘉庆刻空山堂全集九种本.

[7][9] 牛运震. 空山堂诗集:卷一[M]. 嘉庆刻空山堂全集九种本.

[8][13][17] 牛运震. 松花庵诗序[M]//吴镇. 松花庵全集. 嘉庆刻本.

[10] 牛运震. 空山堂诗集:卷六[M]. 嘉庆刻空山堂全集九种本.

[11] 牛运震. 空山堂文集:卷五[M]. 嘉庆刻空山堂全集九种本.

[12] 牛运震. 空山堂文集:卷二[M]. 嘉庆刻空山堂全集九种本.

[14] 吴镇. 松厓文稿三编[M]//吴镇. 松花庵全集. 嘉庆刻本.

[15][16][32][33][35][36][37][38][39][47][48][49][50][63] 吴镇．松厓文稿[M]//吴镇．松花庵全集．嘉庆刻本．

[18] 牛运震．空山堂文集：卷四[M]．嘉庆刻空山堂全集九种本．

[19] 吴镇．松花庵声调谱及八病说序[M]//吴镇．松花庵全集．嘉庆刻本．

[20] 李华春．八病说跋[M]//吴镇．松花庵全集．嘉庆刻本．

[21][24][25] 吴镇．松花庵诗话：卷一[M]//吴镇．松花庵全集．嘉庆刻本．

[22][23][26] 吴镇．松花庵诗话：卷二[M]//吴镇．松花庵全集．嘉庆刻本．

[27][28][29][30] 杨芳灿．芙蓉山馆文钞：卷三[M]．续修四库全书本．

[31] 杨芳灿．胡静庵诗文集序[M]//郭汉儒．陇右文献录．兰州：甘肃文化出版社，2014：421．

[34] 袁枚．松花庵诗集序[M]//吴镇．松花庵全集．嘉庆刻本．

[40][41][42][43][64] 吴镇．松厓文稿续编[M]//吴镇．松花庵全集．嘉庆刻本．

[44] 袁枚．随园诗话：卷九[M]．2版．北京：人民文学出版社，2006．

[45] 袁枚．随园诗话：卷一[M]．2版．北京：人民文学出版社，2006．

[46] 袁枚．随园诗话：卷四[M]．2版．北京：人民文学出版社，2006．

[51][61] 徐珂．清稗类钞：第八册[M]．北京：中华书局，1984：3900．

[52] 江藩．国朝汉学师承记：卷三[M]．北京：中华书局，1983：39．

[53] 朱庭珍．筱园诗话：卷二[M]//郭绍虞．清诗话续编．上海：上海古籍出版社，1983．

[54][55] 姚鼐．袁随园君墓志铭[M]//惜抱轩诗文集：卷十三．续修四库全书本．

[56] 袁枚．随园诗话补遗：卷八[M]．2版．北京：人民文学出版社，2006．

[57] 孙原湘．籁鸣诗草序[M]//天真阁集．续修四库全书本．

[58] 郭麐．灵芬馆诗话：卷八[M]．续修四库全书本．

[59] 蒋寅．"神韵"与"性灵"的消长——康、乾之际诗学观念嬗变之迹[J]．北京大学学报（哲学社会科学版），2012（3）：20-21．

[60] 袁枚．小仓山房尺牍：卷十[M]//王英志．随园全集．南京：江苏古籍出版社1993．

[62] 阮元．诰授光禄大夫刑部右侍郎述庵王公神道碑[M]//揅经室二集：卷三．清道光刻本．

# 师古创新

## ——刘小农书法、篆刻的个性意识

张克锋[①]

（集美大学 文学院）

**【摘　要】** 刘小农是个性意识强，师古而不泥古，创新而不媚俗，特立独行的书法家。其书法，临摹诸体，融汇众家，但在创作上独钟情于行草，尤重狂草，极强的节奏感也是其狂草的显著特点。篆刻取法战国古玺和汉印，深得其古朴自然之趣。他强调刀法和字形、章法的变化，每幅作品既有古意，又饶有新趣。

**【关键词】** 刘小农；书法；篆刻；师古创新

众所周知，艺术来源于现实生活，但高于现实生活。艺术家的真正价值，就在于创造出现实生活中所没有的、高于现实生活且独具个性、独一无二的图景，笔补造化，在天地自然之外别构一种神奇。艺术家创造出的图景，是其心灵世界和理想的外化形式，因其独特、美好而独具魅力。它引发人们的想象，丰富人们的情趣，使现实生活更精彩。所以，个性是艺术的生命，也是一个艺术家毕生的追求。

刘小农是一个个性意识很强的人。他研习书法、篆刻三十多年，师古而不泥古，创新而不媚俗，特立独行，以其鲜明的风格而引人注目。

其篆刻取法战国古玺和汉印，深得其古朴自然之趣。在此基础上，他特别强调刀法和字形、章法的变化，故每幅作品都既有古意，又饶有新趣。古玺和汉印风格极其多样，因其铸造工艺及长久以来的剥蚀，其线条多圆润、浑厚、含蓄，鲜见斫刻之锋芒。明清以降，文人在石上刻印，皆模拟上述特点，追求所谓"金石味"。惟近世齐白石单刀直冲，不加修饰，刀迹显然，如绘画之大写意，痛快淋

---

[①] 作者简介：张克锋，男，甘肃通渭人。博士，集美大学文学院教授，厦门市民盟美术院美术师，中国书法家协会会员。

滴，独成一家，影响甚巨。小农篆刻之用刀颇似齐白石：胸有成竹，意在刀先，使刀如笔，果断爽利，率意而恣肆。如"富贵吉祥"（图1）印，点画有圆有方，但以方为主；有转有折，但以折为主。圆转处浑厚，方折处挺劲。起、收、折处不避尖利，锋芒外露，如长枪利剑，寒气逼人。"壶公"（图2）、"昆仑山人"（图3）、"慎独"（图4）、"夜发清溪向三峡"（图5）等印皆如此。

汉印以匀整、平正为主，变化皆在细微处，当代篆刻家则多强调对比，追求视觉冲击力，此所谓"时代风尚"。小农的篆刻单字造型多奇险，构图大胆，小天地中有大气象，不古不今，亦古亦今。如"昆仑山人"白文印，章法取法于汉印，但并未采取字距、行距均等的常见汉印的构图方式，而是压缩了"昆仑"和"山人"之间空白，使之连为一体，且将"昆"和"人"拉长，将"仑"和"山"压缩，形成上下错落、大疏大密的对比格局，且"山人"二字以斜取势，从而使全印静中有动，呈现出刚健雄强之势。"章会之玺"（图6）白文印中，"之"字也是以斜取势，正中有奇，出人意料。又如"夜发清溪向三峡"白文印中，字与字之间几乎不留空白，但却通过字形结构的改变和巧妙安排制造了几处较大的字内空间，从而打破了惯常的章法形式，在茂密中见出宽绰，浑厚而大气。

图1 "富贵吉祥"印

图2 "壶公"印

图3 "昆仑山人"印

图4 "慎独"印

图5 "夜发清溪向三峡"印　　　　图6 "章会之玺"印

小农投入书法的精力远胜于篆刻。其于书法，临摹诸体，融汇众家，但在创作上独钟情于行草，尤重狂草。狂草在用笔、用墨、结体、章法上变化最为丰富，抒情性最强，对书写技巧、审美素养、艺术才华的要求最高，是书法诸体中难度最大的。古往今来，以此名家者，仅"颠张""醉素"、黄山谷、徐文长、祝允明、林散之、毛泽东数人而已。小农专攻此体，显示了他在艺术上的勃勃雄心和超迈群伦的识见。其草书亦如其篆刻，注重气势和整体感，追求趣味和变化，风格奇险雄强，个性极为鲜明。试以几幅作品为例略做印证。

《王公昨夜得霜裘》《雪个西江住上游》《永王正月东出师》《人人送酒不曾沽》四条屏（图7）每条独立，又连为一体，如滔滔大江恣意奔流于群山万壑与沃野平川，气势撼人，姿态万千，视之有令人目不暇接、惊心动魄之感。其用墨，浓枯、燥润对比强烈，所谓"润含秋雨""干裂秋风"，是之谓也。古有"飞白书"和"飞白"笔法，但"飞白书"后来失传，"飞白"笔法虽偶见于书作，但通篇为枯笔、飞白者极为罕见，唯有"当代草圣"之称的林散之先生善将涨墨与枯笔、飞白之法结合运用，取得惊世骇俗之艺术效果，可堪效法。小农近年来的狂草多用枯笔、飞白，拉大墨色层次，产生出虚实强烈对比的效果，这是他在草书创作上的新意之一。其草书用笔深得中锋之妙，无论墨色浓重还是枯淡，都能裹锋前行，毫不外散，力能透纸，古人所谓"屋漏痕""锥画沙""万岁枯藤"之笔迹，在上述四条屏中处处可见。其用笔时起时伏，时疾时迟，时粗时细，时重时轻，直如劲松，曲似游龙，擒纵自如，使转纵横，变化莫测。其章法打破单字、单行之排布，将字内空间和字外空间打通，造成出人意料的连接和结合、空间的夸张和对比、点线与块面的对比，且一气呵成，堪称"一笔书"，此其狂草最有新意处。如《雪个西江住上游》一幅，第一行字字紧密，但"江"作左长右短之夸张变形处理，使右上留下了大片空白；"任"左右分开，中间留白；"上"字形窄小，正对"任"字空白处；"游"因字赋形，宽大开张；下面"苦"字收，"瓜"则略放，右上留大块空白；"瓜"与"连"紧连，而"连"则拉长，上部"车"字细长而末笔伸展。一行之中，正斜、长短、宽窄、收放、疏密交错变换，且极为自然，并无有意安排之感。

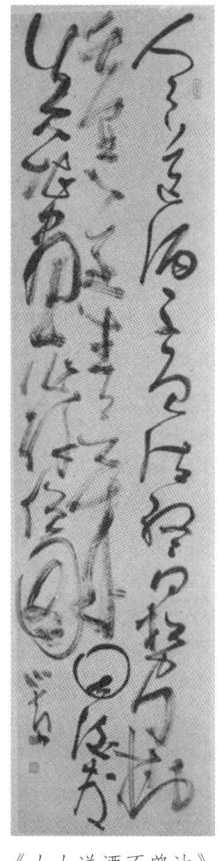

《人人送酒不曾沽》　《王公昨夜得霜裘》　《雪个西江住上游》　《永王正月东出师》

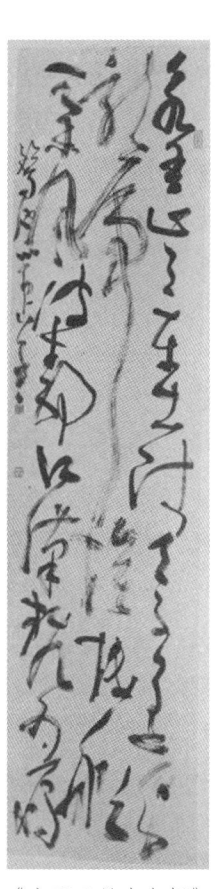

图 7　刘小农书法

极强的节奏感也是小农狂草的显著特点。如《人人送酒不曾沽》一幅，第一行浓墨，细线条，字形收敛，节奏轻快，而从倒数第二字"间"开始，随着墨的干枯，用笔的力度加大，线条变粗，第二行延续此基调，枯笔刷字，力大势猛，速度快中有稳，至"成"字完成了第一"乐章"。接下来又以浓墨、细笔、收敛、劲健、轻灵的基调开启了第二"乐章"，从第三行开始，用笔力度突然加强，字形变大，节奏加快，以急风暴雨之势一泻而下，直至落款完成整幅作品。《永王正月东出师》基本上也是两个"乐章"，也是由浓墨到枯笔，由轻灵到狂放。但与《人人送酒不曾沽》所不同的是，《永王正月东出师》的第二行更为恣肆、跌宕、狂放和激烈，成为全幅的高潮，第二"乐章"节奏变得平缓，前后对比，使高潮部分更为突出，更有气势。

小农近年来热衷于对联创作，逐步形成了古拙、奇险、气势雄强的风格，且每幅作品皆匠心独运，各有特点。行书《于此亦足》联（图8）取法八大山人，平中见奇。此作墨色浓重而滋润，用笔沉稳、匀净、简洁，少提按顿挫，无牵丝映带，多圆转，少方折，节奏平缓，然结构造型颇有奇趣：上联"于此""得""佳"四字平正、安静，"间""少""趣"三字欹斜，有动势；"少"字用笔极简而结体夸张，突兀而出，显出奇崛之势；"少""趣"二字结构开张，其他五字则结构紧结，显出章法的对比和变化。下联依字之本来结构成形，宽窄对比，每字都斜中有正，但"足"字结构夸张、奇特，与上联"少"字形成呼应。行书《一榻半窗》联（图9）与《于此亦足》联均异：方笔、折笔居多，粗细、轻重对比鲜明，横、竖平直挺劲，字形峭拔，风格劲健。小农的狂草联最令人叹绝。《闲唱静听》《丹青富贵》《大漠长河》《身无手释》等联，完全打破了单字左右对称的传统章法形式，追求上下联整体的对比和呼应，其用墨、用笔、结构、章法往往奇崛险怪、出人意料。《大漠长河》联（图10）下联"长河落日圆"五字一笔书，由小到大，由收到放，由正到斜、由浓到枯，由润到燥，由实到虚，由密到疏，由静到动，由敛到肆，布局奇险，变化多端，有长河奔流、一泻千里之势。《闲唱静听》联（图11）字形奇险，浓枯、干湿、燥润对比强烈，有跌宕起伏之势。一联之中，墨色、笔法、结构、节奏变化如此丰富，但不流于支离、安排，且上下联浑然一体，非有胆识和实力者，莫能为之。

图8 《于此亦足》 图9 《一榻半窗》　　　图10 《大漠长河》　　　　图11 《闲唱静听》
（局部）

  尤可称道的是，小农的篆刻和书法作品虽风格鲜明，但无程式、套路；用笔使刀大刀阔斧，斩钉截铁，但不粗疏、怪诞；创作过程酣畅淋漓，一任自然，绝无矫揉造作之态。有真情，有气势，有个性，因而有魅力。为艺能如此者，夫复何求？

# 游子心　征夫泪

## ——《采薇》赏析

### 常平福[①]

（甘肃中医药大学定西校区　人文教学部）

**【摘　要】**《采薇》这首诗背后的那一场战争的烽烟早已在历史烟云里淡去，而这首由戍边战士唱出来的苍凉的歌谣却依然能被每一个人编织进自己的生命历程里，让人们在这条民歌的河流里看见时间，也看到自己的身影。所以我们重温《采薇》描写的发生在我们陇中地域战争的情与景，让我们感受历史，感受生命，感受陇中人民生活环境的荒凉与艰苦。

**【关键词】**《采薇》；陇中；游子；征夫

陇中是古代羌戎之地，《尚书》载："窜三苗至三危""以变西戎"。史记《匈奴列传》和《秦本纪》载：周人先祖公刘部落在豳（彬县－旬邑县），三百年后古公亶父因西戎攻打而南迁于周原。周宣王让秦非子率人到西犬丘（甘肃东南部）养马，后来戎人东迁而战争不断，专家说是西周时期黄河中上游地带大旱数百年而西人来争水草地。古本《竹书纪年》载："武乙三十五年，周王季伐西落鬼戎，俘十二翟王。"西周与西戎连年作战，最终西戎使西周亡国。所以《诗经》中常有周朝与西戎战争的史诗，戍边将士对战争的厌烦之情，思乡之情是《诗经》战争史诗中常常表现出的情感。比如《采薇》。这首诗歌虽不出自《秦风》，是《诗经·小雅·鹿鸣之什》的篇章，但其表现的内容，完全与陇中相关。据《毛序》认为："《采薇》，遣戍役也。文王之时，西有昆夷之患，北有玁狁之难以天子之命，命将率遣戍役，以守卫中国。故歌《采薇》以遣之。"郑玄笺："昆夷，西戎也。"昆夷，又作"绲戎""混夷"，为古代西北民族，即犬戎。春秋早期，戎势力很盛，中原华夏诸国受其威胁较严重，即使晋、齐等大国也经常要遭到戎的侵袭。从春秋中期

---

[①] 作者简介：常平福（1971—），男，甘肃通渭人，甘肃中医药大学定西校区人文教学部副教授。研究方向：先秦历史。

开始，华夏各国有了较大发展，特别是通过称霸而相互联合，增强了对戎族的防御能力，不少的戎族渐被华夏所征服。

《采薇》就是描写为防御西戎戍边战士唱出来的经典的苍凉的歌谣。真正的经典，无一例外都有着穿越时空的魅力。它曾经如此真切细微地属于一个人，但又如此博大深厚地属于每一个人。所以，纵然这首诗背后的那一场战争的烽烟早已在历史烟云里淡去，而这首由戍边战士唱出来的苍凉的歌谣却依然能被每一个人编织进自己的生命里，让人们在这条民歌的河流里看见时间，也看到自己的身影。所以面对《采薇》，我们与其观世，不如观思；与其感受历史，不如感受生命。

采薇采薇，薇亦作止。曰归曰归，岁亦莫止。靡室靡家，猃狁之故。不遑启居，猃狁之故。

采薇采薇，薇亦柔止。曰归曰归，心亦忧止。忧心烈烈，载饥载渴。我戍未定，靡使归聘。

采薇采薇，薇亦刚止。曰归曰归，岁亦阳止。王事靡盬，不遑启处。忧心孔疚，我行不来。

彼尔维何？维常之华。彼路斯何？君子之车。戎车既驾，四牡业业。岂敢定居，一月三捷。

驾彼四牡，四牡骙骙。君子所依，小人所腓。四牡翼翼，象弭鱼服。岂不日戒？猃狁孔棘。

昔我往矣，杨柳依依。今我来思，雨雪霏霏。行道迟迟，载渴载饥。我心伤悲，莫知我哀！

寒冬，阴雨霏霏，雪花纷纷，一位解甲退役的征夫在返乡途中踽踽独行。道路崎岖，又饥又渴；边关渐远，乡关渐近。此刻，他遥望家乡，抚今追昔，不禁思绪纷繁，百感交集。艰苦的军旅生活，激烈的战斗场面，无数次的登高望归情景，一幕幕在眼前重现。《采薇》，就是三千年前这样的一位久戍之卒，在归途中的追忆唱叹之作。其类归《小雅》，却颇似《国风》。

全诗六章，可分三层。既然是归途中的追忆，故用倒叙手法写起。前三章为一层，追忆思归之情，叙述难归原因。这三章的前四句，以重章之叠词申意并以循序渐进的方式，抒发思家盼归之情；而随着时间的一推再推，这种心情越发急切难忍。首句以采薇起兴，但兴中兼赋。因薇菜可食，戍卒正采薇充饥。所以这随手拈来的起兴之句，是口头语眼前景，反映了戍边士卒的生活苦况。边关士卒的"采薇"，与家乡女子的"采蘩""采桑"是不可同喻的。戍役不仅艰苦，而且漫长。"薇亦作止""柔止""刚止"，循序渐进，形象地刻画了薇菜从破土发芽，到幼苗柔嫩,再到茎叶老硬的生长过程,它同"岁亦莫止"和"岁亦阳止"一起,喻示了时间的流逝和戍役的漫长。岁初而暮,物换星移,"曰归曰归",却久戍不归;这对时时有生命之虞的戍卒来说,怎能不"忧心烈烈"。那么,为什么戍役难归呢?后四句作了层层说明:远离家园,是因为玁狁之患;戍地不定,是因为战事频频;无暇休整,是因为王差无穷。其根本原因,则是"玁狁之故"。《汉书匈奴传》说:"(周)懿王时,王室遂衰,戎狄交侵,暴虐中国。中国被其苦,诗人始作,疾而歌之曰:'靡室靡家,猃狁之故'云云。"这可视为《采薇》之作的时代背景。对于玁狁之患,匹夫有戍役之责。这样,一方面是怀乡情结,另一方面是战斗意识。前三章的前后两层,同时交织着恋家思亲的个人情和为国赴难的责任感,这是两种互相矛盾又同样真实的思想感情。其实,这也构成了全诗的情感基调,只是思归的个人情和战斗的责任感,在不同的章节有不同的表现。同时在诗里,诗人把天地四时的瞬息变化,自然生物的生死消长,都看作是生命的见证,人生的比照。于是,在"采薇"这样一个凝固在戍卒记忆里的姿势,我们看到的不只是四季的轮回,光阴的流逝,我们还看到思念的成长,看到生命走向苍老的痕迹。

  第四、五章追述行军作战的紧张生活。写出了军容之壮,戒备之严,全篇气势为之一振。其情调,也由忧伤的思归之情转而为激昂的战斗之情。这两章同样四句一意,可分四层读。第四章前四句,诗人自问自答,以"维常之华",兴起"君子之车",流露出军人特有的自豪之情。接着围绕战车描写了两个战斗场面:"戎车既驾,四牡业业。岂敢定居,一月三捷。"这概括地描写了威武的军容、高昂的士气和频繁的战斗;"驾彼四牡,四牡骙骙。君子所依,小人所腓。"这又进而具体描写了在战车的掩护和将帅的指挥下,士卒们紧随战车冲锋陷阵的场面。最后,由战斗场面又写到将士的装备:"四牡翼翼,象弭鱼服。"战马强壮而训练有素,武器精良而战无不胜。将士们天天严阵以待,只因为玁狁实在猖狂,"岂不日戒,玁狁孔棘",既反映了当时边关的形势,又再次说明了久戍难归的原因。而这两章的色调如此的华美,那密密层层的棠棣之花,雄俊高大的战马,威风凛凛的将军,华贵的弓箭,齐整的战车,这里洋溢着一种报效国家,不惜血洒疆场的豪放情怀。而在残酷战争之中无法把握自己的命运的悲哀,以及对遥远的故乡的浓得化不开的思念,这些阴暗的色调就在这里被冲淡了。因为当自己在战场上浴血奋战的时候,身后是自己的心心念念的美丽的家园。

  末章以痛定思痛的情绪结束全诗,悲苦之情感人至深。清方玉润《诗经原始》说:"此诗之佳,全在末章。真情实景,感时伤事。别有深意,不可言喻,故曰'莫知我哀'。"南朝宋刘义庆《世说新语·文学》篇记载："近代谢公（安）因弟子聚集，问《毛诗》何句最佳。谢玄称'昔我往矣，杨柳依依；今我来思，雨雪霏霏'……谓此句偏有雅人深致。"到底是什么原因使人们对这4句如此推崇备至呢？清王夫之认为："昔我往矣，杨柳依依；今我来思，雨雪霏霏'。以乐景写哀，以哀景写乐，一倍增其哀乐。"他着眼于景情相反相成的关系来把握其独特的艺术效果。这一观点得到有些学者的认同，如《先秦汉魏六朝诗鉴赏》中说："真正探明此句之佳处的，当推王夫之。他在《姜斋诗话》中直指心源（按：指以哀景写乐云云）……一般说来，诗歌创作情景交融的境界……而此诗相反。往伐，悲也；来归，愉也。往而咏杨柳之依依，来而叹雨雪之霏霏。诗人正是抓住了情和景暂不和谐的矛盾，运用反衬手法。深刻而有力地表现出戍边士兵的哀怨。"

往伐，悲也；来归，愉也。此乃人之常情，然而返乡时，因"雨雪霏霏"而产生的忧虑（或家园不再，或亲人离散），应"愉"而不能"愉"，恰是"哀"之本因，正是这种情和景不和谐的"反衬"中，表现出的"哀怨"之情才更深刻有力，正所谓"倍增其哀乐"了。在这里，"哀乐"是偏义复词，语义偏重于"哀"。"昔我往矣，杨柳依依"以"乐景写哀"，可倍增其哀；"今我来思，雨雪霏霏"以哀景写哀，而这种哀是本应"乐"却无法"乐"而产生的哀，其效果更能加倍，综合这四句的效果，恰是"倍增其哀"了。王夫之在《诗广传》卷三中又说："善用其情者，不敛天物之荣凋以益己之悲愉而已。"这句话指出诗歌写景的目的在于抒情，达到抒情的目的后，景物本身便不再重要了。这恰如"言之所以在意，得意而忘言"一样，"景之所以在情，得情而忘景"吧！

综观全诗，运用铺陈的表现手法，把不同时空的景象统摄到一幅画面中来。写景为"杨柳依依""雨雪霏霏"；叙事为"行道迟迟""载渴载饥"；言情为"我心伤悲，莫知我哀"，直言其事，明白晓畅，自然得体。自然的景，人生的事，生命的情，就像小溪一样在诗中自然流淌，引发读者心灵的共鸣。

**参考文献：**

[1] 王夫之. 姜斋诗话[M]. 上海：上海古籍出版社，1998.

[2] 阮元. 十三经注疏[M]. 北京：中华书局，1980.

[3] 朱熹. 诗集传[M]. 赵长征，点校. 北京：中华书局，2011.

[4] 班固. 汉书[M]. 北京：中华书局，1997.

[5] 司马迁. 史记[M]. 北京：中华书局，1959.

# 花间词大家——陇中词人牛峤的情语

任俊华[①]

（甘肃中医药大学定西校区 人文教学部）

【摘　要】生活于晚唐、五代时期的牛峤是甘肃有名的词作家，也是陇中文学的代表作家之一。由于战乱原因，作者四处飘零，最后定居前蜀，成为"花间词派"有名的大家之一，他的词作像其他的花间词人一样，作品的内容描写男欢女爱、离愁别绪，为词的发展做出了突出的贡献。

【关键词】牛峤；花间词派；陇中

古代丝绸之路从长安出发，经过陕西、甘肃、新疆等地，最后到达遥远的欧洲，丝绸之路不仅沟通了亚欧的经济交流，也带来沿途文化的兴盛。在甘肃，天水、武威等地出现了一大批影响深远的甘肃籍作家，在陇中的黄土高原，也诞生出了秦嘉、徐淑等优秀诗人；在晚唐五代，牛峤、牛希济则为中国古典词作做出了巨大的贡献。牛峤，甘肃籍作家，生活于唐代晚期及五代时期，是"花间词派"的重要作家，在"花间"大家中排名前五，其作品风格香艳缠绵。近代词学家王国维在《人间词话》中，把牛峤作为唐五代及南北宋词家中"以景寓情""专作情语而绝妙者"作家之一。

## 一、关于牛峤籍贯的争议

关于牛峤的生平，正史之中鲜有记载，仅有零星记载的见于别人的传记，在《旧唐书·牛僧孺传》[1]中曾提及：

僧孺二子：蔚、藂。

藂，字表龄，开成二年登进士第，出佐使府，历践台省。……子峤，位至尚

---

[①] 作者简介：任俊华（1977—），男，甘肃临洮人，甘肃中医药大学定西校区人文教学部讲师。研究方向：古典文学。

书郎。

这里的"蟜"应是"峤"。牛僧孺是当时有名的宰相,历史对他多有记载。他在位期间,虽然和李德裕不和,二人经常发生矛盾,但是对唐代后期政治的稳定做出了巨大的贡献。牛僧孺是安定鹑觚人,古代属于安定郡所辖,现在属于甘肃灵台县,但是不属于陇中范畴之内。那么,牛峤到底是不是陇中词人呢?

第一,《唐才子传·牛峤》[2]中记载:

峤,字延峰,陇西人,宰相僧孺之后。博学有文,以歌诗著名。乾符五年孙偓榜第四人进士,仕历拾遗、补阙、尚书郎。王建镇西川,辟为判官。及伪蜀开国,拜给事中。卒。有集,本三十卷,自序云:"窃慕李长吉所为歌诗,辄效之。"今传于世。

这可以说是对牛峤籍贯最直接的记载,具有重要的考证价值。

第二,《唐诗纪事·牛峤》[3]中记载:

峤,字松卿,一字延峰,陇西人,自云僧孺之后。乾符五年进士,历拾遗、补阙、尚书郎。王建镇蜀,辟判官。及僭位,为给事中。

综合以上资料我们发现,在这些记载中,无一例外地记载着牛峤的籍贯是甘肃陇西,至于是不是唐代们宰相牛僧孺的后代,并没有直接的说明,也可能由于战乱等不可抗拒的事情,牛峤从安定郡直接搬到陇西郡避难,但是从另外一个方面来讲,也未尝不是陇中文学的骄傲。

## 二、牛桥作品的情语

据现存的文献资料统计,牛峤的作品,现存33篇。大部分保存于《花间集》中。在《花间集》中,牛峤的作品有《柳枝》五首、《女冠子》四首、《梦江南》二首、《感恩多》二首、《应天长》二首、《更漏子》三首、《望江怨》一首、《菩萨蛮》七首、《酒泉子》一首、《定西番》一首、《玉楼春》一首、《西溪子》一首、《江城子》二首。在"花间"词人之中,牛峤的作品应该是比较多的,也是"花间"词人群的核心作家之一,虽然在名气上,牛峤不如温庭筠、韦庄,传世名作也没有二人多,但是在作品数量上,却丝毫不逊色于温、韦二人。牛桥的词作,由于受到当时政治气氛的影响,他的作品和《花间集》的大部分作家一样,以描写男女相思、恋情为主。正如欧阳炯在《花间集序》[4]中说:

……则有绮筵公子,绣幌佳人,递叶叶之花笺,文抽丽锦;举纤纤之玉指,拍按香檀。不无清绝之词,用助娇娆之态。自南朝之宫体,扇北里之倡风。何止言之不文，所谓秀而不实。有唐已降，率土之滨，家家之香径春风，宁寻越艳；处处之红楼夜月，自锁嫦娥。

在这篇序文中，欧阳炯就明白地指出了牛峤与"花间词派"作家的共同之处，就是"文抽丽锦"和"不无清绝之词"，点明了牛峤的词作是在晚唐的大背景之下产生的。晚唐时代，由于藩镇割据和黄巢农民起义军的破坏，繁极一时的大唐王朝终于到了日薄西山的时候，正如李商隐诗作写的"夕阳无限好，只是近黄昏"，连年的战乱耗尽的不仅仅是大唐王朝最后一丝元气，也耗尽了文人最后一丝理想。"落魄江湖载酒行""赢得青楼薄幸名"成了文人安慰自己的最好良药。于是，文人累了，沉浸在美女和美酒之中，用自己的笔墨写下了一首首艳情之作，用歌舞、用女色来麻痹自己。于是，"花间"词人用荷叶、用薛涛笺写出了一首首优美的词作，于是青楼之中多了许多"文抽丽锦"的妖娆词作，世间也少了许多忧国忧民的文人。在青楼，歌女用娇娆之态，扰乱了大唐的文学，自南朝之宫体，扇北里之倡风。何止言之不文，是谓秀而不实。这是一代文学的落幕，也是席卷整个宋代文学词作的兴起。用当代大家叶嘉莹女士的话说，就是写一段很美丽的词作，给美丽的歌女演唱，从而达到助兴的目的。所以牛峤和"花间"其他作家一样，他们的作品并不反映民不聊生的晚唐社会，也不反映作家内心的凄苦。只是写出了一段晚唐的风月，写出了一段段美丽的情语。

（一）情语中的艳情

"花间词派"的大部分作家并非前蜀本地人，他们大部分生活于晚唐，但是晚唐已经处于风雨飘摇之中，正如诗歌中所言"夕阳无限好，只是近黄昏"，藩镇之间的连年混战耗尽了大唐所有的元气，加之黄巢起义爆发，更使唐帝国风雨飘摇。公元907年，朱温称帝，建立后梁，唐帝国灭亡。唐帝国的灭亡使得"学而优则仕"的大批文人无比彷徨，当现实与理想发生碰撞时，他们选择了逃避，躲到战乱比较少的地方，而前蜀就是比较好的选择。同历史上的蜀汉一样，偏安一隅的西蜀虽军事力量弱小，经济文化却是全国最发达的地区之一，加上城市经济繁荣，士民游乐之风兴盛，为词的繁荣奠定了坚实的基础，使得前蜀成为当时词人的天堂。这种环境之下，文人留恋于青楼楚馆，把政治的失意用酒与词包裹起来，混合成一种香艳的色彩。牛峤的《菩萨蛮》就是典型的代表。

玉楼冰簟鸳鸯锦，粉融香汗流山枕。帘外辘轳声，敛眉含笑惊。柳阴烟漠漠，低鬓蝉钗落。须作一生拼，尽君今日欢。

这首词作写的是男女幽会的一个场景，"玉楼""冰簟""鸳鸯锦"用三个很优美的词语写出了幽会的地点,"玉楼"是很精美的楼,应是贵族或者青楼女子才能够住的地方,这说明女主人公的身份应是贵族妇女或者青楼女子;"冰簟"是很华丽的凉席,说明天气应该很热,季节应该是夏季;"鸳鸯锦"是绣着鸳鸯的锦被,古代蜀国的蜀锦天下闻名,说明被子应该很华丽,绝不是一般家庭能用得起的,这就更说明女主人公的身份不简单。"粉融香汗流山枕"很露骨的色情描写,汗水混合着脸上的胭脂、水粉流到山形的枕头上。这样的色情描写在《花间集》中出现的次数很多,说明在当时的前蜀社会风气中充满着一种淫靡的气息,这和当时的前蜀统治者安于享乐有直接的关系,"上行下效"造成"花间词"大量的色情描写的出现。"帘外辘轳声"听到外面传来辘轳的声音,已经有了人走动的声音,说明时间应该到了早晨,开始有人在水井中取水。"敛眉含笑惊",一个"惊"字很传神地写出了女主人公的心理,为何而"惊"?一个方面说明会被人发现,听到辘轳声后产生的本能反应,结合上面所写,女主人公的身份就只有一种可能,就是贵族妇女,而不是青楼女子;另一个方面说明,天已经亮了,该到分别的时间了,"良辰美经奈何天",美好的时光总是过得很快,一转眼就到了天亮,"惊"字写出了一种难分难舍的情景。"柳阴烟漠漠"写出天亮以后窗户外面的景色,"烟漠漠"一种朦胧的美,含蓄的美,"柳"估计和"留"字有直接关系,再一次说明分别的情境;"低鬓蝉钗落"场景由外及里,转移到女主人公身上,"低鬓""蝉钗落"写出了女主人公欢娱过后的情景。"须作一生拼,尽君今日欢",很伟大的爱情宣言,而且直接描写,较之汉代的《上邪》也不遑多让,分别在即,不顾一切地相爱,或许以后就是永别,在艳情中夹杂这一种难以言说的哀婉。张惠言在其《张惠言词选》中评价牛峤《菩萨蛮》词为"章法绝妙"。

## (二)情语中离别相思

自从有了人类,聚散离合就成为一个主题,所以佛家"八苦"中就有"爱别离苦"。牛峤历经战乱,四处飘零,最后落脚于前蜀,他对别离的感觉也格外清楚,于是在他的词作中,离别、相思、闺怨就成为一个主要的题材。在他的 33 首作品中,这类题材共计 17 首,占到了 52%。在这些作品中,他或写独守空房的怨妇,或写等待丈夫归家的思妇,情真意切。《梦江南》就是一首典型的相思之作。

双眉澹薄藏心事。清夜背灯娇又醉。玉钗横,山枕腻。宝帐鸳鸯春睡美。

别经时,无限意。虚道相思憔悴。莫信彩笺书里。赚人肠断字。

这首词作极像温庭筠的词风,秾艳细密、婉约含蓄,写出了一位年轻女子的相思之情。上阕首先写一位双眉紧锁、满腹心事的女子,为了不让别人发现自己的心事，却把这种心事加以掩藏，只有到了晚上，在无人之时，才毫无顾忌地加以表达。"玉钗横，山枕腻"写出了女子无心收拾自己美丽的容颜，这刻骨的相思怎样解决呢？饮酒是最好的解决方法，于是她喝醉了，玉钗横斜，但是美丽的"宝帐"、漂亮的"鸳鸯"锦被也无法消解内心的惆怅。下阕作者由环境转移到人物的描写，"别经时，无限意"，一个"别"字写出了相思的缘由，经历了一场迫不得已的分别，双方两地相望，无限情意，这种相思的折磨，使得女主人公"相思憔悴"。"莫信彩笺书里。赚人肠断字"给人以发省，为什么是"莫信"？女主人公对爱情的不自信还是对自己的不自信，虽然有书信的往来，每次看到书信，女主人公都会"肠断"，说明感情之深，可是女主人公却是觉得不应该相信书信，那么应该相信什么呢？这很像晚唐诗人李商隐的"何当共剪西窗烛，却话巴山夜雨时"的意境。牛峤的词就像俞陛云在《唐五代两宋词选释》中评价的那样："晚唐五代之际，神州云扰，忧时之彦，陆沉其间，既谠论之不客，藉俳语以自晦，其心良苦。"

### （三）情语中的边塞

牛峤身处五代的战乱时期，对战争的感悟极为深刻。有战争就有边塞。在整个文学史上，唐代以其独特的边塞诗风而著称，像王昌龄、高适等一大批诗人都享誉中外，可是在以艳情、委婉著称的《花间集》中描写边塞的诗人诗作则是凤毛翎角。但是在牛峤的作品中却有一首描写边塞的词作《定西番》，这首词作意境完美，在边塞中夹杂着思乡之情，是词史上早期的声情并茂的边塞词之一，比北宋范仲淹的名作《渔家傲》更早，所以南宋著名诗人陆游誉其为"盛唐遗音"，大有盛唐边塞诗的风采。

定西番
紫塞月明千里，金甲冷，戍楼寒，梦长安。
乡思望中天阔，漏残星亦残。画角数声呜咽，雪漫漫。

这首词作一开始就写出了边塞的广阔，接着把边关要塞的全景勾勒而出，万里的长城边防只有冷月相照，给人以凄清的感受，接着写边关的守卒，"金甲冷，戍楼寒"，写出了环境的艰苦，后面马上描写兵吏自身的感受：寒冷、思乡。接着两句又是边塞的景象，"天阔""星残""雪漫漫"，进一步突出独在异乡、孤守要塞的孤寂之情。更兼其中还添入了声音的描写，"漏残""画角数声呜咽"，将这种寂寞清冷的气氛和情怀发挥到了极致。在这种环境中，士兵的情感也慢慢凸显出来，"一夜征人尽望乡"，使得思乡达到了极致。这首作品感情凄苦，充满着对守疆士兵的同情。

作为陇中有名的词作家，牛峤一生漂泊，虽定居前蜀，可是在其作品中，我们也能感受他淡淡的乡愁；作为"花间词派"的重要作家之一，牛峤以其华丽、缠绵的词风为词的发展做出了自己的贡献，对两宋词的繁荣和发展起着不可磨灭的作用。

**参考文献：**

[1] 刘昫. 旧唐书[M]. 北京：中华书局，1975：176.

[2] 辛文房. 唐才子传[M]. 北京：中华书局，2002：136.

[3] 计有功. 唐诗往事[M]. 上海：上海古籍出版社，2010：417.

[4] 赵崇祚. 花间集[M]. 辽宁：万卷出版社，2008：3.

# "仁""礼"之境

## ——先秦儒家的治道指向及理论困境[1]

### 王宏强[2]

（甘肃中药大学定西校区 人文教学部）

**【摘　要】** 学界有一种颇为流行的观点认为，儒家的核心是"仁"，甚至将儒家径直称为"仁学"。"仁"当然是儒家的核心观念，但对先秦儒家予以整体观照可知，"礼"亦是仅次于"仁"的儒家核心观念。"仁"是"内圣"，"礼"是"外王"，二者共同构成儒家的"内圣外王"之道。先秦儒家的治道指向在"仁""礼"之间徘徊，表现为内修圣德以平治天下为指归，外王事功又以修身成德为始点。但是儒家的这一治道指向因其"推爱"和"榜样"作用之无效而陷入理论困境。疏理这一系列问题，有助于深化先秦诸子的研究和拓展中国传统文化现代诠释的视野。

**【关键词】** 儒家；治道；仁；礼

德国存在主义哲学家雅斯贝斯（K.Jaspers）将世界几大文明古国于公元前800年到公元前200年几乎同时出现"理性觉醒"文化现象的时期称为"轴心期"（Axial Period）。在轴心期时代，"哲学家首次出现"。这个时期所产生的理性文化成为两千余年来各个文明发展的精神坐标和动力，"轴心期的概念提供了借以探讨其前后全部发展的问题和标准"，甚至"直到今日，人类一直靠轴心期所产生、思考和创

---

[1] 课题名称：2017年度甘肃省高等学校科研项目：黄老学视野下的韩非子"以法治国"思想研究（项目号：2017A-154）。
[2] 作者简介：王宏强（1984.11—），男，甘肃定西人，甘肃中医药大学定西校区人文教学部讲师。研究方向：中国思想学说史。

造的一切而生存。每一次新的飞跃都回顾这一时期，并被它重燃火焰"。①正是在轴心期发生了"哲学的突破"（philosophic breakthrough）②，自此以降，人们开始反思一切。

先秦诸子时代正是中国的轴心期，以孔子、老子、墨子、庄子、孟子、荀子、韩非子和其他诸子百家为代表的知识人每每载"道"而尊，与传统的"巫史传统"相揖别，与现实的无道之君王相抗争，亦与异于己见者相争辩，是一个"道术将为天下裂"的时代（《庄子·天下》）。然而诸子共同的聚焦点莫不与"治道"相关，司马谈《论六家要旨》最早将诸子划分出阴阳、儒、墨、名、道、法等诸家，并谓：

《易大传》："天下一致而百虑，同归而殊涂。"夫阴阳、儒、墨、名、法、道德此务为治者也，直所从言之异路，有省不省耳。

这可谓道出了中国思想历来重治道的特质，亦即诸子均以殊异的视角和理路思索着如何使"乱世"复归"天下大治"的天字号问题而鲜及"人间世"之外的世界。从周代宗法体系中游离出来的士是一个"无定主"的相对独立的阶层，因其不再有固定职业和等阶之囿限，故而"士志于道"成为可能（《论语·里仁》），于是士成为一个兼具独立人格和独立思考力的群体。亦惟由此，具有哲学意义的"道"被突显出来了，作为"士"中的思想精英和知识精英，诸子均自视各自之"道"是理想政治的标杆。诸子所谓"道"的主要内涵便是"治道"，即如何为治之道。由于对"治道"的殊异理解，便有汉志所言诸子"蜂出并作，各引一端，崇其所善"之说。

作为三代礼乐文化的赓续者和先秦以降中国文化的主干，儒家对何种状态才是"治"、"治"的价值标准是什么、"为治"又如何可能等做何思索呢？学界一种

---

① [德]卡尔·雅斯贝斯：《历史的起源与目标》，魏楚雄、俞新天译，北京：华夏出版社，1989年，第7-15页。学者对"轴心期"理论能否客观而准确地反映中国历史提出质疑，故而笔者有保留地采用"轴心期""哲学的突破"等概念以显示先秦诸子在中国思想史上的"本根"性地位。相关讨论参见许倬云：《中国古代文化的特质》，北京：北京大学出版社，2013年，第124页；龚鹏程：《中国传统文化十五讲》，北京：北京大学出版社，2006年，第199-214页；陈来：《古代宗教与伦理-儒家思想的根源》，北京：生活·读书·新知三联书店，2009年，第1-16页；晁福林：《先秦社会思想研究》序，北京：商务印书馆，2007年；郑开：《德礼之间：前诸子时期的思想史》，北京：生活·读书·新知三联书店，2009年，第418页。

② "哲学的突破"是由马克斯·韦伯（Max Weber）首倡、帕森斯（Talcott Parsons）清楚发挥的一个概念。参见余英时：《中国知识人之史的考察》，桂林：广西师范大学出版社，2004年，第42-47页。

颇为流行的观点认为儒家的核心是"仁",甚至将儒家径直称为"仁学"。"仁"当然是儒家的核心观念,但除"仁"之外,"礼"在儒家中的地位亦颇为重要。劳思光在研究中国哲学史时有一个著名的"基源问题研究法",即每位思想家在讨论问题时,必然会在众多问题中围绕着一个最为根本的问题,这一最根本问题即"基源问题"。[1]"仁"和"礼"正是先秦儒家的基源问题,儒家的治道指向总在仁与礼之间徘徊。基于前贤近修的研究成果,本文对先秦儒家予以整体观照,以孔孟荀思想演变为线索,试图疏解先秦儒家基于"道"而做出的对理想政治的展望,分疏其治道的致思路径及其理论局限,以俟大雅斧正。

## 一、儒家渊源:"道"之突破、礼乐文化和六经

春秋以前,"道"多指的是具体、局部而细微的对世界的观察。《说文》云:"道,所行道也",又《释名·释道》谓:"道,一达曰道路。路,蹈也;路,露也。言人所践蹈而露见也",这均指出春秋之前"道"的非抽象化意义。清人钱大昕在《十驾斋养新录·天道》指出"道"还每每指称具体的"天道"。可见春秋以前的"天道"指人事之吉凶祸福,而单字之"道"并无《论语》和《老子》之抽象意蕴(至少没有如此明显)。春秋时代的"天道"观渐次呈现出轻天道而重人事的趋向。公元前523年,子产云:"天道远,人道迩。"(《左传·昭公十八年》)公元前494年,范蠡认为"天道盈而不溢,盛而不骄,劳而不矜其功。"(《国语·越语下》)这可谓是对"盈而荡""盈必毁"的传统"天道"观提出的反命题,道的关注点转向了人间。逮至礼崩乐坏的天下大乱之时,人们愿意相信曾经有一个完全的、理想的"道",此"道"即是"政治社会秩序的本质"和"最高的理想"[2],而处于乱世的诸子对道的解释则只是一种对整体之道的部分性阐释。《庄子·天下》篇中的"道"是曾经有过的一种理想郅境的哲学表述,突破了具体意象的囿限。荀子亦认为"夫道者体常而尽变,一隅不足以举之",除"仁知且不蔽"的孔子外,诸子皆为"曲知之人","观于道之一隅,而未之能识也"(《荀子·解蔽》)。《淮南子·俶真训》亦谓:"周室衰而王道废,儒墨乃始列(裂)道而议,分徒而讼。"

李泽厚指出儒家有一个巫史传统的渊源。由巫祝传统发展出史的传统,六艺正是巫史传统的结晶之一,而儒家正是源于巫史传统和六艺。[3]可是"渊于"并不意味着"等同"。马王堆帛书《要》篇载孔子之言曰:"吾与史巫同涂而殊归。"此言是否确系孔子之言,尚可研究,但是从儒家思想来看此语确道出了儒家与巫史传统的殊异之处。如若承认诸子时代确有"哲学的突破",那么包括儒家在内的诸

子对"道"内涵的不同解读,均可视为是对三代尤其是西周礼乐文化传统的再创造。有学者指出"西周实行礼乐制度,是将礼乐包括在德治中作为德治的一个部分,而没有提出礼治的口号",春秋时代的思想家们则极大地弘扬了礼乐文化中的人文理性因素而淡化宗教色彩,于是治道的人文价值被凸现出来,"道德摆脱了对天命的依附,成为独立的治国安邦的哲理"。正是这种对宗教束缚的摆脱以及由此获得的人文思想"奠定了原始儒家思想的基础"。[4]徐复观亦指出:"儒家是从历史文化的总和中以抽出结论,发现人类所应走的道路。"[5]这在儒家对周礼的推崇上表现尤甚。《论语·述而》载孔子言曰:

述而不作,信而好古,窃比我于老彭。

甚矣,吾衰也久矣!吾不复梦见周公。

《论语·八佾》亦载孔子之言:"周监于二代。郁郁乎文哉,吾从周。"孔子述而不作却又信而好古,这其实正是儒家对三代尤其是周代礼乐文化承续与再创造的表征。礼在三代尤其是周代社会占据着根本性地位,而周公制礼作乐实为对夏商文化的礼制文化的承继与创造。《左传》文公十八年载鲁大史克对鲁宣公言:"先君周公制《周礼》曰:'则以观德,德以处事,事以度功,功以食民。'"周公制礼作乐使得周真正确立"封建"制度,分封制实乃周之独创,《左传》僖公二十四年载:"昔周公吊二叔之不咸,故封建亲戚以蕃屏周。"分封制与宗法制正是周的两个制度支柱。尤其值得注意的是,周公所制礼乐并不囿限于贵族阶层,而成为全社会共同的行为准则,正是在这一礼乐文化的氛围中"亲亲"和"尊尊"原则被凸显出来。《礼记·丧服小记》云:"亲亲,尊尊,长长,男女之有别,人道之大者也。"虽然《礼记》晚出,但是追述的周礼之亲亲和尊尊精神是可信的。对宗族血缘的体认显示出人伦规范,是为"亲亲";血亲关系中的长幼、亲疏要求幼对长的尊敬,这一尊敬又外化成为政治中的上下尊卑秩序,是为"尊尊"。亲亲与尊尊实为一事之两面,但周代宗法封建制的基本精神(徐复观谓之"骨髓")则是"亲亲",即孝悌、礼让、仁爱等道德均是基于"亲亲"而发展起来的。进言之,"尊尊"的观念弱于"亲亲",故而周代的周天子与诸侯国间的关系远不是君臣的上下级关系。[6]梁启超在《先秦政治思想史》中言周政实为一种"伦理的政治",诚为的见。与"礼"互为表里的是"乐"。《礼记·乐记》谓"乐者为同,礼者为异",可谓道出了礼乐共同对政治和社会生活秩序所起的作用。"乐带给人们的并不仅仅是简单的快乐,道德和秩序在这种快乐之中延伸和渗透,这正是乐的精神所在。"[7]儒家后来正是赓续了礼仪之分、乐以和同的精神。同时与儒家思想颇有渊源的是,在殷周之际周初统治者"敬德保民"观念的提出。"小邦周"之所以取代"大邑商"

(《尚书·大诰》），并使得殷之原始宗教向人文精神转化，重要原因在于周的"忧患"[①]意识。这种忧患意识不同于宗教的忧患，而是人在世事成败吉凶面前表现出的积极、主动的坚强意志和奋发精神，是人之责任感和责任心的表现。这种忧患意识尤其表现为"敬"，此种精神"实贯穿于周初人的一切生活之中，这是直承忧患意识的警惕性而来的精神敛抑、集中，及对事物的谨慎、认真的心理状态，"[8] 凸显出人在处理事情尤其政治家处理政治事务、天人关系时的积极性与理性精神。"敬"又每每与"德"联系在一起。"德"原为"惪"，注重人之"行"。在周初，德每每指人的具体行为，并不特含褒义，故有"吉德"与"凶德"之谓。当"德"与"敬"相关联之后，"德"变为褒义，故发展为"德行""德性"之义。故而周文化实乃一个由"敬"所贯注的"敬德""明德"之文化，这正是中国人文精神之最早出现[8]。此种敬德意识与周之礼乐文化融为一体，成为儒家思想的重要渊源。

时人相信周代礼乐文明在鲁保存得最为完善，《左传》昭公二年载："二年春，晋侯使韩宣子来聘，且告为政而来见，礼也。观书于大史氏，见《易》《象》与《鲁春秋》，曰：'周礼尽在鲁矣。吾乃今知周公之德，与周之所以王也。'"而鲁国正是儒家文化的发祥地。包括儒家在内的诸子均是从古代"王官之学"（诗、书、礼、乐等）或者被称为"古代学术的总汇"（余英时语）那里获取了思想资源，汉志关于诸子各家与"六经"[②]关系的论述可谓切中肯綮："今异家者各推所长，穷知究虑，以明其指，虽然有蔽短，合其要归，亦六经之支与流裔。"《周礼·天官》云："儒，以道得民"。此处的"儒"实乃郑玄注所言"诸侯保氏，有六艺以教民者"，是儒家之前的儒者。此"道"乃儒家之前的传统"六艺"即"六艺"：礼乐射御书数。而孔子创立"私学"之时，在整理古代典籍基础上的"六艺"则为"新六艺"，即：《诗》《书》《礼》《乐》《易》和《春秋》。在孔子之前，这六部经典既已存在。除《易》之外，其他经典均是贵族教育的重要组成部份，《论语·述而》篇载：

子曰："志于道，据于德，依于仁，游于艺。"

此章被李泽厚称为是"孔子教学总纲"[9]，颇为在理。在《论语》中亦多见孔

---

[①] 周初的"忧患意识"是徐复观提出的，牟宗三（《中国哲学十九讲》）、汤一介（《中国儒学史》"总序"）亦多引用之。《周易·系辞下》云："作《易》者，其有忧患乎？"这种"忧患"实正与"天行健，君子以自强不息""地势坤，君子以厚德载物"若合符节。张岱年便说这种刚健有为是中国文化基本精神之首（张岱年、程宜山：《中国文化精神》，北京：北京大学出版社，2015年，第14页）。

[②] 在中国思想文化史上有两个不同意涵的"六经"，即孔子之前的六经和经孔子整理编订的儒家六经。参见吴雁南等：《中国经学史》，北京：人民出版社，2010年，第5页。

子对六艺的重视，及以之教授弟子的记载。阎步克认为儒家始于乐官，因为儒家之所以别于其他诸家的地方正在于"以诗书礼乐教"[10]，值得关注。孔子对《诗》《书》等经典的珍视，大概正如冯友兰所言"旧瓶装新酒"，即孔子通过对这些经典的重新编排和再诠，以"述"的方式完成了一种"作"。尤其是春秋时代人们逐渐对礼之表象（仪）和礼之质（义）的分离有了清晰的认识——《左传》昭公五年所载晋平公与司马侯的对话中，司马侯认为虽然鲁昭公来晋从郊劳至送礼并无大错，可那只是"仪"而非"礼"——面对那个时代礼乐徒具形式而实质阙失，孔子发出如是感叹："礼云礼云，玉帛云乎哉？乐云乐云，钟鼓云乎哉？"（《论语·阳货》）正是在此种"礼意"渐失、"礼崩乐坏"的文化氛围下，孔子赋予"礼"以新意，便是以"仁"释"礼"。

## 二、孔子：以"仁"释"礼"

原始礼仪经由周公"制礼作乐"而成为具有维系政治和社会秩序功能的系统化、规范化的周礼。及至礼坏乐崩之际，孔子归"礼"于"仁"，将"礼"建基于"仁"的基础之上，从而开启了以"仁"为核心思想的儒学。①孔子洞悉秩序失范、礼废乐坏的根源不在于礼乐制度本身，而在于人们践履礼乐之时，只注重礼乐之表从而使得"行礼"流变成为一种虚伪形式。故而孔子这样感慨："人而不仁，如礼何！人而不仁，如乐何！"《论语·为政》）即是说只有基于血缘亲爱的内心自觉，"礼"才不至于失去实质意义而沦为只有形式的"仪"。所谓"克己复礼为仁。一日克己复礼，天下归仁焉。为仁由己，而由人乎哉？"（《论语·颜渊》）更是对"礼"的秩序恢复寻求心理基础的呼喊。《左传·僖公三十三年》云："出门如宾，承事如祭，仁之则也。"可见在孔子之前，"仁"既已具有道德意义，孔子则将"仁"提升至一个更高的境界。在《论语》中"仁"字有百余处，足见孔子对"仁"的重视。在孔子的视阈中，"仁"是一种心理情感，但绝非普通情感，而是一种对人之道德生命的热爱、珍重与无限体认的情感。孔子说："志士仁人，无求生以害仁，有杀身以成仁。"（《论语·卫灵公》）这种将"仁"看得比肉体生命更高的境界，正是对人的精神价值的珍视与祈盼（当然孔子并非主张不珍惜生命本身）。亦惟由此，微子、箕子、比干、伯夷和叔齐等有崇高理想并愿为理想孜孜以求甚至以死明志的形象，均被孔子视为"仁者"（参见《论语·微子》《论语·述而》）。进而，

---

① 英国哲学家怀特海曾说，一部西方哲学史说到底不过是对柏拉图的注脚。其实，一部中国儒学史又何尝不是一部对"孔子"的注脚呢？

孔子认为对父母兄弟的敬爱乃是仁之根本（《论语·阳货》）。在儒家看来，人之逝去尤其是父母离世，乃是一件大事，故而丧礼同样是件大事："丧礼者，以生者饰死者也，大象其生，以送其死，事死如生，事亡如存。"（《荀子·礼论》）人在丧礼中"食旨不甘，闻乐不乐，居处不安"，正是出于对父母无限亲爱的缅怀，此乃内心真情之自然流露，不容任何矫伪虚作，这种真情便是仁。有子便说："孝悌也者，其为仁之本与！"（《论语·学而》）通过对人之道德生命和孝悌之仁的推衍，孔子希冀人在社会行为中能够对其他所有人均有一颗仁爱之心。

面对樊迟关于何为"仁"的问题时，孔子直截了当地说："爱人。"（《论语·颜渊》）虽然孔子教育弟子时会因材施教，对弟子之"问仁"每每有殊异的解答，但"爱人"实可理解为对"仁"的一种最为凝炼、最为关键的表述。冯友兰说仁者须有一种真实情感，[11]而除"爱"之外实难找出其它的更为真实的情感了。①《论语·阳货》亦载：

> 君子学道则爱人，小人学道则易使也。

另外子贡曾经问及孔子，"博施于民，而能济众"是否够仁，孔子的回答是："何事于仁，必也圣乎！"（《论语·雍也》）博施济众已然臻于"圣"境，当然是够仁的。显然孔子希望人之仁爱并不仅仅停留于"心"，更要施于"行"。在《论语》中，鲜有人被许以仁人，但管仲却被两次视为仁者（《论语·宪问》），在孔子看来，齐桓公虽因管仲之力得以"九合诸侯"，但并未用战争等暴力手段（"不以兵车"），同时正是由于管仲之力，华夏诸族免于沦为夷人，这是孔子视管仲为仁人的原因。一方面显示出仁者仁爱天下的济世情怀，另一方面未用"圣"称管仲则意味着仁爱的无远弗届和至高境界以至于任何人难臻圣域。

"仁"的第一义便是人通过自觉、反省和内求而体悟到人之所以为"人"的根据。当人有此种"仁"之后，便会对一切人事均抱有一种责任感，这是"仁者人也"的真正意涵。具有仁德之人被称为君子、仁人、仁者，这是仁的人格表征。孔子使"君子"一词从血缘、等级、身阶中脱离出来，成为一个颇具道德修为的独立的人格概念。孔子认为："刚毅木讷，近仁。"（《论语·子路》）《论语·阳货》又"仁者"应具备的五个条件："恭宽信敏惠。恭则不侮，宽则得众，信则人任焉，敏则有功，惠则足以使人。"孔子还认为"仁者不忧"（参见《论语·子罕》《论语·宪

---

① 当然"恨"亦是一种真实情感，而且现实中"恨"每每多于"爱"。即便很多的"恨"多遮掩于表面的"爱"之下，这种"恨"仍是真实的。可对思想家而言，他们所从事的"思想工作"（西哲谓之曰"做哲学"，即 do philosophy）对人类应当有一个颇具恒久意义的引领作用，而不是一味地论证现实之合理。

问》)。孔子对仁之君子的解释颇多,其中最为关键的便是仁者对生命之真价值有着清醒的认识,故而能够"不怨天,不尤人"(《论语·宪问》),亦能"在邦无怨,在家无怨"(《论语·颜渊》)。孔子深信君子对仁有着一种近乎使命感的自觉性,《论语·里仁》载孔子言:"我未见好仁者,恶不仁者。好仁者无以尚之,恶不仁者其为仁矣,不使不仁者加乎其身。有能一日用力于仁矣乎,我未见力不足者。盖有之矣,我未之见也。"此处之"好恶",喜好讨厌之谓也。所谓"好仁"实乃君子对仁的无限挚爱从而使得"行仁"成为个体生命的主动行为,而不是他律所致。反之没有仁德的君子只是伪君子而已:

君子去仁,恶乎成名?君子无终食之间违仁,造次必于是,颠沛必于是。(《论语·里仁》)

据孔子的说法,在其弟子中唯有颜回能够长期以仁德自居(《论语·雍也》)。在那个乱世,孔子认为只有人人归"仁",方可救民于水火,甚至孔子认为"民之于仁也,甚于水火。水火,吾见蹈而死者矣,未见蹈仁而死者也"(《论语·卫灵公》)。孔子弟子曾子更有一番豪情壮志,并认为"士不可以不弘毅,任重而道远。仁以为己任,不亦重乎?死而后已,不亦远乎?"(《论语·泰伯》)这种超越生死的载道精神,正是儒家的重要特质之一。

虽然仁是一种只有君子才有的品格,但是孔子认为:"仁远乎哉?我欲仁,斯仁至矣。"(《论语·述而》)只要"欲仁"便能"至仁",可见"仁"并非是人之外在物,而是植根于人心的。《论语·雍也》篇载孔子之言云:

夫仁者己欲立而立人,己欲达而达人,能近取譬,可谓仁之方也已。

这是《论语》中仅见的"仁之方"的记载。能近取譬,易言之,"立己""达己"的同时亦"立人""达人",即是"忠"。另外孔子还说"己所不欲,勿施于人"(《论语·颜渊》《论语·卫灵公》),此乃"恕"。曾子曰:"夫子之道,忠恕而已矣。"(《论语·里仁》)忠恕之道便是孔子仁道的践履之方。无论是忠,还是恕,均强调向内在生命的探求和省思。

孔子重"仁",这是绝大多数学者将"仁"视为孔学核心的原因所在[1],但是孔子亦重视外在之"礼"。"克己复礼为仁"(《论语·颜渊》),这既是孔子对春秋时代礼徒具形表而无情感基础的批判,更是孔子基于内心仁爱以实践礼的宏愿和职志。孔子所欲"复"之礼正是周礼,甚至连谋叛的公山弗扰召孔子"入仕",他

---

[1] 陈来指出"仁"是儒学的"本体",李泽厚之前提出了"情本体"并指出"该中国哲学登场"了。参见陈来:《仁学本体论》,北京:生活·读书·新知三联书店,2014年;李泽厚:《中国哲学登场》,北京:中华书局,2014年。

都愿意去，并给出理由："夫召我者岂徒哉！如有用我者，吾其为东周乎！"(《论语·阳货》)孔子还指出："能以礼让为国乎，何有。不能以礼让为国，如礼何？"(《论语·里仁》)由此，足可看出儒家对现实的关怀以及这一关怀激切程度之烈。可是，孔子所矻矻以求的周礼，并非是要人们完全回到过去，历史是回不去了。如果以为儒家单纯地"复古"，那实则太低估了孔子的智慧！孔子及其儒家的礼与周礼有本质的差异，差异之一便是孔子试图将具有制度和政治意义的礼范铸于人的生命之中。对此，徐复观指出"礼"在孔子之后，宗法贵族社会的阶级意义被消解掉了，而被赋予"纯道德的意义，即是以仁义代替阶级"[12]，故而"礼"之所以发挥政治效用，乃是基于人们良心的内在要求，而非外来政治压力的强迫。另外刘泽华有一个著名的观点认为孔学其实仍是王权主义思想，这一观点意在强调包括孔子在内的中国传统思想与现代意义上的"人人平等"并非等同。但是相对周礼而言，由于孔子归礼于仁，着实丰富了礼的内涵，仁对贵族社会等级的突破，亦即礼对阶级的突破。如下文所述，孟子所倡的辞让与恭敬原则，亦是对礼的突破，尤其值得关注的是儒家的礼虽然亦讲求政治秩序，但更讲求"尊贤、使能，俊杰在位"的理想(《孟子·公孙丑上》)。这种理想"有一种感情流注于尊卑上下之间，以缓和政治中的压制关系"。[6]由于孔子重视"仁"之情感基础上的"礼"，而坚决反对无仁之礼仪，故而便能更好理解孔子关于"礼之本"的答语了：

林放问礼之本。子曰："大哉问！礼，与其奢也，宁俭，与其易也，宁戚。"(《论语·八佾》)

此处的"戚"便是对心理基础的重视。对此，李泽厚的把握甚为精当，他指出孔子"把'礼'的基础直接诉之于心理依靠。这样，既把整套'礼'的血缘实质规定为'孝悌'，又把'孝悌'建筑在日常亲子之爱上，这就把'礼'以及'仪'从外在的规范结束解说成人心的内在要求，把原来的僵硬的强制规定，提升为生活的自觉理念，把一种宗教性神秘性的东西变而为人情日用之常，从而使伦理规范与心理欲求融为一体。"正是这种礼仁不二的治道情结，在孔子那里，"孝""悌"是"仁"的基础，"亲亲""尊尊"则是"仁"的标准，[13]这正是孔子仁学的主旨。孔子认为若能将此种孝悌之爱推行于政治中，这本身即是"为政"了，而不用再另寻其他为政之方，《论语·为政》篇便载孔子言曰："书云：'孝乎惟孝，友于兄弟，施于有政。'是亦为政。奚其为为政？"这是典型的儒家论政理路，视道德与伦理为政治，或者说将政治缩小为伦理。儒家深信，为政者若能以此仁爱之心治国理政，必会臻于大治，所谓"君子笃于亲，则民兴于仁"是也(《论语·泰伯》)。

《庄子·天下》篇所言之"内圣外王之道"本指"前诸子"时代的"道"，后来渐渐特指儒家思想。约略而言，所谓"内圣"是指儒家中对内在心性颇为重视的学派，所谓"外王"是外在之"礼"颇为重视的儒家学派，而孔子则以"内圣"为主，兼重"外王"，以仁为核心却从来不轻视礼。《礼记·中庸》篇谓："君子尊德性而道问学，致广大而尽精微，极高明而道中庸。"此言可完全用诸孔子，所谓"中庸"指为人处事应当把握一个"度"，此度的基准便是"仁"及"礼"。

### 三、孟荀：各执"仁""礼"

孔子之后，据《韩非子·显学》篇曰"儒分为八"，是否确为"八"，尚待研究。长期以来人们对孔孟之间的儒家思想总是难窥其详，直至近年，伴随马王堆汉墓帛书、郭店楚简、上海博物馆藏楚竹书及其他出土简帛中儒家文献的不断问世，为人们进一步解开孔孟之间思想史演变的迷雾带来了转机。其中的一些篇章如《五行》等据学者研究体现了子思思想，这为进一步揭示孟学渊源拓展了视野，甚至有学者将子思学派与孟子学派合称为思孟学派。从中亦可看出思想史自有其学脉传承和内在理路。囿于篇幅，本文直接讨论孟荀思想，以一窥先秦儒家关于治道思索的演变理路。孟子着重从人的精神层面发挥孔子学说，讲"仁义"，主张"仁政"学说，是儒家的"内圣"一派；荀子则更强调"礼"之政治规范意义，注重沟通"礼""法"，但毕竟守住了儒家"仁"之底线，属于儒家"外王"一派。

与孔子一样，孟子亦颇为重视"仁"，他说："亲亲，仁也。"（《孟子·告子下》）同时孟子亦认为外在仪式固然重要，可内心之"敬"则更为关键，《孟子·尽心上》篇载：

孟子曰："食而弗爱，豕交之也；爱而不敬，兽畜之也。恭敬者，币之未将者也。恭敬而无实，君子不可虚拘。"

孔子不多讲"义"，孟子则每每"仁""义"并举。《孟子·离娄上》载孟子言曰："仁之实，事亲是也；义之实，从兄是也。"孟子还认为："吾身不能居仁由义，谓之自弃也。仁，人之安宅也；义，人之正路也。"（《孟子·离娄上》）"仁"是基于血缘之"亲亲"的爱，但当仁爱遇到社会治理的现实时，孟子抬出"义"来弥补"仁"在社会治理中的不足。孟子之前有"仁内义外"论试图将"义"排队在"人心"之外，孟子则反对"仁内义外"说，《孟子·告子上》所载孟子与告子的辩论，是为例证。孟子还指出"仁，人心也；义，人路也。"（《孟子·告子上》）"亲亲，仁也；敬长，义也。"（《孟子·尽心上》）

孔子将"仁"建基于孝悌亲情之上，对至亲血缘之爱几乎讨论其"来源"问题，但在孟子看来，人之根本乃父母，故而对父母的爱是最为根本的，可是这近乎常识的判断却遭到墨家的批判。在墨子看来，自己父母与他人父母无有二致，故而墨家提倡"兼爱"（《墨子》之《兼爱上》《兼爱中》和《兼爱下》），试图将对自己父母的爱完全复制于对他人父母身上。对此，孟子评骘到"墨氏兼爱，是无父也"，"是禽兽也"（《孟子·滕文公下》）。这一孟墨争辩实有一个特定背景，即当时"圣王不作，诸侯放恣，处士横议，杨朱墨翟之言，盈天下，天下之言，不归杨则归墨"（《孟子·滕文公下》），故而孟子有为儒家做自我辩护的味道。

儒家将仁建基于孝悌之上，当这一说法受到挑战之时，孟子开始寻找仁之根源。与孔子罕言人性不同，孟子认为人性本善，进而指出"仁"源于"心"，并且将仁与义、礼、智并称而视之为四德："所以谓人皆有不忍人之心者，今人乍见孺子将入于井，皆有怵惕恻隐之心。非所以内交于孺子之父母也，非所以要誉于乡党朋友也，非恶其声而然也。由是观之，无恻隐之心，非人也；无羞恶之心，非人也；无辞让之心，非人也；无是非之心，非人也。恻隐之心，仁之端也；羞恶之心，义之端也；辞让之心，礼之端也；是非之心，智之端也。人之有是四端也，犹其有四体也。"（《孟子·公孙丑上》）当看见小孩将要掉进井中时，人们自然而然、不假思索地去救他（她），这便是人的"不忍人之心"，亦即同情心。孟子以此类推指出人皆有此恻隐之心。在《告子下》篇中，孟子径直说："恻隐之心，仁也；羞恶之心，义也；恭敬之心，礼也；是非之心，智也。"恻隐之心不仅是仁之端，而且是仁本身了。这一表面看似矛盾的表述，其实恰恰显示出孟子一直所强调的仁义礼智皆乃人心所固有之理，即："仁义礼智，非由外铄我也，我固有之也，弗思耳矣。故曰：'求则得之，舍则失之。'"（《孟子·告子上》）

既然体仁无须外寻，便只有内求了，孟子对此有一套道德修养的内圣之道。首先要存心，"君子所以异于人者，以其存心也。君子以仁存心，以礼存心。仁者爱人，有礼者敬人。"（《孟子·离娄下》）此种存心其实即是葆持本性的仁义善心。不宁唯是，还要"求其放心"，他说："虽存乎人者，岂无仁义之心哉？其所以放其良心者，亦犹斧斤之于木也。"（《孟子·告子上》）接下来的问题是，该当如何"存心""放心"呢？孟子认为"诚""思诚"是重要的修养工夫。《孟子·离娄上》篇载："悦亲有道：反身不诚，不悦于亲矣；诚身有道：不明乎善，不诚其身矣。是故诚者，天之道也；思诚者，人之道也。"只有经过"思诚"工夫，才能真正与亲人相敬相爱，与朋友诚信相交，亦可能臻于治万民的理想境界。

问题的关键是：既然人性本善，那么人之"恶"又从何而来呢？孟子认为原因有二：一是人任其生理欲望恣意而放，终使"心"作不了"欲"之主，人与兽相近了。孟子并不认为欲望是恶的，恰恰相反，欲望是人的"心"活动的一部分，但是当人欲不受"心"之主宰时，欲望便成了"恶"；二是外在环境尤其是社会环境对人之行为的影响。因此在道德修养中，孟子颇为重视"反求诸己"的内求路径，可是即便没有环境的影响，人总会有种种或大或小的欲望，更为要紧的是人每每成为己欲的奴仆，人们并不感到实现欲望是一种幸福，反之当实现了一个欲望之后，又会有新欲望产生。人便在这种制造欲望、实现欲望的循环往复中挣扎着。对此，孔子早已洞悉人的这一弱点（《论语·里仁》），孔子认为人欲望必须以"道"作为底线，而这一道便是仁之道。孔子深信只有君子才能"欲而不贪"（《论语·尧曰》）。孟子亦认为"欲贵者，人之同心也"（《孟子·告子上》），并进一步指出"体有贵贱，有小大。无以小害大，无以贱害贵"（《孟子·告子上》），人若只是汲汲于功名利禄的物质追求，至多所养的只是"小体"，只有养心者才养的是"大体"。只有那些先立"大体"者才是君子，"从其大体为大人，从其小体为小人"（《孟子·告子上》），盖是之谓。显然，人要发明本身之性善，对欲望的节制（并非禁欲）就显得颇为攸关，孟子便说"养心莫善于寡欲"（《孟子·尽心下》）。

进而，孟子提出了著名的"养气"之说。当面对"何谓浩然之气"的反问时，孟子说"其为气也，至大至刚，以直养而无害，则塞于天地之间。其为气也，配义与道；无是，馁也。是集义所生者，非义袭而取之也。行有不慊于心，则馁矣"（《孟子·公孙丑上》）。孟子所谓的浩然之气，以义与道为内涵，其实就是一种超越了寻常人等欲望的精神境界。黄俊杰认为孟子将"气"提升为一个具有精神和心灵意义的概念[14]，诚为的见。孟子所开创的正是一个超凡脱俗的道德和心灵的世界。在这一世界里，人皆有"仁心"和"善性"。通过这一仁善之心性的显发，人的生理本能欲望皆受仁善的主宰和疏导。重要的是这一仁善之"心"的发现，是每个生命个体均能"反求诸己"便能得到的，这正是"我欲仁，仁至矣"和"万物皆备于我"的真义所在（《孟子·尽心上》）。经过艰难历练之后，才会产生出理想的道德人格，孟子名之曰"大丈夫"。大丈夫能够不淫于富贵，不移于贫贱，不屈于威武，履仁义之道（《孟子·滕文公下》），亦惟有大丈夫方能"尽其心""知其性"从而"知天"（《孟子·尽心上》），所谓天者，已非运命之天，而是道德之天。

虽然孟子将孔子"仁"学说极大内在化、心性化，但孟子并非完全漠视"礼"。在公行子之子的丧礼上，孟子依礼行事却被右师视为简慢，孟子听说后便指出："礼，朝廷不历位而相与言，不踰阶而相揖也。我欲行礼，子敖以我为简，不亦异乎？"（《孟子·离娄下》）面对"礼与食孰重"和"色与礼孰重"的问题时，孟子均认为"礼重"（《孟子·告子下》）。

与孟子重内圣之道不同，儒家的一另位巨擘荀子尤其重视外在之礼，隆礼正是荀子思想的核心。据统计，《荀子》"礼"凡 300 余见。荀子所谓的"礼"实际上是一套颇具系统化的规定等级秩序的制度。荀子深信"国之命在礼"（《荀子·天论》），并认为"礼者，治辨之极也，强固之本也，威行之道也，功名之总也"（《荀子·议兵》），"礼之于正国家也，如权衡之于轻重也，如绳墨之于曲直也。故人无礼不生，事无礼不成，国家无礼不宁。"（《荀子·大略》）礼既然是为政的依据和引标，那么统治者须以礼为政，反之"为政不以礼，政不行矣。……治民不以礼，动斯陷矣。"（《荀子·大略》）礼不仅是政治制度规范，亦是社会习俗规范，《荀子·大略》篇便谓："礼者，人之所履也。"一旦"君子审于礼，则不可欺诈伪"，因为"礼者，人道之极也"，"法礼，足礼，谓之有方之士"，反之"不法礼，不足礼，谓之无方之民"（《荀子·礼论》）。

然而，荀子的礼绝不是一种基于社会身份和地位平等的礼，而有着严格等级秩序的规范性，这种等级在荀子那里表述为"分"，所谓"分莫大于礼"是也（《荀子·非相》）。礼的功能便是"别异"（《荀子·乐论》），即通过礼的范导使得社会皆归其职位和名位，《荀子·礼论》篇云：

礼者，贵贱有等；长幼有差，贫富轻重皆有称者也。

所谓"长幼有差"者，实乃荀子承续周礼及孔子之礼而来。《礼记·乐记》篇曰："礼者为异。"西周春秋之礼乃是基于血缘亲疏远近做出的身份确认和秩序建构。儒家虽然强调以仁爱之心推己及人，但却从来反对对所有人给予同等的爱，礼正是差等之爱的外在表征。所谓"贵贱有等"正是荀子试图以礼来论证、规范政治上下等级的努力。荀子所处的时代已是战国后期，这时西周春秋宗法制的影响愈加淡化（尤其在政治领域），反而洎乎春秋末期以降，超越（或者否定）宗法制的新型官僚制渐次确立。列国的"变法"改革，正是对宗法制做出的制度更改。在这一系列的持久改革中，贵族和普通民众渐次从宗法体系中脱离出来，而变成"编户齐民"。所谓编户齐民实指国家的最高为政者——君——可以直接管理（更确切地说是统治）治下所有人。这打破了宗法分封制下松散的准政治关系。正是在这一过程中，君权日渐强大。君臣关系已不是家国同构的宗法关系了，而是以爵禄、官位、土地为纽带的政治关系了。荀子弟子韩非说："臣尽死力以与君市，君垂爵禄以与臣市。君臣之际，非父子之亲也，计数之所出也。"（《韩非子·难一》）在那个时代，"君臣异心，君以计畜臣，臣以计事君，君臣之交，计也"（《韩非子·饰邪》），这正是战国后期政治大转型在君臣关系上的真实写照（广义的臣包括民）。荀子通过礼来维持贵贱有等，正是要为这一政治趋向做出论证。所谓"贫富轻重皆有等"则指财富分配原则。荀子认为："农农、士士、工工、商商一也。"(《荀子·王制》)所谓一者,实乃通过礼来将社会分职整齐划一。"农分田而耕,贾分货而贩,百工分事而劝,士大夫分职而听",这些均为"礼法之大分也"。(《荀子·王制》)可见荀子之"礼"论既有承续,亦有发展。

除了对传统的绍承外,荀子礼论尚有其内在理路,这便是荀子以人之"性恶"来论证礼之必要和可能。人性论是中国思想史的重要论题,虽然有的思想家不直接或者较少明确指出人性如何,但在疏理其思想时会发现,几乎所有的大思想家均会对人性做出某种预设以作为立论的前提。然而思想家们对人性之"性"本身的理解却又人言言殊。从孔子"性相近也,习相远也"的表述中(《论语·阳货》),人们体会到孔子并不想确切地凝炼出人性到底如何,可是孔子"我欲仁,斯仁至矣"的自信,显然不是一时兴发,而是孔子深信人可以通过自省和学习来显发出人性中的仁爱敬意之善。孟子道性善,已如上述,但值得强调的是孟子所言"性"实即"心"(《孟子·告子下》),孟子人性论的理路是由"心善"来推出"性善"。荀子则对人性之"性"作出了迥异于孔孟的解读:

生之所以然者谓之性;性之和所生,精合感应,不事而自然谓之性。(《荀子·正名》)
凡性者,天之就也,不可学,不可事。(《荀子·性恶》)

显然在荀子的视阈中,性即人的一种本能反应(但非全部本能),尤其是荀子指出人皆有好利的倾向,《荀子·性恶》篇云："今人之性,生而有好利焉,顺是,故争夺生而辞让亡焉……从人之性,顺人之情,必出于犯分乱理,而归于暴……用此观之,然则人之性恶明矣。"虽然荀子认为人可以"辞让""忠信",并且知道"礼义之理",但是好利之性使得人们不满足于现状,总会有种种欲求。正是由于对己欲的顺从或者说放纵("顺是"),才带来了争夺、残贼和淫乱,最终天下"归于暴"。正是基于此,荀子认为"人之性恶"。荀子视性乃天生,这是从天人架构来看("凡性者,天之就也"),荀子还从性情架构来言人性。先秦时代"性情"每每连用,并无严格区别,这在《左传·昭公二十五年》《礼记·中庸》《礼记·乐记》和《逸周书·度训解第一》等中已有显示。郭店楚简《性自命出》篇和上博简《性情论》篇较早有意识地将"情""性"分开殊论,比如《性自命出》所言之"人情"包括人的精神道德情感和自然欲求情感两部分[15],并强调"君子美其情"、圣人"理其情"。荀子进一步将"情""性"分开："性之好恶喜怒哀乐谓之情……情者,性之质也;欲者,情之应也。"(《荀子·正名》)何谓人情?《荀子·荣辱》篇云："人之情,食欲有刍豢,衣欲有文绣,行欲有舆马,又欲夫余财蓄积之富也;然而穷年累世不知不足,是人之情也。"《王霸》篇亦有类似表述。显然,所谓人情者，实乃人欲的外在表现，但荀子明言"人情甚不美"（《荀子·性恶》）。其实，荀子正是通过人情来论证了人性之恶的。正是人之性情所内含的欲望导致天下的"非礼"，即"贵为天子，富有天下，是人情之所同欲也；然则从人之欲，则执不能容，物不能赡也。"（《荀子·荣辱》）

既然如此，该当如何范导人性之"恶"呢？答案便是礼，只是这种礼是圣王所制定的，《荀子·性恶》篇曰："故圣人化性而起伪，伪起而生礼义，礼义生而制法度。"圣人是诗书礼乐之道的承载者，亦是治道的枢纽。圣人又被表述为君子、先王、圣王。《荀子·王制》云："礼义者，治之始也；君子者，礼义之始也。"可关键是，既然人性皆恶，那么"第一个圣人"从何而来，亦即"第一个圣人"如何纠正本性之恶呢？对此，高柏圆注意到荀韩师徒的"最大困难，乃在其价值根源之不究竟，而无法充分证成之"[16]，即"第一圣人"如何可能的问题。荀子早就指出"材性智能，君子小人一也"（《荀子·荣辱》），即所有人本来都是一样的，且人每每"蔽于一曲，而暗于大理"。虽然普通人每每被一己之欲遮蔽住目光而鲜有可能认识到"大道"，但是圣人却能够摆脱常人的这些弊端而通于"大理"。这是因为"圣人知心术之患，见蔽塞之祸，故无欲、无恶、无始、无终、无近、无远、无博、无浅、无古、无今，兼陈万物而中县衡焉。"（《荀子·解蔽》）荀子所言之"心"，乃"形之君"，即"神明之主也"（《荀子·解蔽》），是一种人的超凡认识能力。圣人能够保持住"虚壹而静"的心，从而臻于"大清明"的境界，故而"坐于室而见四海，处于今而论久远。疏观万物而知其情，参稽治乱而通其度，经纬天地而材官万物，制割大理而宇宙里矣。"（《荀子·解蔽》）圣人正是通过心之智与思来"知道"和"体道"的。所谓"道"者，即礼之道，乃"古今之正权也"（《荀子·正名》）。显然，荀子认为圣人与常人的不同之处在于，能否发明本心以通于道。在荀子那里，"心"乃是道德生命能够成立的最后根据。此"心"并不在"性"之中而是在"性"之外，这与孟子由"心"处发现"性"之善端的致思路径颇为不同。既然心是人之生命的主宰，心对于道而言便具有"创造意义"[7]。换言之，无论是圣人、君子，抑或普通人，在认识到自己皆有"发现"仁义之"质"和"具"这一点上均是同质的。正是在此意义上，荀子便认为"涂之人可以为禹"。故而荀子以性恶论为始，经由圣人制礼义、化性起伪，最终均落到"为国以礼"上。

虽然荀子讲礼，但并非不重视仁。在荀子看来，如果只是汲汲于外在的仪式和规范而忽视内在之诚心，那么这样的人只是"小人"而非"君子"，"小人不诚于内而求之于外"（《荀子·大略》），盖是之谓。荀子强调"礼"的旨归是"节用裕民""以政裕民"，这正是"仁人在上"的理想状态（《荀子·富国》）。可见在荀子那里，礼以仁为依托。

## 四、儒家的政治诉求：践"仁""礼"以为"民之父母"

由上可一窥儒家对载"道"之人如圣人、君子、仁者、大人云者的祈盼。对于常人而言，如若真能企及此种"成人"境界（《论语·宪问》），确需长久而艰难之修养。先秦儒家诚然颇为重视个人修身，但其主旨从来不在于此，儒家追求的是"以道莅天下"的现实关怀。

首先，儒家认为"道"是高于"君"的。惟"有道者"才被视为有"德"之君，这在儒家将有德者与有爵者分开视之即可看出。虽然《论语》并未十分明晰地将"道"与"君"完全分开，但从孔子所言之"三畏"中，有"辅助大人"，有"畏圣人之言"（《论语·季氏》），可以知晓大人即是君，而圣人所承载的道并非任何君所能体认。另则从孔子对"有道"与"无道"的相反态度中亦可看出，孔子对现实政治之"无道"的失望与对"有道"之世的祈盼。面对子贡"有美玉于斯，温椟而藏诸？求善贾而沽诸"的提问，孔子将自己希冀有朝一日能得明君擢用的心情表露了出来："我待贾者也。"（《论语·子罕》）。不宁孔子唯是，儒家士人均希冀君有道且重用儒士。郭店楚简《五行》篇谓："士有志于君子道，谓之君子。"郭店楚简《缁衣》篇将"君子"与"上""长民者""有国者"等称呼分开安放，显然在《缁衣》的作者看来，君并不等同于君子。孟子有着与孔子一样的入仕情结，但是孟子决然不能苟同于与君同流合污。《孟子·万章下》篇载：

> 缪公亟见于子思，曰："古千乘之国以友士，何如？"子思不悦，曰："古之人有言：曰事之云乎，岂曰友之云乎？"子思之不悦也，岂不曰："以位，则子，君也；我，臣也。何敢与君友也？以德，则子事我者也。奚可以与我友？"千乘之君求与之友，而不可得也，而况可召与？

此处，鲁缪公与子思的对谈是否真实尚且不论，但这无疑显示了孟子的心迹。君之所以为君，仅是因其有"位"。位者，权势也。但是孟子认为只有有德之君才配君子与之相友。亦即"道"是君臣关系的维系纽带，只有有道之君才配有道之臣辅佐。《公孙丑下》篇又载孟子之言曰："天下有达尊三：爵一，齿一，德一。朝廷莫如爵，乡党莫如齿，辅世长民莫如德。恶得有其一，以慢其二哉？"有爵者与有德者皆是尊者，但是只有"尊德乐道"才是最尊者。孟子明确指出君有"德"与"位"之分、"天爵"与"人爵"之别（《孟子·告子上》），这显示出孟子对有道之君的希冀和对仅有爵位之君的藐视！在荀子那里，君道的核心是君之守道。《荀子·王霸》篇记："人主者,天下之利执也。得道以持之,则大安也……不得道以持之,则大危也。"虽然君拥有天下,但只有"得道以持之",方可安之。道高于君,正体现出儒家基于"道"的批判精神。正是这种批判精神,使得先秦儒家思想在诸子时代始终保持着一种对现实政治的抗争姿态。郭店楚简《鲁穆公问子思》篇所言之"恒称其君之恶者为忠臣",是典型的儒家士人的载道情怀。

既然道高于君,君就应当以道来治国,即以仁礼治国。与其他先秦诸子形成鲜明对比的是,儒家深信君的个人之"德"是"为政"之始,故而儒家极为重视君之修养。孔子认为:"苟正其身矣,于从政乎何有?不能正其身,如正人何?"(《论语·子路》)即是说,为政者如若连己身都不能正,更遑论去治理民众了,"其身正,不令而行;其身不正,虽令不从"。(《论语·子路》)当子路问何为君子时,孔子终以"修己以安百姓"来回答,并且指出"修己以安百姓,尧舜其犹病诸"(《论语·宪问》),显然这里的君子实指君。孟子亦说:"君子之守,修其身而天下平"(《孟子·尽心下》),"贤者以其昭昭,使人昭昭"(《孟子·尽心下》)。在儒家看来,为政者不用刻意去寻求其他的治国之道,能够以孝悌仁敬之心施于政治中,本身即是为政。显然,政治即伦理。孟子亦云:"舜尽事亲之道而瞽瞍厎豫,瞽瞍厎豫而天下化,瞽瞍厎豫而天下之为父子者定,此之谓大孝。"(《孟子·离娄上》)且此种政治是近而易的:"人人亲其亲、长其长而天下平。"(《孟子·离娄上》)儒家之所以有如此认识,是因为他们深信"爱人者,人恒爱之;敬人者,人恒敬之",如果爱人敬人却未获得别人的爱与敬,那么就应当反躬自省,而将那些最终不能感化者只能视为"禽兽"了(《孟子·离娄下》)。这是典型的儒家伦理型政治。

儒家还深信君的仁德之举定然会有上行下效的政治示范效应。孔子认为:"为政以德,譬如北辰,居其所,而众星共之"(《论语·为政》),"上好礼,则民易使也"(《论语·宪问》)。孔子对以武力威摄为后盾的强制型政治颇为反感,即便是对"如杀无道,以就有道"表面看似是相当合情合理的为政方式,亦不赞成(论语·颜渊》),深信"政者正也,子帅以正,孰敢不正"(《论语·颜渊》)。孔子希冀的政治是:"道之以政,齐之以刑,民免而无耻;道之以德,齐之以礼,有耻且格。"(《论语·为政》)为政者通过德治以化民成俗,社会生活和政治秩序于是保持一种温情之和谐,人们愿意且乐于向善,这便是所谓"有耻且格"。徐复观认为此处的"格"为"感通、感动"之意,最终臻于"无讼"的理想政治状态[12],诚为确诂。与孔子一样,孟子亦相信:"以善服人者,未有能服人者也;以善养人,然后能服天下。天下不心服而王者,未之有也。"(《孟子·离娄下》)孟子还认为:"君仁莫不仁,君义莫不义,君正莫不正。一正君而国定矣。"(《孟子·离娄上》)

孟子提出了"仁政"学说，这是孔子"仁"学的一个重要发展。所谓仁政亦即"不忍人之政"，所谓"以不忍人之心，行不忍人之政"是也（《孟子·公孙丑上》），这是一种以为政者之仁心为依据和始点的典型儒家政治理路。荀子亦指出："仁人在上，则农以力尽田，贾以察尽财，百工以巧尽械器，士大夫以上至于公侯，莫不以仁厚知能尽官职。夫是之谓至平。"（《荀子·荣辱》）孟荀显然绍承了孔子由修身至治天下的为政路径。

最终，儒家希冀的理想之君是一种"为民父母"式的仁爱之君（参见《孟子》之《梁惠王上》《公孙丑下》《滕文公上》）。"为民父母"正是儒家"民本"思想的另类表述。孔子主张对民众要使之"庶"，还要"富之""教之"（《论语·子路》），因为"百姓足，君孰与不足？百姓不足，君孰与足？"（《论语·颜渊》）郭店楚简《性自命出》和《尊德义》颇为重视"人道"和"民心"。孟子所言"民为贵，社稷次之，君为轻"（《孟子·尽心下》），这是千百年来人们反复引用的经典之句，可谓是那个时代思想家对为政者发出的颇具震撼性的民本宣言！在孟子与齐宣王的对谈中，孟子并不反对为政者享乐，但孟子更强调为政者在享乐之时得反躬自问：民众的生活因为政治变好抑或变坏了呢？孟子非常强调君之"与民同乐"（《孟子·梁惠王下》）。可是，深思下去，孟子大概并非要求最高为政者真的与民一同做事、一同享乐，因为毕竟为政者要为"天下万民"谋福祉，如若时刻与民众在一起又谈何治国家、平天下呢？故而孟子实则提示君，作为"民之父母"的最高为政者，时刻要把民之需求和疾苦视为政治的头等要事。民亟需的问题当然是"政治"的最大问题，这是一个不证自明的真理，除非预示民顺从乃至侍奉君（及其他为政者）乃天经地义！在《荀子·王制》篇中，荀子引《传》之语，道出了君民舟水关系论，这可谓是古代思想家对"天下乃天下人之天下"的极佳诠释："君者，舟也，庶人者，水也；水则载舟，水则覆舟。"此言穿越时空、响彻千古，时时回荡于历代为政者的耳畔，提醒君：其真正身份乃"民之父母"而非民之主人！

## 五、儒家治道如何可能？

儒家治道运思，始于修身，终于治天下，以民本为指归。儒家治道，既包括内圣，亦包括外王。内圣是修己，外王是安百姓。前者属于伦理，后者属于政治，儒家思想的特色正在于伦理与政治的不二融合。儒家相信只要为政者做好内圣的工夫，成为一个仁德者便会有风行草偃的表率和教化效应，社会成员自会各安其分。

儒家思想是一种典型的德治理论，追求的是"道德的政治"[17]。儒家将"仁"

与"礼"视为政治的全部,并且相信通过"推爱"式的伦理教化就会解决政治问题。儒家颇为注重家族内部亲情,且深信此种亲情之爱最牢靠、最持久,故而儒家希冀所有人都能以敬爱之心、依照礼之秩序来对待他人,尤其是对于君而言,更应如此,孟子所言"推政"正是此理(《孟子·梁惠王上》)。儒家希冀人爱己亲,更应爱非亲之他人,爱亲人与爱他人当然不是同等的爱,但至少要"爱"而非"恨"。赵汀阳指出"儒家试图在平凡人性中去创造高尚,从而使高尚成为一个现实可及的目标"[18],爱亲人当然平凡,爱他人却实属高尚。这一道理简单至极却着实动人,这是儒家的闪光点和理想处。但是亲情之爱毕竟是一种"熟人社会"内部通行的爱,将这种爱推广到陌生人社会,确实显示出儒家的理想性,但这一理想恰恰成为空想。费孝通有一个生动的比喻,是说血缘亲情之爱犹如石子在水中击起的"波纹"状同心圆,随着亲情愈淡,爱亦愈淡,直至无爱。[19]显然,儒家的"推爱"设想很难行诸社会,这是儒家治道的内在困境。

"推爱"无效,可是儒家还有一种"榜样"示范的理路。可是不用他人置评,儒家自身已然明晓榜样作用之有限,孟子便说:"仁之胜不仁也,犹水胜火。今之为仁者,犹以一杯水救一车薪之火也,不熄,则谓之水不胜火,此又与于不仁之甚者也,亦终必亡而已矣。"(《孟子·告子上》)仁者感化不仁者,犹如以一杯水去解救一车木柴所燃之火,纯属徒劳。孟子的这一比喻不仅是为儒家所作的自我辩护,其实何尝不是一种儒家治道的真实写照呢?《礼记·坊记》篇又载:

  子云:祭祀之有尸也,宗庙之主也,示民有事也。修宗庙,敬祀事,教民追孝也。以此坊民,民犹忘其亲。

这是说,为政者用祭祀祖先之事引导民众,让民众敬祖爱亲,但是"民犹忘其亲",该篇又载孔子言曰:"好德如好色。诸侯不下渔色,故君子远色以为民纪……以此坊民,民犹淫佚而乱于族。"孔子感慨如若人们能够如"好色"般"好德",那该多好啊!可是即便为政者真能"远色以为民纪",民众仍是"淫佚而乱于族"。这些话是否真为孔子所言,暂且不论,但这确实可视为儒家内部对教化政治的自我揭发。法家早已洞悉儒家"推政"的盲点,《商君书·画策》便说:"仁者能仁于人,而不能使人仁;义者能爱于人,而不能使人爱。"韩非指出:"民者固服于势,寡能怀于义。仲尼,天下圣人也,修行明道以游海内,海内说其仁、美其义而为服役者七十人。盖贵仁者寡,能义者难也。故以天下之大,而为服役者七十人,而仁义者一人。"(《韩非子·五蠹》)固然韩非认为民众是迫于"势"的看法纯属法家思维,但是他指出纵然连孔子那样的圣人,天下心悦诚服者尚且只有区区七十余人,何况君能达于孔子之圣者实则不多,那么为政者通过教化来使得民众"景从"便鲜有可能。

显然,儒家道德型政治确实具有示范意义,却不能带动民众对有德者的追随和模仿。此中内情,其实不难理解。一个社会中,当好人总得不到好报时,人们便会自觉调整行为,口头标榜"仁义道德",但在实际行动中却每每坏事做尽!中国古代如斯多的"假道学""伪君子"正是这一社会风气之下的产物。事实上,一种无论多么动听、多么美妙的价值,如若局限于社会弱势群体而非主流社会,那么这种价值便不会有任何积极的社会和政治意义。牟宗三认为儒家之所以为儒家的本质意义(essential meaning)是"开辟价值之源,挺立道德主体",可是他亦认为儒家从仁道处入手看似容易,实则"最难了解,因为人的头脑总是往外看"[20]。所谓往外看者,即是仁心之外的功名利禄。人人好利故而人人争利,人人争利故而人人唯利是图、尔虞我诈(这当然是人的悲哀)。对此,太史公早已明言"天下熙熙皆为利来;天下壤壤皆为利往"(《史记·货殖列传》)。显然,人的复杂性早已超出儒家致思范围。

然而,儒家治道的最大问题还是出在君这一最大的"榜样"身上。儒家深信普通民众能够被教化而臻于"善"(虽然已如述只是一种空想),更深信为政者可以自律至善,对圣人、有道之君的祈盼便是明证。在儒家看来,为政者要爱百姓如爱子女一般。初看来,儒家真抓住了政治的关键,即为政者的素养,尤其是拥有一颗爱民之"心"是为政之前提。如若为政者不能"自善",那么儒家自信可堪当"帝王师友"的大任(《论语·学而》,《孟子》之《告子上》《万章下》,《荀子》之《修身》《君子》等)。但是儒家过高地估计了君"愿意"以有道之士为师的可能性。在中国古代,一旦拥有权力,便意味着拥有以经济利益为核心的一切社会资源。权力越大,占有的种种资源越多。尤其是对握有无上大权的君而言,其人性不是变得更好而是相反,尤其表现于君欲的无限膨胀,且随着见到的、得到的东西愈多,欲望不会减少而是愈多,尤其是君尚有另一种的欲望:"绝对的权力欲"。更具要害性的是,君主完全可以利用手中的权力去"实现欲望"!所以英国思想史学家阿克顿勋爵所说的"绝对权力绝对使人腐化"(absolute power corrupts absolutely),被视为一个政治真理。儒家并非没有意识到这个道理——从儒家士人对那些不道之君的批判中便可看出,但是儒家还是选择"得君行道",这不仅是儒家的运思范式,亦是先秦诸子的共识。无论是儒家之"仁者""君子""圣人",墨家之"贤者"、道家之"在上者""有道者",抑或法家之"有术之君""有道之君",其实均以君愿意"有道"为前提。自从人类有政治一来,最高权力必有所归属,要么属于一个人,要么属于一个或多个集团,这是一个不争的事实。在君主时代,最高权力只得归于君，先秦诸子的此种论政方式其实亦是不得已而为之。不仅诸子如此，传统中国知识人的论政方式，庶几均为"得君行道"范式。但一旦为政者"无道"，思想家的所有治道理想便成为泡影，这庶几成为中国古代"得君行道"政治思维范式下所有思想的宿命。职是之故，孔子终生并未得此志而被称为"丧家狗""流浪的君子"[21]，并非没有道理，儒家"知其不可而为之"（《论语·宪问》）和"如欲平治天下，当今之世，舍我其谁也"（《孟子·公孙丑下》）的豪情壮语，似乎还是无法摆脱"不见用"的政治遭遇和"迂远而阔于事情"的事实评判（《史记·孟子荀卿列传》）。韩非认为儒家乃"适然之善"（《韩非子·显学》），亦非枉言。换言之，君之"内圣"是个问题，继而如何由"内圣"至"外王"更是个问题。余英时便说儒家由内圣推出外王时，"遇到了一个不是个人意志所能随便转移的外在世界"，"这是儒家自始以来所面临的最大难题"[22]，诚不误也。儒家相信所有的政治问题在伦理中就能得到解决，而事实上一旦人们遇到重大的利益抉择甚至争夺时，所有对他人的"爱"便显得极度脆弱，"内圣"几乎开不出"外王"。洎乎秦汉以降，儒学虽被立为官方意识形态，但学者关于"外儒内法""阳儒阴法""儒表法里""儒法互用"等的表述，其实正显示出儒家在中国古代真的只是一种理想，即儒家思想从未完全实现过。

## 六、余论

当下学者每每用"原始儒家""原典儒学""早期儒家""古典儒学"来指称先秦儒家（不少学者视先秦诸子思想为中国文化的"元典"），以凸显秦汉以后的儒家与先秦儒家之殊异。确实，儒家自汉以后杂家化了，不仅吸纳了先秦诸子（如阴阳家、道家、法家等）思想，而且还涵摄了佛学。被冯友兰称为"新儒家"的理学便有释道的影子。理学家自视远绍孔孟以降的"道统"，现代新儒家①正是绍承于理学一脉，均将儒家内圣之学做了极大地发挥，但正如本文论旨所言对于儒家的外王之学，即"礼"却并未引起足够的重视。

"我们对孔子还能再说些什么呢？"（Is there anything more to be said about Confucius）[23]这是美国著名学者史华兹（Benjamin I. Schwartz, 1916—1999）在

---

① "现代新儒家"是一个有着特定学术旨趣和思想理路的学者群体，并非研究儒家的学者即被视为"现代新儒家"。相关讨论参见余英时：《现代学人与学术》，桂林：广西师范大学出版社，2004年，第1-43页；林安梧：《儒学革命–从"新儒学"到"后新儒学"》"第一章"，北京：商务印书馆，2011年。

其名著《古代中国的思想世界》里的引言。恐怕不宁对于孔子唯是，相信绝大多数中国思想文化的研究者均会有程度不一的"史华兹式"的感慨：我们对儒家、对先秦诸子乃至整个中国传统文化还能再说些什么呢？杜维明说，儒家思想是值得全人类共享的精神资源。[24]是否真的存在所谓通用于全人类的普世价值，不得而知。我愿意引用许纪霖的话："普世文明，还是中国价值？或许这是一个伪问题。确实的答案是：以普世文明的胸怀，重建中国的价值。"[25]问题的关键还在于，当21世纪人类所面临的种种复杂而艰难的问题被还原为"哲学问题"时，人们会发现这些问题对于"轴心期"的先秦诸子而言丝毫不陌生，甚至于今人在"元问题"的处理上并不比古人高明。钱穆在《国史大纲》中曾经提醒国人，不要以为我们站在了"历史最高之顶点"。亦惟由此，今人还得继续对儒家在内的经典"接着讲"，冯友兰有诗云"智山慧海传真火，愿随前薪作后薪"，这大概是我们仍需不断研究先秦儒家的原因所在。

**参考文献：**

[1] 劳思光．新编中国哲学史：一[M]．北京：生活·读书·新知三联书店，2015：11-12．

[2] 余英时．中国知识人之史的考察[M]．桂林：广西师范大学出版社．2004：4，12．

[3] 李泽厚．由巫到礼 释礼归仁[M]．北京：生活·读书·新知三联书店，2015：3-20．

[4] 张岂之等．中国思想学说史：先秦卷[M]．桂林：广西师范大学出版社，2008：16，195．

[5] 徐复观．学术与政治之间[M]．北京：九州出版社，2013：335．

[6] 徐复观．两汉思想史：第一卷[M]．上海：华东师范大学出版社，2001：19-20，60．

[7] 王博．中国儒学史：先秦卷[M]．北京：北京大学出版社，2011：27，583．

[8] 徐复观．中国人性论史：先秦篇[M]．北京：九州出版社，2013：22-23．

[9] 李泽厚．论语今读[M]．天津：天津社会科学院出版社，2008：127．

[10] 阎步克．乐师与史官：传统政治文化与政治制度论集[M]．北京：生活·读书·新知三联书店，2001：5．

[11] 冯友兰．中国哲学史新编：上[M]．北京：人民出版社，2008：82

[12] 徐复观．中国思想史论集[M]．北京：九州出版社，2013：260，262．

[13] 李泽厚．中国古代思想史论[M]．北京：生活·读书·新知三联书店，2008：11-15．

[14] 黄俊杰．孟子[M]．北京：生活·读书·新知三联书店，2013：51．

[15] 王中江．简帛文明与古代思想世界[M]．北京：北京大学出版社，2011：188-209．

[16] 高柏园．韩非哲学研究[M]．台北：文津出版社，1994：34．

[17] 陈来．孔夫子与现代世界[M]．北京：北京大学出版社，2011年：168．

[18] 赵汀阳．每个人的政治[M]．北京：生活·读书·新知三联书店，2014：212．

[19] 费孝通．乡土中国[M]．北京：北京大学出版社，2012：44．

[20] 牟宗三．中国哲学十九讲[M]//牟宗三全集：第二十九卷．台北：联经出版股份有限公司，2003：58-60．

[21] 李零．去圣乃得真孔子：《论语》纵横读[M]．北京：生活·读书·新知三联书店，2014：127．

[22] 余英时．中国思想传统及其现代诠释[M]．南京：江苏人民出版社，2003：126．

[23] Benjamin Schwartz. The World of Thought in Ancient China[M]. Cambridge, Massachusetts and London: The Belknap Press of Harvard University Press, 1985: 1.

[24] 杜维明．儒学第三期发展的前景问题[M]．北京：生活·读书·新知三联书店，2013：7．

[25] 许纪霖．启蒙如何起死回生-现代中国知识分子的思想困境[M]．北京：北京大学出版社，2011：389．

## 牛树梅研究

巴蜀名臣　关西汉儒
　　——牛树梅雪樵生平综述　　　　　　　　　　连振波/162

牛树梅《省斋全集》（同治本）诗歌文本错讹考辨　　李政荣/172

忠臣孝子一等人　读书耕田两件事
　　——清代通渭乡儒牛作麟先生简评　　　　苏建军　王晓燕/176

# 巴蜀名臣　关西汉儒[①]

## ——牛树梅雪樵生平综述

连振波[②]

（甘肃中医药大学定西校区　人文教学部）

【摘　要】牛树梅是道光二十一年恩科进士，历任雅安县、隆昌县、漳明县知县，资州直隶州知州、宁远府知府，被清廷屡次考评为"循良第一"，川民称为"牛青天"。与曾国藩、胡林翼、左宗棠等中兴名臣俱有交往，以理学循良闻名，阐扬孟子等儒家性善思想，推崇张载、薛瑄、李颙等理学家，倡导践行实学，是关陇理学主要的代表人物之一。

【关键词】牛树梅；循吏；关陇理学；名臣

牛树梅，字玉堂，号雪桥，甘肃通渭人。道光二十一年（1841）恩科进士，历任雅安县、隆昌县、漳明县知县，资州直隶州知州、宁远府知府，四川百姓呼为"青天"。咸丰三年（1853），尚书徐泽醇荐其"朴诚廉干"，诏参陕甘总督舒兴阿军事。咸丰八年（1858），湖广总督官文荐"循良第一"。同治元年（1862），四川总督骆秉章复荐之，清廷以为"恺悌益民"，擢授四川按察使。百姓喜相告曰："牛青天再至矣！"牛树梅一心为民，清正廉明，被清廷屡次考评为"循良第一"，川民称为"牛青天"。"以临民之官，以不扰民"作为第一要务。牛树梅与曾国藩、胡林翼、左宗棠等中兴名臣俱有交往，"学宗关洛"，以理学循良闻名，阐扬孟子等儒家性善思想，推崇张载、薛瑄、李颙等理学家，倡导践行实学，是关陇理学主要的代表人物之一。

---

[①] 基金项目：2012年国家社会科学基金项目"陇中文学研究"（项目号：12XZW008），2015年甘肃省哲学社会科学基金"关陇理学与当代价值研究"（项目号：WB103）。

[②] 作者简介：连振波（1968—），男，甘肃通渭人，甘肃中医药大学定西校区人文教学部教授，陇中文化研究所所长。研究方向：中国古代文学和甘肃地域文化。

## 一、廉洁勤政，青天佑民

牛树梅人称"牛青天"，"以不扰为治。决狱明慎，民隐无不达，咸爱戴之"。[1]先后被"三朝帝师"祁寯藻和吏部尚书徐泽醇荐为"朴诚廉干""循良第一"。同治元年（1862）上谕曰："该员历任地方，循声卓著，此时需才孔亟，似此恺悌益民之吏，岂容置散投闲？"[2]作为一代循吏，牛树梅如何"恺悌益民"呢？

（1）亲民廉政，惠泽百姓。牛树梅做官，以不扰为治，即"少科派，勤听断"。下乡常常一人一骑，斗笠蓑衣，不扰民，不扰官，自带干粮，以开水泡馍为餐。始终和百姓走在一起。而百姓倾爱，往往三两人家处，其附近老民，率其幼稚，用野菜四碟，高粱酒一壶接风。与之谈笑，移时乃别。自题诗云："白叟黄童遮道观，争将马首绕团团。深惭抚字无良计，辜负若曹说好官。"[3]牛树梅继任隆昌、资州、宁远等处，执政勤勉，惠泽百姓，并且疾恶如仇，除暴安良。为官期间，以减徭役，劝农桑，兴教育，淳民风，戒科饮，抑胥吏，禁强暴为务，所篆州县，善举无数，深受士民拥戴。

（2）革除弊政，整顿社仓。牛树梅作为一代循吏，绝不是一清廷鹰犬，而是一位真正视民如父母的"青天"。他历任彰明县令、资州直隶州知州、宁远府知府、四川按察使（兼布政使）。在任期间，制定了社仓章程，整顿了西南铜务秩序，成立了四川团练，这一切无不表现出他勤政爱民、廉洁自律、刷新吏治的古大臣风范。牛树梅在彰明，对社会的各个方面进行了改革和整顿。为了维持地方治安，他大力推行保甲制度，以便实施团练来保境安民。"为保甲不拘何等之人，但有一户，必须编入，以便稽查，以防招匪。至团练之于保甲之中，择其有丁粮者授以武事耳。故保甲所以清本境，团练所以御外匪。保甲不行则本境不清，或即为外匪之窝线，团练难恃也。"[4]《禀复藩宪批饬酌定社仓章程》是牛树梅在整顿了地方团练、衙役等吏治之后，着手重点解决的民生问题。牛树梅"曾将社仓遍历亲查"，找出了"新旧报换有费，呈请放借有费，收纳出结又有费。计一年之中，别无事故，亦须费钱数串，不十年，而大仓亏小仓空矣"[5]的现状，并加以整饬。他在彰明县政声卓著。以致连邻邦聚众起义的何远富，声称"不践彰明县一草一木"。后来何远富被困白鹤洞，遥呼曰："须牛青天来，吾即出。"[6]彰明交卸，一切钱谷交代事初无计，唯独宿签押房，将所有经手要件，悉数提上，详具本末，而手批之。恐后观之或涉歧误矣。第二日夜半，始完。于是，掷笔起身。仰首自言曰："鬼神满前，可鉴此心矣。"

(3) 整顿铜务，抗震救灾。道光三十年（1850），川督徐泽醇欣赏牛树梅，"下札委署宁远府"。牛树梅感激徐泽醇的知遇之恩，夙夜忧患，做了大量工作。一是深感宁远矿政关乎国计民生。"凡有可以体恤商炉之处，无不博采深思，力与调剂。"[7]四川铜务，由此走上正轨，"人情大觉踊跃，歇手之户，或复欣然起办"。二是奋不顾身，抗震救灾，安抚百姓。"是夜（七月初二）三更，翕然地震……兄（牛树梅）被压，逾时始获救出，左腿重伤……三岁孩躬玉（树梅子），挖出后，绝气而殇……西昌一县，有数可稽者二万余人，两学教官俱死。"[8]此时，牛树梅顾不得自身和失去儿子的痛苦，率领官民士人抗震救灾。四川百姓交口称赞"天留青天以劝善"，但牛树梅"自咎德薄，不能庇民，益修省。所以赈恤灾黎甚厚，民愈戴之"[9]。故牛树梅在宁远地区遍结恩遇，宁远官民无不以牛树梅之命是从。

## 二、淡泊名利，柱石国家

同治元年（1862），石达开带兵入川，清廷破格擢拔牛树梅任四川按察使，"星夜催急"，让牛树梅"不必来京谢恩"而直赴四川上任。为什么清廷要重起赋闲在家的前宁远知府牛树梅呢？牛树梅对阻击擒审石达开起到了什么作用呢？

（1）稳定四川，聚拢民心。咸丰十年（1860），骆秉章调四川督办军务。云南义军李永和与蓝朝鼎兄弟已由云南入川，袭取了物资富饶的自贡盐场，队伍发展至十余万。骆秉章《覆陈川省军务情形疏》说："现在臣所带湘勇仅五千余人，即会合萧启江旧部，亦只万二千人之数。川省兵单，习气太深，营制太坏，虽经署督臣崇实，极力整顿，而积习相沿，骤难期其得力。合围会剿之谋，恐非臣力所能及。"[10]湘军和川黔军分道攻敌，互不信任。但是，若没有四川军民参与，仅凭萧启江、黄淳熙残部，唐友耕所率罗必超旧部一万九千人，如何能够挽救四川危局？故清廷强逼年已六十四岁的赋闲官员牛树梅出山。牛树梅到四川后，以四川按察使（兼署布政使）的身份，整顿了吏治，安抚了民心，许多难民因"牛青天再至"，放下了手中的武器。"是年八月，余暂摄藩司事，刘霞仙方伯督各军歼李逆于龙孔场，将李逆永和及其先锋卯得兴等数人解省，讯明磔之。"[11]由此看出，同治元年牛树梅实质上主管着四川全省的财政、治安和司法。客观上起到了瓦解叛军和稳定局势的作用，后来成了力挽狂澜阻击石达开最关键的人物。

（2）统帅川军，义降翼王。牛树梅擒审石达开的记载，见于《省斋全集》："（同治二年）夏四月，擒粤逆石达开，磔之……我兵阻河为防，四路把绝。河水又复暴涨，该逆陷入绝地。杀马而食，并以桑叶充饥，乃就擒，所率数万人歼焉。石逆轿帷风帽皆用黄，上绣五龙，妻妾数人抱子投水，并擒者一五岁子耳。余尝笑谓人曰：'余乃四川空前绝后之臬司也'。人曰：'何谓？'余曰：'王侯将相我皆审之，他人能有是乎？'众为粲然。"[12]

牛树梅作为封建官员，他对石达开的灭亡没有同情，甚至有一些沾沾自喜，这是符合他的身份的。牛树梅是四川按察使（兼署布政使），仅次于骆秉章、刘蓉，是臬司衙门主官，川军领袖，符合石达开"阁下为清大臣，肩蜀重任，志果推诚纳众，心实以信服人，不蓄诈虞"的标准，足以取得石达开信任。通过《达开致骆秉章书》看，清廷给石达开的最大诱惑是政治幻想，即石达开以为只要自己"舍命"必能"全三军"。他的愿望是能够得到一个"宏施大度，胞与为怀，格外原情，宥我将士，赦免杀戮。禁止欺凌，按官授职，量才擢用"[13]的人，放眼四川，这个人除了牛树梅，还会有何人如此？牛树梅对翼王石达开，也是十分看重，"达开狡悍善战，与洪秀全等同时起事，在伪六王之中最为雄杰。鸱张十二年，蹂躏十二省"[14]。因此，牛树梅作为一个能够协调川黔诸部和土司的人，一是符合石达开"不蓄诈虞"，能够信任，二是主政臬司衙门，为清大臣，不好杀戮，恺悌益民。如此，翼王石达开才有可能舍命以全三军。

（3）淡泊名利，决意归隐。牛树梅《过岳武穆祠》曰："莫将报国说精忠，驾返双龙愿总空。若得淮阴成汉统，何方笑入未央宫。"[15]这首诗反映了他只为国家尽忠，不计个人荣辱，哪怕如韩信兔死狗烹，也在所不惜的心性。时过境迁，石达开被擒，四川沦陷的危机解除，川臬牛树梅亲民爱民、整理冤狱、坚持真理的做事风格，与骆秉章贪财弄权，打击川黔联军，任用湘军的方略截然不同，于是，骆秉章对牛树梅竭力打击。以"魏元变"案为例，堂堂四川臬司衙门，对"籍名军务，搰索百端，敲骨吸髓，肆口吞噬"的魏元变，竟一筹莫展。"区区身掌刑名，既不能奋破柱之威，又不能化噎喉之梗，以致终任未能结案。"[16]另外骆秉章大量弹劾川军将领和地方官员，而这些人多数是牛树梅关系要好的同僚，如四川成都知府翁祖烈，就曾经为牛树梅的父亲牛作麟作传，该文录于《牛氏家言》卷首。但是，翁祖烈在成都知府任上，同样被骆秉章弹劾。在与石达开的战争中，石达开旧部两千多人，在放下武器之后，被前来"善后"的刘蓉、唐友耕阴谋屠杀在大树堡。牛树梅看到了统治阶级的无信、残忍和草菅人命，因此不屑于蝇营狗苟、黑白颠倒的满清官场，他拒绝了"由吏部引见"面圣以京官任用的殊荣，毅然采取"独善其身"的隐居生活。

## 三、平准司法，视民如伤

牛树梅"决狱明慎，民隐无不达，咸爱戴之"。牛树梅案无余牍，体恤人民，坚决打击行贿受贿和鱼肉人民。

(1) 建章立制，整顿书役。书役规费，没有章程，以致乱象丛生，民怨沸腾。"差役之得势十倍，百姓之受害亦十倍。过两县之衙门，饱两县之差役，好好中人之产，未曾见官已一败涂地，即使官为昭雪，而剥肤之痛，万无起死之药矣。"[17] 牛树梅任四川臬司以来，大加整饬，建章立制。他在《札饬各属遵照射洪县具禀办理书役规费章程行催速办一案》中说："乡民不畏有定之规费，惟虑无穷之斟索。苟能明定章程示以限制，使书役不敢逾额妄取，庶几可免扰累之弊。"因此，牛树梅通饬厅州官吏，"与董事书役公同商酌，各就地方情形斟酌损益，务与稍留余步，使一人办公，数口可养，定立章程，禀请永远遵行"，既照顾到了办公人员的实际生活，又切实杜绝了"视其肥瘠，任意斟索"的衙门腐败，"本司不惮烦琐，志在必成，定限三个月内一律办齐"。此外，牛树梅"严加责惩，恺切函示"，微服私访，禁止属吏恐吓当事人并从中渔利，社会风气为之一正。

(2) 刚柔相济，打击豪强。牛树梅治理四川，以教化为主，遵循孔子使民"有耻且格"的为政法则，以教化人心为务。他的《劝民敦伦厚俗以弭灾变示》(臬司，同治元年壬戌) 以为："祸从天降，妖由人兴，数月以来，披捡爰书，见夫弑父者有之，戕母者有之，至于弟杀胞兄，侄杀胞叔，妻杀本夫之案，层见叠出，不可胜计，其他累累命案，固勿论已。"牛树梅庭审结束后，总要于民恺悌劝解，谆谆教化，使两造民人欢快而去。同时，对罪大恶极的地方黑恶势力，则毫不留情。如对民愤极大，历时十七年，由督司道府层层审断，又"叠控叠诉"的"张学盛串霸张学瓒田业之案"和历时七年"高恒霸占世职马勋裕田业一案"迅速勘破案情，从而审断结案。"只凭两造一堂结案……两案具交州严办"，[18] 得到了百姓的拍手称快，宁远妇孺皆称"青天"。

(3) 感化饥民，治理冤狱。牛树梅为官期间不冤枉一人，不妄杀一人。他在平定四川"啯匪"，认为大多数人为无业饥民，便以宽大教育为怀，不杀戮，多抚恤，"虽缉捕之事不可少，然须以教化为本务。若什伯中能挽回一二，亦是我作官人功德"。同治元年 (1862)，在擒审石达开的战争中，他在大树堡对已经放下武器的数千名石达开旧部，在晓谕教化之后，将其遣返回家。而对骆秉章"奏劾布政使祥奎、中军副将张定川不职"[19]，独揽四川军政大权后，构狱在押的重庆都司罗必超、游击将军徐璋、知州带勇颜佐才等，在"制宪故与臬司相拗"的情况下，牛树梅仍以"几于身陷大戮而不顾"的勇气，挽救下了徐璋、罗必超、颜佐才的性命。同时，对有强大背景，敲骨吸髓的贪官魏元变案，牛树梅以不能奋破柱之威，将其绳之以法而感到抱憾和无奈。但无论如何，牛树梅在刷新吏治，平反冤狱，移风易俗方面，尽到了一个循吏应尽的责任，具有古大臣风范。

## 四、学宗关洛，化民成俗

（1）主一无适，修道以仁。严渭春评价牛树梅说："积绍文翁，学宗关洛。"牛树梅是关陇理学大师，其理学思想渊源于河东学派，由薛瑄缔造，被段坚和周惠传到陇右，后经伏羌（今甘谷）巩介亭先生传于李南晖。牛星焕与李南晖同师承王希旦，二人对关中李颙及其《二曲集》特别推崇。牛星焕传之牛作麟，牛树梅师承其父牛作麟。牛作麟特别重视"养气"之说，所谓养气，即养圣贤所谓浩然之气。这种浩然正气"非徒养不善之气而化之，亦并养敢为之气而长之也"[20]。因此，学者虽外貌温柔和从，而德性所养，自应果健，不以天下事为难。儒者在待人接物，周旋应对时，应当从"修厥身"三字中得到省悟，戒除"轻内重外"之弊，达到知行合一，即所谓"人心惟危，道心惟微，惟精惟一，允执厥中"。而这也是理学的根本，心学的命脉。《二程粹言》卷上："主一之谓敬。"忠恕之道，其道恒一。忠者，心无二心，意无二意之谓；恕者，了了己人，明始明终之意。《论语·卫灵公》："子贡问曰：'有一言而可以终身行之者乎？'子曰：'其恕乎！己所不欲，勿施于人。'"《中庸》："忠恕违道不远，施诸己而不愿，亦勿施于人。""主一"贵在诚，诚在敬。表里如一，方能合道。

牛树梅时值西学东渐之际，但他坚持主张"修道以仁"，提出养量、体心的修道方法，在实学实用中达到心性完美，"主一无适"之境界。他认为："仁者，真心也。心到真处，便有悲恻之意。凡良心笃厚之人，尽道自易，故曰修道以仁。"[21] 牛树梅"仁者，真心也"的阐释，并不合于朱熹的"存天理"学说，而是从"仁"的生命本源"不忍"之心中发挥出来，即孟子所谓"先王有不忍人之心，斯有不忍人之政矣。"但是，这种同情仁爱之心不同于墨子的"兼爱"，而是从血缘的感情出发的。孟子主张，"亲亲而仁民"，"老吾老以及人之老，幼吾幼以及人之幼"，以人对自己亲爱之人的真心，去推而广之爱护他人；以悲悯自己父母兄弟的感情推及众人，其"民胞物与"之行，自是"仁"之根本。《易·干卦》："君子体仁，足以长人。"[22]《礼·礼运》："仁者，义之本也，顺之体也，得之者尊。"程颢曰："心如谷种。生之性，便是仁。"关陇理学大师薛敬之《思菴野录》："人则是心，求人非一方也。但心有所存主处便是。"李南晖《慎思录》："人识仁，然后能爱人。然人惟识仁，然后能爱己。人识仁，然后能敬人。然人惟识仁，然后能敬己。不能敬己，不能爱己，而能敬爱人者，未之有也。""真心"之说，改变了朱熹"存灭"对立的思想，是对孔子"仁"学思想新的发挥。牛树梅进一步以为，"我辈终身读书，所谓格者何在？所谓致者何在？要格致到是非不淆，地位程期何在？其真正不淆者，大概仍是本然之良心，蠲然不昧之良心也。"[23]世间不识一字之人，剧场观戏，遇忠孝节义等事，能使愚夫愚妇一齐下泪，此岂由学识而能之哉？因此，要真正识仁兴仁，要从"天之与我"之本性发见，但人为私心浮气所蔽，不自认得。

（2）加强文教，重振书院。彰明县试，见童生携持桌凳之难，创修考棚于署左。"乃补修文庙，新造先贤、先儒牌位，节录姓氏、里居、出处于两旁而刻之。造祭器、供桌，又创修南北坛。"[24]亲自撰写《祭品说》《南北坛碑记》。并补修书院，延贤者主之。创修养济院，筹备经费，收孤贫二十余人。改变地方恶俗，如彰俗"染寒瘟病死者皆不葬，置野外"。牛树梅到任之初，即恺切晓谕，并面饬乡保，限一月毕埋。若实在无主者，报官给葬也。于是，累累枯骸，得免暴露，民人百姓，得免瘟疫散布。然而，牛树梅并不是一个顽固的理学禁欲主义者，他在具体生活实践中，总是以生民为重，对有悖于生活、生命常理的一些习俗，进行了彻底的革新。

罢官后，于庚午、辛未、壬申、癸酉四年，主讲锦江书院。于是，牛树梅为振兴书院，传承学术做了很多规定。其中《谕诸生》《书院宜戒各条》《书院应行各条》《士说》《风气说》《举业辨惑说》《书院示》等学规，从戒喧饮、戒赌博、戒吃食鸦片烟、戒晏起等方面，作了明确细致的规定，良好士行从"非礼勿视"的躬行实践中得来。同时，在扶持生徒良好的操行方面，牛树梅根据自己的体会，做出了《书院应行各条》，他认为"学贵务本"，应"敛身端坐，壹志凝神，字字句句都向自己身心上体贴"，不应以应试之时文，即八股文上下功夫。其《书院示》（辛未）云："区区荒陋，忝主讲席二年矣。……自今以后，宜各订一功课小册，将每日自早至晚，读何经书，看何讲义（自某处至某处），诵何诗文（是何题目），有疑者签之，习何帖钞，字一一注明，自定课程勿旷。余亦不时抽查，以考用功之勤惰，并骥获相长之益。"[25]同时，他推荐当时的鸿儒饶拱辰、邓伯召、涂子静等到书院讲学，四川学风一时大盛。

（3）因时制礼，化民成俗。曾国藩说："牛雪樵廉访树梅，述其父愚山先生作麟之言也，真挚坚韧，近代讲学家所不及也。"牛树梅对关陇学派的传承，确实受其父亲愚山先生的影响，对关中李颙及其《二曲集》特别推崇，为此，牛树梅在成都主持镌刻了《二曲集》，并将李颙"格物致知"的"物"扩展到"礼乐兵刑、赋役农屯"等实用学问，逐渐自成体系，形成了具有独特见解的"实学"传播体系，在甘陕、四川产生了积极影响。对儒生们孜孜不倦宣扬的烈女贞操事，牛树梅更是反对，并身体力行之。他在《与胡秉奎》中说："夫烈女殉夫，两家各以一儿，抱主行礼，与体适相敌也。"[26]他认为大圣人本天理，准人情，乃至当不易之定论，可以息从来议礼者之分歧，不可以断章取义，残害生命。如割股愈亲，岂非真孝？然"割股之风，踵而愈甚，竟有割肝而遂毙者！其母幸愈，然子割肝，母断肠！而且孤寡无依，恐反有不如速死之。"[27]牛树梅自身经历过两次丧妻之痛，但是，其妻均为非正常死亡，按照本地习俗，她们因生育死亡，不得进入祖墓。牛树梅以为这是"番夷之俗，葬师之说"。他遵从《周礼·冢人》的记载："'凡死于兵者，不入于兆。'注云：'为不义而见杀者，盖以其辱及先人，故示罚也。'"[28]但对于难产死伤的妇女不得安葬，牛树梅则是痛斥道："妇死月内，有何罪过？若以其不洁也，浴而葬之，古礼斯宜。"[29]生死一理，人鬼同情，若因其孤寡而逐之，侵其本宅，夺其应有，有不痛切于心，而思仇报之者乎？此亦不和"圣人制礼，息本忠正"的法门。故牛树梅在《遥祭王氏文》中，对难产死去的爱妻沉重的许诺："我终不忍百年之后，弃汝于异境也。他年回家，拟将移葬汝于牛氏之土，尚无以为恨。"[30]

## 五、诗文朴雅，清正宏阔

（1）理清气正，境界宏大。牛树梅少年有大志，曾在《左传》护背题字云："夫伊尹耕于有莘之野，太公钓于渭水之滨，是皆然矣，吾何为独不然？"中进士为官之后，处处以关洛之学，作学自己的立身准则，以生民为念，以士风为心，其诗歌包含着关学"民胞物与"之气骨，寓精明于浑厚，藏严正于宽洪。作为人民爱戴的廉吏典范，其诗歌中蕴含的正气、浩气、仁气，正是他人所没有的一种宏阔气象，但这种宏大壮美，又通过典雅的语言和清新的意象表达出来，显得灵秀和充满活力。在他年轻时候，其诗歌《禅牧山歌》，颇具有老杜精神：

地势远自中州起，坡陁渐上三千里。到此行行未觉高，回头身在白云里。盘膝坐啸碧峰头，千里万里双眸收。西望昆仑东渤海，呵气迥与青冥浮。……惟有两间雄厚气，莽然直溯鸿蒙开。[31]

这首诗眼界开阔万里，辞气直达云霄，一股豪杰壮美之气，充盈文字之间。

然而，牛树梅在摹写禅牧山宏阔辽远之际，并不忘生民之维艰，这种佳士胸怀，又是宏阔山川所不能达到的另一个世界。"山灵山灵，厘尔福，弥尔灾。兴云降雨庇吾民，无忝千秋俎豆陪。"此难道不是老杜"安得广厦"的仁人胸怀？胡文奎在《新刻雪樵先生全集序》中有谓"读先生文令人泪下"，王煌在《新刻雪樵先生全集跋》中也指出："今读全稿，无一字不从肺腑中流出"。牛树梅的诗歌正气，不是矫揉造作的作秀之词，而是发自内心的诗歌审美。这在他的《过关山》（之二）中，显得尤为突出：

立马正峰中，乾坤一望通。人歌流水曲，我唱大江东。

瑞气迎关紫，朝暾透海红。登临饶胜概，摩抚看衡嵩。[32]

"立马正峰中，乾坤一望通。"其立身处地之正，阴阳象数之化，豪放旷达之志，无不在他的诗歌中得以体现。另如《茅津渡》："古渡茅津险，中条砥柱雄。山河仍表里，定霸想余风。"[33]雄宏之气，依然令人仰观。

（2）质朴雅博，风骨健朗。牛树梅作为理学大师，他的诗歌，刚劲质朴，骨风清俊，题材广泛，切入民生疾苦。"大人至诚恻坦，委曲间详，惟恐一夫不获其所，则其善气蒸蒸，自能使鸟兽草木咸若，始恍然于匪类不犯彰明一草一木之故，而民蒙其教、被其泽者咸如化于时雨，日迁善而不自知。"（王煌《省斋全集·跋》）其诗不以文害意，用最质朴的语言，最贴近民众的思想，"本至诚，行大道，化民不在言语之末"，劝化愚夫愚妇，于"日常人伦"之中，洞见圣人学问。如他的《采风叹》（十二首），可谓句句箴言，字字血泪。作为一个封建皇权制下的官员，对老百姓有"开言已自含酸痛，山内云深未见天"的同情，实属不易。更何况"艰难生计诉无门，豺虎何堪遍各村""朝朝候审上公堂，似鬼似囚复似羊""爪牙攫噬满乡邻，血肉披淋儿女身"诸句，不逊于曹孟德杜子美怀民如伤之意。

（3）情深义厚，诗史同源。牛树梅少年即出门远游，常年在外，居家甚少。但是，他宠辱不惊，清贫自守，刚正不阿，以救世急公为己任。《省斋全集》《闻善录》中记叙了许多名人故事、地方贤达及贞节女事迹，这些都是研究晚清关陇、四川、天津等地民情风俗的文献资料。牛树梅一生多事，家庭变故频发，母亲、三弟树樱和妻子任氏、儿子桓玉的先后离世，让他悲痛万状，但他还是以家国为重，抑制着自己的感情，毅然从军远征。如怀念妻子任氏的《悼亡诗》：

牛衣章子况，寒夜动相怜。羡彼云登路，勉余砚作田。

十年犹白屋，一卧遂黄泉。旧卷重摊处，搔头欲问天。[34]

真是情深意切，感人至深。道光二十二年（1842），牛树梅妻王氏殁，牛树梅更加悲痛万分，作《遥祭王氏文》。他的这篇文章，真性真情，不伪不巧，从生活的点滴说起，字字珠玑，是一部感人至深的悼念文章。牛树梅的诗歌，写生活的最深处体验，完全是他生活和生命的轨迹。他的军旅诗，多描写巴蜀地带雄奇险峻的山川形势和汉夷杂处的异域风情，寄托着自己的远大抱负。有一些实质上就是战争实录。写大军宿营的，如《问店野宿》："槁秸方收地，环车便作营。马嘶风八月，柝响夜三更。"[35]刚收过庄稼的空地上环车扎营，秋风习习，马嘶啸啸，清冷静默的夜半，营中传出报更的梆子声。再如写太平军北伐的，如《屯留县》："贼匪掠山西，破城如拉朽。所以城中民，闻风辄不守。""五日陷四城，古今所未有。"（《武安叹》）有写战争给社会带来的灾难的，如《洪洞叹》："闻道幺魔仅数千，八万兵围雨月天。一旦突奔三省震，浃辰连破六城坚。"以独特的语言，特殊的体验和领悟，描写军中生活与保家卫国、建功立业的豪情壮志，表达了诗人的抱负，不畏艰难的豪情。

**参考文献：**

[1][6][9][19] 赵尔巽. 清史稿[M]. 上海：中华书局，1927.

[2][3][4][5][7][8][11][12][14][15][16][17][18][21][22][24][25][26][27][31][32][33][34][35] 牛树梅. 省斋全集[M]. 刻本. 成都，1874（清同治十三年）.

[10][23] 骆秉章. 骆文忠公奏稿[M]. 北京：中华书局，1977.

[13] 都履和. 翼王石达开洮江被困死难纪实[J]. 新中华（1933年），1945（9）.

[20][28][30] 连振波，苏建军. 牛氏家言校注[M]. 兰州：甘肃人民出版社，2014.

[29] 李鼎祚. 周易集解[M]. 古籍出版社，1988.

# 牛树梅《省斋全集》(同治本)诗歌文本错讹考辨

李政荣[①]

(甘肃中医药大学定西校区 人文教学部)

【摘　要】晚清陇上著名诗人牛树梅诗歌具有极高的思想价值和美学价值,但存在明显的文字错讹。为了便于学者更深入地研究其诗歌,本文以《省斋全集》(同治本)中收录的牛树梅诗为底本,就其文本中出现的疑为错讹之处一一予以考辨,并就正于方家。

【关键词】牛树梅;诗歌;错讹;考辨

牛树梅(1799—1882),字雪樵,号省斋,今甘肃通渭县鸡川乡牛坡村人。道光二十一年(1841)进士。自二十三年至三十年(1843—1850),先后代理雅安、隆昌知县,题补龙安府彰明知县,代理资州知州,擢升茂州直隶州知州,代理宁远府知府。咸丰元年(1851),因父丧去职。咸丰三年(1853),礼部尚书徐梅桥泽醇以"朴诚忠厚,办事干练"保奏,咸丰帝令交陕甘总督舒兴阿委用。这年夏被调从军,随营辗转至天津、静海一带。咸丰四年(1854)后因病回家。同治元年(1862),在四川总督骆秉章等人的联名保奏下,升任为四川按察使。同治三年(1864),得旨内调,加布政使衔。牛树梅以老病为由力辞不往,欲回故里。因秦陇发生回民起义,关隘不通,便寓居成都,主讲锦江书院十年。同治十三年(1874),返回故里。光绪八年(1882)卒,《清史稿》卷四百七十九有传。著有《省斋全集》十二卷,《闻善录》四卷刊行,另有《渭叶文存》和《牛氏家言》传世。

牛树梅的诗歌作为其一生的雪泥鸿爪,收录在同治十二年(1873)成都石印本《省斋全集》十一、十二卷,具有极高的思想价值和美学价值。但由于创作中出现的笔误以及刊刻中存在的失误,给阅读带来了一定的困难。为了便于学者更深入地研究其诗歌,本文就其文本之错讹一一予以考辨,并按出现前后顺序罗列于后,以就正于方家。

---

① 作者简介:李政荣(1964—),男,汉族,甘肃渭源人,甘肃中医药大学定西校区人文教学部副教授。研究方向:古典诗词、语言文字及地方文学。

（1）"藉"疑为"籍"。

出处：同治十二年（1873）成都石印本《省斋全集》（下同）第十一卷第四页《梦入闱作》："几回搔首问苍穹，歧路谁怜阮藉穷。""阮藉"疑为"阮籍"之误。

辨析：阮籍，字嗣宗，陈留尉氏（今河南尉氏）人。三国后期思想家、文学家。"竹林七贤"之一，与嵇康齐名。"籍"本义：登记册，户口册，《说文》："籍，簿书也。""藉"，本义为作衬垫的东西。《说文》："祭藉也。"《仪礼·士虞礼》："藉用苇席。"古人有名有字，名与字意义紧密关联，阮籍字嗣宗，"嗣宗"与登记册、户口册紧密关联，而与"藉"无法关联。又《晋书·阮籍传》："阮籍，字嗣宗，陈留尉氏人也。""籍本有济世志。属魏晋之际。天下多故，名士少有全者，籍由是不与世事，遂酣饮为常。文帝初欲为武帝求婚于籍，籍醉六十日，不得言而止。钟会数以时事问之，欲因其可否而致之罪，皆以酣醉获免。及文帝辅政。籍尝从容言于帝曰：'籍平生曾游东平，乐其风土，帝大悦，即拜东平相。籍乘驴到郡，坏府舍屏鄣，使内外相望，法令清简。旬日而还，帝引为大将军从事中郎。有司言有子杀母者。籍曰：嘻。杀父乃可，至杀母乎。'坐者怪其失言。帝曰：'杀父，天下之极恶。而以为可乎。'籍曰：'禽兽知母而不知父，杀父，禽兽之类也；杀母，禽兽之不若。'众乃悦服。"因此可证"阮藉"应为"阮籍"，两字因同音形似而误。

（2）"木攴"疑为"枝"。

出处：第十一卷第七页《恭叠昆崖老师留别原韵四首》："三年润渥樗（木攴）雨，两处香空桂子秋。""（木攴）"疑为"枝"之误。

辨析："（木攴）"《汉语大字典》查无此字，参照具体语境，应为"枝"之误。《庄子·逍遥游》："吾有大树，人谓之樗，其大本臃肿而不中绳墨，其小枝卷曲而不中规矩，立之涂，匠者不顾。""樗枝"即臭椿"卷曲而不中规矩"的小枝，用此典故，是于其师前之自谦之词。两字因形似而误。

（3）"步"疑为"陟"。

出处：第十一卷第十三页《腊朔怀李鉴堂即寄任所》："嗟余甲申到此地，历七春秋无寸步。明岁春风花鸟新，块然又为株守计。""步"疑为"陟"之误。

辨析："步"处于韵脚位置，且与"地""计"不押韵，可见"步"字误。与"步"形近的字为"陟"，读为zhì，其本义为由低处向高处走，升，登高，引申为进步。用"陟"字，上下文意贯通，且与"地""计"押韵。由此可证，"步"为"陟"之误，两字因形似而误。

（4）"生"疑为"升"。

出处：第十一卷第十七页《题王青崖南湖行乐图》第二首"十里烟波一味晴，

荷花深处晚凉生。南湖不是无炎暑,为有清风两袖生。""生"与"升"同韵,第一个"生"疑为"升"之误。

辨析:这是一首七言绝句,绝句是格律诗(近体诗)中的一类,有严格的格律要求,韵脚绝对不能重复。揣摩原诗,前两句是果,后两句是因,保留后一个"生"更符合诗义,第一个"生"可拟为"升","晚凉"先产生,再升起,符合语境。两字或因同音而误。

(5)"日"疑为"曰"。

出处:第十一卷第十九页《正月思乡竹枝词九首》其六"初三走纸免烧香,直到元宵闹若狂。最爱远听锣鼓响,太平景象一庄庄。"自注:"除夕迎祖,日接纸;安纸钱于主后,日座纸;初三之夕,焚化村外,日走纸。"

又出处:第十一卷第二十二页《土木怀古》自注:"英宗复辟,为王振立祠日旌忠。"(按:明英宗复辟后,赐王振祭葬,立祠"旌忠"。即今北京东城区智化寺旌忠祠)

辨析:两首诗自注中四个"日"均为"曰"字,叫作、称为等义,因形似而误,意甚明,无须辨析。

(6)"啼"疑为"蹄"。

出处:第十一卷第二十二页《进居庸关》:"关外风烟黯不新,马啼到处是沙尘","马啼"疑为"马蹄"之误。

辨析:马的鸣叫一般说"嘶""鸣",而不说"啼"。细观原诗,原意应该是马的足迹所到之处,与鸣叫无关,所以,原诗中应该是"蹄",而不是"啼",两字因同音兼形似而误。

(7)"陟"疑为"陡"。

出处:第十二卷第四页《闻凯》:"拍门夜半陟神惊,急信能无自大营?""陟"疑为"陡"之误。

又第十二卷第三十一页《梨树儿梁望张家阳z有感》"观剧场头鼓吹声,陟教涕泪不胜情""陟",疑为"陡"之误。

辨析:"陟"其本义为由低处向高处走,"陡"有顿时、突然之意,根据前后文语境推断,这里显然是突然、顿时之意,因此原诗应该是"陡"而不是"陟",两字因形似而误。

(8)"豪"疑为"毫"。

出处:第十二卷第六页《热水塘阻水缘崖开路得抵泸城》:"斩木削崖牵挽劳,人如蝼蚁缘秋豪。""豪"疑为"毫"之误。

辨析：联系语境可知，这里的句意为大军行进在顺着山崖"斩木削崖"新开凿出来的羊肠小道上，远远望去，如同蝼蚁沿着秋天的毛发爬行一般。因此，"豪"为"毫"之误，为同音之误。

(9)"目署"疑为"曙"。

出处：第十二卷第六页《建昌地震纪变》："最是夜长真似岁，东方不（目署）耐天何。""目署"疑为"曙"之误。

辨析："目署"《汉语大字典》查无此字，根据前后文推断，应为天亮之意，应为"曙"而非（目署），为形似之误。

(10)"析"疑为"柝"。

出处：第十二卷第十三页《问店野宿》："马嘶风八月，析响夜三更。""析"疑为"柝"之误。

辨析：此二句为原诗中的第二联，应该对仗："马嘶"对"析响"，"马"是名词，"析"是动词，词性不同，失对。根据语境分析，军中用"柝"声来报时，"柝"为名词，可与"马"对仗。因此，这里应该是"柝响"，为形似之误。

(11)"暝"疑为"瞑"。

出处：第十二卷第十七页《哭恒儿》："自从幼儿便相离，暝忆只如总角时。""暝忆"疑为"瞑忆"之误。

辨析：暝，本义为天色昏暗，欧阳修《醉翁亭记》"云归而岩穴暝。"瞑，本义为闭上眼睛，《说文》："瞑，翕目也。"原诗中的"忆"并非昏暗中或夜里去回忆，而是只要合上眼睛就回忆起的意思。因此，应该是"瞑忆"，而非"暝忆"，因形似而误。

(12)"日"疑为"月"。

出处：第十二卷第十七页《哭恒儿》："讵料床头泣别后，才逾十日早归阴。""十日"疑为"十月"之误。

辨析：作者离家，"床头泣别"时间为咸丰三年（1853）七月十五日（见《闻命从军》自注），闻知"恒儿""归阴"时间为"二月二十三日牛殿选等，至阜城大营始知"（《哭恒儿》自注），相隔整整十月有余。可见，"床头泣别"至恒儿夭折相隔十月而非十日，所以"十日"应为"十月"，为形似之误。

这些错讹的出现，可能是创作时的笔误，也可能是刊刻过程中的错讹，究其原因，或因音同，如第四条、第八条；或因形似，如第二条、第三条、第五条、第七条、第九条、第十条、第十二条、第十三条；或因音同兼形似，如第一条、第六条、第十一条。其中多数因形似而误。读者阅读时不可不慎。

# 忠臣孝子一等人　读书耕田两件事

## ——清代通渭乡儒牛作麟先生简评

苏建军　王晓燕[①]

(甘肃中医药大学定西校区　人文教学部)

【摘　要】牛作麟先生是清代曾任四川按察使加布政使衔、有"牛青天"之誉的牛树梅的父亲。他一生读书耕田，耽于儒学；俭以养德，严于教子，成功的家庭教育不仅为牛氏家族培植和熏陶了一批贤子能孙，也为国家和社会栽培出了不少良材。他可贵的亲民思想和爱国意识对其子牛树梅及其后代、族人产生了十分深远的积极影响。

【关键词】牛作麟；儒学情怀；家庭教育；亲民思想；爱国意识

牛作麟，字振风，号愚山，今甘肃省通渭县鸡川镇牛家坡人，祖籍河南偃师。生于乾隆三十八年（1773）闰三月初一日，卒于咸丰元年（1851）八月二十七日。先世在明中叶成化、弘治年间（1465—1505）宦陇，徙家于金城镇（今通渭县鸡川镇）之牛家坡。(见《牛氏家谱稿略》)作麟少时，家赤贫，身任薪刍，尝以不获读书，梦中哭醒。年二十后始从父受业，然以奇贫亦无专攻，如趁电穿针，三十后始补弟子员。四十三岁足得瘘疾，以家计就馆，遂不复事举业，专务为本源之学。自道光四年（1824），辞馆家居，一面操持家务，一面读书治学。道光三十四年（1844）被儿子树梅迎至四川任所就养，凡留二年，道光三十六年（1846）自彰明回里。期间往返数千里，年逾古稀的愚山"舆内端坐，未尝倦倚"，"寝馈书卷，昼则点阅，夜则背诵"（《牛氏家言》下卷，牛树梅语）。作麟先生一生坚苦卓绝，百折不回，如水寒火热，无往不至，对"刚密"二字有着非常深刻的领会

---

[①] 作者简介：苏建军（1967.10—），男，甘肃通渭人，甘肃中医药大学定西校区人文教学部副教授。研究方向：地方文化与民俗。
王晓燕（1981.3—），女，甘肃安定人，甘肃中医药大学定西校区图书馆馆员。研究方向：图书馆与地方文献。

与体味。他教子恳恳，以不见弃程朱门外为望。其门人与子侄凭借攻读为官之后，仍不忘谆谆教诲，时时励策，备言廉洁奉公、勤政爱民之治道，因此其子树梅以理学循良而闻名于当时。晚年意志愈坚定，精力愈充沛，"年七十余，犹端坐无倾容"（清光绪十九年《通渭县新志》11卷），实践于身心性命之地，并于先儒诸书间有所发明。他曾言道："吾安静中常觉此心虚明有受用处，此亦禅意。若贪此种境界，一入闹场，未有不颠乱无措者。"（同上）作麟先生有《家言类纂》（清同治十三年刻）、《牛氏家言》（道光庚戌孟春镌）等著作遗世，其中《牛氏家言》部分内容为清饶玉成编《皇朝经世文续编》所采用（见卷六十《礼政七·家教》）。

## 一、穷且益坚扬"先声"

作麟先生世代为书香门第，有着良好的读书治学家风。先世在明中叶成化间任通渭教官。其太高祖牛宽知书达理，乡里称善人，明末崇祯十三年（1640），势家为利其赀，结党谋害牛氏，牛宽携家（其中包括二子，其一名腾汉，为作麟高祖；一名腾碧）远逃，流离播迁十六年后，于顺治十三年（1656）始归里。还乡后，太高祖"有继先业之志，且时贵绅士，犹有明代风。"（《牛氏家言》下卷《感遇录》。下文简称《家言》）曾祖牛星焕入邑庠后，百责俱萃，"外御强暴之迮，内开耕读之业"。伯祖父牛鲂，康熙四十四年（1705）乙酉科中举人。祖父牛鲁为乾隆年间拔贡，官汉中府凤县训导。父亲牛增懋亦为乾隆年间拔贡。（清光绪十九年《通渭县新志》11卷）

由于几代先祖的艰苦创业和辛勤耕耘，在祖父前半世时，牛家生活虽不大丰，然亦衣食未缺，犹可度日。但因其祖"专读不能兼理生业"（《家言》下卷《感遇录》），后半世乃以大窘。而到父亲牛增懋时，饥寒交迫，"心乎读而耕废，迫于耕而读荒"（同上），几乎耕读两废。逮及作麟，自祖母告终，家道益窘，贫困不堪。作麟九岁时，就与兄长（牛化麟）给富人家更迭牧羊，备受牧长的詈骂拷打。十三岁时独当家中薪刍之劳，"严寒冷食，短薄鹑衣，早出暮归"（同上）。自十七岁之后，饥荒频遇，为养家糊口，常常转役佣力，甚至掩门乞讨。其间饱受饥饿之煎熬，历经逃荒之磨难，横遭主人之凌辱，几毙于青物之破腹。四十三岁时腿得痼疾，病魔缠身于后半生。家庭生活贫窭到如此地步，人生命运乖舛至如此景况，但他始终不忘"家声"，藉坚忍不拔之志，不弃家业，不堕凤志，勤于诗书，痴于儒学。少与兄长牧羊时轮日间读；十五六岁时心愿读而情不允，昼思夜愁，梦中往往哭醒。二十三岁时父就馆治平川，从父携读，然"农忙不得去，衣敝不得去，年荒不得去，亦少学而多旷也"（同上）。至三十余岁，躬作劳役，偷暇而读，后才勉强入邑庠。每至耕作所，树下陌头为读书之地；耕余小憩，为教书之时。夜无油灯，或就火于邻，或香火照读，或蹲墙隅借月色就读，古人"负薪挂角""囊萤燃糠"的苦读精神和顽强意志在作麟身上得到了充分彰显，令人可钦可感。作麟先生的后半生的生活虽逐渐好转，但腿疾却一直困扰着他的身心，可他为了恢宏先绪，光其先业，酬其夙志，使后人有所凭藉而起，愈加奋勉，专心治学，乐此不疲，"劳精瘁身而不悔"（同上）。

## 二、情有独钟耽儒学

作麟先生一生勤读不懈，学养深厚，境界颇高。四十三岁之前家境虽贫窭之极，胸中犹怀科考之志，沉溺于儒家经典，对《易经》尤有颇深的研究和造诣。四十三岁之后因得腿疾，就馆执教，放弃科考，一心治学，对以程朱为代表的宋明理学用功尤勤。他在其《家言》中屡次言及沉读二程、朱熹、王阳明、邹文庄、李二曲等大儒著述之情景，对其思想言论体会颇深、感悟良多，不但予以理论阐发且能身体力行、躬亲实践。他曾说道："历阅晦庵、阳明、邹文庄、李二曲诸先生书，其于教人处，虽略有不同，然其于敬谨之功，无不欲其缜密之极，而无顷刻之或间者。"（《家言》上卷《欲言册》）他这样发挥朱熹的"说贫"观点："朱子因说贫曰：'朋友若以钱相惠，不害道理者可受。'分明说其交也以道，其接也以礼，斯孔子受之。若以不法事相委，却以钱相委，此则断然不可，儿辈深思之。"（同上）对明代著名理学大师薛瑄的"知行"观点他如此感言："薛文清曰：'看得为学无别法，只是知一字，行一字；知一句，行一句，便有益。'是非之心，人皆有之，况益之以讲求之功乎？惟于所知而不之行，故过不得去凡入圣之关，如谓亦由知有未至，此言虽是，然予谓终是不行之故。盖脚下行得一步，眼前自亮得一步，知亦需行而进也。"（《家言》上卷《读先儒语录三则》）

作麟先生曾读《邹文庄公集》，忽觉心中开朗，如久阴而霁者，悉心体之，当是"虚公"二字，他叹息地说："虽非孔颜之乐，亦是甘旨不如的物事。"（清光绪十九年《通渭县新志》11卷）

作麟先生读书治学不为古人的阐述和观点所囿，往往能别开生面地提出一些独到的见解。例如他在《读〈易〉偶记》中联系自己的生活阅历与人生经验对顺逆、动静、吉凶、喜忧等几组矛盾对立面之间及相互之间辩证关系的精辟认识：

《易》之为书，因时顺理则吉，违时逆理则凶，此圣人觉世前民之大端也。而欲去逆效顺，亦曰善厥动静而已。夫人之动静，性天将之，人物受之，气运系之，其所官器不大哉？善其动而吉，与善其静而吉，均可喜也；动不善而凶，与静不善而凶，均可忧也。然吾于观象玩辞之余，见其动之善而吉，与动之不善而凶者，其忧喜独切，愚意切于动故也。盖两间之理，否极必泰，剥尽必复。予当是时，否已极矣，剥已尽矣，而犹泯然无振作之意，日需之无已，晋之无时，潜后无见，贞下无元。只可以畜，不可以壮，天下有如是用静者乎？故《节》之九二曰："不出门庭。凶。"是苦节执一以静者也。予既已志于动也，故不以为忧。《革》之上六曰："征凶，居贞吉。"是革道既成而静者也。予不敢效其静也，故不以为喜。至若动之如何致吉，如何致凶，吾必由后以窥厥由来，亦必由前以推其必至，此盖切实急务焉。然是心也，皆读书时无心之心，盖诚心也。（《家言》上卷）

再如他在《读书偶记》中对《乾卦》四德之一的"贞"与人的"智"的关系的深刻理解：

元亨利贞，四德也。自生物而言，以"元"为始；自所以生物而言，以"贞"为本。"贞"何以为本？盖非积无以为流，非藏无以为显。而流何以不穷？惟其积之者厚也；显何以不乖？惟其藏之者正也。乾之贞，于时为冬，于行为水，于人为智。人不智，则不知仁义之美。胸中黑塞，流显何有？是无积无藏也，不足论也。智不精，则非仁之仁，非义之义。由于中而流显于外者，差之毫厘，谬以千里。则亦积之不厚，藏之不正之故也，不可不训也。若是者，何以免焉？惟智为然。然则智其即乾之贞，而为万化之本乎？（同上）

难怪与牛树梅同科进士、曾任翰林院编修的赵畇无不感慨地说："善哉，先生之为学也！其事为日用饮食之事，其言为家人妇子之言，其文为布帛菽粟之文，而其义则足以补圣经贤传之所未发。世人穷年读书，能身体而力行之者，殆不易觏如。先生可谓善读书矣。"（赵畇《〈家言〉序》）

## 三、勤俭务本树家风

作麟先生一生恪守"生产是治家之本，勤俭为治家之则"的思想原则。他说："生产不治，便为所不为者多矣""惟勤俭务本，子孙可以长久也。常记吾言，为治家之宝""夫惟勤俭二字为治家千金不易良方也"。（《家言》下卷《述训》）他曾引明代著名的思想家、教育家陈白沙言："治家之道，以生产为本。"他还引先君之言："人虽官居一品，家中规模只可为不穷不富之秀才。不穷则不陋，不富则不奢。"（同上）其子牛树梅妻景氏随夫居四川任所，先生担心她变成一个无所作为、奢侈享乐的官太太。他写信劝诫儿媳说："不但用度有增益，即身心亦有依着，故处穷约不至无聊，处富贵不至骄淫。汝虽闲居，须于女工中寻个生理，每日计做若干工程，此所以伴一人身心，即所以合千古妇道，断不要存高富贵有的心事。"(《家言》下卷《寄四川省城》)后来当他听到儿媳每日亲手纺线，就对她放心了。他说："儿媳景氏纺线，能而且勤，予闻之甚喜，岂为每斤多见数十文钱哉？亦所以习勤劳，养身心，如鲁敬姜所云云尔。既不为钱，卖之可惜，若能织成布匹，自做衣服，亦必暖之无豚。再若有余，带到家中，更觉可珍可重，亦足以讽训亲族也。"(《家言》下卷《癸卯三月奉》)

他听到儿子树梅与李门定亲，立即回信郑重劝诫儿子要从俭从简而为，不可奢华铺张、大搞排场。他非常严肃地说："吾闻南省嫁女，朕奁（陪嫁的东西）必厚，甚至有蕙兰过时、限于无力破产嫁女者，此何礼也？不知川省如何？若果有此，须预前力止之。吾家本自寒薄，吾性又复俭素，亲迎之事，不宜随风而靡。吾家娶一妇，本欲以勤俭成家，首先犯之，何以继后？身自犯之，何以令人？况汝辈有移风易俗之责，顾可为风俗所移易之人乎？"(《家言》下卷《癸卯三月奉》)

作麟先生非常重视对子孙的文化教育，而且凭着自己曲折坎坷的读书经历和丰厚扎实的文化功底给子孙现身授课。他希望自己的子孙能够把先祖留下来的读书做人的"家风"和"家声"继承并延续下去，一方面光宗耀祖，另一方面泽及后代。他自己一生苦读，夙夜不懈，其目的也是如此，"亦欲后人少有所资，以光先世遗泽耳"(《家言》下卷《述训》)。本着光先泽后的思想，作麟恳恳执教，耿耿授业。牛树梅曾回忆道："幼读无膏火，家君教以香板照读，夜晴则使映月以读""春夏耕作之时，南亩西畴，随其所在而教之。或树下，或道旁，秉锄则频顾而言，辍耕则取书以示"(清光绪十九年《通渭县新志》11卷)。而陪儿苦读，更是司空见惯、习以为常之事。即使家中生活再窘困，条件再艰苦，环境再恶劣，也不能让子孙废读。"以我之不才，而汝辈尚无废读者，徒以坚忍之性，差所自信。使人历我之境遇，而能如我之教汝辈者以教其子孙，斯诚不敢概忘也"(《家言》下卷《述训》)。其子树梅中进士（道光二十一年，即1841年），历彰明等县知县、资州知州、宁远知府等，官至四川按察使加布政使衔；子树桃、侄树楠皆为拔贡；孙牛瑷又中进士，官刑部主事进员外郎、成都知府等，牛瑜中举人，先后出任四川巫山知县等职。牛氏一家人才济济，声名显赫，成为远近闻名的望族，不可谓非作麟先生治家劝学之功也。树梅为官四川，勤政廉洁，果断干练，百官赞赏，群众拥戴，朝野上下有"牛青天"之美誉，这与其父作麟先生的人格感染、家庭熏陶及精心培植是密不可分的，正如赵畇所言："向疑雪桥（牛树梅）朴诚肫挚，或得于天独厚，今而知有自来也。"（《〈家言〉序》）可以说是作麟先生成功的治家之道为铸就有清一代"青天"奠定了深厚的基础。

## 四、位卑未敢忘国事

明末清初思想家顾炎武曾说："保天下者，匹夫之贱，与有责焉。"（《日知录》卷十三《正始》）作麟先生一生读书耕田，劝学执教，操持家务，但始终不忘国事，特别是在其子树梅中进士出仕四川后，对国家大事更为关注。他频训树梅以为政之道、兴衰之理，勤勉树梅做一个对国家忠心耿耿、对人民高度负责的好官员，这不仅表达了作麟先生作为人父对其子的真切关怀与厚望，更充分地体现出一名儒士所具有的可贵的亲民意识与爱国情愫。

他劝戒子树梅要时刻牢记"官箴"，勤政为民，以国家和人民利益为己任。他说："感恩图报，总以天良为主，上宪是为国家，非私我也。能奉天良，不忘官箴，即所以报恩也，夫复何求？此率属之始也。"（《家言》下卷《戊申四月奉》）他殷切希望树梅"忠君爱民，作个好官，以为垂裕之本"（《家言》下卷《乙酉十月奉》），"出则润泽百姓，处则培植子孙"（《家言》下卷《戊申四月奉》）。

自道光年间起，英国殖民主义者为达到疯狂掠夺中国的目的，把大批大批的鸦片运往中国，一时吸食鸦片的淫靡风气在国土上蔓延肆虐，极其严重地毒害着中国人民的精神和灵魂，强烈地动摇着清王朝的统治。愚山先生敏锐地洞察到鸦片对中国社会带来的莫大危害，对此深恶痛绝，颇为焦虑。他给身为朝廷命官的儿子写信道："鸦片烟之风，日盛一日，悖德、耗财、损寿，种种可悯。儿力能到处，或权或禁，勿以忽心放过也。"（同上）字里行间流露出他强烈的民族忧患意识。

清朝后期，统治者与人民群众之间不可调和的矛盾日益尖锐激化，农民起义此起彼伏；而西方列强对中国的侵略与掠夺变本加厉、愈演愈疾，满清政府处于内忧外患、危机四伏之境。作麟先生作为一个深受儒学精神濡染的有良知的旧中国知识分子，面对惨无人性的外国侵略者、丧权辱国的民族败类以及危害社会民生的强盗土匪，忧心忡忡，焦虑不安。他说："儿书所言，其他犹可，惟咦夷、汉奸与四川啯匪，是吾忧也。"（《家言》下卷《寄四川省城》）当然受历史时代的局限，作麟先生对当时的农民起义缺乏一定的正确认识，有时把官逼民反的义军也视为"匪"，反映出他思想意识上的狭隘性，但在特殊的历史政治背景下也无可厚非。

古人云："得民心者得天下。"（语本《孟子·离娄上》）朱熹也说："王道以得民心为本。"民心的得失关乎一个国家的兴衰存亡，作麟先生对这一颠扑不破的真理有着非常清醒的认识，因此"以民为本"的亲民意识在他的言论中表现得十分突出。他说："亲民之官，治乱所基，何可轻耶？"(《家言》下卷《读<朱子全书>至〈大学〉六章感咏》)这种可贵的、具有进步意义的爱民思想对其子树梅及其他后代、族人为官从政产生了十分深远的积极影响。当他了解到树梅为官能得民心时，喜形于色，由衷欣慰："接泾邮书，见说儿得民心一节，不胜喜悦"(《家言》下卷《癸卯十二月奉》)"儿作官，父每见得人心处，第一喜"(《家言》下卷《丁未十二月初二奉》)。他还给树梅说："儿勤于民事，父本心也。然须节养精神，不宜过劳，非自为也，乃其所以为民也。况为政之道，本自不宜欲速。志之。"(《家言》下卷《癸卯十二月奉》)

作麟先生的一生是与贫穷病魔顽强抗争的一生，是与儒术理学相依为命的一生，是一心为着光耀先世、泽被后人而竭力奋争的一生。他勤俭持家、严谨治学、严格教子，高尚的人格魅力和成功的家庭教育不仅为家族培养了一批杰出的人才，也为社会做出了不可磨灭的贡献，堪称家庭教育的楷模。在作麟先生的影响下，牛氏家族后继有人，人才辈出；其故里鸡川至今学风蔚然，学子莘莘。在全社会高度重视家庭教育的今天，作麟先生的家庭教育思想尤其具有重要的借鉴价值和深远的历史意义，是一笔非常宝贵的精神财富。

**参考文献：**

[1] 牛作麟. 牛氏家言[M]. 牛树梅，整理. 镌本. 1850（道光三十年）.

[2] 通渭县新志[M]. 1893（光绪十九年）.

[3] 通渭县志[M]. 兰州：兰州大学出版社，2006.

[4] 牛氏家谱稿略[M]. 手抄本. 1861（咸丰十一年）.

# 陇中民俗研究

陇中小戏《张连卖布》蕴含民俗事象撷要　　　　　　梁发祥/184

论身体仪式性表演与民族传统体育非物质文化遗产

　　——以甘肃临洮县"师公跳神"仪式为例　　张学军　何亚丽/217

# 陇中小戏《张连卖布》蕴含民俗事象撷要

梁发祥[①]

(甘肃中医药大学定西校区 人文教学部)

**【摘　要】**《张连卖布》是陕西眉户剧的代表剧目，传入陇中（甘肃中部）地区后，创作者及表演者融入了当地民俗文化因子，发展成为陇中小戏的代表作品。陇中小戏《张连卖布》描绘了一幅丰富多彩的清末民国期间陇中地区风俗画卷，其中涉及妇女骑驴出行、抽水烟、看秦腔、拜干亲、对神发誓、吸鸦片、逛庙会、看秦腔、过年节、拴娃娃与摸子等众多民俗事象。小戏根植于乡土文化和民众日常生活之中，承载着地方社会的集体记忆和价值观念，是民众自发传承地域文化的重要途径。由于小戏所具有的小、俗、浅、近、喜、真等特征，使其能够得以在民间长期传承并成为经典。由《张连卖布》的广泛流传可以得出，戏曲创作及至整个文艺创作都要回归民间，真正做到贴近生活、贴近现实、贴近群众。

**【关键词】**陇中小戏；《张连卖布》；民俗事象

## 一、《张连卖布》：流行于陇中地区的经典小戏

小戏，又叫秧歌剧，是陇曲中流传最为广泛的剧目。内容大多以情爱、戒赌等反映当地劳动人民生产生活和风土人情的题材为主。形式短小精炼，大多一曲一调，也有少数一曲数调。故事情节简单，唱词琅琅上口，旋律优美婉转。陇中小戏来源于劳动人民的生产生活实践，逐渐发展演变为人们庆丰年、闹社火、讴歌生活的地方戏曲艺术表现形式。作为民间说唱文学，陇中小戏曲调朴实清新，

---

[①] 作者简介：梁发祥（1970—），男，汉族，甘肃省定西市人，甘肃中医药大学定西校区人文教学部教授，研究方向：地域文化。

曲词深不甚文，谐不甚俚，运用方言土语讲述百姓的故事，展现民众生活百态，从不同侧面折射出当地民众的风俗习惯和传统美德，具有浓郁的乡土气息而深受人们喜爱。[1]

《张连卖布》又名《张良卖布》，是陇中小戏的代表作品之一。其故事梗概为：走街串巷卖布维持生计的底层百姓张连是一个好吃懒做的赌博汉，他输完了祖辈艰辛创下的家业而不思悔改。某年年底他到街市去卖妻子四姐娃所织布匹，却将卖布所得银钱输得精光，回家后在妻子逼问下编造各种谎言搪塞。忍无可忍的妻子上吊寻短见，幸被邻居王妈解救。经过王妈批评教育，张连幡然醒悟，发誓戒赌，夫妻终于重归于好。

《张连卖布》的原创者和祖本已很难考证清楚，有研究者推断是陕西眉户剧的早期代表剧目，在清代同光年间，民间戏班在陕西华县、华阴、潼关、大荔、蒲城以及山西晋南一带盛演。后来曾被秦腔、蒲剧、河北梆子、京剧以及众多地方小剧种搬演，在陕西、山西、河南、甘肃、青海、宁夏、新疆等广大地域普遍流行。在不同地域的流传过程中，再创作者及演唱者加入了当地民间风俗习惯，对内容进行即兴延伸增减，形成了极富地域特色的本子。《张连卖布》之所以能够不断搬演翻唱并且成为经典，除张连的荒谬诡辩所形成的兴趣触发与审美吸引外，"还因为它在演唱之间融进了丰富的民俗叙说，不仅使其'精彩'诡辩达到极致，而且使其文化内涵远远超越于一般小戏"[2]。

通过对流行于陕西、山西、河南、新疆、青海、甘肃等地的《张连卖布》剧本内容进行比较，可以看出陇中小戏《张连卖布》带有明显的地域特色，其中融入了大量当地百姓喜闻乐见的民俗事象。比如张连在回答四姐娃"你把二老留下的，长袍子、短褂子，胸前挂的牙杆子，卖着做上啥了呀"时答道："你妹子和你妈，扭扭捏捏到咱家，张连一见笑哈哈，请在屋里先坐下，问她们要吃个啥？猪头猪蹄猪尾巴，羊心羊肺羊肝花；杂烩片片肉丸子，糖醋里脊一盘子；八宝米汤是甜的，白菜虾米是咸的；猪肉粉汤苶苶子，油花卷儿边边子；油炸荞面圈圈子，早上米汤热包子；下午四碗火锅子。"这里所列的"杂烩片片肉丸子""猪肉粉汤苶苶子""油炸荞面圈圈子""四碗火锅子"等都是极具陇中地域特色的民间风味小吃，是陇中地区饮食习俗的真实写照。另外，从陇中小戏《张连卖布》中提及的饮食、服饰、交通工具等方面推断，故事应该发生于晚清至民国期间。可以说，《张连卖布》运用民间说唱形式描绘了一幅丰富多彩的清末民国期间陇中地区的社会风俗画卷。

## 二、《张连卖布》蕴含的陇中地区主要民俗事象

民俗主要有物质民俗、社会民俗和精神民俗，不同地域有不同的民俗，也即"十里不同风，百里不同俗"。下面以王正强主编、敦煌文艺出版社 2009 年出版的《甘肃曲子戏》和刘福编写、敦煌文艺出版社 1996 出版的《陇中小曲》中所选取的《张连卖布》为蓝本，并结合陇中地区民间唱词，撷取其所涉及的主要民俗事象予以分析。

### （一）婆娘骑驴丈夫牵：极具田园生活情调的出行图

出行是满足个人空间位移的行为，缘于交通条件和出行者身份的差异，人们的出行方式往往呈现多样化的特征。在我国传统社会，民众出行主要采用以人力、畜力、自然力为动力的舟车类交通工具。近代以来，随着西方出行工具的传入，促进了出行方式的多样化。在相当长的历史时期，出身贫穷和地位卑微的底层民众出行的主要方式是步行，当然这种出行方式常常为上流社会所不齿。除步行外，骑乘马、骡、骆驼、驴、牛也是出现较早的出行方式。"驴作为骑乘对象在有关汉代社会生活的史籍中已经出现，后来尽管骑驴逐渐成为人们接受并常见的出行方式，但驴和骡一样，多是社会下层人民出行的坐骑。"[3]"所谓'骑驴过小桥，独叹梅花瘦'可证，这一习俗在某些地方甚至传承至今，不过只限于女子赶集和探亲访友而已。"[4]陇中小戏《张连卖布》中张连唱道："曾不记，那一年，婆娘家要转娘家。你的腰腿不行哎，披上鞍子搭上毡。把你扶在驴上边，娃娃抱在你怀前。抽沟子一麻鞭，一溜跑到西城南。""毛驴身上搭红毡，你骑毛驴跑得欢。拉马牵驴是张连，到了五泉把戏看。"这些都形象地描述了当时陇中地区妇女骑驴出行的生活图景。

在清末民国期间的陇中地区，由于道路状况不佳，人们出行十分不便。代步工具主要有轿子、车、马、驴、牛等，而乘轿、骑马、坐车只有富人才能享有，底层百姓出行，男人以步行为主，妇女则以骑驴为主。妇女骑驴出行，主要是走亲戚、回娘家、赶集或逛庙会。妇女经常携儿抱女骑坐驴背，由丈夫牵驴或赶驴而行，在回娘家时也会由父兄牵驴接送。对此，当时有诸多记载，如"五泉为兰州胜地，春月游人尤胜，乡间妇女，皆骑驴而至，赶驴者半系夫主"[5]。清代陈子简《兰州上元竹枝词》有"乡村妇女上街难，个个骑驴是一般"的诗句，当地也曾流传"黄风一刮不见家，道路不平坑坑洼，交通不便路弯弯，新媳妇骑驴回娘

家"的顺口溜。这些都反映出婆娘骑驴丈夫牵驴或赶驴是陇中地区曾经极其普遍且独具特色的底层民众出行图。

在陇中地区，存在婆娘骑驴丈夫牵驴之所以成为底层民众出行的普遍现象，其原因主要在于：一是道路崎岖坎坷，适合骑驴。陇中地区属黄土高原丘陵区，沟壑纵横，道路崎岖，许多道路不适合乘轿坐车，骑驴翻山过沟比较方便。对于这种路况，王树民曾形象地描写道："日间所经之路即陇岷公路，山崖间则崎岖嶙峋……颉师路上为述一旧联云：'醉客骑驴摇头摆脑算酒账，梢公使橹打恭作揖讨船钱。'不禁相与拊掌，旋又为之额曰：'鞠躬如也。'"[6]二是驴的用途广泛且饲养成本低廉，农户家家都需要饲养且能够饲养，骑驴出行便捷安全。拉犁耕作、驮物负重、拉磨碾场、骑乘拉车等繁重的农活，毛驴都能够干，民间有"谷千弩，不如养一驴"的谚语。驴具有能够忍受粗食、抗病力强、易于喂养等优点，民间也有"铁驴铜骡纸糊的马"之说。"根据甘肃省统计局1956年上半年的资料。陇中25县现有大家畜1 122 824头，其中驴最多．有586 655头，占大家畜总头数的52.24%。"[7]由此可见绝大多数家庭饲养毛驴，即使少数人家没有饲养，也可非常方便地向邻家借用。在骑乘牲畜中，一般是壮士骑骏马、顽童骑水牛、妇女骑毛驴，其原因是毛驴稳当可心，不使性儿，妇女骑乘最为安全。三是妇女缠足恶习未改，步行出行困难。剑雄在《兰州琐记》中写道："女出阁时，乘小骡至夫家，不用彩舆，初次归宁，女亦乘驴，夫则尾其后，如御者然。甘肃妇女，缠足之风最甚，行走时或扶墙，然农家妇女，率多工作事，早出晚息，一如男子，足力不胜时，则跪于陇畔，膝行代步，亦云苦矣。"[8]侯鸿鉴从通渭到安定途中，"见田中妇女，皆跪地而工作，知此间妇女缠足之风犹未改也"[9]。顾颉刚在甘肃考察时写道："此行所见妇女之裹足者，以陇西为最小，不及三寸，非杖不可以立，市街上几不见其踪影，女婴在提抱中即已加缠，此百年中当难绝迹。"[10]从这些描写可以看出，在民国期间，陇中地区农村妇女以小脚为主，步行出行极为不便。

毛驴本来是由塞外引进的，引进后很快便成为农家必养的牲畜，汉初典籍就有关于毛驴的记载。虽然人们对毛驴有蠢驴、笨驴、犟驴、黔之驴等诸多贬损之词，但在农村与人相处最为和谐的牲畜当属毛驴。毛驴缓慢悠然的步子与庄稼人的简朴生活和千古不变的农家岁月相吻合，富有浓郁的乡土味、生活味、人情味和亲切感。骑驴悠然而行的形象，既表现出自然的深幽和辽远，也表现出中国人慢节奏的田园生活情调，婆娘骑驴丈夫牵的生活图景也成为极富田园生活情调的出行图。

## （二）抽水烟：得益于产地而盛行的日常生活习俗

陇中小曲《张连卖布》中张连唱道："你妈是个老精怪，怀里掏出水烟袋。吸口烟顺一口气，锣鼓一响开了戏。"这段唱词刻画了一位抽水烟的女性形象。陇中地区是优质水烟的主产区，缘于这一得天独厚的条件，抽水烟便成为当时当地的一种生活时尚，而水烟烟民中有大量女性。

烟草最早产自南美的多巴哥岛，流传于世已有500多年历史，传入我国也有400余年，吸烟习俗由印第安人创造。由于烟草具有驱虫杀菌、提神镇静、身份象征、社交礼俗、精神享受、生活情趣、风度气质、高额利润等众多功能与特性，使得它在在文明社会得以迅速传播。烟草在古汉语中名为"淡巴菰""淡肉果"，是其原产地"多巴哥"的音译。烟草主要在明朝万历年间传入我国，主要通过吕宋国—我国台湾—福建、南洋—我国澳门—广东、日本—朝鲜—辽东、俄国—我国新疆—西北等路线传入。传入我国后，伴随着激烈的文化冲突，经过选择、过滤和整合而形成中国的烟草文化。到了明朝末年时吸烟之风盛行，烟草成为日常生活用品，吸烟成为一种消费习惯。"《烟草谱》云：开门七件事，今则增烟而八矣。可见，烟草进入了柴米油盐之列，成为许多人日常生活中的必需品。"[11]到了清代，不论性别，不论阶层，人们随身都备有烟具，甚至包括男女儿童。中国人在逛街和从事几乎所有职业时，经常是烟杆不离嘴的。[12]

烟有旱烟、水烟、鼻烟及卷烟、纸烟等各种类型。水烟最早在印度出现，后来在波斯等阿拉伯世界流行并得到极大发展，最初的吸食工具水烟壶是用椰子壳制成的。"[13]笔者在陇中地区渭源县的一位收藏者的藏品中见到一套水烟具，不是常见的铜质的，而是在葫芦上加了一根竹管制作而成的，与用椰子做的真的有异曲同工之妙，也是因地制宜因陋就简制作而成的。对于水烟何时在我国出现存在着两种不同的观点：一种观点认为水烟在我国出现很早。在三国时期，诸葛亮在率军南征的过程中，许多士兵被瘴气感染得了病，幸亏当地居民为送来了一种叫做韭叶云香草的野草，士兵按照当地居民告诉的方法，燃烧后吸食其烟才驱除了瘴毒侵袭，这应是我国关于人们吸食水烟的最早事例。后来，云香草被移植到甘肃和陕西等地域，当地人逐渐开始进行人工种植，用它们的叶子制成远近闻名的水烟，并一直延续到现在，这就是水烟的种植加工过程。"[14]诗歌"黄铜船儿弯管杆，水藏肚里锅有眼。点火一吸咕噜响，韭叶芸香孔明传"[15]中"韭叶芸香孔明传"的诗句所表达的就是这种观点。另一种观点认为水烟出现晚于旱烟。该观点认为水烟在清代中前期从西亚经中亚传入我国西北，乾隆后期由西北逐渐进入中原。到了清代中后期，水烟成为仅次于旱烟的吸烟方式，而旱烟的称谓，是在水烟出现后为了与之区别才使用的。清代王讦《青烟录》载："烟既行百余年而水烟出矣。水烟者，起于甘肃之兰州。兰州五泉山下产烟草。……开始时人们惧怕这种烟的烟力过大过猛，吸食者很少，慢慢地从秦到豫，再到齐、鲁、燕、宋，大江以南，现如今吸食水烟者已经是遍布天下。然五泉一区，不能资天下用，他处仿造者尤多，皆不及五泉产者。"[16]清道光年间蔡琬《烟谱》记载："近又有制为水烟者，名烟草，为旱烟以别之。其水烟以兰州为最。"[17]

可以确定的是，在明朝万历年间兰州就开始以本地种植的黄花烟叶（烟农称作韭叶云香草）为原料加工制作水烟，清朝时，上流社会人士嗜好水烟并渐成时尚。因为水烟主要在兰州及周边的黄河两岸种植，故有"兰烟"之称。清代人黄钧宰在《金壶七墨》中对此有明确记载："乾隆中，兰州别产烟种，范铜为管，贮水而吸之，谓之水烟"。[18]说明兰州水烟到乾隆时期，已享誉海内，在全国树起独一无二的特产地位。清代王煦《兰州竹枝词》中"五泉山下膏腴地，不种嘉禾种水烟"的诗句，清代祁韵士《陇右竹枝词》中"淡巴菰种几何年，采得灵苗自五泉。呼吸争夸风味别，居然烟火出丹田"的诗句，都是对兰州水烟的描绘。"（水烟）产皋兰之红泥沟者最美；此外如临洮、榆中、洮沙亦有之，惟较皋兰烟逊色。""皋兰、榆中、临洮、靖远各县产造条棉水烟。"[19]"1851—1874年，兰州五泉及皋兰、永登、榆中、靖远、狄道、永靖等县烟草广为种植。兰州烟田约近4万亩，年产烟约700万斤。"[20]这些都是兰州水烟种植方面的记载。

兰州水烟制造业始于明末清初，发展于清康乾时期，盛于清末及民国初年，因"丝、色、味"三绝（丝条整齐、色泽鲜亮、气味芳香）与食盐、皮张、砂金、毛类、药材并列为近代甘肃六大特产，素有"兰州水烟甲天下"的美誉。对于水烟种植、加工及销售等方面的情况，高良佐在甘肃考察时从如下方面进行了翔实的记载：兰州最负盛名且最为发达的产业当推兰州水烟业，兰州的出口物品也以水烟为最大宗。兰烟的制造原料有来自本县（皋兰）的烟叶，还有附近永登、榆中等县所产烟叶。兰烟可以分绿烟和黄烟两种品种，产量、价格及行销市场均有不同，绿烟年产约六百万斤，每斤的价格约四角至五角，主要行销于上海、天津以及东北三省；黄烟每年产量约八十万斤，每斤的价格约三角左右，主要行销四川、汉中一带。制造水烟的工厂主要是手工作坊，当地称为烟坊，是当时兰州最重要的手工业，仅兰州一地就有黄烟坊九家，绿烟坊三十六家，一般情况是绿烟坊的规模较大，最大的一家雇佣五百余名男工和二百余名女工，每年可产绿烟千担（每担单秤三百六十斤），在上海设有坐庄。兰烟有一套严格的制造方法：先由女工抽去烟叶上的叶茎并将其晒干，然后放到土法制作的滑车压榨机中进行紧压，每次可以压六百多斤的烟叶，最后将压成的细条取出后切碎，这就是水烟烟叶了。水烟的制造除主料烟叶外，还需要添加香料染料等辅料，黄叶一般要添加胡麻油和姜黄，绿叶还要添加胡麻油、槐子、紫花、石膏等物料。但自从"九一八"事变以后，东北三省的销售额骤减，烟价也大跌，直接影响到兰州的水烟制造业，许多烟坊被迫倒闭，以前兰州烟坊曾经达到六十八家，而现今仅存四十余家。即便如此，水烟仍然是当时兰州最为主要的出口物。"[21]由于种植水烟所获利润远远高于种植粮食，当地农民利用良田大量种植水烟，清朝嘉道年间甘肃蕃台梁章钜曾进行禁烟，但最终禁烟失败，对此他感慨道："余尝蕃甘肃，屡次申兰州水烟之禁。询之绅士，皆以为断不能禁，而徒以扰民。盖今日吃水烟者遍天下，其利甚厚。利愈厚则逐末者愈多。甘肃土地硗瘠甚于吾闽，循此而不知返，则本利益绌，农利益微，甚可虑也。"[22]水烟业的发展也为地方政府提供了丰厚的税收收入，"同治年间始附入百货厘，厘卡林立，1906年改办统捐，唯水烟为本产大宗，捐则定值百抽五，外销减二成；民初沿用清制，但税率有所提高，因等级不同，每担（合现在350斤）征库银2两至5两6钱不等。"[23]兰州市榆中县的青城被誉为"黄河千年古镇"，"青城固然因为战争而兴，但其真正昌盛的原因却在于水烟。'水烟真者出兰州'，青城古镇几乎浓缩了兰州水烟的栽种加工史。"[24]因为悠久的种植加工历史及深厚的水烟文化底蕴，"兰州青城水烟制作技艺"被列入甘肃省第一批省级非物质文化遗产名录。

缘于兰州出产优质水烟这一先天优势，清末民国期间陇中地区吸食水烟成为一种消费时尚，绝大多数家庭备有水烟具，敬奉水烟待客属于日常的基本礼仪。在操办红白喜事时，水烟瓶更是必需的待客用具。由于吸食水烟需要不断点火，且烟具携带不大方便，在家中吸食者居多，因此吸食水烟的女性要比吸食旱烟的更多，大家闺秀、小家碧玉、黎庶荆钗中都有不少水烟烟民。清代叶澧的《甘肃竹枝词》写道："佳节芳辰客到家，新添炉火插瓶花。黄烟送罢斟黄酒，细碗盛来奶子茶。""烟袋还如过水筒，横斜一吸暗香通。随时嘘出腾云气，莨管吹灰倩小童。"这些诗句都是对陇中地区民众吸食水烟的真实描写。剑雄在《兰州琐记》中这样描述："土人无论男女，皆嗜水烟，每入人家或饮食肆中，烟气四布，如在雾中。校中诸生，亦各有烟袋，置诸案上，一至清晨，洗涤之声，千百并作，禁之不能革。"[25]后来，随着卷烟和纸烟的大量推广，在民国中后期到中华人民共和国前后，水烟吸食者数量越来越少，水烟的种植及加工也随之萎缩。"目前水烟在全国尚有100万人左右的消费群体，分布在10多个省（市、区），年消费量维持在约200万斤至300万斤左右。"[26]这一数字与当年繁荣的水烟业和数量众多的水烟烟民已不可同日而语。在陇中地区，现在市场上仍有水烟烟具的销售，水烟烟民主要分布在乡下。

有烟草就有吸烟工具，烟有水烟、旱烟、鼻烟，吸食烟具相应地也有旱烟杆、鼻烟壶、水烟袋。水烟袋也叫水烟壶、水烟杯、水烟筒、水烟管、烟筒，是一种让燃烧烟草所产生的烟气从水中通过再吸入口中的吸烟器具。"水烟管，以锡盂盛水，另为管插盂中，旁出一管如鹤头，使烟气从水中过，犹闽入先含凉水意，然嗜烟家不贵也。其器曰壶，其烟必磁锡器盛者，盖湿食也。"[27]水烟壶的制作材料和形状一直比较固定，起初以锡为主要材质，后来逐渐改用青铜、黄铜或白铜，壶身偏而长圆，另外加一铜链，外观别致典雅。主要由烟窝、烟管、吸管、烟夹与毛刷、纸煤头管、烟丝筒等零部件构成。壶身以二寸半见方最为普遍，底部是水箱，吸食时注入适量水，上部有长短二筒，短筒有烟灶，长筒是高约尺许形似鹤头的弧形烟嘴，壶身镂刻浮雕或透雕的花纹、诗词等纹饰，纹饰图案主题以福禄寿喜、松鹤、如意、花卉等为主，并装有烟盒。讲究的抽烟者还会为水烟壶加上托套，夏天会套上用竹丝或龙须草编织的托套，用来防止手汗，冬天会套上用绒线编织的托套，防止烟壶冰手。水烟壶的制作以京、广、苏三地最为走俏，时人有"风味乃出淡巴菰，千钱争买青铜壶"的说法。为了保持清洁光亮，水烟壶需要经常擦拭，最好的擦拭剂是新烧瓦的"瓦灰"，既可擦亮壶身而又不损伤镂刻纹饰。

吸食水烟既是闲逸生活的消遣和享受，也是愉悦与高雅的劳动过程，吸食过程主要由装水—揉烟—摁烟—点烟—吸烟—吹灰等一整套连贯的动作构成。对于整套过程的细节技巧，民间总结为："取出烟丝捻成团，轻轻把入铜烟窝。吹燃纸媒点着烟，咕噜咕噜吸一口。提起烟管微微吹，烟灰弹出再重来。"[28]由于吸烟时水烟瓶的上部分空间形成了负压，烟丝燃烧产生的烟气会从烟锅细孔下行，烟气穿越水斗经过烟嘴后吸入口中，由于烟瓶中的水对入口的烟气进行了过滤净化，从而降低了烟对人体的危害。水斗里可以加白糖水、甘草薄荷水和白开水，最好的是白糖水，甘草薄荷水次之，最差的当然就是白开水了。抽水烟时需掌握一定的技巧，不然就达不到其乐趣和效果，具体表现在：吸烟时，用力太轻则吸不过瘾，用力太重会将烟瓶里的水吸进嘴里；吹烟灰时，吹的太轻则吹不掉烟灰，吹的太重则水会漫出；上水时，上少了发不出舒畅愉悦的响声，上多了会让辣汤呛住；装烟丝时，掐的烟丝量要不多不少，捻的要不轻不重；吹纸媒时，一口要吹的百发百中；搓纸捻时，要掌握好裁纸的宽窄和揉搓的松紧。特别值得一提的是，在陇中地区曾流行一种用羊胫骨或鹰膀子骨制成的简易水烟瓶，一端安有小烟锅，一端安有咂口，俗称"干炉儿"，这也是在陇中地区经过继承、淘汰和发展而保留至今的仅有的日用骨制器具。

清代舒位的《兰州水烟篇》对兰州水烟的种植、生产及吸食进行了全方位描写："兰州水烟天下无，五泉所产尤绝殊。居民业此利三倍，耕烟绝胜耕田夫。有时官禁不能止，贾舶捆载行江湖。盐官酒胡各有税，此独无吏来摧租。南人食烟别其品，风味乃出淡巴菰。迩来兼得供宾客，千钱争买青铜壶。贮以清水及扶寸，有声隐隐相吸呼。不知嗜者作何味，酸咸之外云模糊。吁嗟世人溺所好，宁食无肉此不疏。青霞一口吐深夜，那知屋底炊烟孤。且勿呼龙耕瑶草，转缘南亩勤春锄。"[29]

现在看来，很少有一种物品像烟草那样，一些人狂热爱好而一些人极端厌恶，一方面严厉禁止，一方面大力生产，这种分歧对立上至中央下至民间一直存在。自从烟草出现后，种烟与禁烟、吸烟与戒烟的矛盾与斗争，在世界范围内没有停止过，我国也是如此。对于个人而言，也往往处于欲吸不敢而欲戒不能的两难境地，也有吸了戒和戒了吸的反复曲折，这种心态古今皆然。在当前国家进行较为严厉的控烟行动过程中，这种争论与分歧又变得更加激烈。

（三）看秦腔：陇中地区民众最基本的娱乐需求

潘光旦先生认为："中国民族是富有戏剧本能的民族，戏剧可以说是中国独一无二的公共娱乐，戏剧之于中国人，便好比运动之于英国人，或斗牛之于西班牙人。"[30]中国人的思想意识和生活方式深受戏剧的影响，民众头脑中贮存着非常丰富活跃的戏剧因子，在言谈举止和待人接物时常常会触动戏情、戏理、戏语。"一般民众所有的一些历史智识，以及此种智识所维持着的一些民族的意识，是全部从说书先生、从大鼓师、从游方的戏剧班子得来的，而戏班子的贡献尤其是来得大，因为一样叙述一件故事，终究是'读不如讲，讲不如演'……可知戏剧虽'小道'，原无负于中国的文化，伶人虽'卑贱'，在社会教育与民族教育正式有人提倡而获有成绩以前他们也不无微劳足录了。"[31]有时源于戏剧的一些知识是错误的，但观众仍然会兴致勃勃地观看并接受这些错误的信息。有个有趣的例子形象地注解了这一现象：有位须生演朱元璋，见了刘伯温便唱道："我好比尧舜人一个，你好比诸葛孔明二先生。"[32]看戏是传统社会中国人最喜欢的娱乐方式和第一娱乐需求，正如叶圣陶先生所说："要知道迎一回神，演一场戏，可以唤回农民不知多少新鲜的精神，因而使他们再高兴地举起锄头，迷信，果然；但不迷信而有同等功效的可以作为代替的娱乐又在哪里?"[33]在清末民国期间，不管是城镇还是乡村，演戏非常普遍，促成演戏的原因众多，最为主要则是酬神祓灾、红白喜事待客、协和人际关系和利用编戏、演戏发抒自己的爱憎。"[34]

传统礼教极力限制妇女的社会交往，妇女到公开场合看戏曾经被认为是有违礼教的行为，受到士大夫的强烈反对和官府的严厉禁止。《清稗类钞》记载的两则故事可以反映出当时妇女看戏的情况：一则题为《河南妇女观剧》记载咸丰时河南知府张观淮禁止妇女入庙观剧的故事，当时确实发挥了一定功效，"自是穷乡小市，妇女且不敢入庙矣"。另一则题为《京师妇女观剧》记述道光时某御史以有伤风化为由明禁京师妇女观剧的事例，但结果却是禁而不止，"自光绪季年至宣统，妇女之入园观剧，已相习成风矣"[35]。从两则故事可以看出，直到清朝末年，朝廷有禁止妇女观剧的具文，官府有禁止妇女观剧的禁令。这里的某御史和张知府采取了下三滥的手法禁止妇女看戏，但妇女看戏的风气却并没因此而绝迹，之后反而逐渐相习成风。在辛亥革命后，妇女可以自由买票看戏了，女性戏曲观众的增多说明在新思想冲击下女性开始突破封建伦理的束缚去追求个性的自由。陇中小曲《张连卖布》中张连唱道："你妹子扳鞍上了马，骑骡子的是你妈。毛驴身上搭红毡，你骑毛驴跑得欢。拉马牵驴是张连，到了五泉把戏看。"可以看出张连是与丈母娘、老婆和小姨子一起到五泉山去看戏，由这种妇女看戏现象也可推断此时应该在清末民国期间。

地方戏兴起于民间，因其题材以反映民间生活为主、生活气息浓厚而深受底层民众的欢迎。秦腔是陕西地方戏的主要剧种，明朝中叶形成于秦岭以北平原地区，因该地域在春秋战国时期属于秦国而名为秦川，发源于这一地域的地方戏就名之为秦腔。秦腔形成后主要流行于陕西、甘肃、青海、宁夏等省（区），唱秦腔和看秦腔逐渐成为甘肃地区民众闲暇时的重要娱乐活动。陇中地区属黄土高原丘陵区，此地民众生活十分艰辛，通过看秦腔可以从大苦的剧情中寻找大乐，这也是当地民众喜爱秦腔的重要原因。清末民国期间，陇中地区的秦腔戏班较多，自娱自乐的演出及庙会山会的酬神演出成为农闲时节及年头节下村民的重要娱乐活动方式。"在光绪年间，兰州著名的秦腔社班有'福庆班'和'东盛班'，两班各有演员30余人。"[36]"清光绪时，老艺人王有义成立秦剧福盛班，自领箱，人称王箱主。剧班演出活动达数十年，在陇西和邻县一带很有影响，班底于民国20年（1931）左右流散。"[37]清光绪年间魏椿在《四月八游五泉山竹枝词》中对当时唱会戏的盛况进行了描述："彩楼镇日奏笙簧，优孟衣冠最擅场。看罢人人都道好，携尊又上二郎岗。"[38]

陇中小戏《张连卖布》中对看秦腔有着十分精彩的描述："十五贯，香莲传；夜过巴州捉严颜。玉虎坠，王娟娟；血手拍门穿孝衫。六月雪，窦娥冤；二堂献杯胡凤莲，抱打不平田玉川。锦绣图，看正旦，八员大将追得欢。青白二蛇闹许仙，薛平贵，王宝钏，曹夫走雪看老汉。保宋朝的杨家将，婆娘娃娃一齐上。再看韩琦来杀庙，不杀香莲自刎了。火焰驹，看艾谦；彦贵卖水看丫环。最后唱的是探窑，你妹夸奖唱得好，你妈难过把头摇。五泉山，实在欢；带的银钱都花完。"这里所列举的《十五贯》《窦娥冤》《收严颜》《白蛇传》《走雪》《二堂献杯》《玉虎坠》《锦绣图》《秦香莲》《游龟山》《王宝钏》《杨家将》《杀庙》《火焰驹》《探窑》等都是秦腔的经典剧目，也在陇中地区广泛流行深受民众喜爱的秦腔剧目。

（四）拜干亲：缺医少药背景下的保育习俗

"拜干亲"是遍及全国的一种保育习俗，北方一般叫做认干爹干妈，而江南一般叫做认寄父寄母。"拜干亲"之所以能够在全社会普遍流行，其原因主要有：一是两家交情深厚亲密，再以儿女互相承寄结为干亲会增加一重亲谊并将其延续下去。二是孩子出生后怯弱多病，或者曾经出现过孩子夭亡的情况，担心孩子娇贵难养，便借"拜干亲"方式来消灾免祸。在"拜干亲"时绝大多数家庭喜欢选择儿女较多或家境贫寒的人家，就是因为人们认为儿女多的人家孩子像成群的小动物一样容易长大，而贫寒人家的小孩不娇贵容易养活。三是通过推算认为"生辰八字"与父母相克或倒生，借"拜干亲"来转移命相以求禳解。也经常有拜鬼神为干亲，以子孙身份寻求神灵庇护的现象。《清稗类钞·风俗》载："惧儿夭殇……且有寄名于神鬼如观音大士、文昌帝君、城隍土地，且及于无常是也。"[39]这样就通过攀亲的方式找到了人与神佛的亲缘关系，表达了人对神佛的亲近意愿，在情感上拉近了和神佛的距离，是民间信仰伦理化的表现。《张连卖布》中张连唱道："我张连跪灶前手拉风匣，叫一声灶王爷娃的干达。"这儿所说的"娃的干达"，就是拜灶王爷为孩子干爹的一种现象，因为在陇中地区方言中将父亲叫做"达达"，"干达"就是干父亲。也有拜没有生命的树木、石头为干父母的，人们相信古树参天，根深叶茂，福荫极广，拜大树为"干爹"能够保佑孩子无病无灾。

旧时的陇中地区，医疗卫生条件极差，婴幼儿成活率很低，人们便以"拜干亲"的方式祈求孩子健康成长。如果小孩经常哭闹不安时，家长便会找阴阳先生盘算，如果孩子的生辰八字与父或母相克或倒生，则表明孩子犯"事非"，需要通过拜"干达（妈）"进行禳解，而阴阳先生经常采用纳音五行相生相克理论进行推算。我国古人认为天地万物由木、火、土、金、水五种基本物质组成，战国时期又提出了"五行相生相克"的理论，五行相生是指金生水、水生木、木生火、火生土、土生金，而五行相克则是指土克水、水克火、火克金、金克木、木克土。五行理论是我国传统择吉、风水、命理等俗信的重要基础，俗信所讲的五行有正五行、中针双山五行、缝针三合五行、洪范五行及纳音五行等等。纳音五行又叫假借五行，"将六十甲子和五音十二律结合起来，其中一律五音，总数共为六十"，"在命理学中，纳音五行是一种极其重要的推衍方法，在择吉术中，更是须臾不可或离。"[40]对于纳音五行，有"甲子乙丑海中金，丙寅丁卯炉中火……"的歌诀，对每个年份所对应的纳音五行进行了简练概括。根据纳音五行的观点，每个人出生年份都对应确定的一种五行属性，如上述歌诀中所说"甲子乙丑海中金"，也即甲子年和乙丑年出生的人属"金"，余则类推。如果父亲或母亲的五行与孩子的五行相克，或孩子的五行生父亲或母亲的五行，就需要通过拜干达或干妈予以禳解。如果父亲或母亲的五行与孩子的相克，则需要找一位五行与孩子相生的干达或干妈。如果是孩子的五行生父亲或母亲的五行，这就是通常说的倒生，则最好找一位道士或道姑做干达或干妈，实际上是对"倒"与"道"的谐音附会，现实生活中道士或道姑不容易找到，人们经常等道士或道姑来化缘时拜他们为干达或干妈。有时也会找一位年龄较大且尚未婚配或丧偶后没有再婚的人，权当干达或干妈。如果确实找不到合适人选时，也有找倒柳、倒生草做干达或干妈的。

在陇中地区，拜干父母最主要的形式是让干父母给干儿子（女儿）戴线线，具体程序为：首先，要找阴阳先生盘算。阴阳先生会根据孩子与父母的出生年份推算是否犯是非，若果真犯是非则要推算出需要找的干达或干妈的属相年龄，家长在相识相熟的人中寻找合适人选，还要让阴阳先生选择一个拜干亲的吉日良辰。其次，根据阴阳推算出的年龄寻找干达或干妈，并携带礼物邀请干达或干妈在阴阳推算出的吉日良辰到自己家来为犯事非的孩子戴线线。再次，家长要事先准备三枚铜线及五色线备用，在选定的吉日在灶前焚香并敬献盘馍及酒茶，并把五色线及铜钱挂在灶墙上。最后，孩子跪在灶前焚香浇奠后，由干达或干妈把五色线挂到孩子脖子上，将线的两端分别交叉从三枚铜钱的方孔中穿过，把五色线按辫辫子的方法辫住。并向干达干妈行跪拜礼。在戴线线时，五色线经常会向亲邻们讨要，既因一般家庭没有现成的五色线，更因人们认为讨要的百家线效果会更好，与给小孩讨要百家衣穿属一种心态。使用铜钱的主要原因在于人们认为铜钱属于祥物，能够压邪驱鬼。这种习俗与除夕长辈给晚辈压岁钱有相同的理由，"'岁'

与'祟'谐音,压岁即'压祟'。每年除夕,年夜饭后,尊长向晚辈赠以钱币,用红线穿成串,挂于小孩胸前,俗信能压邪驱鬼。"[41]戴线线的整个仪式都是跪在灶王爷面前完成的,因灶王爷是家中重要神祇,可见证这一重要谊亲的缔结。

（五）对神发誓:流行于民间的纠纷解决机制

"我张连跪灶前手拉风匣,叫一声灶王爷娃的干达,我张连从今后再不把钱耍,当着你老人家把毒咒立下。"这是四姐娃上吊寻短见被王妈救下后,张连跪在灶前发誓的情景。

发誓也叫赌咒,是一种常见的生活现象,人们在遇到不能解决的纠纷时,或者要下某个决心时,或者为了表白自己时,经常便会发誓。发誓的目的主要有两个,表达或强调自己的"未来行事态度",表达或强调自己的"过去行事行为",通过这种表达或强调使他人对自己的行为予以置信,继而促成对方或自己下一步策略符合发誓人的利益追求。[42]发誓作为一种社会规范,在国家层面始终不被认同,但作为一种习俗或习惯,却发挥着调整人与人之间、人与社会之间的关系的实际效果。"它存在于强势的国家法律以及道德的阴影之下,但它不可能被其他的社会规范所取代,因为与其他社会规范比较,它自成体系,拥有一套完整的对象、范围、形式以及保证实施的规范系统,更重要的是它更接近人的本性。"[43]发誓习俗在民间流行非常广泛和普遍,对神发誓是通过阳世与阴间相互关联来共同促进公正解决纠纷的方式,是众多发誓习俗中的一种。在不同的民族和地区,对神发誓的对象和方式各异。对神发誓的具体对象有自然神和偶像神,前者比后者出现的历史更为久远。对神发誓一般有口头、仪式、文本等实施方式,经常采用口头发誓、告阴状、杀牲发誓、捞油锅等具体的仪式。

东岳泰山爷、城隍爷和灶王爷是汉族民间民众对神发誓时经常选择的对象,陇中地区也是如此。泰山被当作神来崇拜的历史非常久远,随着时间推移,起初作为自然神崇拜的泰山神逐渐被改造为人格神。"宋代以后,对泰山神的祭祀活动由帝王而逐渐普及于民间,由泰山而及于全国,各地纷纷修建东岳庙,虽村隅僻壤多有其祠宇,并以东岳庙为中心形成了规模盛大的祭祀活动——东岳庙会或天齐庙会","在迎东岳大帝的赛会结束时通常还要举行向东岳大帝告状诉冤的活动,称为'告阴状'。民间认为东岳大帝不仅主治生死,还掌管人间善恶。所以,届时招含冤饮恨者前去告状以期神灵代为申冤。"[44]在陇中地区,许多庙宇供奉着东岳大帝,向东岳大帝告阴状是向神发誓的常见方式。城隍爷是中国世俗社会中的城市保护神，也是产生年代最为久远的民间俗神之一。城隍由腊祭八神之一的水（即隍）庸（即城）衍化而来，最初人们祭祀城隍主要体现为对城堡和土地的依赖，后来城隍神也逐步被人格化和社会化，被赋予了掌管生人吉凶祸福的神性，由自然神转变成为人格神。随着佛教地狱观念的传播，城隍被纳入冥神体系。自唐代起城隍开始由人神担任，许多地方的城隍神由民族英雄、爱国将领或清官廉吏充任，如兰州城隍是汉将纪信、定西安定城隍是宋相文天祥等。城隍神的职能也相应发展为对城市及其居民提供各种保护、掌管生人吉凶祸福及禄籍功名等诸多方面。四川平武县城隍庙内曾悬挂这样一副对联："理阴并理阳，合恶恶善善，任凭尔作威作福；有罚更有赏，统死死生生，总由我降祸降殃"，该联对城隍的权力和作用予以完整概括。在民间传统观念中，阎王爷是治理冥府管理死人的阴间官员，城隍爷是保护阳间生人的阴间官员。因此，当人间发生各种争议难决断时，常常会到城隍神面前发誓以求解决。"最值得注意的是'烧王告'，也称'告阴状'，即民众蒙冤受屈而在人世间不得申诉平反，则将状诉焚烧于城隍庙，求其帮助伸冤。"[45]在陇中地区，利用"告阴状"方式向城隍爷寻求解决诉争也是常见的向神发誓的一种形式。灶神，民间俗称灶王爷，还有"司令灶王""灶君""灶公灶母""东厨司命"等众多称谓，是中国民间俗神信仰体系中地位显赫的家庭神。随着火进入人类的居住空间，火神便随之进入民宅，并将灶作为其居所，随后火神也便逐渐演化成为灶神。灶神信仰是先民火崇拜意识在家居生活中的反映，炎帝、祝融、黄帝都是中国古代神话中集太阳神、火神、祖先神于一身的大神，也是历史上所记载的最早的灶神。灶神与司命神原本是两位神祇，周代"七祀"中司命神为"七祀"之首而灶神位居最末，司命神主人寿岁灾咎及子嗣，但后来民间将灶神和司命神合二为一，灶神便成为"司命灶君"和"东厨司命"，司命神主知生死和总理阴阳的神性为灶神所拥有。随着灶神演变为天帝派驻人间的全权监察代表后，因长期置身于人间生活环境沾染人间烟火味后，灶神的神格神性不断遭受到改造而具有人格化和社会化，职责也由专掌饮食变为兼管人间寿夭祸福而被奉为一家之主。由于灶神是天帝使者和人神媒介，可通过"转奏天庭"而由天帝赐福或降罪，使得民众对灶神常常怀有矛盾复杂的感情，当人们遂心如意时会敬重和感恩于灶神，认为是灶神"上天言好事"而"下界降吉祥"，当人们遇到灾难时会归咎于灶神，认为是灶神"上天白人罪"而横生灾祸，由此也可看出民众对神灵所采取的功利性态度，灶神信仰在某种程度上可以说是人间贿赂风气在鬼蜮世界的反映。道教承袭中国古代的鬼神思想并不断将民间神灵纳入其中，灶神就是被道教吸收的民间俗神之一，灶神成为天帝派驻人间并定时向天帝报告人间功过的神灵也主要由道教促成。道教的神灵系统有天神、地祇、群灵、人杰等类型，灶神列于群灵之中。

在传统社会，由于认识水平的局限，人们对神灵深信不疑，对神发誓决断是非具有广泛的群众基础。陇中小戏《张连卖布》中张连跪在灶前发誓不再赌博，就是向神发誓的典型形式。因为灶王爷是每家每户常年供奉的家庭神，家庭纠纷向灶王爷发誓具有便利性而被广泛采用。这段唱词非常精彩，张连唱道："张连我若再把钱来耍，死在腊月里雷把头抓""张连我若再把钱来耍，死在山顶上鳖把血哑""张连我若再把钱来耍，死在房檐上车压马踏"，张连开始发誓时提到的"腊月雷抓头""山顶鳖哑血""房檐上车压马踏"都是不可能成为现实的，反映出张连此时仍企图用荒诞的誓词来搪塞，最后在妻子再次以死相逼的情况下终于发了真正的毒誓："从今后我若是再把钱耍，死在了六月里雷把头抓"。直到张连发了这个毒誓后，这场夫妻间由赌博和戒赌的纠纷才算最终解决，也可看出人们对向神发誓效果的遵从与认可。

### （六）抽大烟：为祸甚剧的社会毒瘤和痼疾恶习

曾不记，道光登基世事变，洋鬼子传来抽鸦片。纸儿灯，不好看，一心买个螺丝转。螺丝转，不通风，一心买个炮台灯。炮台灯，不值钱，一心买个十样锦。十样锦，真好看，你在上房仰背肩。我在旁边斜斜担，娃娃当中胡跌绊。你一口，我一口，再给娃娃喷一口。把你抽得忙忙的，把我抽得洋洋的，把娃抽得黄黄的。抽来抽去有瘾了，咱的光阴越紧了。上街跑，下街窜，烟瘾发了打呵欠，穿的衣裳线串线。烂草帽子护心镜，打问烟馆子远吗？东门口下就有哩，没有钱，干瞅哩。抱的被儿提的毡，烟馆子里去换烟。换来鸦片二钱三，跑回家去把瘾过。把你馋得咽唾唾，张连馋得把嘴拌，娃娃馋得只呻唤。房屋家产都卖完，只剩二两疙瘩棉。好的烟具也卖完，只剩纸儿灯罩子。屁眼苦的烂套子，你拃哩，我拖哩，娃娃叫唤脚冻哩。曾不记，那一年，卖房卖地抽大烟。

《张连卖布》中的这段描写对陇中地区当时的烟毒之祸进行了形象描述和深刻揭露。

鸦片又称"大烟""烟土""鸦片烟"，商贩也叫"阿芙蓉""福寿膏"，是用罂粟果实汁液制成的毒品。罂粟原产于南欧与小西亚，在唐代时以药物制剂形式传入我国并开始种植。宋代时罂粟开始用于医疗，宋政府组织编写的国家药典《开宝本草》中将罂粟作为药物收入："味甘，平，无毒。主丹石发动，不下食，和竹沥煮作粥食之，极美。一名象谷，一名米囊，一名御米。花红白色，似髇（音哮）箭头，中有米，亦名囊子。"[46]用罂粟果实汁液制作鸦片始于明代，李挺在《医学入门》中有记载："鸦片，又名阿芙蓉。即罂粟花开时，用竹针刺下数孔，其津自出，次日以竹刀刮在银器内，待积取多了，以纸封固，晒二七日即成片矣。治同上，性急，不可多用。以上调中消导药。"[47]此时罂粟主要是作为安神、镇痛、止痛、止泻的药物使用，这种认识与古代西欧一致，罗马史学家曾将其称为"安神止痛"的麻醉剂。

吸食鸦片属于英伦杰作，传入英属殖民地后在亚洲传播。从十八世纪末期起，英国对中国大量输出鸦片，以充抵因其输入中国的丝绸、瓷器、茶叶而造成的亏空。为此，1840年爆发了"鸦片战争"，但鸦片的灾难并没有就此结束，而是在民间长期泛滥，掠夺了巨额的社会财富，毒害了中国人民，造成社会的畸形衰落。种植罂粟及吸食鸦片对个人、家庭、社会所具有的诸多弊害，人们早已有清晰的认识，从明代到民国期间，政府总体上一直在禁烟，但始终并没有禁绝。"吸食鸦片的陋俗不仅贻祸于晚清，而且蔓延到民国年间，成为中国在整个半殖民地半封建时代的社会顽症。"[48]

自从道光年间鸦片进入甘肃以后一直到民国时期，甘肃都是鸦片生产和运销大省，所产"西土"享誉全国，烟毒之害是甘肃近代社会最为恶劣的祸患。郭嵩焘在奏章中曾写道："至道光初而其风始炽，由印度传至云南，而南土兴矣。展转传至四川，而有川土。又传至甘肃，而有西土。由是而至贵州，由是而至陕西、山西。一二十年来，废田而种罂粟，岁益浸广，而西洋贩运中国亦逐渐增多。"[49]甘肃种植及禁止罂粟的重大事项，侍建华在《甘肃近代农业发展史事纪要（1840—1949）》一文中进行了梳理："道光二十二年（1842），各县又开始种植罂粟。""道光二十五年（1845），林则徐广州禁烟获罪后，以三品顶戴调任署理陕甘总督。徐在任时，初衷不改，严禁鸦片入甘。""咸丰元年（1851），在河西、陇南各县试种罂粟，以烟易银，以救当时省协饷中断之急，烟毒逐渐泛滥于全省，尤使凉州府的武威、古浪县成为产烟最多的地区。""同治七年（1868），清政府严令各县禁种罂粟。""光绪元年（1875），左宗棠下令全境禁种鸦片，烟苗已出土者令军队强行铲除。""民国四年（1915），甘肃省署通令全省禁种鸦片，并派员查禁烟亩。""民国十一年（1922），甘肃督军陆洪涛扩充军队，薪饷无着，从而废弛烟禁，付征收烟亩罚款，并派军队分赴各县，驻守提取。各镇守使亦借机搜刮，严重破坏了农业生产，农民如不种植鸦片，则又派收'懒务款'。""民国十六年（1927），（甘肃省政府主席）刘郁芬为扩大财源，开种植鸦片之禁，派征烟亩罚款。"[50]

清末民国期间的甘肃，鸦片成为日常生活用品，吸食鸦片成为社会时尚和社交礼节。城镇之中烟馆林立，富有人家家家自备烟具。民间举办红白喜事时都要摆放烟灯待客，日常的待亲访友也要摆开烟盘边聊边吸。"甘肃俗以陈设烟具，为款客雅礼。"[51] "民国时期甘肃吸食鸦片人数众多，据官方 1939 年的统计数据显示，吸食者约占甘肃总人口的 3.21%。"[52]当时有人认为"甘肃人民烟枪之多，多于饭碗。"[53] "一进甘肃的交界，那真好像入了云雾了。一个小小的村庄，十家之内有八家总是云烟缭绕，一家之内，老子有老子的灯，儿子有儿子的灯，媳妇有媳妇的灯，听差还有听差的灯。"[54]此期甘肃烟毒泛滥的原因众多，主要有政府制定的错误政策、政府职能的缺失、军阀借烟筹款、贪官污吏对禁令阳奉阴违、农民种烟获利丰厚、社会缺乏积极的娱乐方法、医疗卫生条件落后等诸多因素。

对于陇中地区清末民国期间的烟祸现状，众多来陇中地区的外地人有详细记述。"沿途所看到的农作物，除了小麦以外，只见满坂的罂粟……有许多农民因土地太少的原因全赖种烟为生，如果官厅无计划地绝对厉行禁止鸦片，这些农民就一时不容易生活；同时，官厅方面，因为全省每年全收入四百万元中，鸦片捐税却占了一百五十万元，所以不敢再谈禁种鸦片的问题，于是官民互相回护着，做着鸦片的买卖。"[55] "在（皋兰）金家崖，及返店入室，店家夫妇方据炕吸阿芙蓉，一灯横设，吞云吐雾，浊臭中人欲呕。""据言'如土地一亩，种大烟年收七八十两，可换大洋三四十元，除烟捐二十元，尚可余半数，一家生计，勉强维持。苟种麦谷，则每亩仅有三四斗之收成，最多易洋一二十元，以之纳捐，尚虞不足，全家数口之生计，将更无所出。非甘心毒物'云云。"[56] "盖此间（兰州）妇女多染阿芙蓉癖，兼之缠足，身体软弱，易致难产。"[57] "此间（永登）汉人骡脚等夫，几无不染有嗜好，每止尖宿之店，即无异到家吐雾吞云，尽量耽搁，几有乐不思蜀之慨。"[58] "（达家川）有一老农自述曰：'有地七亩，若种麦子，只收一石四斗，值洋七十余元；若种罂粟，可收五百两，计值二百五十。除粮税五十元，购麻渣（肥料之一）两千个，计六十元外，尚余一百四十元。故农人多种烟，而不种麦。'""出城（兰州）过雷坛桥碑后隙地，有四乞丐，卧吸大烟，鸠形鹄面，情状丑陋……田中罂粟花谢，满结果实，中间夹种烟叶，高已二三寸。""（陇西）鸦片种植既广，价值低廉，土人略有中人产，无不吸烟，坏身体，堕场气，致弱之原，实由于此。"[59] "（在洮河沿岸）旋步行街中，见各家屋顶，皆积罂粟杆，始悉此地良田，皆植毒卉，以致马料缺乏，人食亦不免时告断绝也。"[60] "（由华家岭至定西）凡在寓所吸鸦片者，异乎寻常之多，知此间种植罂粟割收鸦片，其利较种粮食为优。"[61]"陇西人民生活离不开鸦片，人民无论贫富，什九都抽鸦片，并且还用鸦片子榨油，谓之'烟油'，日常食用，便以烟油为主。又用鸦片子做成糖糕或馒头的馅子，烟油榨出的渣滓——烟枯饼，敲碎喂猪；生的烟子，小孩们常常是一袋一袋的装着做零碎吃；人民除了鸦片差不多便不能生活。无论男女都是精神萎靡的鸦片壳子。"[62]"靖远为甘肃著名的产烟之区，家家户户，吸食玩乐，招待亲朋，习以为常，烟灯摆在炕上，轮换着躺下吞云吐雾。一般四十岁以上的人，差不多都有烟瘾，妇女比男子少一些，有些婴儿幼童，因为爷爷、奶奶、爸爸、妈妈的疼爱，守在烟灯附近，有时喷下灯瘾，尤其男女老少每有头痛脑热，就拿大烟作为医疗药物。……全县没有烟灯的家庭是很少的，差不多的家庭，总都有一付烟灯，起码总有一两个人有瘾。在民国十八年有人统计城内近千户人家，全户完全没有烟灯烟瘾的人家，仅仅不到二十户。"[63]以上记述中所提到的皋兰、永登、兰州、华家岭、定西、陇西、靖远等地域都属于陇中地区。

　　鸦片吸食器具伴随着人们吸食鸦片而出现，主要有烟枪、烟灯、烟盒、烟碗、切刀、烟镊、烟盘。烟枪是吸食鸦片的专门工具，由烟嘴、烟杆、烟头、烟葫芦等部件组成。《清稗类钞》"烟枪铭"写道："烟枪属烟具之一，吸鸦片烟者以装烟于斗者也。其当为作铭，铭云：酒之余，饭之后，桂之馨，兰之臭，榻上一点灯如豆。短笛无腔信口吹，可怜人比黄花瘦。"[64]烟枪除必须具备能够吸食鸦片的实用功能外，还是使用者身份地位的标志和象征，富庶官绅及纨绔子弟所用烟枪大多嵌有玛瑙翡翠和金银等贵重材质饰物，而市井百姓所用多以竹木配以铜石，仅追求其实用功能。烟灯是吸食鸦片的取火器具，又称"鸦片灯"。灯本来是取光照明的器具，但也有像酒精灯、喷灯等取火用器也名之为灯，烟灯就是这种不能照明的灯具。烟灯形如酒精灯，通常用玻璃、铜、锡等制成，起初主要采用精制植物油作为燃料，在清末"洋"油输入后开始改用煤油，使用时一般放在烟盘上，火苗若隐若现恰似鬼火。清人梁绍王《鸦片篇》诗中"窄衾小枕一榻铺，阴房鬼火红模糊"中所谓"鬼火"便是烟灯。[65]烟灯的种类繁多，在《张连卖布》中就列举了"纸儿灯""螺丝转""炮台灯""十样锦"等众多类型。吸鸦片最常见的方法是吸食者侧躺在床榻上，把膏状熟鸦片在火上烤软后形成半流体糊状物质（即烟泡），再置于烟枪斗碗中烧烤挥发，以吸食其雾状成分，这种吸食方式始于明朝后期。除此之外，还有诸如"高射炮""坐飞机"等千奇百怪的吸食方法。民间曾有民谣将"烟鬼"形象描写得淋漓尽致："一盏烟灯照空房，二肩耸起像无常；三餐茶饭无着落，四季衣裳都卖光；五脏六腑同受苦，六亲无靠宿庙堂；七窍不通将成病，八面威风尽扫光；九九归元自寻死，实在无颜见阎王。"

(七）赌博：集娱乐与投机于一体的古老游娱习俗

四姐娃："贼强盗，你能掷？"张连："我能掷。"四姐娃："你能押？"张连："我能押。"四姐娃："你靠赌钱发了家？"张连："运气不来白没法，你叫我张连有啥法？"四姐娃："你能赢得发了家？"张连："单哩双哩我会押，掷三颗，是行家，运气不来白没法，你叫我张连有啥法？"

这是《张连卖布》中四姐娃和张连之间就赌博而发生的激烈争吵的片断，《张连卖布》的故事情节本来就是围绕赌博与戒赌展开的，反映出了清末民国期间陇中地区人们热衷于赌博的社会风气，其中也列举了众多当时流行的赌博方式。

赌博，古时又称博戏，是一种通过下注押宝以决输赢的竞逐游戏。赌博通常以钱物为赌注，是一种特殊的经济活动，刺激着休闲经济的发展；赌博融合了技巧与游戏成分，属于民间娱乐文化。赌博具有消闲遣兴、社会交际、精神刺激等诸多社会功能，同时也具有冒险性、投机性、风险性等特征。虽然长期以来人们将赌博视为一种不正当的行为，但却一直在人类社会中占据相当大的市场，成为一种难以消失的社会现象。

赌博作为一种古老的社会现象，在中国已有 3 000 多年历史，而清朝和民国期间赌博现象达到登峰造极的程度，也形成了名目繁多的赌博形式。清朝时，赌风越来越盛，社会各阶层人员普遍参与，成为严重的社会公害。龚炜在《巢林笔谈》中记载："赌博之风，莫甚于今日。闾巷小人无论已；衣冠之族，以之破产失业，其甚至于丧身者，指不胜屈。""数年前，陇西有仆马遵者，身受赌害，抽刀断一指自誓，于时观者失色，尽谓其能痛改矣，乃左创未愈，而右执叶子如初。"[66]面对日益严重的赌博现象，清政府实行了明确的禁赌政策，《大清律例》中也制订了严厉的处罚措施，政府经常察拿赌徒并进行处罚。清朝初期，赌博现象虽然没有禁绝，但受到一定程度限制。但在清朝末期，随着国势日渐衰败，赌博活动越来越猖獗，赌博风气之烈、范围之广、门类之多，真是旷古奇观。当时，赌博已呈大众化趋势，乡镇酒肆茶坊大半兼作赌场，可谓从城市到乡村，自黎明到午夜，出现无地不赌和无时不赌的现象，并且以前很少参与赌博的妇女出入赌场也不再稀奇。赌博作为一种畸形的社会文化形态，政府已无力控制而不可收拾。[67]在清代，赌博名目繁多，赌具五花八门，骰戏、马吊、纸牌、骨牌，以及后来出现的麻将，都是清代赌博的主要用具，流行范围极广。[68]在众多赌博名目中，因骰子形制小巧，随手可掷，故斗骰在民间最为常见，习染极为广泛。掷骰子的方式有摇摊、转骰、彩选、赶老羊、掷挖窖等各种花样。[69]民国肇始，政府就颁布了禁赌法，但因社会的混乱使得法令形同虚设。军阀割据时期开列了"赌博捐"，公开放赌、招赌、设赌、参赌，导致赌博现象愈加泛滥。民国时期赌博种类很多，有牌类和掷骰子。牌类分为纸牌和骨牌，主要有打扑克、推牌九、白纸牌、四色牌等，其中麻雀牌最为流行，在有些地方称之为麻将，一直延用至今。掷骰子有状元筹（状元签）、状元红、大观园、葫芦闷……掷碗、摇碗等形式。[70]

在清末民国时期，陇中地区的赌风更甚于全国，一个重要原因是社会娱乐活动极度缺乏，民众只能借赌博打发闲暇时光。对此，20世纪30年代任甘肃省财政厅长的朱镜宙写道："兰州无娱乐场所，我常独雇皮筏，仰卧其上，默诵东坡赤壁赋，及王逸少兰亭序，真是仰观宇宙之大，俯察品类之繁。"[71]省会城市都没有正当的娱乐场所和高尚的娱乐活动，广大农民在面朝黄土、背朝天，耕田种地之外的空闲时间更是贫乏枯燥，只有聚在一起赌博打发闲暇时间。清代陇中诗人吴之㻞在《陇西竹枝词八首》中描写道："谁家雪里兴偏豪，牛粪如香烘破窑。得向土床抛叶子，官粮完罢赌烧刀。"此处所写的抛叶子就是一种赌博方式，该诗所反映的就是农民在交完官粮后的农闲时节聚集在破窑中赌博的情景。《张连卖布》中提到的"押单双""押宝""掷三颗""打麻将""抹牛九""抹戳戳"都是陇中地区清末民国时期常见的赌博形式，这些赌博形式在用具、方法和场所等方面要求比较简单，是百姓中参与程度极高的赌博形式。即使在现在，在逢年过节及红白喜事活动中，当地百姓还是比较普遍地参与这些形式的赌博活动，特别是近年来赌博活动在陇中地区大有抬头之势，这是个值得警惕的社会现象。

（八）逛庙会：融祭神、游乐、贸易于一体的民间狂欢盛宴

逛庙会，也称赶庙会、赶山、赶会。"庙会是围绕着庙神祭祀形成的商业及游艺娱乐活动，因其商业交易特性突出，又被称为'庙市'。"[72]庙会风俗是社会风俗的重要方面，涉及宗教、社会、民间信仰、文化艺术、经济商贸等众多方面。庙会本来属于祭祀祈拜习俗，在清末民国期间，民间商业交易活动借助寺庙祭祀展开，庙会注入了都市商贸文化气息，同时，庙会也发展成为民间狂欢和娱乐的场所。随着商品贸易和游乐成份的加入，庙会从单纯的祭祀习俗发展为具有浓厚商业氛围和热烈娱乐气息的综合性民俗活动，逐渐形成融合祭神、游乐、贸易于一体的格局。"这一'逛'字一抹过去庙会祭祀习俗神圣、肃穆之感，变得轻松、愉快，成了具有娱人、悦神双重文化意义的'逛庙'之俗。"[73]"到了民国时期，

庙会的祭神逐渐变得无足轻重，而游乐和购物才是庙会的真正内容。"[74]庙会活动内容主要有"宗教的、服务的、商贸的、娱乐的、观光的"五种形式。[75]庙会将民众的宗教信仰、生计筹划、身心娱乐、社会交往、休闲享受融为一体。

传统的陇中地区属农耕社会，民众在农忙时节很少有机会和外界交流，而庙会则为乡民提供了交流交往的渠道和娱乐空间，发挥着调节村落生活的功能，民众可以通过逛庙会来消弭辛苦劳作的乏味和平淡生活的枯燥。正如鲁迅先生在《破恶声论》中所言："农人耕稼，岁几无休时，递得余闲，则有报赛，举酒自劳。洁神酬拜，精神体质，两愉悦也。"[76]陇中地区山大沟深，民众购物也十分不便，庙会上往往集中了民众所需的各种生产生活资料，为民众提供购买的便利，在庙会上还可买到便宜的小孩玩具和妇女装饰用品等物品。即便现在，庙会所售物品也以价廉质次的居多，有时也成为假冒伪劣产品的集散场所，而这却正符合乡民购买力较低的现实。除此之外，民众热衷于逛庙会还有一大缘由，对此施前曾经一语道破天机：赶热闹、为消遣、求福报只是附带的，还有一件说破了要被人骂的事，是男人看女人，女人看男人。[77]

在陇中地区，不论城乡，庙宇随处可见，凡有庙宇的地方就有庙会，规模较大的有兰州五泉山、秦安伏羲女娲庙、榆中兴隆山、临洮岳麓山、会宁铁木山、通渭卧虎山、静宁娘娘山、陇西仁寿山、安定西岩山等庙会。仅就兰州五泉山来说，因庙宇众多而庙会活动十分频繁，庙会期间附近商贩云集，商贸繁荣，逢会必演秦腔。《张连卖布》中张连所唱"曾不记，那一年，四月里的四月八，兰州五泉浪会哎。""浪五泉，打扮哎，你妹子年轻打扮得美，你妈老了打扮得脏。"反映的就是逛五泉山庙会的场景。四月初八日据传为释迦牟尼佛诞辰日，早在东汉时我国各地佛寺僧众就仿传说中"龙王以香水洗灌释迦太子"的故事，用五色香汤洗灌释迦牟尼佛像以纪念佛诞，这天称为浴佛节。兰州五泉山的佛寺每年都要举行浴佛会，人们把参加浴佛会叫"浪四月八山"。"兰州地区自魏晋时传入佛教，至迟到元明时期，就有在五泉山举行浴佛节的习俗。明清以来，兰州人倾城而出，游四月八庙会。红男绿女接踵摩肩穿行其间，礼佛、购物、品小吃、看热闹，各得其乐。"[78]在《皋兰县续志》中有"四月八日，五泉山为'浴佛会'，人士游观，施金钱"的记述，在《洮州厅志》中也有"四月八日，'浴佛'之期，各村落赴神庙以祈甘雨"的记载。[79]程先甲也写道："四月间兰州人必游五泉山，士女云集，凡戏剧、玩物，罗列售卖。八月间兰人必游雷坛庙，中值会期，陈列各种书画，古今悉备，附以酒馆、茶寮、剧院。"[80]兰州进士王烜有《五泉山浴佛会竹枝词》："此日真皆大欢喜，红男绿女满南园。花花界有庄严地，个个人来拜世尊。""盛会开成众妙门，珍奇罗列若星繁。""酒馆如林茶社簇，年来新样似京华。""野草如茵傍水源，大家团坐大家蹲。酒池欲涸肉林倒，醉饱归来公领。""拾级行前气若兰，嬉春时女任人看。近来好是莲盈尺，不似弓鞋窄窄难。"清代魏椿也曾写有《五泉山竹枝词》六首，"一春无雨四山晴，士女拈香尽出城。行到石桥天色早，大家先扑卖花栅。""浓妆淡抹翠花新，此日偏逢浴佛辰，妾自看山人看妾，低头无语发娇嗔。""龙华盛会五泉开，击毂摩肩亦美哉，听得前村鼗鼓响，儿童个个下山来。""彩楼镇日奏笙簧，优孟衣冠最擅场，看罢人人都道好，携尊又上二郎岗。""纷纷车马往来飞，一过今宵事便非，笑煞前途饮酒汉，醉眠荒冢不知归。"这些词句详尽地描绘清朝末年兰州五泉山浴佛会的盛况。总之，四月八日浴佛会是兰州历史上最隆重的庙会之一，虽然以浴佛等宗教活动为中心内容，但在清末民国期间，民众的娱乐目的重于"礼佛"，也是信仰传承向娱乐活动演变的明证。

近年来，庙会文化随着社会的发展而不断发生着变迁，"逛庙会"习俗也在不断添加着现代元素，并在此基础上产生着新的民俗事象。

（九）过年节：生活重压下的心理舒解

中国传统社会的节日犹如多彩的花环点缀着漫长而枯燥的日常生活，使人们在辛苦劳作过程中得以松和休息，借以释缓心理的重负。从起源来看，传统节日有源于原始祭祀活动、宗教活动、农事活动、社群娱乐活动、纪念庆贺活动、社交游乐活动等众多类型。传统节日的民俗活动蕴涵着深厚的文化底蕴，节日活动常常在大俗之中透着大雅，节日娱乐活动所映射出的人们的感情宣泄与向往追求，是所有娱乐活动中最能真实反映当时当地风俗习惯的。节日活动的方式千姿百态，不管是以集体形式还是分散方式进行，都具有大众化的特点。

在陇中地区，时令节日贯穿于一年四季各个月份之中，民间有"四大节，八小节，二十四个末末节"的谚语，反映出节日的丰富多彩，每个时令节日都蕴含着祭祀、团圆、走亲访友等重要礼俗活动。

春节是中华民族的第一大节日，凝结着中国人的伦理情感、生命意识、审美趣味与宗教情怀，是民族文化传统的集中展示，有着悠久的历史与丰富的文化内涵。广义的春节是从腊月初八的腊祭或腊月二十三的祭灶到正月十五的元宵节这一段时间，甘肃东部地区还可延伸到正月二十三的燎疳节。正如儿歌所唱："小子小子你别急，过了腊八就宰鸡；小子小子你别哭，过了腊八就杀猪；小子小子你别馋，过了腊八就是年。"和全国各地一样，陇中地区年节期间的民俗活动是丰富多彩的，主要围绕敬神祭祖、吃喝拜年、走亲访友、娱乐欢庆等主题展开。对此，《张连卖布》中进行了详尽描绘：

  曾不记，那一年，腊月眼看二十三，家家准备要过年。咱家没米又没面，又没柴来又没炭，出手卖了枣儿园。买红纸，写对联，各样脂粉都买全。量麦子，磨白面，年馍蒸了几笸篮。油饼作了两缸半，点心打了几掌盘。麻花拧得再莫断，茶笼提上把年办。城门外头买鸡蛋，再买骚葱胡椒面。割猪肉，两吊子，割上羊肉搅臊子。金针木耳粉条子，随带两把蒜苗子。青海湟鱼两斤半，甘谷辣子买两串。再买大蒜十八辫，豆酱面酱各一半。鱿鱼海参买斤半，糊里糊涂把年办。绿豆碟子细花碗，炕桌子上都摆满。咱两口子坐上边，娃娃坐在桌两面。又喝酒，又划拳，五子魁首八大仙。你也喧，我也喧，一喧喧到鸡叫唤。过年给娃散年钱，娃娃爱炮不要钱。买大炮，一墩子半，鞭炮买了几大串。买个火龙冲上天，买个地老鼠钻屁眼。曾不记，枣儿园，卖的过上了大年。

  耍社火，把旗打，柳木腿，紧跟下。头里走的汉钟离，后头紧跟铁拐李，张果老，倒骑驴，韩湘子把篮提，高肘子太悬巧，上头扮的《三上轿》；短肘子看起燎，扮的孙猴去盗桃。《三贤册》怀抱草，《伍员逃国》连夜跑。这些新戏没见到，落草后头耍万火，骑个黄牛胡做作，小伙子围了一窝窝，牛拉鼓，人真多，抡起鼓糙如雨落，秧歌场子真热闹，老汉看得胡子翘。

  这里所描写的采办年货、点景迎新、贴春联、放鞭炮、守岁、发压岁钱、拜年、耍社火、赏花灯等陇中地区的年节习俗，是全国各地汉族比较统一的民间习俗。

  陇中地区的年节是热闹而狂欢的，年节必耍社火，而打太平鼓和踩高跷是耍社火的重要节目。"兰州之迎春赛会。元旦（此处指现在的春节）后数日，市民举行迎春赛会，满街锣鼓喧闹。几许人妆扮若鬼怪，招摇过市。又十余人负大鼓，鼓长形，且跳且击，曰太平鼓。闻此风惟兰州有之，他县所无。有高跷与内地同。红男绿女，填街塞巷。女子多列坐街前，或升屋顶而观。男子则多整束绣鞍，驰骋于荒郊大道，城隍庙屋檐遍悬纱灯，华丽异常。持纸糊如漏斗之器者一人前行，打太平鼓者数人随后，又有扮女相者一人，丑不可言，而妆娇作态，时出谐言，调笑妇女，又有涂黑脸者数人亦招摇过市。"[81]"街上锣鼓喧阗，盖市民新年闹社火以取乐也。见无数男子作奇异之装扮，招摇过市，令人捧腹。闻其中故事，本有各种意义，惜年代久远，惟知奉行，而莫名其妙耳。又有十数人负椭圆形之大鼓，旋转跳击，均有节奏，俗称太平鼓。闻此风兰州最盛。又有扮作生、旦、丑、净模样者多人，以长数尺之木棍绑于腿上以代足，俗名高跷，形式与内地同。沿街红男绿女争先恐后，女子尤多列坐阶前，或升屋顶而观。少年男子亦有整其衣冠，骑骏马，驰骋郊外以取乐者。"[82]这些都是对陇中地区年节耍社火的详细记载。牛树梅在《正月思乡竹枝词》中写道：

> 对纸门神挨户鲜，都从除日说新年。火光缭绕初更始，村外家家接祖先。
> 爆竹遗风自古行，于今拌担却成名。逐家十拌连村响，争取鸡鸣第一声。
> 敬天敬祖敬神仙，醮马焚香献饭陈。各把灯笼门外挂，好来交互拜家亲。
> 礼神毕后黎明天，尊长跟前再拜年。最喜小儿学礼数，向人胡乱把头颠。
> 七八十家互往来，忽闻锣钹已相催。逐辈分行官节见，人人各带笑容回。
> 初三送纸免烧香，直到元宵闹若狂。最爱远听锣鼓声，太平景象一桩桩。
> 甥婿年年走一回，每逢犬吠便相猜。床头检点壶空否，今日准当亲戚来。

诗中对陇中地区贴对纸门神、接祖先、放爆竹、拌担、敬神祭祖、拜家亲、拜年、见官节、送纸、拜丈人、拜舅舅、蒸面灯盏等众多年俗予以详细描写。

元宵节俗称"过十五"，"元宵"指一年中第一个月圆之夜，由于元宵节有张灯观赏的习俗，也称为"灯节""灯夕"。"上元节"是元宵节的别称，源于我国道教的"三元"神之说和对上元天官的祭祀。元宵节既是春节的继续，又是春节的高潮，民间有"小初一，大十五"和"静大年，闹元宵"之说。元宵节可以视为中国的狂欢节，其热闹体现了中国民众特有的狂欢精神，具有丰富的文化内涵和深厚的文化积淀，城市元宵节的喧闹比乡村更加热烈。晚清来华的美国传教士明恩溥在其《中国乡村生活》一书中将元旦到元宵视为中国的"国假"，认为这段时间是中国国家的"安全阀"——若没有年节的调节，也许中国会因无休止的劳作而陷于混乱。[83]在《礼记·杂记》里孔子与子贡讨论迎春蜡祭活动时以引弓射箭为喻，指出蜡祭节庆中的举国狂迷可以让社会秩序得到最好调解。元宵节与古代蜡祭具有异曲同工之妙，而明恩溥"安全阀"的观点与孔子"张弛"观点也不谋而合。"元宵节狂欢庆典的关键正是一个'闹'字。灯节夜禁的开放，表面上虽只是准许常民夜间行动的自由，但实际上它所开放的是一个和日常生活里完全不同的空间和时间，一个允许人'闹'的'不夜城'。""元夕纵容人们逾越各种风教俗成的，甚或法律明定的界域，颠倒一切日常生活的规律——从日夜之差、城乡之隔、男女之防、雅俗之分到贵贱之别。人们身在其中，享受着一种与国家'法度'和'礼典'所规范之日常生活完全不同的自由，徜徉在一个社会阶层、性别角色，以及经济身份的种种界定都失去意义的世界。"[84]

关于陇中地区清末民国期间元宵节的民俗活动，有众多详细描写，在《中华竹枝词全编》中就选录了陈子简《兰州上元竹枝词》五首、陈中骐《兰州元夕竹枝词》十首、苏履吉《兰州元宵灯市竹枝词》和《兰州元宵灯市竹枝词续》十六首、阎雄《西固新年竹枝词》十首。陈中骐《兰州元夕竹枝词》写道："兰州城在四山中，佳节灯光映碧空。试向鼓楼楼下过，人如水涌马如风。""青丝粉颈好容颜，顾绣裙衫另一班。细马驮来纱罩面，城隍庙里看鳌山。"苏履吉《兰州元宵灯市竹枝词》和《兰州元宵灯市竹枝词续》中多数是描绘女子观灯景象的，如"称身妆束互相看，自拣新花髻上安。分付钗钿宜插稳，坠时容易拾时难。""忽听门前笑语哗，满街争羡好灯花。无端小婢心尤急，报道邻家已上车。""艳夸隍庙结灯山，多少游来士女班。妾自看人人看妾，回头无数怨红颜。""月华初上喜交辉，步出兰房自掩扉。最好车中三面看，却教先卸两边帏。"程先甲描述兰州元宵节所见："正月十五，各街店俱悬灯，并有龙灯周游城市。又有装'心子'（即今铁信子）者——状似高跷，演扮各种故事——皆选男女优秀者，争奇斗胜，周游城市，观者塞途，举国若狂。"[85]从这些描写可以看出，陇中地区元夕的主要活动集中于观灯，而最为突出的景象是妇女也可自由参加这一民俗盛会。

陇中地区的年节习俗，还有"天涯望哭""出新""点面灯"等极具地域特色的方面。对于"天涯望哭"，清乾隆四十三年刻本《皋兰县志》中有明确记载："除夕，男祭于木主，妇哭于大门之外。说者谓，有明之初，兰人自江南等省迁徙丁口者十居七八。妇人除夕遥祭母家亲属，天涯望哭，遂成习俗云。"[86] 1938 年顾颉刚在临洮考察时恰逢年节，他在日记写道："旧历除夕，上街看过年风俗，夜中，心头有怨苦之妇女都到门前痛哭，且烧纸为亡者。"[87]此地妇女到门前痛哭应该为"天涯望哭"习俗的沿袭。"除新"是陇中地区一项重要的民俗活动，在正月初一早晨，全家老少在大门外空地朝喜神方位焚香叩拜后，并将家中饲养的家畜赶到喜神方位活动，出新的规模和场面隆重而严肃，表达了人们对新一年人丁健康和六畜兴旺的美好祈盼。在陇中地区，还有正月十五点面灯的习俗。元宵节早上，妇女们把用糜面捏成的各式各样的面灯蒸熟，还要给全家人按属相每人做一盏相灯。夜幕降临以后各家开始点灯，年长者用线绳蘸上清油把一盏盏面灯点燃，分放到粮囤、井桩、畜圈、厕所等凡是有人去的地方，绝不能留有黑暗的旮旯犄角。还要给牲畜圈的槽头上点盏猴头灯，因为孙悟空曾是弼马温，点上猴头灯意味着六畜兴旺。牛树梅在《正月思乡竹枝词》中"蒸将面盏几盘笼，缠然浸油入罐中。不是银花和火树，夜来处处满堂红"所描写的正是通渭正月十五燃面灯的习俗。

## （十）拴娃娃和摸子：呼唤生命的孕养礼俗

对人类而言，生命的基本需求是个体生存和种族延续，种族延续就是生儿育女和传宗接代。中国传统社会以"孝"为本，儒家更将生育观念提高到孝德的高度，如《孝经》中的"父母生之，续莫大焉"和《孟子》中的"不孝有三，无后为大"的观点都是这种思想的具体表现。民间把种族延续看作极其庄重的人生大事，生儿育女被视为女性的根本任务，妇女生了儿子会"母以子贵"，而"无子"则是"七出"之由。因此，传统社会人们在婚后期盼生子的欲望特别强烈，早生贵子和多生贵子是人们对新婚夫妇最美好的祝愿和最殷切的期望，求孕祈子习俗在婚礼中就有非常充分的展现。尽管如此，在人类自身无法控制生育的时代，有些夫妇总是难圆"早生贵子"之梦，此时唯一能做的就是求助于神灵或自然物的帮助，于是便出现各种各样的求孕习俗，渗透于岁时风俗、人生礼仪、神话传说乃至器物佩饰、衣食住行的方方面面。

生育信仰是民间信仰的重要组成部分，主要贯穿于求孕祈子、孕子到产子、贺生到成年礼三个阶段。[88]祈子也叫求子，既可专指祈求儿子，也可泛指祈求生育，指代祈求生育时也称"祈孕"。"祈孕"是"俗民在一定的生育观支配下，为了实现某人在预期的时间或按照理想中的胎儿的性别受孕的目的而举行的种种仪式和行为过程。其中又包括祈子、祈女和一般性祈孕三种不同的类型。"[89]祈孕信仰是中国生育习俗的重要组成部分，源于人类早期的生殖崇拜，主要有生殖器崇拜、生殖象征崇拜和生育神崇拜等类型。生殖器崇拜是对性器官、性行为的信仰和礼仪行为，又经历了女阴崇拜到男根崇拜的发展过程。生殖象征崇拜是通过将象征生育的植物或动物作为崇拜对象的信仰行为，一般将葫芦、石榴、瓜等多籽植物视为女性子宫和母体生殖力的象征予以崇拜。生育神崇拜是通过对生育神的祭拜祈孕，是祈孕信仰的进一步发展。

在我国，不同民族和地域都有自己庞杂的生育神信仰体系及富有特色的祈孕习俗，而女娲娘娘、送子观音、碧霞元君是中国民间祭拜的最为主要的生育神。女娲抟土造人的传说在汉族民间广为流传，女娲因此也自然而然成为创造人类的始祖神。但随着社会的发展，女娲的形象在民间不断人格化，逐渐融入到世俗生活之中，经历了由原始崇拜到民间信仰的俗世化转变。女娲也由抟土造人的始祖神转变为恬念天下苍生苦乐的送子娘娘，实现了从"造人"到"送子"的演变，成为中国民间影响力最大和最受崇拜的生育女神。"如果说最初的'造人'神绩奠定了女娲作为生殖神的基本地位的话，后来的'送子''保长命'等行为已经是对民间繁衍后代、长命平安等功能性诉求的满足，是一位民间神灵直接而实用的功能表现。"[90]佛教里的观音菩萨进入中土文化相对较晚，但由于其教义与中国文化的特点相切合，在与中国传统社会融合过程中得到民间较高的认可。中国民间关于观音法门的教义义理和般若智慧并不被非常看重,而她的救难和送子功能则引起了更多关注,尤其是送子功能使其成为中国民间认可度最高的菩萨。送子观音是观音信仰中国化和世俗化的产物,送子观音信仰是观音信仰体系中的重要组成部分,民间盛行的送子观音习俗与中国传统注重子嗣和家族延续的内在精神相契合,形成了各种各样的信仰风俗习惯。"随着观音信仰的不断传播,不断与中国文化相交融、叠合,观音送子的功能越来越突出,逐渐成为了观音信仰的主要功能之一,并形成了专职的形象——送子观音。"[91]在道教中,男仙称真人,女仙称元君。泰山娘娘被尊奉为"天仙玉女碧霞元君",通常也称为泰山圣母、泰山奶奶,是北方地区人们所普遍信奉的送子娘娘,顾颉刚将其称为中国北方地区的"女皇"。五岳之尊的泰山因其神仙种类齐全而被称为"神山",东岳大帝原本是泰山的正统神祇,是阴间鬼魂的最高主宰,主管死,而泰山娘娘则是众多泰山神中影响最大的神祇,主管生。由于在生与死之间人们更加偏重于生,泰山娘娘的影响也就慢慢超过了东岳大帝。"明清时碧霞元君庙遍布全国,每到神诞庙会,倾城妇女往乞灵,祈生子。一直到近代,仍很活跃。"[92]

由于女娲娘娘、送子观音、泰山娘娘等所具有的慈母形象以及送生保育、祛病赐福的神格完全符合女性祈孕需要,因而她们成为中国女性信众的希望寄托。事实上,民间崇拜的送子佑子神仙常常不是单个神仙而是一组数量不等的神仙组合,这些神仙分别职司投胎、受胎、定男女、保胎、生产、养育、哺乳、梳洗、行走、去病等诸多功能,有些甚至还可以转变胎儿的性别。在陇中地区,有众多娘娘庙或在许多庙宇里建有娘娘殿,民众最为熟悉的当属送子娘娘和花儿娘娘,送子娘娘在信众心目中的重要地位前面已经谈到,至于花儿娘娘地位之所以如此重要,主要原因在于信众认为她负责护佑出天花、麻疹及各种水痘脓疮的孩子。因为天花和麻疹曾是令人胆寒的病毒,具有传染性强、病情严重和病死率高等特征,花儿娘娘在信众心目中的地位自然就可想而知了。民间一般以职责功能为娘娘命名,至于祀奉的到底是哪位或哪几位神祇,信众的心中其实是模糊的,一般也不去关注和考究。

拴娃娃是古代最常见的祈孕巫术,这种风俗在全国各地都有,陇中地区也曾非常流行。如果妇女婚后多年不育,就到娘娘庙内讨泥娃娃或用红线拴在泥娃娃身上,象征得了孩子。拴娃娃一般在赶庙会时进行,是一种特殊的庙会风俗,也有平常日子到庙中拴娃娃的。在《张连卖布》中张连唱道:"曾不记,那一年,你到我家有几年,不生女,不生男。我怪你,你怪咱,怪来怪去怪自家。年年有个三月三,子孙庙里求儿男,娘娘庙里祈平安。献饭提了两笸篮,咱俩跪倒大殿前。

你打卦，我抽签，嘴里不住胡拌蒜，抱个泥娃娃转回还"，"曾不记，那一年，娘娘庙里花了冤枉钱"描写的就是到娘娘庙求子祈孕的习俗。在陇中地区，到五泉山摸子泉摸子也是曾经十分流行的祈孕习俗，据《皋兰县续志》记载，这种风俗在清代乾隆时期就已经存在。兰州五泉山有惠泉、蒙泉、掬月泉、摸子泉、甘露泉五泉，摸子泉是地藏寺旷观楼下的一个岩洞，洞底聚有一汪泉水，水底有各种花石瓦砾。"兰州旧时习俗，于阴历四月初八日这天，各界人士多到五泉山参加浴佛节，到摸子泉摸子。泉在深约二丈的山洞中，两旁遍布佛龛，游人祈祷之后探手水底拾取一块东西，得石预兆生男，得瓦预兆生女。"[93]摸到石头则是生男孩的预兆，摸到瓦块则是生女孩预兆，这种说法应该是附会《诗经·小雅·斯干》中关于弄璋弄瓦的典故。清代魏椿《五泉山竹枝词》"满地野花色最鲜，拆来斜插鬓云边，阿娘只为求儿女，挈伴同行摸子泉"描写的就是妇女求儿女的习俗。高良佐游五泉山后也写道："下有摩子洞，作环桥形，数丈外有小泉穴一，暗黑不能辨，取火照之，乃见微水莹莹，乡人争趋摸索，冀获石麟。"[94]兰州绅士刘尔炘曾书楹联"糊糊涂涂，将佛脚抱来求为父母；明明白白，把石头拿去说是儿孙"悬在洞口，对这种民间俗信予以讽喻。

## 三、陇中小戏《张连卖布》广泛流传的启示

小戏根植于乡土文化和民众日常生活之中，是地方社会集体记忆和价值观念的承载，也是地方民众审美、情感、道德观念的凝结，更是地方民众集体智慧的结晶和文化财富的传承。由于小戏是对民众日常生活的真实反映，是普通民众真实感情的流露，接近于民众生活而为群众所喜闻乐见。小戏通过自娱及娱人，在娱乐过程中发挥着重要的教育功能。"像秧歌戏这样的民间小戏，具有相当的艺术感染力，作用是不可低估的。老百姓因此而入迷，甘心把秧歌戏等地方小戏当成自我教育的终生学校。"[95]

像《张连卖布》这样的陇中小戏之所以具有旺盛而坚韧的生命力，能够长期存在民间而成为经典，主要原因在于其所具有的特色。一是小。小是小戏的本质属性，是小戏最原生态和最根本的美学形态。也是其优势，可以以小见大并使人们在娱乐之中得到教育和美的享受。小戏之小主要表现在人物少、场地小、取材小、道具及形式简单等方面。二是俗。小戏诞生于民间，本身融进了丰富的民俗叙说，包含着丰富的民俗内容，传达着丰富的民俗文化内涵，正如陇中小戏《张连卖布》运用民间说唱形式绘制了一幅陇中地区的风俗画卷。三是浅。明代戏剧

家徐渭评论《琵琶记》的作者高则诚时认为："盖亦姑安于浅近,大家胡说可也。"[96]此处"安于浅近"的创作态度实际上也是小戏的审美原则与价值指向。所谓"浅",就是明朗畅达和通俗易懂,在内容上追求可解而在表演意图上追求说透。这种"浅"正好适合小戏的观众文化素质普遍偏低的现状,因为观众期望最直接地了解小戏所要表达的理、事、情。四是近。"近"就是贴近观众的生活和感情,为民众所喜闻乐见。民众之所以喜爱小戏,在于小戏演述的是他们所熟悉、关心和理解的事,运用他们所认可的标准对戏中人和事进行评论,反映着他们的价值观念和道德评判。五是喜。观众看戏的最直接目的是娱乐,希望在娱乐中暂时放下生活和思想上的重负。小戏虽不回避困苦和烦恼,却总是能够笑看世界和人生。小戏大多采用喜剧手法表现和揭示庄重严肃的主题,以达到劝善惩恶、激浊扬清、寓教于乐的目的,所传达的是乐观主义的精神。小戏通过对生活中的诙谐故事和滑稽人物予以发掘提炼来塑造角色,大量运用土语、口语、谐音、惯口、调皮话来表达,既使人感到滑稽可笑、妙趣横生、诙谐幽默、形象生动,又能反映丰富的内涵和深刻的寓意。六是真。小戏绝大多数是土生土长的村俗剧本,扎根于乡野民间肥沃的土壤,孕育于底层的民间社会,以人们日常熟悉的事物或故事为素材讲述家长里短,演述与底层民众命运息息相关的真实生活侧面。正是"出诸里巷妇女之口者,情词婉曲,有非后世诗人墨客操觚染翰,刻骨流血所能及者,以其真也。"[97]总之,正是由于小戏所具有的这些特征,使得其具有草根艺术的先天优势和旺盛的生命力而传唱不衰。

小戏的经典剧目之所以能够流传不衰,主要原因是由民众创作和演出,贴近民众现实生活,剧情表现民众的思想、感情和愿望,反映了民众生活的底蕴,符合民众的欣赏习惯,情理相通且通俗易懂,剧情使人明白世事并悟得哲理,为民众喜闻乐见,较好地实现了教育和娱乐两大功能。由此也提示戏曲创作在创作动机、题材选择和艺术形式等方面都要回归民间,题材要真正地贴近生活、贴近现实、贴近群众。不仅戏曲创作如此,整个文艺创作也应如此。

**参考文献:**

[1] 刘福. 陇中小曲[M]. 兰州:敦煌文艺出版社,1996:220.

[2] 苏涵. 精彩诡辩、自由文本与戏曲文化功能的实现——论眉户剧《张连卖布》及其它[J]. 戏剧文学,2012(1):66-72.

[3] 庄华峰. 中国社会生活史[M]. 合肥:合肥工业大学出版社,2010:128.

[4] 陈启新．中国民俗学通论[M]．广州：中山大学出版社，1996：216．

[5] 佚名．兰州风土记[M]//劳亦安．古今游记丛钞：第三册：卷之十三：甘肃省．上海：上海中华书局，1923：7．

[6] 顾颉刚，王树民．甘肃闻见记[M]．兰州：甘肃人民出版社，2002：136-137．

[7] 赵增荣．甘肃中部的畜牧业[M]．北京：科学出版社，1957：36．

[8][25][59] 剑雄．兰州琐记[M]//劳亦安．古今游记丛钞：第三册：卷之十三：甘肃省．上海：上海中华书局，1923：30，33，28．

[9][61] 侯鸿鉴，马鹤天．西北漫游记：青海考察记[M]．兰州：甘肃人民出版社，2003：48-49，48．

[10][87] 顾颉刚．西北考察日记[M]．兰州：甘肃人民出版社，2002：214，195．

[11][14] 周瑞增．中国烟草史话[M]．北京：中国轻工业出版社，1993：21，43．

[12] 胡忠良．教科书里没有的清史[M]．北京：中华书局，2010：216-217．

[13] 阿彬．阿拉伯的咖啡与水烟[J]．世界文化，2005：34-35．

[15] 杨天瑞．兰州水烟[J]．发展，2013（3）：47-49．

[16][27][29] 王圻．青烟录[M]//杨国安．中国烟业史汇典．北京：光明日报出版社，2002：20，20，21．

[17] 蔡琬．烟谱[M]//杨国安．中国烟业史汇典．北京：光明日报出版社，2002：18．

[18] 黄钧宰．金壶七墨：第一册[M]．上海：上海进步书局，1895：20．

[19][51] 陈赓雅．西北视察记[M]．兰州：甘肃人民出版社，2002：117-118，121-122．

[20][50] 侍建华．甘肃近代农业发展史事纪要（1840—1949）[J]．古今农业，2001（1）：6-66．

[21][94] 高良佐．西北随轺记[M]．兰州：甘肃人民出版社，2003：51-52，41．

[22] 袁庭栋，王齐．中国吸烟史话[M]．北京：商务印书馆国际有限公司，1995：150-151．

[23] 张大明．中国烟草史话[M]．北京：中国轻工业出版社，1993：35．

[24] 唐学仁．水烟袅袅出青城[J]．中华手工，2013（4）：58-60．

[26] 马健．"青城水烟"的传统手工艺研究[J]．西北民族大学学报（哲学社会科学版），2012（2）：149-158．

[28] 付超．清代宫廷生活中的水烟用具[J]．收藏家，2011（8）：65-68．

[30] 潘光旦．寻求中国人位育之道[M]//潘乃穆，张海焘．潘光旦文选：上卷．北京：国际文化出版公司，1997：297．

213

[31] 潘光旦. 中国伶人血缘之研究[M]. 北京：商务印书馆，1941：10.

[32] 李文举. 看戏琐记[EB/OL]. 商南政协（2012-10-28）. http://www.snxzx.gov.cn/Article/ShowArticle.asp?ArticleID=224.

[33] 叶圣陶. 倪焕之[M]. 南京：江苏文艺出版社，2010：74.

[34] 陈抱成. 中国的戏曲文化[M]. 北京：中国戏剧出版社，1995：30-41.

[35] 徐珂. 清稗类钞：第三十七册：戏剧[M]. 5版. 北京：商务印书馆，1928：72-73.

[36] 邓慧君. 甘肃近代社会生活史[M]. 兰州：甘肃人民出版社，2008：162-163.

[37] 陇西县志编纂委员会. 陇西县志[M]. 兰州：甘肃人民出版社，1990：537.

[38][78] 邓明. 兰州历史文化：民俗民风[M]. 兰州：甘肃人民出版社，2007：51，53.

[39] 徐珂. 清稗类钞：第二十六册[M]. 北京：商务印书馆，1984：88.

[40] 协纪辨方术：上册[M]. 刘道超，择吉术，注评. 南宁：广西人民出版社，1993：50.

[41] 沈利华，钱玉莲. 祥物探幽[M]. 南京：东南大学出版社，1995：223.

[42] 王志远. 由发誓达至互信建立的内在机制——人类社会中的发誓行为及其博弈分析[J]. 征信，2013（1）：22-27.

[43] 张永和. 诅咒（赌咒）、发誓现象初探[J]. 新疆大学学报，200（3）：102.

[44] 潘兰香. 东岳大帝源流[J]. 学术交流，1997（6）：128-130.

[45] 方文. 华夏民间俗信宗教——城隍[J]. 书屋，2003（4）.

[46] 卢多逊. 开宝本草[M]. 辑复本. 合肥：安徽科学技术出版社，1998：411.

[47] 李梴. 医学入门[M]. 北京：中国中医药出版社，1995：164.

[48] 徐杰舜，万建中，周耀民. 汉族风俗史：清代后期：民国汉族风俗[M]. 上海：学林出版社，2004：155.

[49] 郭嵩焘，梁小进. 郭嵩焘全集：4[M]. 长沙：岳麓书社，2012：808.

[52] 尚季芳. 民国时期甘肃鸦片吸食状况及成因论述[J]. 甘肃社会科学，2009，3：10-14.

[53] 凤玄. 卓尼归来[M]//中国西北文献丛书编辑委员会. 中国西北文献丛书：第23卷：第139册. 兰州：兰州古籍书店，1990：182.

[54] 田澍，何玉红. 西北边疆社会研究[M]. 北京：中国社会科学出版社，2009：506.

[55] 宣侠父. 西北远征记[M]. 兰州：甘肃人民出版社，2001：59.

[56][57][58] 林鹏侠．西北行[M]．兰州：甘肃人民出版社，2003：43，43-49，77．

[60] 马鹤天．甘青藏边区考察记[M]．兰州：甘肃人民出版社，2003：135．

[62] 张杨明．到西北来[M]．北京：商务印书馆，1937：164-165．

[63] 张慎微．靖远的烟场[M]//中国人民政治协商会议甘肃省委员会，文史资料研究委员会．甘肃文史资料选辑：第13辑．兰州：甘肃人民出版社，1982：90-91．

[64] 徐珂．清稗类钞：第4册[M]．北京：中华书局，1986：1724．

[64] 吴少华．古灯千年[M]．上海：百家出版社，2004：181-184．

[66] 龚炜．巢林笔谈[M]．北京：中华书局，1981：107．

[67] 徐杰舜，万建中，周耀民．汉族风俗史：清代后期：民国汉族风俗[M]．上海：学林出版社，2004：155．

[68] 王赛时．中国古代生活习俗面面观——吃喝玩乐[M]．济南：山东友谊出版社，1999：155-156．

[69] 林永匡，袁立泽．中国风俗通史：清代卷[M]．上海：上海文艺出版社，2001：496．

[70][74][95] 钟敬文，万建中，李少兵．中国民俗史：民国卷[M]．北京：人民出版社，2008：479，482，449．

[71] 朱镜宙．梦痕记：下[M]//沈云龙．近代中国史料丛刊续编：第43辑：第426册．台北：文海出版社有限公司，1966：391．

[72] 钟敬文，萧放，等．中国民俗史：明清卷[M]．北京：人民出版社，2008：62-65．

[73] 李路阳，畏冬．中国清代习俗史[M]．北京：人民出版社，1994：1-2．

[75] 齐守成．都市里的杂巴地——中国传统闹市扫描[M]．沈阳：辽宁人民出版社，2000：6-7．

[76] 鲁迅．鲁迅文集：第七卷：集外诗文选：序跋文选[M]．哈尔滨：黑龙江人民出版社，1995：22．

[77] 施前．轮船上[M]//上海妇女杂志社．中国近现代女性期刊汇编：妇女杂志：第71册．北京：线装书局，2006：35425．

[79][86] 丁世良，等．中国地方志民俗资料汇编：西北卷[M]．北京：北京图书馆出版社，1989：165，62．

[80][85] 程先甲．西北考察日记：游陇丛记卷二[M]．兰州：甘肃人民出版社，2002：54-55，55．

[81] 胡朴安．中华风俗志：下册[M]．石家庄：河北人民出版社，1986：345．

[82] 林竞. 蒙新甘宁考察记[M]. 兰州: 甘肃人民出版社, 2003: 87.

[83] 明恩溥. 中国乡村生活[M]. 午晴, 唐军, 译. 北京: 时事出版社, 1998: 347.

[84] 陈熙远. 中国夜未眠——明清时期的元宵、夜禁与狂欢[J]. 中央研究院历史语言研究所集刊, 2004: 283-329.

[88] 徐桂兰. 中国育俗的文化叠合[M]. 南宁: 广西民族出版社, 2002: 3-6.

[89] 张勃. 祈孕≠祈子说——兼及民众的生育观[J]. 民俗研究, 2004, 3: 40-49.

[90] 马计斌, 等. 女锅民间信仰的世俗化演变及其文化意义[J]. 河北工程大学学报(社会科学版), 2010, 27(4): 1-3.

[91] 周秋良. 民间送子观音信仰的形成及其习俗[J]. 中南大学学报(社会科学版), 2012, 18(5): 13-17.

[92] 张进. 泰山娘娘与女性宗教信仰[J]. 管子学刊, 2007, 3: 102-107.

[93] 马序, 马玉霞. 兰州五泉文化沿革述评[J]. 兰州学刊, 1987, 2: 90-93.

[96] 徐渭.《南词叙录》注释[M]. 中国戏剧出版社, 1989: 25.

[97] 中国艺术研究院音乐研究所. 杨荫浏全集: 第3卷: 中国古代音乐史稿: 下[M]. 南京: 江苏文艺出版社, 2009: 295.

# 论身体仪式性表演与民族传统体育非物质文化遗产
## ——以甘肃临洮县"师公跳神"仪式为例[①]

张学军　何亚丽[②]

（甘肃中医药大学定西校区　学前教育与体艺教学部）

【摘　要】运用体育人类学的方法，通过对甘肃临洮"师公跳神"仪式的田野考察，探讨了"师公跳神"中身体仪式的表达，在此基础上分析了身体仪式性表演与民族传统体育非物质文化遗产的关系。研究表明：身体仪式表演不仅是民族传统体育非物质文化遗产的物质基础，而且是民族传统体育非物质文化遗产存在的主要价值，也是民族传统体育非物质文化遗产保护与传承过程中的主要对象。

【关键词】身体仪式；师公跳神；民族传统体育非物质文化遗产；保护；传承

## 一、问题的提出

自1997年民族传统体育学列入为体育学下的二级学科以来，民族传统体育非物质文化遗产已成为民族传统体育研究的重要领域和范畴。面对经济全球一体化的时代趋势，蕴含着民族精神的体育非物质文化逐步脱离了主流的体育文化，"甚至有许多或已灭绝，或正在处于濒危的边缘"[1]。因此，加强非物质文化遗产中民族传统体育文化遗产的保护与传承已刻不容缓。

目前，我国关于民族传统体育非物质文化遗产保护与传承的研究主要以对民族传统体育非物质文化生存状态分析、法律体系构建、政策建议、存在问题、开

---

[①] 基金项目：2015年定西师范高等专科学校科研项目"陇中体育非物质文化遗产研究"（项目号：DS1513）。

[②] 作者简介：张学军（1976—），男，甘肃通渭人，甘肃中医药大学定西校区学前教育与体艺教学部讲师。研究方向：体育人文社会学。
何亚丽（1979—），女，甘肃定西人，甘肃中医药大学定西校区学前教育与体艺教学部讲师。研究方向：社会体育。

发利用等方面的定性研究为主，且多数学者研究成果均指出，对民族传统体育作为非物质文化遗产进行保护意义重大[2-6]。可以看出，我国传统体育非物质文化遗产保护与传承，仍处于需要上级政府行政力量的推行，基层政府被动执行的阶段。由于长期依赖于行政的强制力，传统体育非物质文化遗产的保护与传承取得了一些成绩与效果，同时也暴露出社会运行灵活性差、发展创新滞后、群众积极性低迷等诸多的弊端，这些因素极大地影响了传统体育非物质文化遗产的保护与传承。

身体仪式是一个复杂的现象，特别是那些族群纪念和祖先祭祀的重大仪式中，人们可以感受和体验到在同一仪式中的庞大的因素，而身体表演经常表现为实现仪式程式的核心价值。体育作为一个能够集中展示身体表演的领域，不仅连接了人类的过去与现在，而且将人的自然性与生物性有机地联系起来。身体运动不仅是体育物质的载体，也是体育思想属性与价值的体现。身体仪式性表演是我国一些广阔村落社会里的普遍现象，在民俗节日里，往往会组织一些与祭祀民俗活动有关的仪式性表演，其目的以祈风调雨顺、国泰民安等，一些身体仪式性表演具有强烈的娱乐表演和体育竞技因素，构成了我国形形色色的民族传统体育文化。

因此，身体仪式性表演中往往蕴含有大量的民族传统体育文化的因子，是提炼民族传统体育文化的资源宝库。保护民族传统体育非物质文化首先要保护其生态环境，而身体仪式性表演则是民族传统体育非物质文化遗产生存的主要生态环境。本研究以甘肃临洮的"师公跳神"仪式为例，运用人类学身体象征研究流派的理论文化，探讨身体仪式性表演与民族传统体育非物质文化遗产的关系，探讨民族传统体育非物质文化遗产与身体仪式性表演的关系，解读民族传统体育非物质文化遗产的生命密码，从民族传统体育非物质文化遗产的生命源头思考保护措施和政策。

## 二、"师公跳神"的渊源及文化特征

师公，又称法师、端公；跳神，又称之为"打醮"，指师公为祈福禳灾在道场中跳的歌舞，也称之傩舞。傩是一种请神逐鬼、祈福免灾的文化现象，傩舞是源于一种以驱鬼逐疫为目的的古老傩祭礼仪，用于祭祷天地、赞佛、驱鬼的舞蹈，富有强烈的宗教色彩[7]。根据调查，在甘肃临洮一带的"师公跳神"与多神信仰①有

---

① 神教是一个兼收并蓄，杂糅混合的民间信仰（主要吸收佛教、苯教、萨满教、道教等），因而能被各阶层与各宗教的人接受，具有普泛性。就甘肃临洮地区来说，又是藏汉合璧的，而藏族民俗文化的影响多一些，也体现了当地地域文化的特色。

关，以龙凤为图腾。作为一种宗教形式，既不能和世界性宗教（佛教、基督教、伊斯兰教）相提并论，也不能和国内曾有的苯教、萨满教相比肩。它可以说"五无"宗教，没有深刻的教义和经典，只有仪规；没有自上而下的组织，只有不相连属的小团体；没有专业的从业人员，只有半职业的师公，平时务农，只在跳神时参与活动；没有长年活动的宗教场所，只有临时利用的庙会会场。

根据实地调查，临洮的"师公跳神"不仅表达的是高原民族的信仰和企盼，体现出高原民族的个性和审美追求，也折射出不同的文化特征（表1）。

表1 "师公跳神"的文化特征

| 文化特征 | 具体说明 |
| --- | --- |
| 地域性 | 由于严酷的自然环境，这里文化变迁的步伐显得相对迟缓，"师公跳神"仪式保留得相对完整，有很强的地域性 |
| 农耕民族性 | 在"师公跳神"仪式舞蹈活动中，舞蹈动作大多反映农业生产或农业生产方式相关的内容，如"砍木""割茅草""抛茅草"等 |
| 传承统一性 | 由于在相对封闭的条件下，使的"师公跳神"的传承形成一连贯的文化模式，表演形式、时间、地点相对稳定 |
| 民族交融性 | 一方面它集民俗、体育、音乐为一体，通过多个民族传统文化交融、渗透；一方面从多个侧面反映了当地民族文化的内涵，是当地民族发展的活化石 |
| 仪式与象征的统一性 | 由于道德文化的影响，"师公跳神"具有浓厚的宗教色彩和仪式性，通过长时间的丰富发展，它已成为一种以舞蹈形式出现的仪式，或者成为沟通人神的主要手段 |

## 三、"师公跳神"仪式过程中的身体的表达

加拿大仪式学家格兰姆斯（Crimes）认为，仪式的根源来源于生物的和自然的现象，"而仪式则肇始于仪式化"[8]。格兰姆斯所谓的"仪式化"实际上具有某种特征意味的人体动作的表演，这类身体表演起因是人类生理和心理反应的自然流露。如人的四肢由于长期的运动或劳动，使得具有特别敏感的条件反射功能，最常见的条件反射就是双手高举表示投降、双手合抱表示屈服，双膝跪地表示顺从。这些动作便构成了格兰姆斯所说的仪式化动作，即身体仪式表演。如我国就有"言不足故长言之，长言之不足故嗟叹之，嗟叹之不足，故不如手之舞之"（《礼记·乐记·师乙篇》）。为此，正是人体机能不断延伸的过程中，仪式的行为逐渐发展丰富，由而形成了某种特征的身体表演形式，从而也为民族传统体育非物质

文化提供了物质基础。

"师公跳神"中身体表演作为仪式的主要核心价值包含以下几层意思：一是师公被赋予特殊的社会身份；二是师公身体表达非常奇异，在许多重大和祭祀仪式中，师公的身体常表现出"非常"的特异行为，如不定期的为小孩剃头法事活动的"师公跳神"，师公的身体具有治疗疾病等能力；三是师公在仪式活动中的身体控制技术，即对自己身体、灵魂、思想和行为加以控制、调适和操作的手段；四是工具、器具（鼓扇）的功能。在"师公跳神"中，师公们使用的工具称之为法器①，这些法器构成身体表演的一部分。身体表达不仅具有一种特殊的技术能力，也是实现仪式功能不可缺少的媒介。

"师公跳神"仪式活动首先是准备"跳神"的寺庙或其他场所，先推举一名会首（也有世袭的），再决定几个帮办，也称为把总，后邀请坛主（即师公的头儿），根据会期，商量其仪式的内容及程序，确定师公的人数。根据调查得知，"师公跳神"仪式活动至少由四名以上师公共同来参与仪式表演，主要因为由于一是仪式进行时间较长，仪式不能间断，一两个师公的体力难以承受；二是仪式内容特别复杂，宗教颂词、舞蹈器具繁多，经常需要几位师公共同来完成。师公所主持的仪式以及在仪式中的身体活动，起到了一种将各种关系联系在一起的作用（图1）。从图1可以看出，师公的身体仪式性表演仿佛是一条纽带将所有的关系——看得见的、看不见的，关系远的、关系近的，灵异的、肉体的，观念的、行为的，可实现的、不可实现的，心理的、现实的，承诺的、兑现的等——交织在一起，而这一切都需要师公的身体运动。

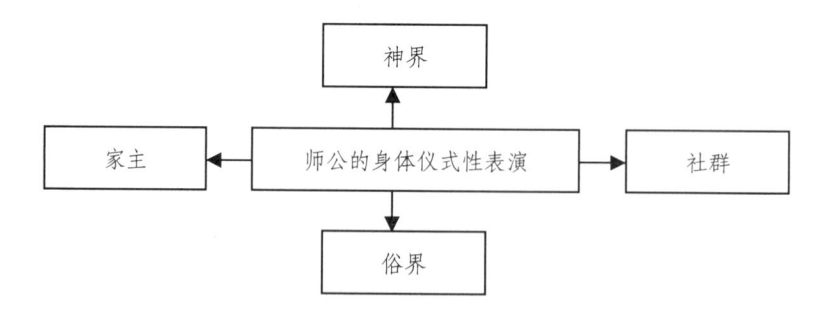

图1 "师公跳神"中师公与各种关系的联系示意图

---

① 法器是跳神时师公使用的主要乐器，主要有羊皮鼓、海螺号、小钹、木鱼、鞭等。师公所用的羊皮鼓也称为八簧鼓（指手柄下有八组小铁环，每组两片铁环），携带方便，调节音量的主要方法是喷水或火烤。声音清脆，轻敲如天阙传音，重敲如万马奔腾，急敲如暴风骤雨，缓奏如深涧小溪。

由于仪式大都在公众，或者特殊、特定的人群中进行，因而也具有"身体活动表演"的特性。师公的身体表达需要与特定的人群、族群的叙事文本结合，才能赋予一定的身体仪式表演的价值。依照仪式的这些要素和构成，"师公跳神"仪式显然非常契合。通过实地考察，临洮的"师公跳神"仪式活动范围及时期是根据不同的仪式需要来选择的（表2）。跳神活动仪式与内容的多少与活动的规格或规模有关。其表演程式有请神（俗称破纸）、上蜡、召亲（即召亡）、引坛（舞蹈）、献羊淋羊滚羊①、扎签跑马②、上刀山、下油锅、耍武术等。一般情况下，伴随着"神曲"演唱的节奏，特别是扇鼓的敲击，师公们或走直线，或围成圆圈，或前后阵错动，变幻着队形，翩翩起舞，跳跃腾挪，舞动扇鼓，一展舞姿，其动作矫健奔放；武术表演是"师公跳神"中常见的名目，其表演形式有单打和对打，一般是流星开场，单刀收尾，中间有棍、矛、剑等。根据一些老艺人讲述，武术和跳神本没有内在联系，但这种习惯被一直传承下来。根据调查得知，在当地，一些师公一般都需要有一副好拳脚，在"师公跳神"中耍武术不仅体现一种身体仪式的需要，同时也表达了当地人民尚武精神。民谚云："骂仗别惹戏子，打架别惹师公"，说明师公的武艺强。

表2 "师公跳神"的活动范围、时间及功能

| 仪式活动范围 | 仪式活动时间 | 仪式的主要功能 |
| --- | --- | --- |
| 定期性的庙会活动 | 根据不同的庙会需要选择不同的时间,如九天圣母庙会为五月十五日、城关湖滩庙会为五月初二、白马爷庙会在四月二十六日 | 还愿、春祈秋报、迎神赛会、送瘟神、庆丰收等 |
| 定期的祭典方神、家神活动 | 虽几年一次,但都有固定的时间 | 维系地方或家庭人们的关系，增强凝聚力 |
| 不定期的为小孩剃头法事活动 | 时间不定 | 举行剃头仪式，驱邪避灾，祝人们健康长寿，大吉大利 |

## 四、"师公跳神"与民族传统体育非物质文化遗产的关系

体育的本质包括两个方面，一是个体方面的质，即通过体育活动的方式和手段来增强人的体质为目的；二是社会方面的质，即通过体育运动手段达到一定的

---

① 把羊淋好后，在房顶宰杀，然后滚下来。
② 师公中身强力壮的汉子，头戴五方神牌，赤裸的臂膀上，口腔上扎着铁签（不锈钢的或银制的），骑在马上奔驰。根据调查，这是仪式的一种需求，起源于人祭。

社会目的。体育的本质正是由自然质和社会质相互结合、联系交互作用来决定的。因此，体育是根据社会的需要，以运动作为主要手段，通过对人的培养来达到社会目的的一种实践活动[9]。身体仪式性表演成为民族传统体育非物质文化遗产"必须具备经上两个要素，即'俗'与'体'"[10]。从"俗"的性质上来看，祭祀、庆典民俗活动是由底层民众民俗心理需要而创造的一些仪式，这种祭祀、庆典活动是随着乡土社会历史的发展而发展成为一系列与祭祀、庆典有关的活动[11-12]。从临洮"师公跳神"中可以看出，祭祀、庆典仪式都有其约定俗成的套路和模式，是当地村落个体和群体不可违约的、必须遵守的准则，并在村落中得以延续与蔓延，具有"俗"的基本特性。从"体"来看，"师公跳神"仪式活动中的身体表演（包括舞蹈、武术）表演仪式带有特别明显的、持续的、较长时间的身体运动，所产生的运动量作用于人体将会改善人的体质。

另外，大量研究表明，体育的特性主要有健身性、教育性、文化性、竞技性、技能性、娱乐性、社会性[13]。根据笔者对"师公跳神"中身体仪式性表演活动的归纳与总结，这些身体仪式性表演活动基本符合体育的基本特性（表3）。因此，不论是"师公跳神"中身体仪式性表演的本质还是其特性，都是民族传统体育非物质文化遗产的物质基础和精神基础，是民族传统体育非物质文化遗产存在的主要价值，也是在民族传统体育非物质文化遗产保护与传承过程中的主要对象。

表3 "师公跳神"身体仪式性表演的特性与本质

| 特征 | 具体说明 |
| --- | --- |
| 健身性 | 舞蹈及武术运动量大，持续时间长，根据笔者对表演者身体活动进行测试①，这种身体运动形式能够达到的健身效果 |
| 教育性 | "师公跳神"在不同的历史时期，或是教育功能的主体，或是教育的内容之一，其本身有着实在的教育功能。现阶段，经过改编的"师公跳神"不仅走向了社区表演舞台，同时也走进了当地的中小学，由于它具有广泛的吸引力，娱乐活动性强，实现了美育功能、德育功能和开发学生体力和智力的功能，因此，有很强的教育性 |
| 文化性 | "师公跳神"是将宗教以一种泛文化的表现形式出现，它有效地融入社区的日常生活，并扮演重要的角色，这在当地乡村的社区生活中具有积极的意义 |

---

① 采用体育锻炼水平PALQ量表自评，师公每次身体活动分为四个等级，即：0=活动轻松或气喘无出汗；1=稍费力有气喘无出汗；2=费力有气喘且有一点出汗；3=很费力或有气喘且有大量出汗。自评结果显示，参与"师公跳神"表演的师公每次活动量均在2.9以上。

续表

| 特征 | 具体说明 |
| --- | --- |
| 技能性 | "师公跳神"中的舞蹈动作及武术表演动作难度系数大，一般人不容易掌握，需要长时间的练习才能达到身体仪式表演的效果 |
| 竞技性 | "师公跳神"的武术表演者在同一表演场合进行竞技表演，不仅展示自己精湛的武艺，同时获得受众的认可，以来提高自己的身份 |
| 娱乐性 | "师公跳神"中身体仪式表演的一些运动幽默、滑稽，具有不仅让神笑，也能让人笑的娱乐效果 |
| 社会性 | "师公跳神"是村落共同体所创造和享用的生活方式，是在村落历史长河中沿袭、继承、传播、发展的一种固有模式化的民俗文化形式，它对维系村落的文化传统、凝聚村落共同体的认同、促进村落群体的团结、和谐具有不可替代的作用 |

## 五、"师公跳神"仪式中身体运动的延续

事实上，在考察临洮"师公跳神"仪式活动中，可将仪式视为一种身体仪式性表演，其中隐含了诸多的身体文化即体育文化的表现，正是由于这种特定的身体仪式性表演，使得一些身体运动得与延续和发展。

### （一）舞蹈

舞蹈是身体展演的艺术，"一切舞蹈原来都是宗教"[14]。以体育人类学为视角研究那些古朴的原始舞蹈，我们确实又不能不关注那些凝结中又跟当地人息息相关的民间宗教信仰因素。田野调查表明，临洮的"师公跳神"又称"傩舞"，这种舞蹈形式是以鼓扇为道具，载歌载舞的一种民族传统体育文化，更是一种祈福求吉的身体仪式表演性活动，是满足着当地民众精神需求的身体仪式表演。根据大量调查，临洮的"师公跳神"的表现形式没有自己独立的宗教典籍，没有教主，其驳杂的教义、哲理，也许体现在复杂的宗教仪规之中，没有文字记载，靠的是一代代的身传心授，口耳相传。

体育人类学提醒我们，"师公跳神"中蕴含的舞蹈不是单纯的身体运动，其作为身体仪式行为的多样化社会功能不容忽视。今天，由于时代背景的转换，这种有着民间根基的身体仪式功能呈现弱化之势，却作为民族传统体育非物质文化遗产核心价值而存在，成为支撑民族传统体育非物质文化遗产保护和传承的主要方式与手段。研究表明，傩的历史很早，《论语·乡党》篇就有"乡人傩"的记载，

舞者头带假面具，手执干戚等兵器。在"师公跳神"中，我们可以看出舞者舞动鼓扇，动作矫健而奔放、步幅轻盈流畅，特别是当舞者边舞边甩头时（用麻扎的二三尺的发辫），气氛更加热烈。因此，在当地，表演一次隆重的"师公跳神"活动，无疑会在一个盛大的节日，它以色彩绚丽的各种旗帜、经幡①、矫健勇猛的舞蹈，这一赋予高原特色的民族传统体育文化吸引着感染着当地民众，成为甘肃陇中地区民族传统体育非物质文化遗产的一朵奇葩。正因如此，这种身体仪式性运动得到民间艺人的改编、提升，以"旧瓶装新酒"的表现形式，创作了一部具有地方特色的大型歌舞，参与各种庆典活动，甚至搬上表演的舞台。

## （二）武术

大量研究表明，马家窑文化首先发现于甘肃临洮马家窑。这说明在甘肃临洮就有远古人类生存的痕迹。在远古时间，由于人们与自然环境的抗争中并没有身体意识，但随着文明社会的发展，民族传统文化的思维特征就在身体仪式表演活动中完全地表现出来，不同的文化环境造就出不同的身体仪式性表演活动。武术的技能和内容都源于原始社会时期生存搏斗，是人类共同生存的技能。根据调查研究，甘肃临洮地区的人们自古就有尚武的习俗，在明末清初，武术就盛行于临洮，以后世代相传，蔚成风气。对民间传统武术统计，仅1985年挖掘整理的流行套路就有135套，其中拳术类33种、器械类74种、双练类28种。

通过"师公跳神"中武术项目与临洮现流传的武术套路相比，不论表演形式还是表演内容都有高度的一致性。根据老一代"师公"介绍，他们上一代的"师公跳神"就有了武术表演，并且通过一代又一代的"师公"进行传承。另外，调查还发现，现有的一些"师公跳神"的师公大都从小习武，有一些师公是当地的武术名家。研究表明，我国武术以中医学、阴阳五行为理论指导，同样表现出典型的有机整体特征[15]，武术与其他身体运动一样不但要求身体协调，而且这种协调上升到一种更高的高度，即内外合一，形神兼备。"内练精神气，外练筋骨皮"是武术练习的基本准则。通过对"师公跳神"中武术动作表演考察，这些基本动作不仅全面提高练习者的柔韧、灵敏、协调、力量等身体素质，还可锻炼人体内脏、神经系统，涉及练习者的"精、气、神"。就"师公跳神"中武术运动的技

---

① 经幡也称为纸火。根据表演规模、场地的大小来制作，小规模的纸火有生神旗、攒旗、转幡、冲天旗、引魂旗、兵旗等；中等规模的有结伞、蟒幡；大规模的还有特幡、天棚。

而言，每个动作都能调动练习者身体的上与下、左与右、内与外的高度配合，达到手、眼、身法、步的连贯协调。因此，"师公跳神"中的身体仪式性表演不仅促进了当地武术的发展，同时也是当地武术的保护、传承不可缺少的媒介。

## 六、身体仪式性表演与民族传统体育非物质文化遗产的传承与保护

### （一）保护民族传统节日

中国传统节日是充分展示民族传统体育魅力的舞台，身体仪式性表演活动是当地传统节日形成与传承的主要文化背景。因此，身体仪式性表演的消长，在某种程度上会影响当地传统节日的盛衰。就临洮"师公跳神"而言，尽管由于仪式活动范围的不同，表演时间不确定，但由于当地多神信仰的关系，使得定期的庙会活动有了固定的时间。如在当地接应"十二龙神"、九天圣母的庙会是五月十五日，迎接"索爷"的庙会在五月初二，迎接"白马爷"的庙会在四月二十六日等。各庙会的会期一般三天，内容主要是"师公跳神"仪式性等活动。庙会不仅仅是一个信仰场合，更为重要的是一个村落文化空间，庙会在某种意义上就是一个村落的文化表征。"如果这些没有血缘关系的人能结成一个地方社群，他们之间的联系可以是纯粹的地缘，而不是血缘了。"[16]庙会不仅是身体仪式性表演活动的场所，更是其生存的主要环境。因此在民族传统体育非物质文化遗产的传统与保护过程一定着重保护其生存的环境，即当地民族传统节日。

### （二）保护当地的"人生礼俗"

人生不同阶段的礼仪，由于体现了不同阶段的人生追求，必然借用人们身体仪式信仰观念中的超自然神秘力量以满足人们的心理需求，必然采用身体仪式性表演等巫术的方法来虚幻的实现人们的追求，就形成了民间信仰为底蕴的各种人生礼俗。人生礼俗，包括结婚、诞生、成年、生日、丧葬等礼俗，是构成民族传统体育非物质文化遗产的一部分。随着人们观念的变化，民间人生礼俗发生了变化，这一部分传统体育非物质文化遗产也发生了很大的变化。在不定期的为小孩剃头的"师公跳神"是一件十分庄重的人生礼俗，也是当地一个重要的民俗。师公们除了身体仪式性表演外，还要立高灯仪式（第一年立灯，第二年点灯，第三年玩灯）。因此，民族传统体育非物质文化遗产的传承与保护也得于当地"人生礼

俗"的发展与传承。

### （三）加强民间艺术综合性保护

非物质文化遗产的表现形式包括诸多的方面，但其所有的形式都与影响它的民族、地域联系在一起，并构成了一个文化的综合体，从而也构成民间艺术的一个综合体，且这个综合体是不可拆解的。因此，作为一种民间艺术，每一项符合标准的非物质文化遗产都不可能以一个物质符号独立存在。就"师公跳神"而言，这一民族传统体育文化形式，既包含了当地人民的虔诚信仰和勇于创新、顽强拼搏的民族精神，也包含民间语言、音乐、服装等内容，是一种民间综合性的艺术形态。因此，实行民间艺术整体综合性的保护与传承，能够推动民族传统体育非物质文化遗产的发展、创新。

## 七、结论

身体仪式性表演不仅揭示了民族传统体育非物质文化遗产发生、发展与演变，而且呈现出民族传统体育非物质文化遗产的主要特征。我国相当大一部分传统体育非物质文化遗产总是与身体仪式性表演交融在一起，具有浓郁的信仰色彩。身体仪式性表演不仅是民族传统体育非物质文化遗产的主要载体和精神价值，也是民族传统体育文化遗产的生命源头。因此，保护民族传统体育非物质文化遗产首先要保护其身体仪式性表演活动的节日及人生礼俗的生存环境，并将民族传统体育非物质文化遗产相关的民间艺术进行综合性的保护。

**参考文献：**

[1] 路志俊，李金梅. 论非物质文化遗产与体育文化的传承[J]. 体育文化导刊，2006（12）：19-21.

[2] 白晋湘. 非物质文化遗产与我国传统体育文化保护[J]. 体育科学，2008，28（1）：3-7.

[3] 丁先琼，鲁平俊，李庆贺，等. 日传统体育吹枪（箭）比较研究[J]. 体育文化导刊，2010（8）：136-139.

[4] 丁先琼，鲁平俊，聂啸虎. "吹枪（箭）"的起源与发展研究[J]. 成都体育学院学报，2010，36（3）：34-37.

[5] 娄章胜，袁校卫，王振杰. 体育全球化视野下民族体育文化的传承危机[J]. 体

育学刊，2008，15（12）：88-91.
[6] 刘洋. 体育非物质文化遗产保护的路径研究[D]. 北京：北京体育大学，2010.
[7] 薛燕平. 世界动画电影大师[M]. 北京：中国传媒大学出版社，2006（01）：189-209.
[8] 薛艺兵. 对仪式现象的人类学解释[J]. 广西民族研究，2003（2）：27.
[9] 周西宽. 体育学[M]. 成都：四川教育出版社，1988.
[10] 涂传飞，陈志丹. 民间体育、民族体育、传统体育、民俗体育概念及其关系辨析[J]. 武汉体育学院学报，2007，41（8）：24-31.
[11] 吕树庭，刘德佩. 体育社会学[M]. 北京：人民体育出版社，2007.
[12] 蒋养民. 中国风俗文化导论[M]. 西安：陕西人民出版社，2002.
[13] 杨文轩，陈琦. 体育原理[M]. 北京：高等教育出版社，2004：43-45.
[14] 格罗塞. 艺术的起源[M]. 蔡慕晖，译. 北京：商务印书馆，1984.
[15] 唐美彦，王岗. 身体视角下中国武术与西方体育的差异性比较[J]. 体育科学，2014，34（3）：84.
[16] 费孝通. 乡土中国生育制度[M]. 北京：北京大学出版社，2006：71.

# 县域文化研究

| | |
|---|---|
| 甘肃通渭话中的古词语例释 | 苏建军/230 |
| 秦嘉、徐淑生平著作考 | 温虎林/236 |
| 通渭书画产业化发展研究 | 张怀德/241 |
| 清代通渭四大书院及其教育影响 | 李璧强　连振波/256 |

# 甘肃通渭话中的古词语例释

苏建军[①]

(甘肃中医药大学定西校区 人文教学部)

【摘　要】整理并研究方言古词语，对于语言学、文化史及地方风俗的研究有着十分重要的价值。本文对甘肃通渭方言中保留至今的部分古词语结合古文献资料作了简略的考释。

【关键词】甘肃通渭；方言；古词语

通渭县位于甘肃省东南部，境内最长的一条河流牛谷河自西而东流过，通入渭水，属黄河上游水系，因此自北宋时起便有"通渭"之称（一说因该县通古渭寨而得名，古渭寨即今陇西县）并沿用至今。据史料记载，通渭开化甚早，历史悠久，早在四五千年前就有人类繁衍生息在这块土地上。通渭自古为中华民族文明之邦，诗书礼仪之乡。在今天的通渭话中保留着大量的丰富多彩的古词语，我认为搜集、整理并研究方言古词语对于探求古今汉语音义流变与地方文化风俗、丰富和发展现代汉民族共同语等方面都有着非常重要的意义和价值。章太炎先生说过："中国方言，传承自古，其间古文古义，含蕴甚多。"基于此，笔者多年来一直从事对通渭方言古词语的整理与研究工作，并且已发表过部分内容，本文列举另外一些词条并作简略考释。

（1）顶缸，言谓顶替、顶缺。

明代张存绅《雅俗稽言》卷三十六《河北使者》云："金陵江岸善坏，或言猪婆龙为祟，因猪同国姓（朱），遂托言为鼋。上命捕之，适钓得鼋，不能出，因取沙缸罩出。谚曰：猪婆龙为殃，癞头鼋顶缸。吴中谓代人受过，本此。"（按：《吴下方言考》卷二："吴中谓代人受罪过曰顶缸。"）明陈洪谟《治世余闻》下编卷二："时人有诗云：有钱买得鬼推磨，无力却教人顶缸。"《金瓶梅》第六十九回："孙

---

[①] 作者简介：苏建军（1967—），男，甘肃通渭人，甘肃中医药大学人文教学部副教授。研究方向：汉语方言与地方文化。

寡嘴、祝麻子都跟着，只把俺每顶缸。"今通渭人把替别人做事情正言之为"顶缸"，此乃古语。

（2）禳（灾），指通过迷信手段祛除灾祸（疾病）。

《说文》："禳，磔禳祀，除疠殃也。"王筠《说文句读》："禳自是祭名。云磔禳祀者，谓磔牲以禳之之祀名曰禳也。"《广韵·阳韵》："禳，除殃祭也。"《周礼·天官·女祝》："掌以时招梗禬禳之事，以除疾殃。"郑玄注："却变异曰禳。禳，攘也。四礼唯禳其遗象今存。"又《春官鸡人》："凡祭祀，面禳衅，共其鸡牲。"《疏》："禳，谓禳去恶祥也。"《左传·昭公二十六年》："齐有彗星，齐侯使禳之。"杜预注："祭以禳除之。"《汉书·孔光传》："俗之祈禳小数，终无益于应天塞异，销祸兴福。"颜师古注："禳，除祸也。"《儒林外史》第五十四回："莫不是你伤着什么神道，替你请个尼僧来禳解禳解罢。"可见"禳"本为祭名，后多用为动词，即通过祭祀的方式祛除灾祸包括疾病。这种古老的迷信活动在今通渭民间依然存在，该词也随之保留至今。

（3）二尾子，即"二仪子"，具阴阳二体的中性人。

二仪，本指天地阴阳。三国魏曹植《曹子建集》六《惟汉行》诗："太极定二仪，清浊始以形。"晋范宁《春秋谷梁传序》："该二仪之化育，赞人道之幽变。"成公绥《天地赋》："何阴阳之难测，伟二仪之参阔。"进而引申为具阴阳二体的中性人，《金瓶梅》第九十六回："又一人说：'你相他相，倒相个兄弟。'一人说：'倒相个二尾子。'"二尾子，即"二仪子"，"尾"音 yi。

（4）夜来，昨天。

《水浒传》第十五回："次日天晓，去后堂前面，列了金钱纸马，摆了夜来煮的猪羊、烧纸。"第十九回（林冲语）："夜来因见兄长所说众位杀死官兵一节，他便有些不然。"今通渭有些地方把昨天称"夜来"，如："夜来的事情请你不要放在心上，现在我向你赔个不是。"（"夜来"这个词很容易被理解为"夜里"或者"夜晚"，实际上，是通渭话里的一个口语词，意思是"昨天"。人们认为对过夜之前的那段时间称为"夜来"最形象，也最符合道理，因为昨天是夜晚到来之后并且天明之后才消失的，所以称"昨天"为"夜来"似乎更合理。）

（5）白雨，暴雨。

李白《宿眼湖》诗："白雨映寒山，森森似银竹。"杜甫《寄柏学士林居》诗："青山万重静散地，白雨一洗空垂萝。"白居易《游悟真寺》诗："赤日间白雨，阴晴同一川。""白雨"，即暴雨。今通渭人把暴雨称"白雨"，如："赶紧跑，白雨来了！"（按：雨大到雨点连成一条条白线，看去一片白，故云。）

（6）孤堆，地上突出的土堆。

《说文》："孤，无父也。"由此而引申为无依无靠、孤单等义。《广韵》："堆，聚土也。"盖言地平面上隆起的土堆孤零无傍，因简曰"孤堆"，即土阜也。元曲《老生儿》："我嫁的鸡随鸡飞，嫁的狗随狗走，嫁的孤堆坐的守。"《李逵负荆》："休怪我长村沙样势，平地上起孤堆。"或作"骨堆"，宋道原《传灯录》："浮山远答僧问，祖师西来意云：'平地上起骨堆。'"今通渭人尚如是言，如"土孤堆""坟孤堆"等。

（7）㞞，骂人语，无能也，可憎也。

《方言》云："庸谓之㞞，转语也。"又云："陇右人名懒曰㞞"。《唐韵》："懒，怠也。"又《集韵》："庸，愚也。"引申为无能。今通渭骂人无能曰"㞞"，骂人可憎、不顺眼亦曰"㞞"。此"㞞"即"㞞"之省称，《方言》："㞞，骂也，燕之北郊曰㞞。"郭璞注："嬴小可憎之名也。"

（8）一霎儿，一阵子，谓时间极短。

唐孟郊《春后雨》诗："昨夜一霎雨，天意苏群物。" 宋姜夔《庆宫春》词："如今安在，唯有阑干，伴人一霎。"清洪昇《长生殿·定情》："受宠承恩，一霎里身判人间天上。"《官场现形记》第四回："一霎回到公馆，他老人家的气色便不像前头的呆滞了。"今通渭言时间极短时常说"一霎儿"，是为古语。

（9）倒灶，倒霉、倒运。

"倒灶"一词早在元杂剧中就已出现，如无名氏《桃花女》第四折："程婴见了道：'我说你薄福，前日不意中得了些非分之财，今日就倒灶了。'"《西游记》第二十五回："行者笑道：'你遇着我就该倒灶，干我甚事?'"《汉语大词典》认为，"倒灶"一词语出《太玄·灶》"灶灭其火，唯家之祸。""倒灶"即停火，就是无米下锅、吃不上饭的意思。再引申之，便为倒霉、倒运之意。今通渭人常如是说。

（10）打平火，大家平均出钱聚餐或买东西。

《金瓶梅》第七十七回："西门庆家中这些大官儿，常在他屋里坐的，打平火儿吃酒。"《二刻拍案惊奇》卷三十九："有个纱王三，乃是王织纱第三个儿子，平日与众道士相好，常合伴打平火。"亦作"打平伙"。《二刻拍案惊奇》卷五："而今幸得无事，弟兄们且打平伙吃酒压惊。" 通渭人常如是说。

（11）寻无常，指以上吊、服毒、投河、跳崖、自刎等方式自杀。

无常，本义为无常心，不固定。《荀子·修身》："趣舍无定，谓之无常。"《国语·晋》二："国乱民扰，大夫无常，不可失也。"又引申为鬼名，迷信的人相信人将死时有无常鬼来勾魂。引申为死亡。《红楼梦》第五回："喜荣华正好，恨无常又到，眼睁睁，把万事全抛。"寻无常，即寻死。《金瓶梅》第五十八回："不然，弄出个怪物来，我就寻了无常罢了。" 今通渭常如是云。

（12）燎浆泡，皮肤表面被水或油之类的东西烫起的泡。

元代李好古《张生煮海》第三折："莫不是放火光逼太阳，烧的来焰腾腾滚波翻浪……但着一点儿就是一个燎浆。"《水浒传》第八回："林冲看时，脚上满面都是燎浆泡。"《西游记》第二十五回："孙悟空摧毁了五庄观中的人参果树，镇元仙将他拿住，要用油锅炸。孙悟空施法将石狮子变作自身模样：二十个小仙，扛将起来，往锅里一掼，烹的响了一声，溅起些滚油点子，把那小道士们脸上烫了几个燎浆大泡！"今通渭人尚如此说，如：我做饭不小心，叫开水烧了个燎浆泡。

（13）癯，瘦也。

癯，同"臞"。《集韵·虞韵》："臞，《说文》：'少肉也。'或作癯。"汉王充《论衡·道虚》："心愁忧苦，行体羸癯。"汉应劭《风俗通·太尉汝南陈蕃》："昔子夏心战则癯。"南朝梁沈约《齐故安陆昭王碑文》："若此移年，癯瘠改貌。"李善注："《尔雅》曰：'臞，瘠也。'与癯同。"唐李贺《歌诗篇》二《仁和里杂叙皇甫湜》："大人乞马癯乃寒，宗人贷宅荒厥垣。"宋刘过《春日即事二首》之一："先贤可谓且复贱，况是生平山泽癯。"今通渭人言小孩儿长得瘦时忌说"瘦"而说"癯"，读如"缺"，古语也。

（14）心风，意谓神经病，癫狂。

《水浒传》第三十九回："你可披乱了头发，……诈作风魔。我和众人来时，你便口里胡言乱语，只做失心风便好。"《醒世恒言》卷十四："女孩儿自入去了，范二郎在门前一似失心风的人，盘旋走来走去。"按：失心风，意即"心风"。朱敦儒《西江月》词："元是西都散汉，江南今日衰翁，从来颠怪更心风，做尽百般无用。"今通渭话中尚有此语，如：小心把娃娃吓起心风。

（15）剔留秃鲁，形容眼珠滚圆转动的样子。

元曲《降桑椹》第一折："看他两个眼，剔留秃鲁的，他真是个贼。"引申为人的身体滚圆。《飞刀对箭》第二折："恰便似烟薰的子路，墨洒就的金刚。横里一丈、竖里一丈，剔留秃鲁，不知怎么模样！"亦作"剔留秃圞"。《独角牛》第二折："身长一丈，阔膀三停，横里五尺，竖里一丈，剔留秃圞，恰似个西瓜模样。"今通渭人形容一个人的眼珠滚圆又善于转动的样子时常这样言之。

（16）铁扫帚，迷信中指生在破月而克夫的女人。

元曲《调风月》第四折："是个破败家私铁扫帚，没些儿发旺夫家处。"《渔樵记》第三折："钱亲也那口紧，道你是个铁扫帚，扫坏他家门。"其中"铁扫帚"

比喻把家业弄得破败的人。今通渭人把生在破月而克夫的女人谓之"铁扫帚"，其意承上，是迷信说法，如："兀（那）家子的女子是'铁扫帚'，你不要找。"

（17）端，真也，对也。

苏轼《水龙吟·谪黄梦孝直栖霞楼乐作》词："武昌南岸，昔游应记。料多情梦里，端来见我，也参差是。"吴则礼《虞美人·送晁适道》词："斜斜洲渚溶溶水，端负青春醉。"元曲《王粲登楼》第三折："左有鹿门山，右有金沙泉；前对清风霁岭，后靠明月云峰。端的是玩之不足。"按：端的，同"端"，真也，副词。《罗湖野录》卷三："福州空首座：赠撮药道人曰：'当阳拈出大家看，来处分明去处端。'"按：此处"端"，对也，清楚也，形容词。该词在今通渭方言中常用，如"他端（真）来了""你说端（对）了"等。

（18）次，等待。

《说文》："次，不前不精也。"段注："不前不精皆居次之意。"引申为停留。《书·泰誓》："王次于河朔。"《左传·庄公三年》："凡师一宿为舍，再宿为信，过信为次。"今通渭人把"等一天"谓之"次一天"，"次"为古语。

（19）踳（舛），谓事不顺利或做事受阻。

《说文·舛部》："踳，扬雄作舛，从足、春。"《淮南子·泰族》："百川并流不注海者，不为川谷；趋行踳驰不归善者，不为君子。"王念孙《杂志》："踳驰，踳与舛同。《说文》云：扬雄作舛，字同。《庄子·天下篇》：'其道舛驳'，《文选·魏都赋》注引作'踳驳'，又引司马彪注曰：'踳与舛同。'踳驰，谓背道而驰也。"李善注《魏都赋》引司马彪《庄子注》曰："踳读曰舛，乖也。"段玉裁注曰："按司马意，舛、踳字合而各之，扬、许则云踳为舛之或也。"今通渭人当遇不顺利之事或事与愿违时常说"今天踳（舛）死了"或者"遇上了踳（舛）气"之类的话，音读 shuan。有时也读 shun，如通渭谚语："走着紧了跟上踳（舛），走着慢了踳（舛）跟上。"意思是不管你怎么做总是很不顺利。

（20）放翻，意即把某人弄倒、制服或让他垮台。

元曲《风光好》第一折："也曾把有魂灵的郎君常放翻，但来的和土铲。"《红梨花》第一折："许我明夜再会，果然若来时，和他吃几杯儿酒，添些春兴，圪搭帮放翻他。小娘子，只怕你苦哩！"《水浒传》第三十五回："朱贵见说了，迎接众人都相见了，便叫放翻两头黄牛，散了分例酒食。"亦作"放番"。睢景臣《六国朝·收心》套："尽亚仙嫁了元和，由苏氏放番双渐，罢思绝念，忘却旧游。"

（21）款款（个），言动作小心、轻缓。

款款，也作欵欵。《广雅·释训》："款款，爱也。"《楚辞·屈原·卜居》："吾宁悃悃欵欵朴以忠乎,将送往劳来斯无穷乎？"注："欵欵,忠实诚恳。"《后汉书·马援传》："乘下泽车，御款段马。"注："款，犹缓也，言行段迟缓也。"杜甫诗《曲江二首》（其二）："穿花蛱蝶深深见，点水蜻蜓款款飞。"注："款款，即舒缓轻盈貌。"《红楼梦》五回："于是众奶母伏侍宝玉卧好款款散去，只留下袭人、晴雯、麝月、秋纹四个丫鬟为伴。"十三回："唬的众婆娘唿的一声，往后藏之不迭，独凤姐款款的站了起来。"今通渭有言"你款款个拿着"，"款款"意即动作要小心轻缓，此语在战国时已有之。

**参考文献：**

[1] 许慎. 说文解字[M]. 段玉裁，注. 上海：上海古籍出版社，1988.

[2] 陈彭年，等. 广韵[M]. 上海：上海古籍出版社，1993.

[3] 丁度，等. 集韵[M]. 上海：上海古籍出版社，1985.

[4] 李恭. 陇右方言发微[M]. 兰州：兰州大学出版社，1988.

[5] 顾学颉，王学奇. 元曲释词[M]. 北京：中国社会科学出版社，1988.

[6] 龙潜庵. 宋元语言词典[M]. 上海：上海辞书出版社，1985.

[7] 王利器. 金瓶梅词典[M]. 长春：吉林文史出版社，1988.

[8] 苏建军. 通渭方言本字考[J]. 甘肃高师学报，2010（1）.

# 秦嘉、徐淑生平著作考

温虎林[①]

(陇南师范高等专科学校 中文系)

【摘　要】东汉作家秦嘉、徐淑夫妇的生平事迹,包括二人的籍贯、生卒年及其作品流传等等,还存在不少疑问,有必要对其进行辨析。

【关键词】秦嘉;徐淑;生平;作品

秦嘉、徐淑夫妇均是东汉文学家,他俩所存五言诗是东汉文人五言抒情诗成熟的标志,在五言诗的发展进程中具有突出地位;所存赠答文章开了后来在魏晋南北朝文学中多见的那种日常性抒情散文的先河。但秦嘉、徐淑的生平事迹以及作品,还存在不少疑问,尤其他们的作品,已被史料证实有诗文散佚。由于《后汉书》不具传略,故其籍贯、生卒年及作品均存疑问。现就这些问题略述己见,以就正与大方之家。

## 一、籍贯与生卒年考辨

现存最早著录秦嘉、徐淑赠答诗的《玉台新咏》,诗前有序说:"秦嘉,字士会,陇西人,为郡上掾。其妻徐淑,寝疾还家,不获面别,赠诗云尔。"故后人均认为秦嘉为陇西人,如兰州大学出版社 1988 年出版的《甘肃历代诗词选注》,北京师范大学出版社出版的聂石樵著的《先秦两汉文学史稿(两汉卷)》等。今甘肃通渭县当地编的《通渭文史》也表述为陇西郡平襄人,《通渭县志》的表述也是东汉陇西郡平襄县人。其实"此序乃后人追记口吻,非秦嘉自记"[1],故追记有误也在情理之中。平襄曾在西汉为天水郡治,《后汉书·郡国志》载:东汉永元十七年

---

[①] 作者简介:温虎林(1966—),男,甘肃省甘谷县人,陇南师范高等专科学校中文系讲师。研究方向:中国古代文学。

(89）更名汉阳郡，治冀（今甘谷县东南），平襄属汉阳郡，这时的陇西郡治狄道（今甘肃临洮县）。因此，秦嘉、徐淑当为东汉汉阳郡平襄（今甘肃通渭县）人，与《刺世嫉邪赋》的作者赵壹同郡。具体地望据明万历四十一年（1613）《重修通渭县志》和清乾隆二十六年（1761）《通渭县志》记载：秦嘉故里在今通渭县什川乡殷家湾秦家坪，徐淑故里在今榜罗乡徐家湾，此二乡为邻乡，二人死后合葬于秦家坪。现有"乾隆初有伍姓耕田，掘出墓志碑，仍伏之"的文字记载[2]。至于秦嘉为汉阳郡计吏还是陇西郡计吏，尚待确考，但从实际地理位置上来看距汉阳郡较近。

秦嘉、徐淑的生卒年，《通渭县志》载"生卒年月无考"，多数史料均无生卒年考，袁行霈主编的《中国文学史》："秦嘉（？—164）的《赠妇诗》三首，是东汉文人五言抒情诗成熟的标志"。秦嘉卒年，陆侃如推断约在延熹八年（165）[3]，陆说接近事实。秦嘉卒津乡亭，津乡在荆州南部，即今湖北江陵。《后汉书·孝桓帝纪》载延熹七年（164）事："冬十月壬寅，南巡狩……戊辰，幸云梦，临汉水。"《资治通鉴》对桓帝南巡亦有记载："十月壬寅，帝南巡……戊辰，幸云梦，临汉水。还幸新野。时公卿贵戚，车骑万计。征求费役，不可贵极。"桓帝南巡，车骑万计，秦嘉当以黄门郎随从。津乡乃云梦泽所在之处，东汉为军事重地，岑彭曾驻军津乡。桓帝南巡，亦当驻津乡，秦嘉随行，因病卒于津乡亭，时当延熹七年（164）[4]。与陆侃如推断相差只一年，这一年的差距断不会很大，桓帝在冬十月南巡，延及第二年春是很有可能的。

秦嘉的生年可根据《通渭县志》所记推断："秦嘉任黄门郎后，曾领差前往津乡亭，不料病故于此，年此仅30余岁。"故秦嘉当生于公元134或135年之前。而生于顺帝阳嘉元年的可能性较大，因为是年"庚寅，帝临辟雍飨射，大赦天下，改元阳嘉，诏宗室绝属籍者，一切复籍；禀冀州尤贫民，勿收今年更、租、口赋"[5]。秦嘉因生于大赦天下的阳嘉之年，故取名为嘉。徐淑生年当于秦嘉相差不大，卒年是在夫亡几年之后。

清严可均《铁桥漫笔·后汉秦嘉妻徐淑传》："嘉遂行，如洛，寻除黄门郎。居数年，病卒于津乡亭。初淑生一女，无子及嘉奉使，淑乞子而养之。寻寡，时犹丰少，兄弟将嫁之，誓而不许。"此亦可证秦嘉卒时年龄不大。唐杜佑《通典》卷二十九《礼二十九·养兄弟弟子为后后自生子议》："汉代秦嘉早亡，其妻徐淑乞子而养之，淑亡后，子还所生。朝廷通儒移其乡邑，录淑所养子，还继秦氏之祀。"很显然，"子还所生"是其尚年幼，亦知徐淑在秦嘉亡后不几年就去世了。

## 二、秦嘉、徐淑事迹稽考

秦嘉、徐淑事迹，由于《后汉书》不传，故只能靠其他史料的零星记载进行考证。东汉桓帝（147—167在位）时，秦嘉为郡上掾，奉命赴京师洛阳上计，秦嘉入京不久，被召为黄门郎，秩六百石，在宫内"掌侍从左右，给事中，关通中外。及诸王朝见于殿上，引王就坐"[6]。入京时间大体在延熹五年（162）之前，《后汉书·杨震列传》叙杨秉事迹："时郡国计吏多留拜为郎，秉上言三署见郎七百余人，帑藏空虚，浮食者众。而不良守相，欲因国为他，浇濯衅秽。宜绝横拜，以塞觊觎之端。自此终桓帝世，计吏无复留拜者。"杨秉上言是在他代刘炬为太尉之后，由此可知秦嘉入京除黄门郎当在延熹五年（162）之前，因此，他的赠妇诗最晚不迟于公元162年。[7]

秦嘉、徐淑一个在京师洛阳，一个在汉阳平襄，相隔千里，俩人于是用诗文、信物传情。《嘉重报妻书》所列的信物有明镜、宝钗、好香、素琴等，唐虞世南《北堂书钞》卷一百三十六："《秦嘉妇与嘉书》曰：'今奉越布手巾二枚。'"宋李昉《太平御览》卷六百九十七："今奉细布袜二量。"卷七百零三："《秦嘉妇与嘉书》曰：'今奉牦牛尾拂一枚，可拂尘垢。'"清严可均《铁桥漫稿》："《嘉重报妻书》曰'麝香可以辟恶气''龙虎组缇履一緉'""《妻又报嘉书》：'今奉牦牛尾拂一枚，可以拂尘垢。越布手巾二枚，严器中物几具。金错碗一枚，可以盛书水。琉璃碗一枚，可以服药酒。今奉细布袜一量'"。这些补辑文字，充分反映秦嘉、徐淑夫妇生活上相互关心的情谊。

秦嘉病逝津乡亭（今湖北江陵）后，"徐淑闻讯，亲往扶柩归葬。尔后兄、弟逼其改嫁，徐淑遂《誓书与兄弟》，说她早年丧夫，留下弱儿娇女，决心养育二子，继承祖业，这样即使死于黄泉也无愧色"[8]。徐淑守寡明志的事迹，西晋杜预《女记》：

二寡者，淑也，昷也。淑丧夫守寡，兄弟将欲嫁之，誓而不许，为书曰："盖闻君子，导人以德，矫俗以礼。是以烈士有不移之志，贞女无回二之行。淑虽妇人，窃慕杀身成义，死而后已。凤遭祸罚，丧于所天，男弱未冠，女幼未笄，是以僶俛求生，将欲长育二子。上奉祖宗之嗣，下继祖祢之礼，然后觐于黄泉，永无愧色。仁兄德弟，既不能厉高节于弱志，发明德于暗昧，许我他人，逼我于上，乃命官人，讼云简书。夫智者不可惑以事，仁者不可胁以死。晏婴不以白刃临颈，改正直之辞；梁寡不以毁形之痛，望执节之义。高山景形，岂不思齐。计兄弟备托学门，不能匡我以道，博我以文，虽曰既学，我谓之未也。"

这也就是《通渭县志》中提到的《誓书与兄弟》的内容。后人感于徐淑的事迹，表彰了徐淑守寡不嫁的事迹。唐刘知几《史通》卷八《人物》："观东汉一代，贤明妇人，如秦嘉妻徐氏，动合礼仪，言成规矩，毁形不嫁，哀恸伤生，此则才德兼美者也。"由此可知，徐淑以梁寡为楷模，是否"毁形"，不得而知，但其节义无二是可以肯定的。

## 三、秦嘉、徐淑著作考

秦嘉诗文今存四言《赠妇诗》一首，五言《留郡赠妇诗》三首，四言《述婚诗》两首，以及几句残诗，文有《报妻书》《重报妻书》两篇。徐淑有骚体五言《答夫诗》一首，文有《答夫秦嘉书》《又报嘉书》以及《誓书与兄弟》三篇。

据《通渭县志》称："秦嘉和徐淑，少小皆孤独，但敏而好学，青年时就已才华出众，精诗善文，步跻当代诗坛，被称作夫妻诗人。相传他俩有诗作二百多首，但流传至今的甚少。"相传200多首与实存七首相比，悬殊较大，但传说并非没有根据。

由上海古籍出版社出版的俄罗斯科学院东方研究所圣彼得堡所收藏敦煌文献仅两万号，名为《俄藏敦煌文献》敦煌号第12213号，卷首彩版拟题为《后汉秦嘉徐淑夫妻往还书》，虽为残卷，然存文较完整，共19行，计483字，字迹古朴，有秦隶遗风，为北朝手写抄卷，至今墨色如新，光亮照人。内容比晋唐人所收多出150余字，叙述更加完整，具有较高的历史和文献价值。[9]所存全文如下：

（上缺）如是便发，顾有怅然，□□□□□□□□□□□□□项得此镜，既明却好，刑（形）观文彩，当世希有。意甚爱之，故以相与。及宝叉一双，贾直千金；好香四种，种各一斤；素琴一枚，常吾所弹者；歌诗十首，是吾所作。明镜可以览形，宝叉可以耀首，芳香可以去秽，素琴可以娱耳。惭所报之薄，不足答来赠之厚；诗人感物以兴思，岂能睹此而无用心乎？夫妻情意，不（疑为分之误读）别为恨。道路值信，自复致问。秦嘉报。

淑再拜言，意念隆笃。薄佑受天罚苦，故复谴信。既奉音命，兼赐诸物，厚顾殷勤，出于非望。镜有文彩之丽，叉有殊异之观，芳香既珍，素琴益好。歌诗宛约，妙语新声。惠诸物于鄙贱，割所珍以见赐，非丰恩之厚，熟肯若斯？览镜执叉，情想仿佛，操琴咏诗，思心成结。敕以芳香去秽，喻以明镜览形，此言过矣，不获妄心。昔诗人有飞蓬之感，班妾有谁容之叹。览镜将欲何施，去秽将欲谁为？素琴之作，将欲君归。明镜之览，将待君至。未奉光仪，则宝叉不设。未侍帏帐，则芳香不陈。囊来问讯，云以能路。分别之恨，情兼来书。亦念吾君，

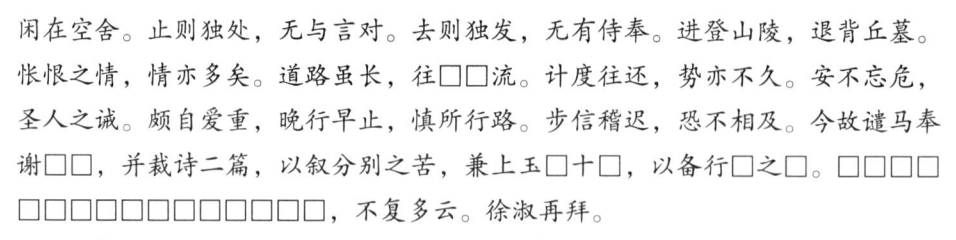

闲在空舍。止则独处，无与言对。去则独发，无有侍奉。进登山陵，退背丘墓。怅恨之情，情亦多矣。道路虽长，往□□流。计度往还，势亦不久。安不忘危，圣人之诫。颇自爱重，晚行早止，慎所行路。步信稽迟，恐不相及。今故遣马奉谢□□，并裁诗二篇，以叙分别之苦，兼上玉□十□，以备行□之□。□□□□□□□□□□□□□□□，不复多云。徐淑再拜。

  该抄本的真实性不用质疑，"原卷书法古朴，笔画保留了隶书的波磔程式，结构具有明显的章草特征，抄写时代当在公元4—5世纪初北方十六国时期。在这一时期，王羲之新体书法已在东晋流行，而北方十六国仍然延续着两晋的书风。原卷中'钗'写作'叉'，'价值'写作'贾直'，习用古字，与敦煌吐鲁番地区所出汉晋遗墨类似"[10]。既然文章的真实性不用怀疑，那么其中透露的信息也弥足珍贵。最值得注意的是关于二人诗歌赠答的叙述，即秦嘉的"歌诗十首，是吾所作"和"诗人感物以兴思，岂能睹此而无用心乎？"对于秦嘉所赠诸物及诗文，徐淑以"览镜执钗，情想仿佛；操琴咏诗，思心成结"作为回应，徐淑并且评价秦嘉诗作"歌诗宛（婉）约，妙语新声"，又"今故遣马，奉谢□□，并裁诗二篇，以叙分别之苦"。对秦嘉赠诗的评价，可谓中国诗评理论上的"婉约"之祖，后者言自己的答诗。由此可知他们往还书和赠答诗间的关系，并可知二人赠答诗远不止现存之数，只是其中的几首凭《玉台新咏》的采择而传世罢了。因此，在现存的东汉无名氏文人五言赠答诗中，定有秦嘉、徐淑二人的作品。

**参考文献：**

[1] 聂石樵. 先秦两汉文学史稿[M]. 北京：北京师范大学出版社，1994：48-49.

[2][8] 通渭县志[M]. 兰州：兰州大学出版社，1990：679-680.

[3] 陆侃如. 中古文学年系[M]. 北京：人民文学出版社，1985：223.

[4] 袁行霈. 中国文学史[M]. 北京：高等教育出版社，2006：236.

[5][6] 范晔. 后汉书[M]. 杭州：浙江古籍出版社，2001：65，995.

[7] 姜亮夫. 楚辞今译讲录[M]. 北京：北京出版社，1981：40.

[9] 刘景云. 后汉秦嘉徐淑诗文考[J]. 敦煌研究，2003（2）.

[10] 徐俊. 东汉秦嘉徐淑夫妻往还书——敦煌文献拾零[J]. 中国社会科学院学报，2003（7）.

# 通渭书画产业化发展研究[①]

张怀德[②]

(甘肃中医药大学定西校区 理科教学部)

**【摘　要】** 通渭书画产业化发展经过三个阶段，组织类型有名人效应带动、龙头企业带动和中介组织带动；县委政府通过建立机构阵地、强力宣传推介、引导书画交流、举办书画艺术节和进行书画人才培养等措施扶持推动；发展过程有三条实践经验。为实现其可持续发展，还需及时查找不足、学习借鉴先进经验，创造其自身的特色。

**【关键词】** 通渭；书画产业化；组织类型；宣传；交流；特色

通渭地处中国大西北，历史悠久，文化灿烂。西汉元鼎三年（前114）始置平襄县（1106年改名通渭县）距今已2120多年。1993年成为文化部首次命名的6个"中国书画艺术之乡"之一，日益兴隆的书画交流集散活动，引得藏家、商贾云集，书画名家荟萃，书画产业欣欣向荣，2005年被全国工商联评为"全国书画产业先进县"。

## 一、通渭书画产业化发展的演进

通渭书画产业化发展是农村经济改革开放和发展的产物，它的产生与发展大体可分为三个阶段。

(1) 第一阶段（20世纪80年代中期以前）：通渭书画走入市场经济的尝试与摸索。

---

[①] 基金项目：2005年定西市科技发展计划项目"通渭书画产业的数学与经济学现象研究"（项目号：DS-05-07）的阶段性成果。

[②] 作者简介：张怀德（1962—），男，甘肃会宁人，甘肃中医药大学定西校区理科教学部教授。研究方向：数学分析与书画艺术理论。

由于长期受"极左"思潮的思想禁锢，尤其是"割资本主义尾巴"的影响，改革开放初期的通渭，人们对市场经济皆仍持观望态度，生产资料、生活用品市场尚不繁荣，更不会有书画市场。那时候，尽管人们都有欣赏收藏书画的爱好，但一来经济拮据，二来没有形成购买的观念和意识，人们只是上门求字索画，而不是去购字买画。书画家看在故交世友、师生朋友的情分上，赠送自己的作品，赠者慷慨大方，受者虔敬欢喜。农村联产承包责任制的推行，大大促进了粮棉油等农产品的生产，农村开始迈向商品经济阶段，同时乡镇企业和小城镇的发展，农村产业结构不断发生变化。商品市场经济催生了通渭书画市场的萌芽。

将自己的书画作品首先引入市场机制的当推王道岐。这位生于1925年，养育了5男4女9个孩子的农民英雄父亲，他16岁开始跟着从北京来通渭的王先生学画和装裱，于1960年代将自己的画作裱糊后，挑着货郎担翻山越岭到什川、榜罗等乡下走村串户推销或兑换粮食，为此甚至跌断了腿。是他开了通渭家庭作坊式装裱售画的先河。他去当货郎时，便把后来成为中美协会员的大儿子王铭关在屋子里练画。榜样的作用是无穷的，王道岐的成功感染了一批后来者，家庭作坊式装裱售画一直延续至1980年代中期，通渭书画市场已具雏形，才使画廊挂牌步入大街。

（2）第二阶段（20世纪80年代中期至90年代中期）："中国书画艺术之乡"的创建。

1986年春通渭成功地在兰州举办书画展，甘肃各大报纸和电台都进行了报道宣传，使得通渭书画一度誉满金城，轰动全省。之后县上开始酝酿在书画艺术上"大做文章"，经过6年的发展和准备，县书画协会会员发展到136人，并成为中国农民书画研究会的第一个团体会员。1992年12月，为期7天的"通渭县农民书画展"在北京中国美术馆开幕，获得巨大成功，《人民日报》等16家新闻媒体对其进行了报道。1993年通渭县被文化部命名为全国首批6个"书画艺术之乡"之一。

（3）第三阶段（20世纪90年代中期以来）：通渭书画产业化发展的形成。

随着通渭"书画艺术之乡"的命名，县委县政府于2003年决定发展通渭书画产业，要求政府机关积极牵头和正确引导，从政策（先扶持，后规范）、人力、资金（减、免税）等多方面支持书画事业和产业的发展，鼓励支持下岗职工、农民及其他书画爱好者开办画廊、书画店、装裱店等，推动书画艺术向书画产业转变，由雏形趋向规模发展。

## 二、通渭书画产业化发展的组织类型

(1) 名人效应带动。

1980年代初期,兰州等地书画家来通渭献艺寄卖引发书画售卖现象。1980年代后期,魏岳嵩首先将自己的梅兰竹菊四扇屏公开拍卖(每套7元,未装裱),引起轰动,褒贬不一。他坚持不懈,并逐步涨价(到每套80元)。1994年魏岳嵩的四屏《梅兰竹菊》刊印出版,全国发行,名声大振,便将梅兰竹菊四扇屏装裱包装出售,价格一路飞升,从480元到现在的3 000元。这一"名人效应",有力地带动了通渭书画产业的发展。一些农民书画爱好者都已脱离土地,经营起了书画。

(2) 龙头企业带动。

城关工艺美术社的批量玻璃画。玻璃画是1962年农民刘尚贤(今干部)从外地引进而推广的。此画多属彩绘山水,花草,鸟兽之类。1978年,城关公社组织一支由曾在长春电影制片厂当过美工的张殿元带领的民间艺人,成立了城关工艺美术服务社,成批画玻璃画、装饰画,主要成员有王殿明、梁俊川、姜效忠等人,玻璃画产品远销省内外各县和陕西、宁夏新疆等省区。还有部分个体艺人,远涉定西、兰州、银川等地,开店经营玻璃画工艺,求画者络绎不绝[1]。

(3) 中介组织带动。

书画产业的兴起形成了书画中介组织和装裱业、文房四宝经营、画框制作乃至报刊订阅、图书销售等多业发展的格局。书画中介组织通过邀请外来书画名家举办笔会、寄卖作品带动画廊经营。

## 三、政策背景和工作指导

"发展文化产业是市场经济条件下繁荣社会主义文化、满足人民群众文化需求的重要途径"(十六大报告)。经济欠发达地区贯彻落实这一思想,就要从地方文化特点切入,寻找广大群众由于长期以来受严酷的自然条件、落后的经济现实压抑而从精神需求方面迸发出的创造力和文化优势,用现代经济文化理念打造提升这种文化优势,培育文化产业。反过来,通过培育文化产业,引导和刺激地方经济更快发展。

1. 建立机构阵地

(1) 成立书画院。

1994年10月通渭县书画研究院(科级建制,编制5人)成立,成为甘肃省第一个行政事业建制的县级书画院，目前已发展成为一所集国画、油画、水彩画、水粉画、美术设计、民间美术、书法、篆刻及理论研究为一体的综合性画院，为财政全额拨款事业单位。实行院长负责制，下设美术创作培训中心、书法创作培训中心、美术理论研究室、书画产业开发研究室、书画院美术馆和办公室等专业机构。2003年2月成立了学术委员会、评审委员会、产业开发部、培训部、顾问小组、办公室。现有专业人员7人，正、副院长各1人。现有画师和职工7人，其中副高职称1人，中级职称4人；聘请名誉院长2人、院外画师和荣誉画师30人，特邀著名客座画家10人。

（2）创办书画学校。

为了建立健全书画人才培育体系，确保书画人才后继有人，县上于2004年7月在县职校挂牌创办了通渭书画艺术学校（财政全额拨款的事业单位）。

（3）成立书画协会。

通渭现有群众性书画协会组织3个。1982年4月成立通渭县书画协会，现有会员349名。1990年代以来先后成立了通渭县教育书画协会和通渭县硬笔书法协会。

（4）建设文化楼站。

2006年县上筹措556万元建成了5 500平方米的文化大楼，县书画院在大楼一层装修了680平方米的书画展厅，作为举办画展、书画创作、书画作品研讨和书画作品交易等的对外交流窗口，常年对外开放，二层设有书画展室6个。新建乡镇文化站15个，改建3个。

（5）创建文化大街。

为了给全县书画事业和书画产业化的发展创造了良好条件，2007年县上又投资224万元建成了4 500平方米的文化广场。围绕文化大楼和文化广场，将现有画廊布局进行调整，建成文化一条街。

（6）建立书画网站。

2006年建立了书画专门网站——通渭书画艺术网及书画数据资源库，借助现代科技互联网传播广、速度快的优点，向外界包装推崇书画等文化名人和作品，进行网上推介、信息交流、产品售卖、业务洽谈。

2. 强力宣传推介

（1）媒体宣传报道。

为了扩大对外宣传，为书画产业的发展创造良好氛围，近年来，先后有贾平凹的《通渭人家》、郑红伟的《从"通渭现象"看贫困地区书画艺术基本走向》和

《挖掘文化资源，促进经济发展》、张道兴的《翰墨飘香通渭行》、彭效忠的《书画飘出几多香》、周文馨和陈宗立的《甘肃通渭：从书画之乡到书画产业》、韩少平的《通渭农家书画多》、李晓君和谢志娟的《翰墨书香通渭人》、黎明的《只手拾风景，处处皆书画》等一系列有关反映通渭书画艺术和书画产业的通讯报道和文章在《光明日报》《甘肃日报》《中国书画报》《书法报》《书法导报》《神州诗书画报》《定西日报》《中国经济报》《中国书法报》《中国书法》等国家、省级报纸杂志上发表。《甘肃农民报》和《书法报》还分别开辟专版、举办通渭特刊，全面报道通渭书画。中央电视台、甘肃电视台、定西电视台和县电视台等新闻媒体为书画事业的发展进行了一系列全方位的宣传报道，使通渭书画誉满神州。

(2) 举办书画展览。

近10多年来，通渭"日日有讲座，月月有展览"，先后举办书画展357次（其中较高层次的有38次），展出作品6万余件[2]。其中有农民书画作品展、庆祝活动书画展、古代书画作品收藏展、青少年学生书画展，为推出新人进行的新人作品展、书画名家个人展等。连续18年组织举办以书画为特色的春节文化活动，各乡镇、县直各部门、各级各类学校每年组织举办不同类型的书画笔会、比赛和展览。展览中，诸如同代（弟兄、姊妹、夫妻）、两代（父母子女）、子孙三代等一家几人作品同时展出的现象司空见惯。年龄段从不足10岁的少儿到94岁高龄的老者[3]，跨度近一个世纪。表1是1992年底以来通渭县举办的部分大型或特色书画展。

表1 1992年底以来通渭县举办的大型或特色书画展（部分）

| 时间 | 地点 | 展馆 | 展览名称 | 作者（名） | 作品（幅） |
|---|---|---|---|---|---|
| 1992.12 | 北京 | 中国美术馆 | 通渭县农民书画展 | 68 | 101幅（书法58幅，国画43幅） |
| 1999.01 | 兰州 | 中日友好秋田会馆 | 王炳文书画展 | 1 | 65幅 |
| 2001.12 | 定西 | 群艺馆 | 通渭14人书画展 | 14 | 60幅 |
| 2002.10 | 兰州 | 东方红广场 | 书法百米长卷展 | 61 | 长118米、宽81厘米 |
| 2004.11 | 通渭 | 文化大楼展厅 | 首届"通渭农民书画展暨民间艺术展" | 3260 | 书画630幅，摄影150幅，古宫灯50个，剪纸、皮影、泥塑、陶塑、刺绣、草编、地毯等民间工艺品2215件 |
| 2004.11 | 兰州 | 甘肃省博物馆 | 首届通渭农民书画艺术节暨农民书画展 | 110 | 210幅（书法130幅，绘画80幅） |

续表

| 时间 | 地点 | 展馆 | 展览名称 | 作者（名） | 作品（幅） |
|---|---|---|---|---|---|
| 2007.08 | 通渭 | 文化大楼展厅 | 通渭县"文化人口"农民书画展 | 51 | 100幅 |
| 2007.12 | 通渭 | 文化大楼展厅 | 张守忠遗作展 | 1 | 40幅 |
| 2008.07 | 定西 | 陇中画院 | "迎奥运、庆七一"通渭县书画作品展 | 58 | 70幅 |
| 2008.09 | 兰州 | 甘肃省博物馆 | 通渭书画作品展 | 79 | 90多幅 |
| 2008.12 | 西安 | 陕西省博物馆 | 中国书画艺术之乡·通渭书画作品展 | 126 | 200多幅 |

(3) 编辑出版书刊。

在书画等文化宣传方面，先后编辑出版《通渭书画选》(2000年，甘肃人民美术出版社。收录通渭古今105位书画作者的138件作品)、《江泽民同志"七·一"讲话书法百米长卷》(2002年，中国文联出版社)、《通渭人家》(2003年，中国文联出版社，《黄河文丛》系列之一)、《通渭史话》(2008年，甘肃文化出版社)、《印象通渭》(2008年，内蒙古人民出版社)、《张维垣画集》(1991年，兰州大学出版社。收录其代表作品46幅，尹瘦石、沈鹏等17位著名书画家为画集题词)、《张守忠画集》(2007年，中国文联出版社)。还有县内出版的《通渭书画挂历》(1989年)、《党锡樊书法集》(2003年，定西文联)、《刘铎书法选》(2001年，甘新内部)、《景晖书法作品选》(2001年，甘新内部)、《通渭书画作品选》(2008年，通渭县文化局。收录通渭籍79位书画作者的90件作品)等。正在编辑出版《通渭书画集》，计划由甘肃文化出版社一年出一卷，前两卷分别为《奠基卷》(收录约200位已故通渭书画作者作品，预计2010年底出书)和《承启卷》(收录约150位60岁以上通渭书画作者作品，计划2011年底出书)。

3. 进行书画交流

书画艺术作品走向市场营销是书画产业的主要形式和具体体现。书画交流活动十分频繁，产生了"名人效应"，极大地提升了通渭书画艺术的档次和在全国的知名度。

(1) "请进来"。

在"中国书画艺术之乡"的品牌优势作用下，"通渭现象"吸引了众多书画名家来通渭采风、交流、指导，促进了通渭书画事业和书画产业的发展。先后有文化部原部长王蒙、著名作家贾平凹、著名诗人汪国真、中书协副主席刘艺、权希军、旭宇、吴善璋、吴东民和中国艺术委员会副主任中美协理事张道兴、《书法报》总编陈新亚等270多位国家级文学、书画艺术知名人士来通渭采风交流、讲学献艺，交流作品达2300余件。其中有100多位国内外书画艺术大师来通渭写生交流，讲学献艺。像当代著名画家石虎来通渭寻找通渭人为什么热衷书画进行考察调研，著名书法家刘正成等名家多次来通渭艺术交流[4]。先后有北京教育工会、北京大学、中国人民大学、北京师范大学等在京高等院校师生、浙江省金华市、内蒙古乌海市、巴彦淖尔市、四川蓬溪市和我省白银、平凉、天水、嘉峪关、玉门等兄弟省、市文化团体来县考察、调研、交流。现在城乡300多家画廊每年邀请国内书画名家来通渭举办笔会2 000多次，表2即书画展等文化界名人来通渭时间。

表2 书画等文化界名人来通渭时间

| 姓 名 | 身 份 | 时 间 | 备 注 |
|---|---|---|---|
| 王 蒙 | 文化部原部长、著名作家 | 2001.09 | |
| 贾平凹 | 著名作家 | 2002.05 | |
| 汪国真 | 著名诗人、书画家 | 2003秋 | 连续两次 |
| 刘 艺 | 中书协副主席 | 2004 | |
| 张道兴 | 中美协、中书协理事 | 2005 | |
| 雷正民 | 中美协副主席 | 2005 | |
| 陈新亚 | 《书法报》编辑室主任 | 2000夏 | |
| 石 虎 | 著名画家 | 2003 | |
| 张业发 | 中书协副主席 | 2006 | |
| 杨晓阳 | 西安美院院长，中美协副主席 | 2007 | |
| 刘正成 | 中书协副秘书长 | 2003、2006 | 2次 |
| 周俊杰 | 中书协理事 | 2003 | 2次 |
| 郭子绪 | 著名书法家 | 2003、2005、2006 | 3次 |
| 权希军 | 中书协理事 | 2003 | |
| 旭 宇 | 中书协副主席 | 2005 | |
| 聂成文 | 中书协副主席 | 2004、2006 | 2次 |
| 蔡祥麟 | 中书协理事 | 2003 | |
| 吴善璋 | 中书协副主席 | 2003、2004 | 2次 |
| 祁海峰 | 中美协理事、河北省美协主席 | 2010.02 | |
| 吴东明 | 中书协副主席 | 2004 | 2次 |

(2)"走出去"。

2005年3月县上组团赴北京参加了全国书画产业发展研讨会,被全国工商联文化产业商会和全国书画经营家协会评为"全国书画产业先进县";2004年组织全县书画作者集体赴外参观第二届全国行草书大展、第八届全国书法篆刻展、敦煌杯国际书法展和省、市举办的高规格展览。2006年,在省上"两会"召开期间,通渭组织40余名书画家在省军区向部队官兵和我市代表开展了慰问义写活动,同时积极组织书画作者参加第二届全国农民书画展,获优秀组织奖;近年来,县内书画作者赴山东、西安、北京、上海等各大省市参加展览和交流214人(次),交流作品4 310件[5]。有冉万昌等3名书画作者应邀赴韩国参加"中韩书法邀请展"展览和书法交流,何胜江于2004年8月作为中国代表团副团长和7名参展书法家之一,应邀赴日本东京参加中日友好书法交流——第二届中国书法家作品展。王炳文等赴兰州成功举办个人展览。

(3)"送下乡"。

1986年以来,全县书画骨干人员多次举行书画义写活动,其中以1995年1月的义写义画、送春联活动规模最大,有20人参加,共书写书法、绘画作品300多件,春联达20 000幅[6]。多年来,先后组织开展以书画为主的送文化下乡活动760人(次),为广大群众义写书画作品1万余幅。著名作家张贤亮为通渭题词:"人间繁华在长安,世上书香数通渭。"

(4)"结对子"。

为了加强合作学习和交流,2003年通渭县与浙江省金华市和"书画之乡"浦江县分别建立了文化友好市、县。

4. 举办书画艺术节

为促进书画产业迅猛发展,县委、县政府决定从2003年起,通渭每年举行一次书画艺术节。举办了首届通渭农民书画艺术节,2004年11月,在甘肃特色文化大省宣传周期间,举办了首届通渭农民书画艺术节,在这次艺术节期间,举办了农民书画展、妇女刺绣针织品展、地毯和草编工艺品展、陇阳乡故宫灯展、摄影作品展、全县书画作品展、古代书画作品收藏展、民间艺术作品展、青少年学生书画展、《通渭人家》书法长卷创作展、省内外当代书画名家作品展、通渭籍西北师大学员书画作品展等12个大型展览,共展出书画作品520多件,剪纸、春叶、遮面、皮影、泥塑、陶塑、草编、石宫灯、刺绣针织、地毯工艺等民间艺术品2215件[7]。这是通渭书画艺术水平和民间民俗艺术资源的一次大展示。艺术节期间,甘肃省美术馆、中国美术馆和天津市还先后举办了"通渭农民书画展"。

5. 注重书画人才培养

注重书画人才培养，为书画事业的发展奠定基础，县上立足当前，着眼长远，牢固树立人才兴文的理念，努力建设书画人才队伍。1992年以来，每年寒、暑假，文化馆都举办中小学生美术学习班；1999、2000年全县书画作者到马营、文树、李店、北城等乡镇对文化站专干和书画爱好者举行技能培训和业务辅导。2003年3月，县书画院和电视台联合举办书法知识讲座。2004年3月在县职校挂牌成立了书画艺术学校，为广大书画爱好者提供了良好的学习条件。各中、小学校普遍开设书法美术课，县书画院聘请了70多名国家级书画名家担任名誉院（校）长或客座教授，对县内作者开展专业培训和学术讲座。"从幼儿园、小学到中学，重视书法、美术教育，形成全方位培育体系"[8]，青少年书画队伍人才辈出。自恢复高考以来，向大专院校输送的美术专业人才1130多名，通渭籍书画人才遍布全国各地。

## 四、通渭书画产业化发展的基本经验

通渭书画艺术事业已取得了比较瞩目的成绩，书画产业已初具规模，但总体上书画产业化发展处于初起阶段，但势头良好。通渭书画产业化发展的实践有以下几条经验。

1. 政府倡导支持，领导重视是关键

通渭书画产业化发展所取得的成就，是几十年来历届县委政府不断支持推动的结果。通渭县委、县政府历届领导对通渭文化工作的高度重视和正确引导，保证了书画产业的持续、健康发展。过去，县委、县政府紧紧抓住"中国书画艺术之乡"这一品牌优势，把培育文化产业、发展文化事业列为全县的重点工作之一。主要领导重点抓，分管领导亲自抓，文化部门具体抓，各级干部协同抓，形成了一级抓一级，层层抓落实的良好局面。在产业化成型期，是时任主要领导郑红伟的大力倡导和鼎力支持为其成功奠定了基础。

（1）县长支持办展。

一方水土养一方人，靠山吃山，靠水吃水，养育通渭的山水在哪里？1990年代末期，通渭新任县长赴任前，地委领导交代三件事：农业技术推广、企业改制、旧城改造。皆为非常棘手之事。县长结缘书画是在1998年底，在省教育学院进修书法的文庙街小学教师王炳文毕业前夕，要在兰州举办个人书法展，寻求县政府的支持。郑县长心思：正值大旱之年，抗旱需要钱，农民要吃饭，干部要工资，这么穷，办书展能干什么？谈不上什么好态度，三言两语打发走人。但心中仍放不下，几天来一直在琢磨此事。正好遇上教育局局长，便进行了解，答曰：王炳文老师为人不错，书法大有前途，应考虑予以支持。便安排分管领导赴兰主持王炳文书法展，象征性地给了500元贺礼并举行便宴招待了办展人员，打开了政府支持个人举办书画展的先河。

（2）出门当作特产。

自从支持办展后，县长就思考书画到底能起多大作用？随着社会交往的增多，赴外学习交流互赠礼品让县长也颇费思量。通渭没有啥特产，有人建议送字画。试试看，效果还不错。开始时索要，次数多了就不好意思了，就象征性地给一点钱。领导是风，群众是草，你的举动如何吹，他们就会向哪里倒！政府购画买字之风，吹出了专业书画队伍。画廊也应运而生。

（3）兴办书画产业。

2002年通渭县委书记率团赴书画之乡浙江浦江县专门考察书画发展大计，回来后对通渭发展书画产业信心十足，如前所述一系列政策措施出台，大张旗鼓地兴办书画产业。

（4）顶风逆俗支持。

正当通渭书画产业发展的关键时期，有人泼冷水，也不乏来自上层的怀疑：通渭搞书画能行吗？是否是你头脑发热了！甚至有人讥讽说：既然通渭人那么能行，为什么出不了中书协主席，甚至连一个中书协理事也没有呢？！面对质疑，县委领导坚定地认为：要辩证地看待通渭，通渭要通渭人建设。一个近50万人的县域，由8 000多爱好者、3 000多创作者、300多创作骨干、20多中书（美）协会员搭建的书画队伍金字塔，出中书协理事或主席，暂时还不成熟。文化犹如自然天成粮食圆锥堆，它的普遍性和基础性决定了它的高度，急不得、慢不得，要尊重规律、循序渐进，急于求成只能是揠苗助长；也不能慢，十七大报告已提出了"文化软实力"，今天的文化就是明天的经济，只要把路铺平，就会水到渠成。对于批评和怀疑者，不顶牛、不争辩、不汇报，由明干变成暗做，继续逆俗顶风支持书画产业化发展。"当一幅书法斗方等于一亩丰收年间的小麦时，一位乡下干部要求调到县城兼职开画廊，年收入20多万元，给他一个乡长他坚决不去！文化不仅改变了他的命运，也实现了从官本位到文化本位的转变！"

### 2. 群众基础雄厚，百姓喜好是本质

通渭落后的经济和历史上不安定的生活条件，刺激人们对书画等文化艺术的狂热追求，家庭的传承与民风的形成，促使这种喜好根植于人们心中并愈演愈烈，甚至已接近一种信仰和风俗教化；对文化和知识的向往以及通渭人本身对书画的喜好，使书画成为一种拥有知识修养的身份符号，受到通渭人近似信仰般的高度尊崇；悬字画于屋内，可随意泼墨丹青的风尚出自通渭人对文化、对知识的渴望与追求，是其内心追求的外化形式，热爱书画便是这种尊书重教之风的重要组成和体现。雄厚的群众书画收藏基础和庞大的专业书画创作队伍是通渭书画产业化发展的本质所在和强大动力。

### 3. 自然条件严酷，独辟蹊径是必需

通渭经济落后，自然条件严酷，资源相对贫乏，"生存条件恶劣，使许多专家名流和投资商望而却步、难以久留，以往许多开发项目就是因此夭折"[9]，虽然农、工、商皆不发达，但以书画为主的文化相对发达。书画搭台，经济唱戏，书画产业发展成为通渭发展经济独辟蹊径所必需。

## 五、启示与思考

走产业化道路的基础是通渭书画创作的民间性和地方性，因此必须保证作品创作原汁原味的地方特色，维持其独有的"通渭风味"。在调动广大创作者积极性、增加作品产量的同时，应重视产品质量，保证品牌的市场可信度。书画创作是打造通渭书画品牌、引进外来投资、发展文化产业，增加居民收入，拉动通渭全县经济发展的急先锋，历史渊源深厚的书画收藏便是产业化发展的后方基地。

### 1. 找自己之缺

对于通渭书画产业需要正确定位，目前尚处在起步、探索、培育和发展的初级阶段，在县域经济活动中，还处于边缘、补偿的位置。书画产业的发展与新形势、新任务、新要求相比还有很大差距。

（1）鉴别滞后影响规范发展。

行业专家具备了解行情、专业知识过硬、熟悉民风民情、便于深入民间的优势。从行业专家中推选专业知识强、头脑灵活、交际广泛的人员担任民间书画创作队伍带头人，借助其威信和人际网络保证书画创作、交流、输出一系列环节通畅。收藏品真伪鉴别是书画藏品高品质的保证和需要。目前通渭缺乏专门的书画

藏品权威鉴定专家和机构，影响行业规范发展。

（2）藏而不流丧失经济价值。

通渭人蔚为壮观的书画收藏是对书画作品的高度敬仰，从收藏的规范操作角度来讲，通渭的收藏还处于一个初级阶段，还没有形成一个完整的体系来应对文化交流过程中出现的一些偏差，对艺术品的鉴赏和传世价值尚未具有较高的认知水准。对于收藏十分执着且收藏面最广的老百姓，只是偏爱、执着于收藏，他们的字画是以收藏和悬挂为目的，而非囤积待价而沽，将他人所赠书画出售更是为民风所不容许。应当对民间风尚予以尊重，保留主人对藏品收购、货卖的自由权利。但是收藏只是用来装点门面，自我欣赏，得不到更新，品位和质量不能提高。家中字画密而不出，即使手中有价值很高的艺术珍品，也因不能进入流通而丧失经济价值。

（3）非规操作搞乱收藏市场。

通渭人对于书画最直接的是崇尚，缺乏经济主导力。随着收藏热潮不断高涨，不规范的操作现象越来越多，很多不懂书画却想借书画捞点实惠的外地人对书画家打起了主意。他们以经纪人的身份邀请并不知情却又对西北市场产生浓厚兴趣的书画家来这里交流，结果是不但把书画家卖掉的作品款全部截留，还卷走书画家当场创作的全部作品。不但搞乱了收藏市场，还使上当的书画家对西北市场产生了恐惧心理。谈到市场经济能力，它本身不但不能主导书画市场，反而成为外地书画家到本地后获取丰厚经济利益的辅助力量，这是一个比较严峻的问题[10]。

（4）四个问题急需尽快解决。

一是对发展书画产业的思想认识不够统一，尚处在探索、起步、培育、发展阶段，其发展过程中带有一定自发性和盲目性，思路有待进一步理清；二是书画产业发展的软硬件建设比较滞后，现有的基础设施满足不了书画产业发展的需要。特别是组织机构不够健全，县上至今没有文联，已有的书画协会和书画产业协会基本没有发挥作用，形同虚设，主管部门的监管和协调服务不够到位。三是发展书画产业的市场观念和全局意识还不够强，注重个人行为和个人收入的多，关注公共文化和书画产业发展的少，作为产业还没有真正起到拉动全县经济社会发展的作用。四是书画队伍内部的团结协作不够紧密，较长时间存在以人取艺、文人相轻等不利发展提高的缺憾[11]。

2. 习他人之长

他山之石，可以攻玉。纵观书画艺术之乡，优势和特色各有不同，通渭需学习借鉴他乡先进经验和特色，表3为"中国书画艺术之乡"的特点。

表3 "中国书画艺术之乡"特点

| 地方 | 命名时间 | 人口（万） | 书画作者 | 特点 |
|---|---|---|---|---|
| 浙江浦江县 | 1993 | 38 | 3 000多 | 最初培育了绒绣、草编、花边、竹编、麦秆贴等工艺品"五朵金花"，随着大批民间书画爱好者脱颖而出，领军开拓花边绗缝与水晶等支柱产业，领先一步以70%的市场占有率成为全国最大的水晶产销集散地，花边绗缝成为全国最主要的加工出口基地，相继衍生了"中国水晶玻璃之都""中国绗缝家纺名城"的"金名片" |
| 山东高唐县 | 1995 | 47 | 4 000多 | 坚持"例会"制度（县上每个季度召开一次以书画为议题的常委会或党政联席会，出台政策、安排工作、通报情况、解决问题）。电视台开设《每日书画风情》专栏节目 |
| 安徽太和县 | 1994 | 160 | 8 000多 | 20多年来坚持"四到位"（政策扶持、精神支持、人力配备、资金落实）。2000年始设100万元奖励基金，奖励在全国书画大展中入展获奖的作者。形成了县城、集镇、乡村三级书画网络和老、中、青、少、幼五个层面的"书画热潮" |
| 萧县 | 1993 | 130 | 近10 000 | 国画大师李苦禅称为"国画之乡"。创办《书画研究》会刊，编写《书画史论》《萧县书画志》。在乡镇建立10多个农民书画艺术协会，可施丹青者近3万人。每年书画销售收入在亿元以上 |
| 江苏胥口镇 | 1995 | 3.4,外来4 |  | 创办《胥口美术》等多种书画报刊；中美协、中书协、文化部产业司在这里建立"全国文化（美术）产业示范基地""中国美术创作基地""中国书法家培训中心"和"中国美术家协会胥口展览中心"。所建仿古楼阁"中国书画名家街"和"胥口书画市场"在当地负有盛名。刘大为等20多位书画名家在此设有工作室 |
| 深圳大芬村 | 2004 | 0.03余,外来1 | 10 000余 | 1989年开始油画加工、收购、出口产业，传神的临摹和低廉的价格成了欧美油画市场上的抢手货，发展高峰时占美国油画市场60%的中国油画中，"大芬油画"占80%。至2000年有来自20多个省市的画家1 000多人，租用民房作画室500多间，年创汇3 000万美元。当地政府把油画产业当作经济作物来培植，目前画廊工作室上千家，画家、画师、画工上万 |

### 3. 创本地之特

目前，通渭书画产业在甘肃是"人无我有"，要使其可持续发展，就要在全国成为"人有我优"以至达到"人优我强""人强我特"的特色。

书画文化作为一种民间艺术，和民间风俗、民间工艺、民间文艺相互影响，建构了民间民俗文化的范畴。通渭拥有丰富的民俗文化资源，全县有小曲、剪纸、春叶、遮面、唢呐曲牌、小调、民间舞蹈、秦腔、皮影戏、刺绣、编织、雕刻、纸火、仿古建筑和口述文学等民间艺术 8 大类 1973 种。山场庙会 59 处，平襄的中林山、清凉山、马营的尖岗山、襄南的太白庙等庙会历史久远，规模盛大[12]。纸火制作和仿古建筑富有通渭特色，辐射周边县区，能工巧匠众多。8 类 25 种民间民俗文化遗产被列为第一批县级非物质文化遗产保护名录，剪纸、皮影戏、影子腔、草编、脊兽等正在申报市级非物质文化遗产保护名录，《通渭小曲》被省政府公布为第一批省级非物质文化遗产保护名录，正在申报第二批全国非物质文化遗产代表作。民俗文化产品集民族性、地域性、历史性、艺术性、实用性于一体，极具个性和特色，具有浓郁的乡土气息，通渭书画产业化发展和对外开放可以结合当地风尚，借鉴全国其他地方"农家游"的发展形式，以家庭或家族为单位组成多个小型书画展馆，吸引外地游客进入。发展这种特殊文化旅游形式，既可以保证对民俗民风的尊重，维护书画在通渭人心中的地位，又可以带动当地旅游发展，让游客在感受通渭农家生活氛围、尝试通渭民间生活方式的同时，领略书画在通渭人家不可或缺且远远超越其本身价值的崇高境界。同时可以安排民间书画家的即兴创作表演，书画作品内容及技法，以真实纯朴、具通渭风味为佳，使游客在充分感受乡情乡风的同时，真正体味通渭书画艺术之乡独特的艺术魅力。

通渭夏天不太热，冬天不太冷，是避暑、休闲的好去处。新一届领导班子，提出了"举红色旅游旗，打温泉休闲牌，兴通渭农家乐"的文旅活县发展战略，在"文旅活县"策略下，创造条件让客人来通渭浴温泉、钓游鱼、食土鸡、品荞圈、观皮影、听小曲、逛庙会、耍社火、剪窗花、种土豆。大力发展文化旅游事业，为书画产业的发展提供了前所未有的机遇。

**参考文献：**

[1] 甘肃省通渭县县志编纂委员会. 通渭县志[M]. 兰州：兰州大学出版社，1990：545.

[2] 周文馨，陈宗立. 甘肃通渭：从书画之乡到书画产业[J]. 兰州：党的建设，

2004（10）：51．

［3］朱红霞．通渭县农民书画展在兰开展[N]．定西日报，2004-11-15．

［4］［5］［12］通渭县文化局．通渭县文化产业发展情况（2008年）．

［6］甘肃省通渭县县志编纂委员会．通渭县志[M]．待版，2007：652．

［7］王雨．挖掘民间民俗文化资源，通渭 12 个大展精彩纷呈[N]．甘肃日报，2004-11-18．

［8］郑红伟．挖掘文化资源促进经济发展[C]//郑红伟．黄河文丛：通渭人家．北京：中国文联出版社，2004：293．

［9］李丽娜．"通渭现象"及其产业化发展的思考[C]//白恩胜，许柏林．中国民间文化艺术产业建设研讨会论文集．北京：民族出版社，2005：123-132．

［10］雪梅．关于"通渭书画文化发展"探索的社会调查报告[EB/OL]．文学博客网，2007-09-07．

［11］通渭县政协．关于甘肃定西市通渭县书画产业发展情况调研（2007）．

# 清代通渭四大书院及其教育影响[1]

李璧强　连振波[2]

(甘肃中医大学定西校区　学前教育与体艺教学部　人文教学部)

**【摘　要】** 清代通渭书院教育蓬勃发展，先后建立了寿名书院、近圣书院、华川书院、华阳书院四大书院，为当地人才培养、文化传承、化育民风等方面做出了很大贡献。本文重点探讨清代通渭书院的设置情况、教育目的、教学制度、经费筹措、教育影响等。

**【关键词】** 清代；书院；通渭；教育传统

通渭为陇中东北门户，为南来北往的必经之地，是古丝绸之路和新亚欧大路桥的必经之地，文化激荡、民族融合，在华夏文明传承与发展史上具有重要地位。"交通便利了文明的传播"[1]，通渭得益于地理优势，虽地处陇中贫瘠的黄土高原，但文化教育发达，民风淳朴，崇尚诗书。清朝时期，书院教育在通渭蓬勃发展，对当地民众思维习惯、伦理观念的养成，民风民俗、学风士气的培植，以及地域文化、教育传统的塑造做出了重要贡献。

## 一、清代通渭四大书院概况

书院是一种"不是官学但有官学成分，不是私学但又吸收了私学长处的新的教育制度"[2]，其发源于唐代官府整理典籍的衙门和私人治学的书斋，是中国古代

---

[1] 基金项目：2015年甘肃省教育厅项目"陇中书院文化研究"（项目号：2015B-141），2015年定西师范高等专科学校科研项目"陇中书院研究"（项目号：DSZD1505）。
[2] 作者简介：李璧强（1983—），男，甘肃通渭人，甘肃中医药大学定西校区学前教育与体艺教学部讲师。研究方向：教育社会学、职业技术教育。
连振波（1968—），男，甘肃通渭人，甘肃中医药大学定西校区人文教学部教授，陇中文化研究所所长。研究方向：中国古代文学和甘肃地域文化。

知识分子围绕着"书",开展读书、教书、修书、著书、刻书、藏书等活动,进行文化积累和交流、研究和创造、筛选和传承的文化教育组织。书院自产生以来,与官学、私学一起共同构成了中国古代三大教育组织形式。

明清时期陇中文化教育事业发达,书院教育在当地逐步普及并日益发展壮大,其中通渭在清代形成了远近闻名的四大书院,即寿名书院、近圣书院、华川书院、华阳书院。

1. 近圣书院

近圣书院是清朝乾隆五十三年（1788）由知县冷文帏改建。在文庙左侧,正北旧为金公祠,上为讲堂3间,东、西书房各5间,中为棬棚屏风门1座,左右向上书房各3间,屏风前东西书房各2间,又前为大门1座。[3]

2. 华川书院

华川书院是清朝嘉庆年间（1796—1820）在通渭马营监创建的,刘延瑚曾任山长二十余年。华川书院在光绪十八年（1838）曾改设义学,延请名宿教读成材童蒙。每年由马营公款送修金钱四十串文,其余安远、榜罗、义岗三镇均由斗行集资供应修金。[4]至民国初年改办为马营公立两等小学堂。[5]马营监在通渭县西,大华川地。明正统间创设马政割,为牧地。始置安定苑,统于平凉苑马寺。其城池学校春秋庙祀规模如一县。然嘉靖时复设围长二员,后升为监,设监正,有学额8名,应平凉试。[6]

3. 华阳书院

华阳书院是清朝道光十四年（1834）由王锡三在马营倡建的[7]。文生王锡三为通渭马营三里铺人,因倡建华阳书院深受当地士人赞颂。

4. 寿名书院

寿名书院是清朝同治十三年（1874）由通渭知县吕鉴煌和邑绅捐钱在通渭城创建的。吕鉴煌,字海珊,粤东鹤山举人。当时吕鉴煌等捐钱修建的建筑有:大门3楹,西向北为守院所房舍3间,东为重门,门内为南北斋房各7楹,厨房2楹,讲堂7楹,南、北书房各3楹,上建文昌殿7楹,北为主讲所,书房3间,厨房3间。[8]光绪元年（1875）知县夏金声建文昌后殿3楹。[9]民国十七年（1928）9月3日,因山长卢敏被起事回民烧死而彻底停办。王伟、王熙绩、蒲捧扬等人先后在该书院主讲。[10]

## 二、培才寿名：清代通渭书院教育目的及定位

书院教育具有培养人才、传承文化、开发民智等诸多职能。清代通渭书院倡建者从不讳忌书院教育的这些职能，更大力宣扬书院教育在培养人才、传承与发展文化、开发民智、化育民风等方面的职能。通渭知县粤东吕鉴煌在同治十三年（1874）撰写的《迁建寿名书院碑记》中强调"培才寿名"的书院教育目的及定位。《迁建寿名书院碑记》[11]全文如下：

人寿乎？土木寿乎？金石寿乎？必曰：金石寿矣，其次土木，其次人。虽然，金石土木之寿以形，人之寿以名。名之寿，寿于金石土木，而并能寿金石土木者也，是故寿莫寿于人。煌摄篆平襄，日以培才为己任。都人士果学优品粹，勉为完人，百年后诸君之名亦可以寿矣。为我告邑人，曰：今兹书院落成，若来跻是院，陟是堂者，毋徒聘宏郎而怙幽稚也，当求其所以寿者。

吕鉴煌借助于对金石、土木、人三者在世界中存在时间长短（即"寿"）的比较论述，强调人基于声望和荣誉享世最久的道理，体现了书院教育"以人为本"的理念。吕鉴煌同时阐明书院教育以培养人才为己任，"学优品粹"的"完人"是书院教育人才培养的目标，且这种人才在"百年后亦可以寿"，这种阐述在一定程度上明确界定了书院教育的人才培养规格。可以推论，吕鉴煌界定的"百年后亦可以寿"的人才必在品学和声望上能被当地士人和民众接受，在当地文化开发、文化传承、开发民智、化育民风方面具有一定榜样示范作用。

## 三、清代通渭书院的教学制度

### （一）书院教育的讲会制度

讲会制度是中国书院的基本教学组织形式。"讲"源自佛教的"升堂讲说"，书院讲席者主要由当地著名的文人宿儒或德高望重的退隐官宦担任，分为每日讲、隔日讲或朔望讲等日程安排；"会"指"会课"，书院师生定期集会，研习经典、交流心得，传阅所做的课艺。书院深受当地官吏和地方士绅的重视，很多通渭知县非常关心书院的日常教学，躬亲课士。时任知县何大璋（四川宁远府会理州人，拔贡）在《课士文》中对当时通渭书院教育的讲会制度进行了一定描述。其所撰课士文[12]如下：

通邑星分井鬼，文曜聊辉，水合渭流，词源讯注，地灵人杰，不乏豹变蛟腾之儒。毓秀钟英，自多雕龙绣虎之士，如赵工部、王宗器之勋业，政绩彪炳；简

编秦士会、白我心之博学宏词，脍炙人口。似此名高乡国，皆由淹贯经书，岂无理学渊源？还望挖扬风雅！但学荒于嬉而业精于勤，玉人不能无借于他山，百工亦须待成于居肆。本县生长西蜀，深惭濯锦之才，今来折腰鸡川，雅慕空群之鉴；伫拭欧阳，目请开江令花。涓厥良时，蒸兹髦士。每于月望之五日，贲期来临。今于日华之佳晨，始基文会。东风解冻，当琼枝放萼之时；春雷可听，正虬龙奋鳞之候。蕙转桃杏，自见光华。学善词歌，还期抒秀，千金骏马，定此日之品题；六月鲲鱼，卜他年之变化。严如锁院，慎厥挥毫，本县断不视为具文。诸生亦勿轻以潦草，各展三冬之富，务尽一日之长。敢谓画龙点睛，共期一道，同执特著青眼，莫负婆心。

（三）清代通渭书院章程

书院章程也称规程、馆例、学程、课规等，其内容多样，其制订目的基本上是为了规范书院的日常运行，具有较强的可操作性。清代通渭书院属于普及时期，日常运行受官府影响较大，书院章程的制定、日常经费的使用都有当地官府的介入。光绪十八年（1892）湖南湘阴县人高蔚霞任通渭知县后议定章程，明确书院经费归县管理。《计开章程》中对官课、馆课、诗课等教学日程有详细规定，并对书院山长的待遇、院夫的待遇、生童的膏火奖赏、科举会试的公车宾兴费用等有具体规定。相关条款如下[13]：

一、议定书院用款以杜虚縻也。查：聘请山长，向章每年脩金钱一百串文，押关钱六串文。每月初二日官课，议定生童膏火钱六串文。十六日馆课，议定生童奖赏钱四串文。二十三日新增诸生诗课，议定奖赏钱三串文。均由官评定酌赏。礼房卷费并管账、笔资，每年给钱十八串文，院夫每年工食钱八串文。如有补脩添造，各事随时酌用。本城义学脩金年礼，每年由书院公款送钱二十六串文。科场年分，亦由书院提送宾兴钱一百串文。会试公车，每人提送钱三十串文。选拔朝考，提送四十串文。核算照章经理，三年后款项自然充裕。后之君子扩充加增，则裨益士林尤多矣。外有牛主事瑗、阜康县知县田鼎铭所捐宾兴、公车经费，另有通祥章程，不在此矣。

## 四、清代通渭书院教育经费的筹措及管理

清代地方官员大都非常重视文教事业，他们与当地文人一起对书院的普及发展做出了很大贡献。通渭四大书院中近圣书院和寿名书院有明确文献记录分别为

当地知县冷文炜、吕鉴煌倡建。清代光绪六年（1880），通渭马营为表彰重建华川书院，曾大力支持其事的知县夏金声立的《德政碑记》记载："……许铁堂宦定西，杨椒山官临洮，均以口兴文教，士大夫立祠祀之[14]"，从另外一个侧面反映出地方官宦对当地文教事业的推动作用。

经费是书院得以建立和运转发展的基础。书院经费的用途主要有以下五个方面：一是创建书院时耗费的工匠、劳力所需费用；二是开展讲学、交流等教学和学术活动所需费用，如聘请山长、馆师等书院教师及辅助人员所需经费；三是管理维护书院日常运营的费用，如聘请监院、钱粮官等书院管理及勤杂人员所需经费；四是书院生徒日常学习生活所需费用；五是书院参与一定社会活动所需费用。通渭书院经费的筹措类型主要有捐钱、捐粮、捐田、助工等价值形式，来源主要包括官员倡捐、文人捐赠、乡民投工等途径。如寿名书院就是清朝通渭知县吕鉴煌和邑绅捐钱二千三百缗在通渭城创建的。[15]

书院日常教育经费多以官宦士绅捐廉、学田租金和钱粮生息几种形式实现。如近圣书院由通渭知县冷文炜创立，并持续捐廉给膏火，另外李灏筹捐钱二千有奇，吴楚宝捐六百缗，金坤一发典生息。书院建立以后，其财富形式除书院全部建筑设备外，还有一定的学田和钱粮，如光绪十九年（1893）《重修通渭县志》记载有通渭书院学田的情况[16]：

党马甲岔一十九分，崇正十三年办产归学，每分租钱四百二十文，由学署领；中川铺一分，道光年变价入贡费；乌马家坪一分，焦亢家湾一分，乾隆五十二年知县杨懋德办产；马营监学田一分，土民岁纳租银三十两有奇。

通渭各书院财产田粮及日常运行经费的使用和管理，原本相对独立，但清代中后期，为了增加书院经费管理的规范性，官府参与议定管理办法，使书院经费管理和使用相对透明公开，管理成效显著，书院经费日益充裕。如《计开章程》中有关于书院经费管理的条款如下[17]：

一、议改书院经费归县管理，列入交代也。查：书院原本钱二千二百串文，早经发典，每月一分行息，自光绪十八年起照章清查，叛产变价，以济书院经费。除开支一切外，已收变价钱一千六百串文，合并旧款共钱三千八百串文，照章发典生息。惟佃种叛产，尽皆穷民，未能一律催齐，尚有民欠立约钱一千一百串之谱容缓，陆续催交，归并发典。但旧章派绅经理，管不与闻，外人无从查悉，恐难垂久。现改定书院出入费用，给发印薄，交礼房管账。至收发钱文。概归县署账房监守。每遇年终，将书院一年出入款项，逐细开明榜示周知。如存有成数，仍注明发典生息，其新旧交替不及一年者，即将旧任经收出入亦开榜张贴，并移交新任接收办理。庶内外相维，官民共知，或不至日久废弛矣。

## 五、清代通渭书院的教育影响

### （一）促进了通渭文化教育事业的发展

清代书院教育处于普及发展时期，此阶段通渭四大书院的先后建立，与省会书院互补，为通渭广大士子提供了更多更高层次的教育场所，满足了当地士子接受更高层次教育的需求。另外，书院重视讲学与学术交流的结合，促进了文化的传播与发展，在化民智、育民风方面起到了非常重要的作用，极大地推动了当地经济社会的发展和文教事业的繁荣。自清代以来，诗书传家的理念广泛渗透到当地民间，为通渭民众所接受。家家有诗书、户户有书画的现象持续至今，"耕读第""耕读传家"等文字在通渭民间宅院建筑门庭（大门）装饰文字中十分常见，现今通渭县更是发展为全国著名的"书画艺术之乡"。

### （二）为当地培养了大批优秀人才

书院的创立，无论是基于讲学为主，还是基于考课为主，基本都以培养人才为主要目的。通渭四大书院都有一定规模，场所宽阔、制度规范、设施较为完备，加之很多当地饱学之士或辞官归隐的官宦文人担任讲席，吸引了大批士子前来研读学习，在很大程度上满足了民众子女学习成才的需求。清代通渭籍的很多进士、举人都曾肄业于当地书院，影响广泛，促进了书院精神的传播。如乾隆壬申科（1752）解元张翼儒跟随当地名儒李南晖（时任四川威远县知县）修纂《威远县志》，并受李南晖推荐到四川青峰书院担任讲席，穷理讲学，深受当地生徒和士庶的钦佩和赞颂。张翼儒在《书院训士文》[18]中倡导"读书、穷理、躬行、实践"的读书方法，以及"勿以身心性命为外物、勿以读书穷理为难事、勿以躬行实践为畏途、勿以文章科第为绝业"的论述，对其生徒的影响很大，这些理念对现今的为学之人也有很高的借鉴价值。

### （三）形成了社会捐资办学的优良传统

书院在其创建、修复、扩充和日常运行中需要投入大量资金，清代通渭地方政府财力有限，四大书院的创建和运行经费，基本都来源于当地官宦、文人、民众的捐资。书院教育的普及反过来让民众认识到教育对稳定当地社会、推动经济发展、培养人才方面的重要性。同时书院、官府通过各种途径肯定褒扬捐资办学的高尚行为，增强了社会捐资的积极性。倡建倡捐逐渐成为书院办学的一种传统，正是数额巨大的社会捐资保证了书院教育的持续发展。经过几百年的历史沉淀，捐资助学精神逐渐深入人们意识之中，成为一种回报社会的优良传统，并在新的历史条件下得以继承并不断发扬。

**参考文献：**

[1] 梁坤.民国时期甘肃的道路建设与丝绸之路变迁[J],丝绸之路,2009（6）:77.

[2] 陈谷嘉,邓洪波.中国书院制度研究[M].浙江教育出版社,1997:2.

[3] 高志达.通渭县志[M].通渭县政协文史资料委员会翻印乾隆二十六年抄本,2008:70.

[4][8][9][11][12][13][15][17][18] 高蔚霞,苟延诚.通渭县新志[M].影印光绪十九年刊本.台湾:成文出版社,1970:161,104,586,545,160,158,548.

[5][7][10] 张霞光,崔振邦.定西史略[M].兰州:甘肃人民出版社,2003:267.

[6] 高蔚霞,苟延诚.通渭县新志[M].通渭县政协文史资料委员会翻印光绪十九年刊本:32.

[14] 李成业.铁堂诗草释注[M].兰州:敦煌文艺出版社,2003:12.

[16] 高蔚霞,苟延诚.重修通渭县志[M].光绪十九年刊本:74-75.

# 陇中当代文学研究

| 论王守义小说中的"敬畏生命"思想 | 谢春丽/264 |
| 民国时期陇中文学生态论略 | 贾　伟/271 |
| 从生态主义视角解读夏羊的《"水土保持"诗抄》 | 司娅英/278 |

# 论王守义小说中的"敬畏生命"思想[①]

## 谢春丽[②]

（甘肃中医药大学定西校区 人文教学部）

**【摘　要】**《纸"皇冠"》是王守义在小说创作领域中取得的杰出成就，在这部中短篇小说集当中，作家在构筑不同的故事背景的基础上，犀利而真实地描写了一系列人生实践者的生存状态，而在他们纷繁复杂的人生样态当中，作家深刻揭露的不仅是人在不同生存境遇中所展现出来的多重人性，更为重要的是通过对于这些人性的揭露所彰显出来的作家"敬畏生命"的思想。这一思想在作品中的注入，不仅使得作品主题极富人道主义色彩，更为重要的是向读者宣扬了生命至上观。

**【关键词】**《纸"皇冠"》；生命自尊感；生命价值；敬畏生命

作为一位活跃于 20 世纪 80 年代后期文坛的作家，王守义主要是以他的电影文学而获得声誉的，然而，一部中短篇小说集《纸"皇冠"》的出版却极大地展现了他在小说创作方面的天赋。这部出版于 1992 年的小说集共收集了包括《纸"皇冠"》《黄金梦》以及《死亡村庄》等 9 部中短篇小说在内的优秀作品，而作为一位土生土长于大西北的作家，这 9 部作品可以说是从不同角度构筑了王守义关于大西北和黄土高原的想象与情感。小说集当中，作家写事写人都是围绕着大西北特有的自然历史背景，在这样的背景下，有小人物为了生计的艰难奔波，有新型人物对于自我价值的追寻，也有知识分子对于科学真理的艰辛追求，更有像"圣者"一样的人物对于人生真谛的感悟，而在此过程中，作家对于人在不同生存境遇中展现出来的人性也进行了深刻的揭示。然而，对于这样一部始终以关注人性，

---

[①] 基金项目：2012 年国家社科基金一般项目"陇中文学研究"（项目号：12XZW008）的阶段性成果。

[②] 作者简介：谢春丽（1984—），女，甘肃渭源人，甘肃中医药大学定西校区人文教学部讲师。研究方向：西方当代文艺理论和地域文学。

深刻探究人生价值与意义为主要切入点的作品而言，它蕴含的价值还在于作家对于生命的关注、珍重以及崇敬，而这一思想在王守义的作品中得到了非常鲜明的展现。

法国哲学家施韦泽从生态伦理学的角度提出了一个非常著名的理论，即"敬畏生命"。在他的这一理论当中，"施韦泽所指的'生命'是包括人类、动物和植物等在内的一切生命现象。'敬畏'则表达了对生命的虔敬、畏惧与尊崇。在施韦泽看来，敬畏生命应该成为人类基本的生存态度、心理特征和行为方式"[1]。这是对于施韦泽"敬畏生命"理论最基本的理解，在这里，施韦泽首先强调的是"敬畏生命"必须要以整个生态圈为基础，因为人的存在不是孤独的，它有赖于其他生命和整个世界的和谐，而因为长期以来人类中心主义在世界中的主导地位，施韦泽可能更为强调的是人对于动物和植物生命的一种敬畏。然而，不管是探讨人与人，还是人与其他生命之间的关系，对于生命的敬重、珍惜、关爱，维护和尊重生命正当的生存权和发展权，以及生命的至高无上性始终是施韦泽"敬畏生命"理论中最为重要的内容，它应该成为人类基本的生存态度和方式，甚至成为社会的价值底线。在王守义的小说集《纸"皇冠"》当中，作家虽然揭示的是不同人物在各种人生境遇中表现出来的多重人性，但是，当我们仔细探究时就会发现，对于人性的揭示，必然是伴随着作家对于生命的理解，伴随着对于人与人之间，人与其他生命之间关系的理解以及态度的。简而言之，作家拥有怎样的生命观，作品中的人物就会彰显出怎样的人性来。在作品集当中，王守义分别塑造了三类人物形象，他们中有朴素卑微，被生计所迫的小人物，有坚韧独立，不畏强权的知识分子，更有洞察自然、社会规律，深谙人生真谛的"圣者"，以这三类人物为中心，作家展开了对于多样人生样态的描写，而就在此过程中，我们更多感受到的是作家对于生命自尊感的确认，对于生命价值的追求与体认，以及对于自然界其他生命的敬畏。

## 一、对于生命自尊感的确认

如前所述，《纸"皇冠"》当中，有几篇短篇小说是以描写小人物的生活状态为主要内容的，如《纸"皇冠"》《蜘蛛弯的圣餐》等，在这几篇小说中，作家所塑造的都是生活在社会底层的人物形象，他们因为生活中的各种问题曾一度屈从于强权，如在《纸"皇冠"》当中，董纸活是一个在西北小镇上靠做纸火生意为生的小商贩，为了儿子的就业问题他可谓是煞费苦心，也因此屈尊去托关系、送礼、找人说情，而在《蜘蛛弯的圣餐》这篇作品当中，玉巧儿也曾经因为家境贫困而一度和村主任的儿子订下娃娃情，然而，作家在描写这些身处困境的小人物时，他并没有一味地展现他们深陷世俗规则或偏见中的挣扎，而是用大量的篇幅来着力表现他们在现实面前被激发起来的生命自尊感。当董纸活的送礼说情被贪婪、傲慢和卑鄙的镇长以及镇长夫人敷衍搪塞，甚至羞辱拒绝之后，董纸活内心强烈的自尊感及正义感被激发了起来，小说最后，当董纸活和老伴儿抬着硕大的给已逝镇长的"纸皇冠"在纪委车队的前面凛然而行时，他已经不再是一个任由别人摆布的小商贩了，而是一个拥有完整和独立人格的"人"，而玉巧儿，这样一位聪慧、美丽，又有理想的女性，当她被落后又愚昧的村民们肆意诽谤中伤时，她不仅用她精湛的厨艺打开了乡民们的眼界，更用她独立的人格魅力展现出了对于自我以及生命意义和价值的追求。这两个人物形象的塑造是具有深刻意义的，在这里，作家似乎是在批判以镇长、镇长夫人，以及蜘蛛弯村主任曲大口之流为代表的贪婪、自私、愚昧的官僚阶层，颂扬以董纸活、玉巧儿为代表的小人物的奋斗、反叛以及抗争精神的，然而，深究作品主题，作家关于"敬畏生命"的思想却是隐含于作品中最为深层次的支撑点。"生命至高无上性是生命神圣论的彰显，它要求人们在处理人与人、人与社会，人与自然关系的过程中坚持生命至上、生命神圣的道德理念，敬重生命、珍惜生命、关爱生命，维护和尊重一切生命正当的生存权和发展权。"[2]我们生存于世，必然要面对的就是处理人与人之间的关系，然而，不可否认，在多数情况下，因为人类历史上长久不曾改变的阶级观念以及野蛮而残酷的丛林法则，人在面对自己的同胞时，并没有表现出应有的平等和同情之心，而是因为自身的贪婪和自私导致了自己同胞的不幸，甚至悲剧的发生。在《纸"皇冠"》和《蜘蛛弯的圣餐》当中，两位主人公所要求的只是生命中最为基本的生存和发展需求，然而，以镇长为代表的官僚阶层为了满足自身的贪欲，却是以阻碍和践踏别人的正常需求为代价的，这是对于生命神圣性的一种无礼践踏。作品中，作家在将人物放置于这样的境地时，他接下来着力描写的则是两位主人公强烈自尊感及自我意识的觉醒，董纸活不再卑躬屈膝，将儿子，甚至自己的命运寄希望于贪婪自私的官僚，玉巧儿也不再屈从于霸道、愚昧的强权和乡俗，他们都选择了反抗，而这种反抗也正好是作家关于敬重生命、珍惜生命以及关爱生命强有力的佐证。生存权和发展权是"敬畏生命"理论中最为基本的精神所在，人不能因为一己之私而践踏这样的权利，这就是作家赋予这两位主人公的真正意义所在。

## 二、对于生命价值的追求与体认

"价值这一概念是用以揭示人与世界、主体与客体之间特殊关系的重要范畴，它从根本上表征着人的自由自觉的生命活动不同于动物本能式的生命活动的本质属性。"[3]的确，正是因为有了价值这一概念，人的生命活动才表现出了与动物生命活动完全不同的形式，也才彰显出了人在自身生命追求过程中的真正内涵，因此，可以说，在某种程度上，人对于生命价值的追求与体认也就表明人之所以文明，或者说之所以为人的程度。在施韦泽的"敬畏生命"理论中，他不止一次地提到敬畏生命的伦理学应"把同情的范围从人扩展到所有生物"，[4]这样的话，"它就具有完全不同于只涉及人的传统伦理学的深度、活力与动能，使我们与宇宙之间建立了一种精神联系，让我们深刻认识到我们与宇宙其他生命是相互关联的，我们善待他们即是善待人类自己。只有尊重他人存在的价值，尊重其他生命存在的价值，我们才会真正地被尊重。"[5]施韦泽在此强调的依旧是人与其他生命之间彼此应该尊重的重要性和意义，然而，事实上，当我们在讨论是否尊重了其他生命这一问题时，一个强有力的思维方式却更应该引起我们的重视，这就是长久以来一直支配着社会秩序的主客二元对立思维方式。可以说，这一思维方式是所有人类不平等现象的起源和基础，正是在这一思维方式的支配之下，我们不仅不能友善地对待自己同胞的生命，而且更是肆意践踏着人类以外的其他生命。在王守义的小说集当中，作家正是深怀着对于处于劣势或不幸地位的人们的同情，深刻地表达了他对于生命价值的理解，以及人与人之间如何真正实现彼此尊重，并以此为契机，真正做到"尊重其他生命存在的价值，我们才会真正地被尊重"。

《纸"皇冠"》当中，有好几篇小说都是以描写知识分子为主的作品。在这些作品当中，作家都毫不例外地将他们置身于苦难——"文化大革命"，或者祖辈恩怨当中，如在《黄金梦》中，作家着力塑造了一位因心怀国家利益而舍身弃家掘取金矿的地质研究员的形象陆地，然而，就是这样一位始终以国家利益为重的知识分子，却在"文化大革命"中屡遭别人的陷害，那些所谓的坚持"无产阶级专政"的官员，他们为了满足自己对于权力的索取，不惜以诬陷的方式剥夺这位有志青年在科学以及报效祖国方面的人生理想，也正是因为如此，这些官员在作家的笔下都表现出了一幅狰狞的面孔，让人极度厌恶和痛恨，而与他们不同，作品中另一位人物的出现却让陆地实现了自己对于生命价值的追求，他就是公安石熊。石熊是一位忠于职守，对于罪犯疾恶如仇的人，然而，通过作品的逐步展开，我们会发现他身上所拥有的感人至深的性格特征却在于对别人生命的尊重，以及对于人生命价值追求的一种体认。石熊虽然知道了陆地的父亲就是自己苦苦寻找的杀死自己父亲的凶手，但是，当他听到陆地如何以超出常人的毅力去追求自己的梦想时，他被这个"越狱犯"的精神所感动了，此时，他们之间已经不再是始终对立的囚犯与警察的关系，而是彼此尊重对方生命价值追求的平等的人。作家在这样的情节安排当中，不仅塑造出了性格鲜明又丰满的人物形象，更为重要的是体现出了作家同样对于生命价值追求的一种确证。《血灯》是另一篇描写"文化大革命"中知识分子命运的作品，在这篇作品中，研究生牧恒星为了完成导师在地质研究方面的遗愿，不畏艰险，深入金窝，终于找到了导师生前留下来的遗著。这个故事情节性非常强，阅读中，读者往往会被故事强烈的戏剧冲突所吸引，然而，这篇作品的影响力不单单在跌宕起伏，引人入胜的情节方面，更为重要的是，作家在构筑这样一个故事时，他一以贯之追求生命价值的主题是作品给人持久深刻影响的主要原因。作品中，牧恒星在寻找导师遗著的过程中，也实现了自我对于生命价值之追求，他巧遇金月，单枪匹马独闯被人谓之为虎穴的金窝子，并机智地和金窝子蛮横霸道、残忍的领头人雪豹进行周旋，最终不仅找到了导师的遗著，而且博得了金月的芳心，可以说，牧恒星在这样一个人生阶段中，不仅实现了自我对于生命价值的追求，而且也唤醒了同处于不幸境地的金月对于生命价值的追求，尽管在小说结尾金月并没有和牧恒星一起离开金窝子，去实现他们共同的梦想，但是，经历了努力、奋斗和抗争的他们却全然是另外一个懂得尊重、关爱和珍惜生命的人。不容置疑，作家在不同篇目中为知识分子们设置与安排相同的命运轨迹是有其原因的，一方面，作家是以极度颂扬的姿态表现出对于以知识分子为代表的人们对于生命价值追求的肯定，而另一方面，作家也表现出了对"文化大革命"这个以毁灭、伤害和压制生命发展为主要特征的时代的批判，这也正如有些学者在阐述施韦泽的理论时所表述的那样："它对善恶本质的上述规定使之具有普遍的合目的性、适用性，让人们从心灵深处感到一种特别的震撼，完全可以成为一个社会底线伦理。"[6]

## 三、自然与人——对于生命的敬畏

"人对一切生命负责，也正是对自己负责，如果没有对所有生命的尊重，人对自己的尊重也是没有保障的。"[7]毋庸置疑，这样的表述正是在说明着一个自然与人永恒不变的关系，即在任何时候，自然和人永远是无法分割的一个整体，不管我们是报以征服利用，还是珍惜共存的态度。也正是因为如此，当人类在为了自身利益不断毁坏和伤害自然时,自然界必定会施以疯狂的报复。在王守义的小说集当中,有一篇纪实性的作品,这就是《死亡村庄》,与之前所提到的作品不同,在这篇作品中,作家历史性地再现了大西北偏僻乡村——康家弯几十年间所经历的沧桑变化,而每次发生在这里的巨大变化都是和人对待自然的态度密切相关的。作品一开始,浓烈的死亡气息已经笼罩着这个一度生机勃勃的村庄,然而,当死亡逐渐吞噬这个寂静而安逸的乡村时,愚昧而残酷的人们却将生的希望寄托在了践踏和蹂躏别人的生命之上,驼子姐夫,一个极度贫困的农民被要求和已逝的莲子姐结阴亲,并承诺一辈子不能再娶活人妻,接下来,当真正的大死亡来侵袭时,人们在惊慌中依旧让自己的私欲无耻横行,已经非常富有的张三杏借此机会不仅抢夺别人家新娘的嫁妆,而且还剥取死人的衣服。在这样的描写中,虽然作家并没有直述造成这场瘟疫的原因,但从人们的这些举止中我们可以看出,康家弯的乡民们是自私和贪婪的,他们对待自己的同胞尚且如此,更不要说在他们眼中始终是攫取对象的自然了。作品中,有一位老儒医说过这样一段话:"天地无私,陶铸万物,本无善恶。皆因世人自私,故生灾祸。"[8]老儒医虽然制止不了瘟疫的蔓延,但是他却一针见血地指出了"灾祸"之所以发生的根本原因。如果说在康家弯发生瘟疫时,人们对待自然的残酷程度还没有充分表现的话,那么多年之后的"文化大革命"时期,从人对待人以及自然的态度中就更加证明了人在践踏别人生命和自然界其他生命时,必然会给自己带来灭顶的灾难。"文化大革命"时期,在瘟疫中被驼子姐夫救下的张虎已经长成了虎背熊腰的男子汉,然而,被功利心熏昏头脑的他并没有念驼子姐夫的这份恩情,当驼子姐夫要求他给康家弯的农民放假去收割麦田时,张虎不仅粗鲁地拒绝了驼子姐夫的请求,更在康家弯农民集体返乡之后将驼子姐夫在引洮工地各工区批斗了二十多天,并最终在严寒中将其活活冻死,而就在驼子姐夫死后不久,古城大坝终因植被过分砍伐而决口,淹死了三十一位在坝上干活的工人。作品中,驼子姐夫是一个非常特殊的人物,作家在谈到对于驼子姐夫这一人物形象的塑造时曾说过这样一段话:"我仿佛觉得驼子姐夫是从大地湾走来的。他那超乎常人的承受力,顽强的生存欲望,满身的贫穷,站在坟地里瞩望着五谷为之着色的黄土坡和复苏的村庄。正是那弯曲的脊梁支撑着贫瘠土地上小小的人类社会。"[9]在这里,不难看出,作家已经将驼子姐夫看成是"大地湾"的一个符号,他身上所表现出来的"超乎常人的承受力,顽强的生存欲望,满身的贫穷"正是几千年来生存于陇中这片贫瘠土地上农民形象的典型象征,不仅如此,他更象征着人类在自然界中应有的一种生存姿态。驼子姐夫是一个身体畸形的人,但是,他却有着"圣者"般的思想和行为,在作品中,他似乎是超越于生与死而存在着的，他似乎已经洞察了人类一切的善与恶，在他的一生中，他唯一关注的就是拯救别人的生命，在瘟疫中如此，在大旱来临之际更是如此。可以说，在这个人物身上，作家关于"敬畏生命"的思想体现得淋漓尽致。

"一个社会发展的可怕之处就在于社会成员敬畏感的普遍缺失"[10]，这是施韦泽理论对于当下社会现状的一种担忧，同时也是一种警示。的确，是人构筑了这个井然有序的理性社会，然而，人却不能因为自身的私欲而在本来应该平等和彼此尊重的"生命"面前设置任何阻碍，阻碍其正当的生存权和发展权，阻碍其实现生命应有的价值。敬畏生命，任何一位有思想深度的作家都将会在自己的作品中不遗余力地表明和诠释这一观点，这同时也是一种人道主义精神的体现。

**参考文献：**

[1] 刘科．施韦泽敬畏生命伦理的话语分析及其社会底线价值[J]．伦理学研究，2014（1）：110．

[2] 陆树程．论敬畏生命与生命伦理共同体[J]．道德与文明，2009（1）：23．

[3] 朱立元．美学[M]．北京：高等教育出版社，2006：104．

[4] 唐聪．史怀泽生命伦理思想初探[D]．湘潭：湘潭大学，2013：11．

[5] 唐聪．史怀泽生命伦理思想初探[D]．湘潭：湘潭大学，2013：11．

[6] 刘科．施韦泽敬畏生命伦理的话语分析及其社会底线价值[J]．伦理学研究，2014（1）：110．

[7] 刘科．施韦泽敬畏生命伦理的话语分析及其社会底线价值[J]．伦理学研究，2014（1）：112．

[8] 王守义．纸"皇冠"[M]．兰州：敦煌文艺出版社，1992：147．

[9] 王守义．纸"皇冠"[M]．兰州：敦煌文艺出版社，1992：295．

[10] 刘科．施韦泽敬畏生命伦理的话语分析及其社会底线价值[J]．伦理学研究，2014（1）：110．

# 民国时期陇中文学生态论略

贾 伟

（甘肃中医药大学定西校区　人文教学部）

【摘　要】民国时期的陇中文学由于受到地域因素、文化因素的影响，新旧文化之间的冲击与交替成为陇中新文学和新文化因素传播与发展的主要背景。通过对民国时期陇中文学生态的考察，揭示出这一时期的陇中文学呈以旧文化为根本、遵循传统文学思想观念和创作形式的基本特征。同时，由于受到新文化因素和社会政治文化的影响，陇中文学也逐渐呈现出了新的主题和题材，并在四十年代出现了真正意义上的新文学创作。

【关键词】文学生态；陇中；民国

民国时期的陇中文学主要指的是20世纪初至1949年四十余年间的陇中文学。在中国现当代文学史研究视野中，民国时期文学一般属于现代文学研究的范畴。普遍意义上的现代文学指的是1919年中国新文化运动发生至1949年中华人民共和国成立这一时期的中国文学，但由于受到地域因素、文化因素的影响，新旧文化之间的冲击与交替成为一个复杂演进的历史过程，因而新文学、新文化因素传播至陇中地区有一定的延迟，导致用现代白话文作为语言载体进行创作的新型文学在陇中的实际产生要远远迟于1919年，直至四十年代才有了自觉的新文学作家及其创作。这使得目前以新文化运动以来呈现出的文学"现代性"的标准无法用来衡量民国时期的陇中文学。同时，民国陇中文学的界定除了以时间阶段为标准进行划分，社会政治经济和历史文化的影响也是界定和考察民国陇中文学的必要条件。溯源来看，民国时期陇中文学、文化的产生和发展与清末出现的新型的民

---

① 基金项目：2012年国家社会科学基金项目"陇中文学研究"（项目号：12XZW008），2013年定西师范高等专科学校科研项目"文学生态与晚清民国陇中散文研究"（项目号：1322）阶段性成果。
② 作者简介：贾伟（1982—），男，甘肃陇西人，甘肃中医药大学定西校区人文教学部讲师。研究方向：地域文化与文学。

主主义文化的影响又有着密切联系,因此对于民国时期陇中文学的考察必然要从清末开始。本文对清末民国时期文学生态进行较全面地考察,以期揭示出民国时期陇中文学发展的社会文化背景及自身的脉络。

## 一、新旧文化交替冲击下的陇中文学生态面貌

民国时期陇中文学的兴起绝非突然而起之事,清末民初时已有多种新的社会文化因素出现,如留学知识分子群体的出现、牛载坤正本书社传播新文化,等等,这些都极大地推动了陇中文化和文学新因素的出现。但总体而言,清末至民国晚期的整体社会文化仍呈现着旧的封建社会文化的基本特性,社会体制没有根本性的转型,传统文化占据着重要地位。在这种新旧文化的交替冲击之下,陇中文化乃至文学诸形态的发展未出现显著的变化。

首先,陇中地区一直处于封建主义的旧社会体制操控之下,社会文化体制和经济形态没有出现根本性的变化。1840 年,鸦片战争爆发,中国逐步进入到半封建半殖民地社会,甘肃乃至陇中地区的社会文化体制却没有发生大的变化,而社会危机却在逐步加重。1906 年《秦陇报》创刊并秘密寄回国内后,曾引起很大反响,其发刊词说:"今则比人已攫矿利,英、德强索路权,俄罗斯、日思夺新疆、蒙古以至我死命",而清王朝却"开门揖盗,认贼作子,迫生计益穷,事事仰人鼻息,举从前特立独行之慨,遂为依赖乞怜之状"。[1]在海外留学的进步知识分子和革命者号召国人"振刷精神,改革思想,以修内政而御外侮"[2]。但地处西北的陇中地区,由于地域环境的阻隔和文化传播的不便,资产阶级民主革命思想没有广泛传播到这里,更没有出现社会体制和文化革新的丝毫因素,当时的甘肃"基本上还是封建文化的一统天下,并未受到资本主义文化的冲击和批判,在文化发展的进程上缺少了一个环节"[3]。而且,在 19 世纪末 20 世纪初,陇中地区封建土地所有制的面貌没有改变,地主阶级占有大量土地,导致陇中境内"经济畸形发展,市场物资匮乏,物价上涨"[4],加之苛捐杂税繁重、自然灾害连年发生,白莲教起义、回民起义、河湟起义、哥老会起义等农民起义斗争在陇中地区不断出现。社会体制的腐化、经济的衰败、连年的起义和战争导致了文化面貌的封闭落后。

其次,辛亥革命成果被窃取,新文化运动的传播发展受到阻碍,民主主义革命思想和新文化思想未能深入普及到陇中地区。1911 年 10 月 10 日武昌起义标志着辛亥革命的爆发,随之在全国范围内展开了轰轰烈烈的革命运动。1911 年 11 月至 1912 年 1 月,在陇中地区爆发了唯一一次响应辛亥革命的武装斗争——陇西侯

玉印领导的哥老会反清起义，但因缺乏革命准备和牢固的群众基础，加之当地强大的清政府势力的围剿，起义最终失败。及至1913年3月甘肃省第一届议会正式成立，阎士璘被推选为议长，陇西人王海帆、刘丰、张朝栋和定西人马良弼、马良瀚等同省内其他民主人士共56人推选为议员，但省议会大权被反动军阀马安良操控，甘肃出现了假共和的局面。

辛亥革命后，国民政府虽然在甘肃建立政权，但仍连年出现起义、战争，军阀战乱逐步加剧，使陇中社会连年兵荒马乱，人民生活处在水深火热之中。1914年4月，河南人白朗率领的起义军"公民讨贼军"由陕西进入甘肃，4月底到通渭，5月攻破陇西，5月底攻岷县，6月中旬退出甘肃，后被北洋政府军队镇压。1917年，狄道人赵学普、师世昌、边永福、秦钟岳、郑瑞青和陇西人胡登云等组织发动了甘肃护法运动，由于缺乏革命武装和广泛的群众支援而宣告失败。同时，陇中地区的复辟活动此起彼伏，十分猖獗。及至二三十年代，国民政府虽在甘肃建立政权，但诸多因素导致辛亥革命的成果被窃取、新文化运动在陇中地区的传播受到较大阻碍，民主主义革命思想和新文化思想未能深入普及到陇中地区，陇中社会文化体制仍然是以封建社会文化特质为主，"自国体变更后，诸事仍旧，共和其名而专制其实"[5]。社会形态的滞后也造成了民国时期陇中文化体制和文学创作的局限性，新文化和新文学在陇中地区的产生、发展和传播严重滞后，1955年夏羊曾回忆到定西传播新文化的正气图书供应社，书社"成立于抗战胜利后的1946年8月夏季……其目的是为了供应定西地方学校图书及社会文化用具之需求，宣传和介绍新文化，振兴地方教育为宗旨"[6]，也就是说，早在其他省份地区传播流行的新文化直到40年代才正式出现在陇中地区的定西县，文化滞后可见一斑。

但在20世纪初，民主主义思潮已成为中国社会文化转型发展的必要趋势。"中华民国"建立前后，伴随着辛亥革命的爆发、民国政府的成立以及五四运动的影响，甘肃社会体制、政治经济和社会文化出现了由旧形态向新形态的缓慢过渡，受其影响，陇中地区文化和文学亦出现了诸多新因素。到了1919年，五四运动的爆发开启了文化和文学的崭新时代，也促进了陇中地区思想文化和文学创作有了较小幅度的转型发展。总体而言，陇中地区新文化因素主要体现在以下几个方面。

一是留学知识分子群体和新型思想的传播。在20世纪初，陇中地区开始有了第一批出国留学的知识分子，受到先进思想的影响，1906年范振绪、阎士璘等甘陕留日知识分子创办了《秦陇报》，虽然其创作形式仍然以传统形态为主，但其题材乃至创作思想、目的发生了悄然变化，使得旧的文学传统逐渐蕴含了民主、革命等一系列新因素在其中，标志着蕴含了民主主义革命新思想的创作在陇中知识分子群体中的出现。此外，虽然新的文学形式出现较晚，但新文化萌芽在陇中地区出现的时间却相对较早，1920年同人杂志《新陇》创办，介绍和传播了大量新文化运动的思想，仅仅晚于新文化运动一年时间。随着新文化思想的传播，文学创作中的传统思想内核逐渐受到影响乃至逐渐融汇、改变，这是推动陇中文学逐步开始现代转向的根本性因素。

二是现代教育体制的建立与发展。1919年以后，原有的书院迅速向现代教育体制过度，出现了现代意义上的师范学校，由南安书院转型而来的陇西师范学校、临洮师范学校等相继在这一时期成立并得到较快发展。师范学校的建立，促进了现代教育的发展，促使很多知识分子由传统思想向现代观念过过渡，更培养了一大批具有新民主主义思想的新型人才，使陇中地区思想文化逐步有了深层次的转化。而在文学创作上，促进了文学创作在题材、主题等方面的转变，也使陇西、临洮逐渐成为民国时期陇中文学创作的中心。

三是现代印刷出版业和文化传播媒介的发展。1913年，牛载坤在兰州集资创办了"正本书社"，一方面销售刊印民国时期新型的教科书，一方面代销《新青年》等革命进步书刊，促进了文化教育的发展，更使得马克思主义在陇右地区得到传播。受牛载坤与正本书社的影响，民国时期甘肃各地陆续创办了多家印刷书社。民国二十三年（1934），临洮县桑子王开设印刷馆。民国二十四年（1935）通渭杨泰山、胡进选联合创办石印印刷厂。民国二十七年（1938）陇西先后创立忠义书局、大兴书局。[7]书社、书局等印刷厂的建立，极大促进了新文化传播媒介的更新和传播速度的加快，使得传统文人逐步职业化，并转变为现代意义上的作家，促进了文学传播和消费方式的现代化，为陇中新文化的发展和陇中文学的创作、传播起到了重要作用。

到了1937年"七七"事变发生，中国陷入民族危亡时刻，抗战精神很快渗透到文学创作之中，加之抗战后陇右地区仍然处在民国军阀的统治之下，社会黑暗、民不聊生，"救亡"和呼吁"新生"成为这一时期的文学主题。受抗战的影响，陇中文学出现现实主义手法和题材上的进一步转型，40年代，陇中诗人夏羊、曼芝等相继发表了用现代白话文体书写的诗歌、散文等新形式的文学作品，从而在语言、文本形态上产生了新文学，真正意义上的陇中新文学出现了。

## 二、文学生态与民国时期陇中文学创作

由于受到新旧两种形态的文化的冲击，民国时期陇中作家的创作一方面体现

出了一定的民主主义因素，作家的创作题材、主题与社会文化的转型有着一定的联系，体现出一定的文学新因素，而另一方面，文学创作则仍以旧思想、旧形式为其根本，体现出强烈的传统文学创作倾向。这与作家所处的社会环境和文化传统是密不可分的，主要体现在五个方面。

一是清末民国时期的陇中作家大多是旧文人出身，所受到的教育仍是传统的私塾教育，其思想和创作历程也受到封建社会科举制的深刻影响，体现出鲜明的旧文化特征。如"陇上铁汉"安维峻为光绪六年（1880）贡生，任翰林院庶吉士；尹世彩为光绪十六年（1890）进士；祁荫杰为光绪三十年（1904）进士，任礼部主事；杨巨川亦为光绪三十年（1904）进士。文化传统和文化传承使得清末民初陇中作家的思想创作必然有着典型的传统特征。

二是民国时期的陇中文人没有走上写作"职业化"的道路，"作家"没有成为独立的自给自足的社会化职业。清末以来，文学创作仍然是绝大多数文人的"副业"，是其职业生涯和思想经历的"衍生品"。如清末至四十年代的安维峻、范振绪、杨巨川、陇西祁氏兄弟、王海帆，等等，这些作家均有一定的社会地位和职业，文学创作大多是其职业生涯之余的副产品，他们坚持的仍是古代诗文传统。相比较20世纪初以来在东南部北京、上海等城市为文化中心发展起来的有着系统的文艺思想和文学流派、职业化作家及其创作的"现代文学"而言，同一时期的陇中文学并不具备作家职业化这一特质。因而，与其称此时的文学创作者为"作家"，实则更与古典意义上的中国"文人"传统是一脉相承的，这是陇中现代作家群体一个非常重要的特点。

三是这一时期文学创作的思想仍然是旧的文学思想为主，这决定了文学创作题材的传统化，也导致新的文化因素没有较鲜明地体现在文学创作之中。总体来看，中国古代传统的"文以载道"和"人文合一"的思想在陇中文人的创作中普遍存在，传统文化思想和文学流派主张对此时期的陇中文人的创作有着根本性的影响。如陇西王海帆的散文创作深受桐城派的影响："治文……自以谓桐城宗派所在"[8]，其文学思想则主张体现"性灵"，更遵从传统文化为其创作根基，他在其《自述》中说："自信为学必自不欺本心始，即大学中庸诚意慎独之义，其体在仁，其用在义，以信为成始成终之基，以礼智为经纬万事之宜。"[9]可以说，民国时期陇中文学在思想上仍然是以传统创作观念为根本的。

四是文学创作体裁和语言形式未出现新的变化因素。总体而言，四十年代以前的陇中文学创作仍然是以传统的旧体诗文创作为主的，在诗歌创作上以旧体诗词为代表，在散文创作上仍以传统的骈文、散文为规范，几乎没有出现使用白话文进行创作的新型的文学形式。民国时期陇中文人大多是坚持传统文学创作形式，回避、拒绝甚至反对白话文等新文学形式的，如王海帆《还山吟序》提到当时中国社会的衰败时说："论者辄归咎旧日之文化，必摧陷之……又欲举更为浅易白话"，更称白话文为"无用之物"[10]，这也反映出当时文人创作的传统化倾向。

五是抗日战争和国内解放战争对文学创作主题、题材乃至文学形式产生了直接而重要的影响。四十年代抗战时期的陇中文学创作绝大多数仍遵循传统的诗文形式，如在诗歌创作上有陈国钧《抗战有感》、杨巨川《参加老人抗战团赋此》、范振绪《抗战胜利绘桃园画》、张作谋《秦楼月·宿汉民同学赴军前抗日，词以赠之》等，再如散文创作上有王海帆、刘怀瑜等，他们的作品形式脱离不开传统文学形式，但其中体现出的抗日爱国情怀，与当时国内的社会文化、文学创作主题是一致的，特别是受到当时社会形势影响，其创作体现出主题和题材的鲜明的现实主义特征，促进了现实主义创作手法和创作题材的深化，也促成了文学创作思想的转型。进一步来看，旧的传统写作形态受到冲击也是在抗战时期，1942年夏羊在《民国日报》副刊发表了散文诗《野鸽》，旋即又有散文诗《梦中的家》《雁》，散文《女神》《驮子客》，诗歌《母亲》《羊群》《六月》等大量新文学作品先后发表，随后岷县诗人曼芝也开始发表新诗，作为完全受现代教育体制培育的作家，他们已彻底摆脱了旧文化思想的影响并走上创作职业化的道路，其创作受到抗战和民国晚期极端的社会形势的直接影响，无论是在思想上还是在艺术形式上都开辟出了一个崭新的文学领域。

通过对民国时期陇中文学生态的考察，可以对该时期陇中文学的发展脉络和特性做出基本的梳理：民国时期陇中文学起于20世纪10年代，在20年代受国内形势和新文化因素的影响使得社会题材深化，30至40年代受抗战的影响出现现实主义手法和题材上的进一步发展，40年代产生真正意义上的新文学形态，逐步走向繁荣并开启了当代文学的先声。民国时期的社会形态和文化传承决定了陇中作家的文学创作脱离不了旧文化传统，甚至仍以其为基本特点，但总体又融合进了新的因素，形成新旧文化交替冲击的文学生态，文学创作的题材和主题逐步凸显出了新的特点，而文学形式和文学思想内核却仍然是旧的，这种状况直至40年代夏羊、曼芝的出现才得以转变，陇中新文学才真正登上了文学史舞台。

总之，清末民国时期的陇中文学体系不同于陇中传统文学的，是文学创作蕴含了少量的辛亥革命以来的旧民主主义和新民主主义文化因素，但新文化运动带来的文学的形式和内核的本质性变化，却因各种原因在民国初、中期的陇中文学创作中影响甚微，这是陇中文学本质上区别于同一时期所谓"现代文学"的地方，归其根本而言，即民国时期的陇中文学基本不具备学术界所指的文学和文化"现代性"，整体呈现的是以旧文化因素为主的内核特质。由此可见，通过对清末民国文学生态的考察，民国时期陇中文学主要体现出的是旧文化意义上的传统型文学创作。

**参考文献：**

[1] 张笃勤.《秦陇报》与《关陇报》[J].甘肃青年，1983（4）.

[2]《陕西报刊志》编委会.陕西报刊志[M].西安：陕西人民出版社，2000：227.

[3] 王三北.试论甘肃文化模式的历史特征及发展对策[C]//西北史研究：下册.兰州：兰州大学出版社，1997：514.

[4][7] 张霞光，崔振邦.定西史略[M].兰州：甘肃人民出版社，2003：294，388-389.

[5] 慕寿祺.甘宁青史略[M].兰州：兰州古籍书店，1990：14.

[6] 夏羊.夏羊散文小说随记戏曲诗歌选[M].兰州：敦煌文艺出版社，2015：563.

[8][9][10] 王海帆.王海帆文集[M].亚洲联合报业出版社，2004：29，3，23.

# 从生态主义视角解读夏羊的《"水土保持"诗抄》[1]

## 司娅英[2]

（甘肃中医药大学定西校区 人文教学部）

**【摘　要】**《水土保持诗抄》是中国当代知名诗人夏羊创作的四首百行组诗，这组诗又被称为保护自然生态环境的诗体宣言，纲目并举，描绘陇中山水美景，展示了人类理想中的和谐家园，体现了环境保护意识，抒发了生态情怀。在"政治抒情诗"一统天下的时代，夏羊的《"水土保持"诗抄》为这一时期的诗坛带来了一股清新的空气，可以看作是我国生态意识与生态诗歌的萌芽。

**【关键词】**夏羊；《"水土保持"诗抄》；生态意识；萌芽

　　夏羊，本名张祖训，字伊三，笔名吕羊、芭林等。甘肃省定西市人，中国当代知名诗人、甘肃新文学的开拓者之一，堪称甘肃诗歌界的领头羊。作为一位敏感而热情的时代歌手，他的诗里既有血泪与燔火的激情，也有对新社会、新生活的歌咏，他的诗具有严肃的现实主义精神，富有浓厚的时代感。从 20 世纪 40 年代开始到 21 世纪初，他先后在《人民文学》《诗刊》《星星》《新港》《新观察》等报刊发表各种体裁的文学作品 3000 余篇（首），著有《山塬春》《悠悠心声》等多部诗集与散文集。

　　20 世纪 50 年代至 60 年代初期，诗人夏羊怀着胜利的喜悦与饱满的激情加入歌唱新生活，赞美新时代的合唱队伍。他以清新明快、质朴自然的诗歌热情地讴歌黄土地的沧桑巨变，讴歌社会主义建设者们改天换地的建设豪情。1956 年 1 月号的《人民文学》上发表的四首百行组诗《"水土保持"诗抄》（以下称《诗抄》）便是他在这一时期创作的精华，也使他成为第一个登上这座文学殿堂的甘肃诗人。

---

[1] 基金项目：2012 年国家社会科学基金项目"陇中文学研究"（项目号：12XZW008）阶段性成果。

[2] 作者简介：司娅英（1980—），女，甘肃陇西人，甘肃中医药大学定西校区人文教学部副教授。研究方向：汉语教学与地方文化研究。

这组诗又被称为保护自然生态环境的诗体宣言,纲目并举,描绘陇中山水美景,呼吁水土保持,体现了生态环境保护意识,抒发了生态情怀。作品带有理想的光环和艺术的想象,在写实的基础上体现了诗人理想中的和谐之美,反映了诗人对社会使命的担当精神。

## 一、搁浅的鱼——为黄土地言说

水是万物赖以生存的重要资源。中华人民共和国成立前,夏羊生活的定西地区"全区大部分为童山濯濯的黄土高原,壑大沟深,缺乏水源,只有一条小小的祖厉河"[1],就是夏羊在《苦水河》中描述的"山城外流着一条苦水河,苦涩的水,牲畜也把头摇,幼小时我在河里洗浴,碱水把皮肤也蚀起水泡。"因此,雨水便成了该地区人民赖以生存的珍贵水资源,"山区人民大部分以打'水窖'或挖涝池储存雨水维持生活或供牲畜饮用。"[2]

农人们常常饱受干旱之苦,每当旱魔袭来,"河水晒干石子也晒烫,娃儿们饿晕在炕沿。"想要存活,贫农们只能"吃光树皮啃野草根"(《南门河》)。由于缺乏植被的保护,遇上雨水较多的年份,这水也是让人谈虎色变的,"平日河水淹不过人腰,山洪暴发却将河岸削掉,洪流时常咬断城乡交通"(《深谷夯歌》)。此时的黄河波涛汹涌,让人望而生畏,"浪声如雷震撼着古城,多像一群一群白野马,在河心里怒啸狂奔。你颠覆过多少皮筏,你嬉戏过多少生命"(《白马浪》)。洪涝灾害对人们的生存构成了极大的威胁。黄土高原上的人们生活在对水的热切渴望与极度恐惧中,真是缺水也怕、有水也怕。

黄土塬的水是这样的水,那黄土塬的山就只能是缺乏植被覆盖的、失去了生机与活力的"荒山""荒岭""荒坡洼"(《"水土保持"诗抄》)了,一座座荒山恰似搁浅在岸上的"条条大黄鱼"(《挖鱼鳞坑》)。山谷中更是"苍凉得有如旷古""冷寂得像一口枯井",连山中的沟水也是"细瘦"的(《深谷夯歌》)。如此恶劣的自然环境是不适宜人生存的,人们日夜盼望的就是改变生存环境,改善生存条件,这也正是夏羊的期盼。

对故乡山水发自内心的忧虑与关切、对黄土地人民深厚的感情,以及诗人的细腻与敏感,促使夏羊更多地思考人与自然的关系,他同情自然、同情在这样的自然环境中生活的人,并用诗歌来表达这种深刻的关切与同情,用一颗赤子之心为黄土地言说,因此,他的这些散发着黄土气息的诗歌便具有了一定的深度与厚度。

## 二、"青山绿水画"——诗人的家园梦想

作为自然存在物，人与动物一样，都要依赖自然才能生存，但是，在很多方面人对自然环境的天然适应能力不如其他动物。因此动物对自然的依赖是通过单纯的生物适应来实现的，人对自然的依赖则要通过对自然的掌握来实现。"人能够通过劳动生产和制造工具来强化和放大自己的功能，使自己不断完善，获得强大的适应能力。即人通过能动地掌握自然来实现对自然的依赖，通过人工工艺来能动地处理自己同自然的关系，创造人的正常的生活条件，从而使自己摆脱单纯的自然的关系，实现人与自然的和谐统一。"[3]为了生存的需要，人们就必须对恶劣的生存环境进行必要的改造，以取得自然与人的和谐共存。

中华人民共和国成立后，为了改善生存环境，发展经济，提高人民的生活水平，建设适宜居住的美好家园，一次次大规模的改造自然的活动展开了：开山造田、围湖造田、围海造田、矿藏开采、森林砍伐、沙漠改造……这一系列对自然改造的劳动实践在他五六十年代的诗歌创作中都有详细描述与热情的歌颂，而这些诗歌都有一个共同的基调：将人的利益凌驾于自然之上，通过劳动向自然索取。此时的夏羊关注和思考最多的就是自然本身的问题：治理黄河、防洪抗旱、绿化山川、改善水质、防止水土流失。《诗抄》对劳动者形象的刻画和塑造、对劳动场面的描述不但反映出了人们改造恶劣环境的信心和决心，传达出了积极乐观的人生态度和改造自然的坚定信念，更表现出了诗人可贵的生态意识。

《诗抄》细腻传神地描绘了四个热火朝天的劳动场景。黄土塬年轻的建设者们冒严寒战酷暑，热情高涨地修建百里引渠、种植紫花苜蓿、筑造大塘坝、培地埂修梯田，播撒希望的种子，"当紫花苜蓿开花时，青云紫霞盖满荒坡洼，护定黄土不下壑涧，拦住泥水不出沟岔"，让"高原的黄土不再流失"，把"黄河的浊浪变清波"，把"荒山变成肥沃的梯田"，"荒岭上围起花树的锦屏"，把黄土塬变成一幅"青绿山水画"。

作者憧憬着当"荒山变成肥沃的梯田"之时，便有"麦苗像绿云泊在山梁上"之美景，昔日荒芜的山梁终于穿上了纱一样轻柔、云一般飘逸的绿装，丰衣足食、幸福生活的美好前景就泊在山梁上，更泊在人们的心上……诗人把黄土塬的明天变成了一幅幅明朗的、充满了诗情画意的山水画，令人心驰神往。作者在诗中描绘了理想中的家园：清澈的大塘坝周围杨柳成荫；羽毛油亮的鹅、鸭在悠然戏水；晚饭后，月光下休闲的人们在塘坝上吹响麦笛，引来水中的"江鱼听唱"。"让柳丝悬住十五的月亮"更是神来之笔，一个"悬"字更是把塘坝夜景写得动感十足，

创设出一个美妙而浪漫的意境，让人怦然心动：这不正是我们梦寐以求的"诗意的栖居"吗？这也应该是夏羊想要表达的思想：一切对自然的改造活动，其终极目标都应该是人与自然的和谐相处。

## 三、《"水土保持"诗抄》——中国生态文学的奠基石

不可否认，五六十年代的中国，在对生存环境进行改造方面，取得了辉煌的成就，使自然向着适应人的方向发展；但是，为了战后重建、为了国家的发展和人民的生活水平的提高，人们继续无节制地向自然索取，企图无条件地奴役自然，走上了背离自然、破坏自然的道路。正如诺贝尔和平奖获得者史怀泽所说："道德的大敌是麻木不仁。"[4]当缺乏生态意识的人们沉浸在向自然进军、从自然中获取的狂欢的喜悦中时，过分地夸大了自身对自然作用中的积极改造的一面，而忽视了对自然作用中的消极破坏的一面，并对生态系统的破坏表现出了漠不关心。因此，这一时期赞美环境改造者的诗歌与时代主旋律合拍，失去了对自然的真情关怀，失去了对生态和谐的追求与向往，体现出典型的人类中心主义和明显的反生态性。

盲目陶醉于经济快速增长和急功近利地想"一步跨进共产主义"的人们并没有对自己的行为进行反思，对自然资源的过度开发和掠夺最终导致了严重的生态危机：土地沙化、水体污染、河流断流、大气污染、森林资源枯竭、珍稀动植物灭绝……这样的事情同样在全球发生着，"人类在现代化的追逐中欲望不断膨胀，以统治者的姿态君临自然、恶化了环境，使资源越发匮乏。在如此可怕的困境面前，以人性关怀为己任的文学自然会做出反应——全球范围内越来越高涨的生态文学思潮就是这种反应的集中表现。"[5]20世纪中期，一场以人与自然关系为核心，以拯救生态危机、维护生态平衡为目的的生态思潮运动在全世界展开，世界生态文学得到空前的发展，而我国的生态文学起步较晚，直到20世纪80年代才得到发展。

《诗抄》虽然体现了一定的主流革命意识，但如果仅仅将其定义为对新中国建设者的赞歌是不恰当的，因为它更是一首生态情感的欢歌，灌注了作者满腔的生态情结。在作品中，诗人心中生态诉求的内核得以释放，肯定人的生存需要，并强调了水、土、鹅、鸭、鱼、麦苗等组成的自然对于人类的重要性。尤其是在"战天斗地"的社会主义建设热潮中，作者还能够理性地观察和思索，关注人与自然的关系，反思生态问题，肯定人类作为自然存在物对于自然的依赖，通过劳动来能动地处理自己与自然的关系，改造生态环境，创造正常的生活条件，使人与自

然和谐相处。诗人希望用诗歌唤醒人们内心的希望和觉悟，关心自我存在的方式，关注生态、呼吁水土保持，其思想与当今"以人为本""可持续发展"的理念不谋而合，体现了诗人对现实的关注和博大的人文关怀与自然关怀。

《诗抄》是诗人夏羊以滴血之心为黄土地的自然生态疾声高呼的生态诗篇，可以看作是我国生态诗歌的萌芽。与同时期的西方生态主义作家一样，夏羊也是一位生态问题的忧患者和思索者，从50年代的《紫花苜蓿之歌》到80年代的《希望的调色》，他创作的多首诗歌都反映出其对自然环境的关注和生态问题的思考，反映了作者强烈的家园意识。其作品对我国生态诗歌的产生和发展有一定的影响。因此，夏羊不光是"甘肃新文学的开拓者之一"，若说他是"中国生态文学的奠基人"亦不为过。

## 五、结语

众所周知，中国当代诗坛从20世纪50年代至70年代末一直是"政治抒情诗"一统天下的格局，当时歌颂劳动者改造生存环境的赞歌也出现了不少，而真正关注生态环境、放眼未来的诗歌可谓凤毛麟角，夏羊的《水土保持诗抄》为这一时期的诗坛带来了一股清新的空气，对生态诗歌的产生和发展有一定的影响，可以看作是我国生态意识与生态诗歌的萌芽。

《诗抄》不但展示了劳动者改善生态环境，战胜自然灾害的信心与勇气，肯定了劳动之美，歌颂了人的意志与精神，表达了诗人的政治热情与政治信念；同时，在作者笔下，人与自然相互依存，构建了一个和谐美好而又充满浪漫色彩的栖居空间。可以说，夏羊用他的诗为人们打开了一扇窗，由这扇窗，我们看到了人类理想中的和谐家园。因此，《"水土保持"诗抄》既是"守望黄土地"的激情呐喊，同时又是"诗意生存"理想的表达，因为人类的理想，就是"诗意地栖居在大地上"。

**参考文献：**

[1][2] 夏羊. 苦心斋艺简[M]. 北京：中国文史出版社，2012：6.

[3] 胡筝. 生态文化：生态实践与生态理性交汇处的文化批判[M]. 北京：中国社会科学出版社，2006：4.

[4] 施韦泽. 对生命的敬畏：阿尔贝特·施韦泽自述[M]. 陈泽环译. 上海：上海人民出版社，2007：159.

[5] 姜桂华. 生态文学大有可为[N]. 人民日报，2004-06-29.

# 国家非遗研究

关于"岷县青苗会"几个问题的思考 　　　　　　　　　　　　常　彦/284
试论"花儿"的称谓、起源与发展 　　　　　　　　　　　　吉文莉/288
民俗文化空间保护的可持续性策略初探
　　——以甘肃岷县锁龙乡月露滩青苗会的可持续发展为例　　闫　晶/300
浅析"岷县青苗会"的文化功能 　　　　　　　　　　　　　宋　梵/305

# 关于"岷县青苗会"几个问题的思考

常 彦[①]

(甘肃中医药大学定西校区 学前教育与体艺教学部)

【摘 要】作为看护庄稼的民间组织"青苗会"在全国比较普遍,但西部定西市"岷县青苗会"却独一无二,该青苗会以敬奉本地逃婚成仙的两位娘娘而演变为一种祭祀活动。更为独特的是,在祭祀活动中要为两位娘娘选"老爷"。研究"岷县青苗会",以上现状值得关注。

【关键词】岷县青苗会;祭祀活动;坐床;娘娘;老爷

2014年经国务院批准列入第四批国家级非物质文化遗产代表性项目名录的"岷县青苗会"是流传于甘肃岷县锁龙乡的一种古老的祭祀性民俗庙会活动。"岷县青苗会"有几个独特现象值得我们思考:一是"岷县青苗会"为何是定西市唯一的"青苗会"?二是"青苗会"的原始功能毫无疑问是"护苗",但为什么演变为祭祀活动?三是"岷县青苗会"祭祀活动中选举的"老爷"究竟是什么角色?本文就以上问题做几点自我思考。

## 一、锁龙乡为何成立"青苗会"

"青苗会"虽然在全国比较普遍,但就定西市而言,"岷县青苗会"独一无二,为什么?我想主要有以下几个原因。

首先,锁龙乡位于岷县以东,距县城100公里。境内高山多、平川少,山脉连绵蜿蜒,巍峨陡峻。锁龙山、八盘山、胖骨山、扁林梁山,既是大面积的林山,又是大面积的草山。全乡有林地面积166 370多亩,草山20 000多万亩。平均海

---

[①] 作者简介:常彦(1964—),男,甘肃通渭人,甘肃中医药大学定西校区学前教育与体艺教学部教授。研究方向:教育管理、儒家文化。

拔 2 540 米，气候高寒阴湿，年平均气温 4.3 ℃，雨涝、冰雹、霜冻灾害频繁。正因为锁龙乡山大沟深，地广人稀，庄稼十分容易被盗、被破坏。在古代农耕技术比较落后的情况下，贫困还是当地人家的普遍现状，偷盗有时候成为生存的被迫行为。特别是深山中的农作物，不易看管，很容易被饥饿的人家偷盗。

其次，岷县自古为多民族地区，除汉族外，还有回、藏、撒拉、东乡、裕固、蒙等少数民族。据史书记载，锁龙先秦时为古羌地，后也为多民族杂居地。多民族混杂的初期，乡规乡俗没有形成，民族间不可避免地会出现相互斗争，包括破坏对方庄稼的行为。在官方未能涉及而个体因素无法调和的情况下，依靠民间组织就成为应然选择。

再次，锁龙乡境内有大片草地和湿地，是天然牧马场，历来为官家牧地，一直延续到 20 世纪末，牧马官地时限长达两千多年。由于锁龙乡为阴湿地带，牧草丰盛，自古畜牧发展为产业之一，牛、羊、马遍地而且农民家畜喂养方式也比较特别，直到现在，家养猪、鸡等家畜完全采用无人看管的放养方式，村庄、田野到处是猪、鸡等家禽，庄稼被吃、被践踏是不可避免的现实。

以上因素是锁龙乡成立"青苗会"的直接原因。

## 二、"岷县青苗会"为何演变为祭祀活动

"青苗会"的原始功能毫无疑问是"护苗"，防止禾苗被践踏、被牲畜吃，预防天灾人祸，防止庄稼被盗，等等。那么，"岷县青苗会"是如何演变为祭祀活动的呢？

首先，神崇拜是我国古代民众长期以来形成的信仰，在科学技术十分落后，人力还无法与自然灾害抗衡的情况下，依靠神的力量祈福避灾是普遍现象。

其次，人的力量是有限的。山大沟深的农村地区，靠人力看护庄稼显然力不从心，并且农民农活繁忙，没有时间和精力看护庄稼。而神的力量无穷，具有震慑力，能够使民众自觉于"不盗、不抢、不践踏"的行为，因此，依靠神来约束民众行为就成必然。

再次，民间组织的权威有限。"青苗会"是一种民间组织，民间组织没有强制性、法律性，完全依靠自觉，在所有民众达不到自觉程度时，依靠神的力量来约束也成自然选择。

从个体的人管理到民间组织管理再到依靠神管理，这是"岷县青苗会"的演变历程。

### 三、"岷县青苗会"的老爷是什么角色

"岷县青苗会"研究专家一致认为,"老爷"是"娘娘"的"替身""代言人"或"侍从者"。我并不赞同这一观点。我认为,"老爷"就是为"娘娘"当选的"新郎"。

首先,人们往往把神"神化"了,认为神无私无欲,至高无上,而忽视了一个重要现实,那就是神也有人的一面,有七情六欲。举一个例子,人们有灾难的时候,先向神许愿,说如果神保佑自己躲过此灾难,自己就会还愿。许的愿种类非常多,比如献羊、捐钱、搞修建等。而且许了愿如果不兑现,神就会加倍惩罚。这说明神有人的一面,是有需求有欲望的。人们敬香、敬贡品本身说明神是有需求有欲望的。

其次,"岷县青苗会"敬奉的两位娘娘相传她们都出生在明朝成化年间,当窝儿里村的二娘娘长大成人,到了出嫁年龄,家中父母就把她许配了人。按照传统习俗,临出嫁前,新娘要给自己准备嫁妆。可是这位姑娘成天不说话,只是捻麻线,直到出嫁那天早上,接亲的人已到,就是找不见新娘,最后发现窗台上系着一根不见尽头的麻线。新娘母亲手拄木火棍顺着麻线去找,在距离村庄十多里的一座山头上,发现她与严家庄那位姑娘在一块梳头发,母亲问她为何逃婚,她一语不发,只是梳头。母亲无奈之下双膝跪地,手拄火棍说:"我们都是多少辈讲诚信的大户人家,你现在逃婚,我们给人家怎么交代?"但无论母亲怎么说,新娘只顾梳头就是不说话,母亲气得用木火棍戳新娘脸戳到左眼睛,(现在的二娘娘塑像左眼睛有戳伤痕迹),母亲问:你是神还是人?是神就把这根木火棍变成活树,我回去给乡亲好说,给你男人家也有个交代。顷刻间,插在地上、烧得半焦的木火棍长出了嫩绿的叶芽,母亲才意识到自己姑娘原来是神,就地长拜三个头,赶快回了家。[1]由此可见,"岷县青苗会"中敬奉的"娘娘"是因"拒婚"而离家成"神"的,按照人们善良的愿望,让"娘娘"成婚是一种圆满的期望,符合心理逻辑。其实,人与神成婚是一种具有象征意义的愿望,是人们善良愿望的一种表达方式而已。

再次,对人而言,成婚是人性的必然现象,不违背道德、道义,恰恰相反,中国传统文化特别讲究孝,而"不孝有三,无后为大",要达到孝的基本底线,就得成婚生子、传宗接代,这实质上属于道德范畴。神高于人,但基于人,神也有"人性",有些人从俗人的角度看待神、理解神,以为给"娘娘"选"新郎"是亵渎神灵,恰恰相反,这是不成全"娘娘",让"娘娘"永生"守寡"的保守而庸俗的愚昧思想的表现。

第四，每年农历四月初八，上届青苗会所有成员都要到月楼滩庙里上香敬神，并选举当年大老爷等人选。这一天，大老爷等完全按新郎官的装束，由里到外换一身全新的衣服（其外套是黑色绸缎长袍和黑呢礼帽），家里搭设新床，新置两套全新的大红喜字的铺盖，同时有新置的茶具、酒杯、餐具等供他们使用。新选的大老爷等净手、净身（用木香薰手、薰身）后，由老友主持敬神，礼毕，大老爷等由老友扶上各自新床，是为坐床。从此，大老爷等在各自家里新搭的床上坐床，不准说话，由专人负责这些新人的衣食起居，新人解手方便时，不能与其他人共用一个厕所，每一次方便的位置也不能重复，晚上休息时，自己用一套新被褥，睡在左边（男左），留一床新被褥铺在右边虚置，铺盖上大红的喜字渲染出热闹的婚庆场面。六月初六，大老爷等在家设宴招待全村亲邻好友，晚上依然陪伴娘娘。据老友说，虽然大老爷、二老爷、锣客、伞客家都准备了床铺，但是二位娘娘要看谁虔诚才到谁家，不一定非到大老爷、二老爷家过夜，因此，大老爷等都要积极为娘娘准备，以最虔诚的心，表示对娘娘的诚意，只有这样，才能赢得娘娘的欢心。六月初九，举行取水仪式，晚上，在庙中新准备床铺、被褥，大老爷、二老爷、二陪官、三陪官、锣客、伞客相伴在庙中"坐庙"过夜，六月十一日，"坐床""坐庙"仪式结束。[2]从以上活动看，"老爷"的选举以及"净身""坐床"等一系列规定，符合为人选新郎的程式，也符合为神选"新郎"的逻辑。

第五，"岷县青苗会"中敬奉的"娘娘"是地方神，是当地民众依据传说自己封的神，不是官方"封神"。虽然有人说万历年间两位娘娘被明朝皇帝分别加封为九天圣母京华娘娘和九天圣母京皇娘娘，但没有史料支撑，我想是人们的一种愿望而已。而且"娘娘"是生前未婚少女，给"娘娘"选"新郎"有特殊原因造成的特殊性，与普通"敬神"活动不矛盾。日常人们敬奉的各类神，如财神、土神、家神等都是生前已婚之人，不涉及婚姻事宜。

**参考文献：**

[1] 张润平. 地方湫神与社群和谐——岷县青苗会研究[M]. 兰州：甘肃文化出版社，2016.

[2] 季绪才. 古老而神秘的青苗会——岷县锁龙传统庙会中民俗文化纪事[N]. 定西日报，2007-10-7.

# 试论"花儿"的称谓、起源与发展

吉文莉[①]

(甘肃中医药大学定西校区 学前教育与体艺教学部)

【摘　要】"花儿"及其被称为"少年""山歌""牡丹"的由来。花儿起源于公元 4 世纪的河州鲜卑族中,开始发展于南北朝时期,基本成熟于唐宋元时期,广泛流行于明清时期。

【关键词】花儿；称谓；起源；发展

花儿是我国民族音乐的重要组成部分,是中华民族文化中绚丽夺目、光彩斑斓的艺术奇葩之一,是被历史检验了的祖国非物质文化遗产。

花儿是省级、国家级、世界级非物质文化遗产。2009 年 9 月 30 日是值得纪念的日子。这一天在阿联酋首都阿布扎比举行的联合国教科文组织保护非物质文化遗产政府间委员会第四次会议审议并批准列入《人类非物质文化遗产代表作名录》的 76 个项目中,甘肃"花儿"名列其中。这是甘肃的荣耀、中国的荣耀,同时也为世界非物质文化遗产宝库增加了新的瑰宝,使世界人民有了享受"花儿"文化的契机。从这种意义上讲,"花儿"申报世界非物质文化遗产的成功,是甘肃人民对世界文化宝库的重大贡献。一种以山野僻壤为背景的民间歌唱,为什么会受到这样的殊荣；曾被认为是下里巴人的歌唱不仅登上大雅之堂,而且登上世界文化的殿堂,它的历史价值、文化价值和审美价值不言自明。

甘肃"花儿"领军冲击世界非物质文化遗产名录并获得成功,实至名归。当 2006 年中国非物质文化遗产保护名录建立的时候,甘肃"花儿"是首批得到保护的项目。在申报世界非物质文化遗产名录时,甘肃"花儿"作为文化空间和民间口头传承,特别是作为文化空间项目时,更具有重要意义,因为它体现的是民间大规模的歌唱传统和集体的口头传承。

---

① 作者简介：吉文莉（1974—）,女,甘肃会宁人,甘肃中医药大学定西校区学前教育与体艺教学部副教授。研究方向：音乐教学与地方音乐文化。

定西市是"花儿"的主要流行地区之一,在构建和谐社会的新时期,研究、总结和宣传"花儿",既有利于传承"花儿"的音乐艺术,又有利于开发利用和谐之音构建和谐社会。本文就"花儿"的称谓、起源、发展脉络做一整理和探讨,以期推动对"花儿"的宣传、研究和开发利用。

## 一、"花儿"及其被称为"少年""山歌""牡丹"的由来

"花儿"是一种以对唱形式表演,是具有我国西北独特地域风貌的高腔民歌。我国西北地区各地对花儿有不同的称法,主要称为"花儿""少年""山歌""牡丹"。在中华民族的文化中,花卉通常是美丽的代表,也是人们对美好生活的比喻,更是各民族群众言情表意的代表物。

我国各地对花卉有不同的称呼,其中西北各民族把花卉称为花儿。性情豪爽、善于以歌言情表意的西北各民族,在日常生活中有"饭一天不吃可以、歌一天不唱不行"的习惯,总是借唱歌表达美好的愿望,用花卉作比兴,借花寄意。随着时间的延续,人们就以花儿代称歌儿。以《西北花儿精选》歌谣文本资料为例,书中共收集了640首"花儿",出现在唱词里的表植物的各种花儿为174次。[1]

在回族地区,"花儿"有特殊的含义。回族人在对唱歌儿时,以花借代人,其中男子以"花儿"代表所钟爱的女人,女子以"少年"代表所钟爱的男人。受此影响,回族人逐渐把歌儿昵称为"花儿"或者"少年"。如:"太阳上来照西山/扒了娘娘的轿杆/不走大路走塄坎/听个'花儿'和'少年'。"又比如:"拔草的阿姐一塄坎/为啥着不唱个'少年'"。不过,甘肃省的回族更习惯于称"花儿",而青海省和宁夏回族自治区的回族则习惯于称"少年"。[2]

汉语地区把"花儿"称之为"山歌"。20世纪初期国内外有名的"花儿"研究专家张亚雄说:"所谓'花儿'者,实际上等于汉语的藏歌,是接近蒙、藏的部落所开创,仿藏歌音节,制汉语山歌。"[3]现在,甘肃省天水市的秦安县、甘谷县和定西市的通渭县等地区就把"花儿"叫"山歌"。有些地方把"花儿"称为"牡丹"。

河州地区的回汉等民族群众自古以来十分喜爱牡丹,有种牡丹、赏牡丹、唱牡丹的习俗。临夏地区野牡丹很多,在"漫花儿"的歌词中,频频出现"牡丹"。松鸣岩"花儿会"中就有"牡丹"之歌:"河州城里的大拱北,园子里的牡丹正开;银川兰州的客人们,一天把一趟的浪来。"[4]"白牡丹长的者山里了,红牡丹长成个树了;尕妹妹刻给者心里了,我喝油者长不下肉了"。

"无论是甘肃'花儿'、青海'花儿'、还是宁夏'花儿',在其歌词里都不难

发现，牡丹频频登场，是被唱得最多的一种花儿。以《西北花儿精选》歌谣文本资料为例，书中共收集了 640 首'花儿'，出现在唱词里的表植物的各种花儿为 174 次，而其中牡丹为 74 次，占花类总数的 42%。"[5]清朝庠生祁奎元在他作的《松鸣岩古风》中写有"老僧新开浴佛会，八千游女唱牡丹"的诗句。可见，临夏地区把"唱花儿"叫"唱牡丹"。就是在现在，临夏地区还保存着"到松鸣岩可以不烧香磕头，但一定要'漫花儿'"的习俗，流传着"松鸣岩的神仙爱唱歌，端爱听人们的牡丹"的说法，"牡丹"依然在"花儿"唱词中高频率出现。

## 二、"花儿"的起源

"花儿"的起源问题，主要涉及两个方面，一是起源的地点问题，一个是起源的时间问题。

对"花儿"的起源地点，学术界有统一的观点，即甘肃省临夏地区。常言道："到了陕西不要'唱乱弹'（秦腔），到了河州不要'漫花儿'"。河州就是今天甘肃省和青海省交界地区的临夏州等地方。为什么"到了河州不要'漫花儿'"？因为"银川的大米兰州的瓜，'花儿'的故乡在临夏"，劝人们不要在鲁班门前抡大斧。"花儿"研究专家张亚雄等也公认："花儿"的传播以河州为首。[6]这些资料都证明"花儿"起源于临夏地区。自然，中国"花儿"的起源时间应该以临夏"花儿"的起源时间来判断。对于临夏"花儿"的起源时间，学术界有众多的说法。我认为应该以河州《阿干歌》的出现为"花儿"的起源时间，即公元 4 世纪时期。因为在诸多的"花儿"曲令中，演唱频率最高、流传地区最广的是《河州三令》就是传统称谓的《阿哥的肉》。而《阿哥的肉》与《阿干歌》很相似，《阿干歌》是《阿哥的肉》的母本。《阿干歌》本是慕容鲜卑的民歌。慕容鲜卑民歌，见于《晋书》卷九七《四夷传·吐谷浑》、《魏书》卷一〇一《吐谷浑传》、《宋书》卷九六《鲜卑吐谷浑传》等文献记载的有《阿干之歌》，见于《新唐书》卷二二《礼乐志》十二的有《慕容可汗》《吐谷浑》，见于《乐府诗集》卷二五的有《慕容垂》《慕容家自鲁企由谷》。吐谷浑是从慕容鲜卑中分离西迁的一支，后立国于西北地区，至唐龙朔三年（公元 663 年）被吐蕃所灭，存在三百余年。《旧唐书》卷二九《音乐志二》对《吐谷浑》这首歌解释说："吐谷浑又鲜卑别种，知此歌是燕、魏之际鲜卑歌。"认为这首歌是慕容诸燕国家至北魏建国之际的鲜卑歌，这实际上就是慕容鲜卑的歌曲。而且这首《吐谷浑》歌可能就是《阿干之歌》，或者至少是包含《阿干之歌》在内的慕容鲜卑歌曲，《太平御览》卷五七〇《乐部八·歌一》引崔鸿《十六国春秋·前燕录》说：慕容廆"以孔怀之思，作《吐谷浑阿干歌》。"可见《阿干之歌》的全称是《吐谷浑阿干歌》，省称为《阿干歌》，或可省为《吐谷浑》歌。可惜《阿干歌》的原辞早已失传。清代乾隆年间，大约生活在 18 世纪的狄道县（今临洮县）诗人吴镇说，在甘肃省兰州市附近的阿干镇一带，曾流行《阿干歌》，他钩沉辑补了《阿干歌》。其歌词曰："阿干西，我心悲/阿干欲归马不归/为我谓马，何太苦我阿干为/阿干西，阿干身苦寒/辞我大棘住白兰/我见落日，不见阿干/嗟嗟！人生能有几阿干！"[7]这首《阿干歌》充满着忧伤、悲哀和自我忏悔，婉转、悠长而又尾音低沉，真可谓一味重复，一唱三叹，耐人寻思。其主旋律，实际上是现在那如泣如诉、粗犷高亢、深情厚谊的花儿母体。正如晚清人李霁园所说："(《阿干歌》)十分朴挚，声泪迸，当有意摹古者难能。"《阿干歌》与现在流行的"花儿"——《阿哥的肉》的旋律类似："哎哟——打马的鞭子闪断了/阿哥的肉呀/走马的脚儿乱了/阿哥出门（者）三天了/一天（么）赶一天远了/哎哟——扑灯的蛾儿（么）上天了/阿哥的肉呀/癞蛤蟆钻了个地了/前半夜想你（者）没瞌睡/后半夜想你（者）亮了呀！"很明显，《阿哥的肉》热烈得颤抖、大胆、豪放、雄奇、不羁，令人怆然。《阿干歌》与《阿哥的肉》不但内容惊人地相似，而且音乐曲调惊人地相似，都高亢、粗犷、质朴、苍凉、遒劲。

流行在兰州市附近的阿干镇一带的《阿干歌》，就是公元 4 世纪流行在河州鲜卑中的民歌——《阿干歌》。这要从河州鲜卑的出现说起。古河州地区本来居住着羌人，随着东汉后期，尤其是永嘉之乱后出现的民族大迁移，羌人逐渐迁走，鲜卑人逐渐迁来。鲜卑人本来最早活动在辽东即我国东北地区。在民族大迁移中，辽东鲜卑不断西迁。河州地区的鲜卑人，主要是通过三次大迁移完成的。早在三国时期，魏国大将邓艾把许多白部鲜卑人主要迁在陇西郡河州地区，这些陇西鲜卑人在十六国时期建了西秦国，西秦国一度定都在枹罕（今临夏）。后来，西秦国远征南凉后，把一万多户秃发鲜卑又迁到枹罕。到西晋末年永嘉之乱时，辽东鲜卑的一支由吐谷浑率领西度阴山，游居洮河北界的白兰镇（今阿干镇）一带。这样，公元 4 世纪时，在河州地区出现了白部鲜卑、秃发鲜卑和辽东鲜卑三支鲜卑人。辽东鲜卑人的到来，为花儿的起源提供了条件。原来吐谷浑和慕容廆都是辽东鲜卑首领弈洛韩的庶嫡子。弈洛韩在世时，为避免庶嫡因财产闹矛盾，给庶子吐谷浑分了 700 户家产，动员吐谷浑与慕容廆分开，各自经营放牧。一天，兄弟二人的马匹撕斗相伤，慕容廆便很生气地对哥哥吐谷浑说：你为什么不到离得更远一些的地区牧马，而故意让马相争致伤呢？吐谷浑一气之下率 700 户西走甘、川、青交界处游牧。后来，慕容廆颇为思念他的哥哥吐谷浑，便派人请哥哥吐谷浑回去，可是，吐谷浑借辞推走使者。不久，慕容廆作了一首《阿干歌》，以抒思念哥哥之情。"阿干"是鲜卑族语对兄长的称谓。这首《阿干歌》传到吐谷浑耳后，他也倍感痛心，为寄情意，就索性把白兰镇改为阿干镇，并且经常歌唱《阿干歌》。可见，《阿干歌》作为河州鲜卑的民歌，是在永嘉之乱、吐谷浑南迁陇右后创作的，大约是公元 4 世纪出现的。花儿产生后，随着河州人因迁徙、战争、经商和从政等原因向相邻地区的流动，逐渐传向四方，"上溯甘、凉、肃一带，东至陇西一代，北至宁夏，西至青海边界"。[8]现在，花儿在甘肃、青海、宁夏、新疆四省区及四川省西北部等地风行，是这些地方汉、回、撒拉、藏、保安、土、东乡、裕固 8 个民族所喜爱的民歌。

学者们根据"花儿"的发源地，把"花儿"分为"河州花儿"（今甘肃省临夏县，现遍及临洮、康乐、和政、广和、永靖、夏河等县）；"洮岷花儿"（今甘肃省临潭、岷县、卓尼一带）；"西宁花儿"（今青海省的西宁、湟源、贵德、乐都、循化一带）。甘肃"花儿"在其传播的过程中，还形成了不同的流派。如"洮岷花儿""河湟花儿"等。其中"洮岷花儿"是"莲花山花儿"和"岷县花儿"的总称，它的流川地区很广，是甘肃"花儿"的代表。另外还根据演唱时音调、唱词、演唱风格的不同，"洮泯花儿"又分为"南路花儿"和"北路花儿"。"南路花儿"以岷县二郎山花儿会为中心，"北路花儿"以康乐县莲花山"花儿会"为中心。"河湟花儿"，也称为"少年"。主要流传于甘肃河州（今甘肃临夏回族自治州）和青海湟水一带。在"花儿"的两大流派中，"河湟花儿"跨省流传影响极广，极受汉、回、东乡、土、撒拉、保安、藏、裕固等八个民族群众的喜爱。此外"花儿"的影响还远及宁夏回族自治区的同心、西吉、固原、海源、隆德以及新疆维吾尔自治区的昌吉等县，由此可见"花儿"是一种地域性文化，是一种大文化。至于"花儿"的音调、曲调、句式、文辞、更是表现出独创特色，可以说内容丰富多彩，形式自由活泼，语言生动形象，曲调高昂优美，具有浓郁的生活气息和乡土特色。在中国各地区、各民族的民歌传承中，流传地域如此之广，流派如此之多，内容形式如此丰富的民间艺术形式并不多见。

## 三、"花儿"的发展与成熟

花儿作为社会文化，其发展遵循艺术的发展规律，既承接着当地社会变迁的历史沉淀，又受到自然环境、人文社会的深刻影响、渗透，从简单到复杂、从幼稚到成熟。"花儿"的发展就是"花儿"的三个基本要素——句、令、调的发展。

"花儿"的句、令、调的发展和基本成熟，大体经历了一千年历史。南北朝时期，七言诗产生并兴起。受七言诗影响，民歌形式也多为七言。刚刚起源的"花儿"，在南北朝时期就受七言民歌的影响，有七言形式的烙印。近代以来西北"花儿"的两大流派"河州花儿"和"洮岷花儿"，尤其是"洮岷花儿"，以七言形式为主。无疑，"花儿"的句子受南北朝时期以七言为主的民歌形式的影响，开始走上发展之路。唐朝时期，社会长期稳定，文化空前繁荣，艺术高度发展。这一时期，河州地区的文化艺术也出现了大发展，像炳灵寺石窟的美术、雕塑艺术出现前所未有的发展，这也推动了已具雏形的"花儿"的发展，主要表现在以下三个方面。

第一，在"花儿"的音乐曲调方面。音调是"花儿"最要紧的组成，"花儿"的灵魂完全寄托在音调上[9]，调是"花儿"的三要素之一。"花儿"的音调在唐代出现大发展，一个重要的原因是受唐代西北名曲——《伊州曲》《凉州曲》音乐的影响。有人说，"花儿"的音调"来源远矣伊凉调，淫曲居然郑卫诗"。这里的"伊凉调"就是指唐代我国西北名曲——《伊州曲》《凉州曲》的简称。[10]

第二，在"花儿"的对唱形式方面。"花儿"的主要演唱方式是对唱。"花儿"的对唱形式，唐代时就出现了，并且已经基本固定。以一首唐代时期的对唱花儿为例：

问：大红桌子上献轮柏，桌子是谁油下的；你唱的少年我明白，少年是谁留下的？

答：西天取经的是唐僧，通天河淌掉了圣经；留下了少年的孙悟空，留在阳世上宽心。

第三，在"花儿"的句子结构方面。近代陇上名人张慎微说："山歌之结构，多为4句韵语，7言至10言以上，长短不拘，以前2句作比，后2句叙事。有诗意佳者甚多。""花儿"一般由两三个人组成，每人唱一句，每句旋律重复，首尾相叠。"河州花儿"的基本结构是4句一首。每句7~11个字，每句三顿。一般是单字尾与双字尾相间，奇句为单字尾，偶句为双字尾。一三句与二四句各自在停顿、字数上是对称的。演唱时，三四句重复一二句的曲调，一首歌一般都是一韵到底。如："尕鸡娃飞了鹰没有飞/鹰飞（是）当琅琅响哩/身子（者）回了心没有回/心回（是）咋这么想哩。"还有一种俗称"斩断腰"的结构形式，即上拦腰斩断和下拦腰斩断，是在4句式歌中插入两个短句，如："青石头崖里的药水泉/担子担/常年里吸给的不干/要得我俩的姻缘儿散/三九天/清冰上开一朵牡丹。"流行在洮岷一带的"花儿"，分为以二郎山为中心的南路和以莲花山为中心的北路。"洮岷花儿"有3句一首的单套子和4~6句一首的双套子。单套子一般为三字尾，每句三顿，一韵到底。如："手把吊桥栏杆哩/盼望红军回还哩/眼泪直打旋旋哩。"双套子常见的有 4 句式、5 句式和 6 句式，也有少数 6 句以上的，均不分段，有的一韵到底，有的中间转韵。如 4 句式："青菜地里米虫多/不软不硬的难割/穷人心里苦水多/千头万绪的难说。"又如："桦柴劈成碌碡箕/我给红军当主席/割出人头手里提/我把爷们啊么呢?" 5 句式："针两根/一根针/我和你朝山朝得根很深/搭架一条根。" 6 句式："想哩想哩实想哩/想得眼泪常淌哩/眼泪打转双轮磨/淌得眼麻心儿/肠子想成丝线了/心花想成豆瓣了。"可见，不管是"河州花儿"还是"洮岷花儿"，其句子都是押格律化的结构。这种句子结构与唐代诗歌的押韵、格律化有联系。唐代是产生诗歌的黄金时代，而且诗歌押韵、格律化。

受诗歌押韵、格律化影响，当时的民歌为追求唱词顺口易唱，逐步使唱词押韵、格律化，句子出现单、双字尾结构。花儿作为民歌的一种，受诗歌押韵、格律化影响，句子结构也出现单、双字尾特征。[11]到宋代，词已经成为文人擅长的一种纯文学体裁，达到极盛状态。在词的影响下，普通百姓的花儿与词在格律上有极其相似的地方。元代，花儿的三大要素——令和句、调都有新的发展。作为花儿曲调专用词的"令"，在元代，由于散曲空前发展，受散曲中"令"的直接影响，形成了自己的"令"。花儿的子结构，也具有长短句的特征，成为典型的格律唱词。元帝东征时，留下一部分由蒙古军统领的波斯民族和乃蛮部众组成的"西域签军"和"探马赤军"，分别置于河州、临洮等地，到元世祖时，大量蒙古军队遍布河州。当时河州流行的"花儿"应用完全押韵、格律化的句子真实生动地记载了蒙古军队进驻河州、牧马东乡的情景："阴山（嘛）阳山的倒堆（了）山/鞑子家占的是草山/尕妹妹出来者门前（呀）站/好像是才开的牡丹"，再如"金山（呀）银山的八宝（了）山/鞑子们占了草山。""鞑子"是旧时对蒙古人的贬称。[12]因此，可以说，元朝时期，"花儿"的句令、调基本成熟。

## 四、"花儿"的流行

"花儿"自产生以来，不断向外传播。

"花儿"是一种口头传承，也是民间的歌唱习俗，作为一种民间创作和传承它是流动的、变异的，但它的传承群体、传承地是确确实实存在的。"花儿"是在传承中走向流行的。"花儿"是什么时候开始广泛流行于我国西北各地，现在还没有一个正式的说法，但是，在明朝便已经流行。明朝时期，今江苏南京等地汉民，以军屯、罪戍等名义，大量迁徙到洮、岷、河、湟一带，新来乍到的南方汉民常常以花卉及其特征作比兴，以花儿唱歌抒恋家思亲之情。[13]在18世纪中叶，"花儿"普遍流行。生于1721年、卒于1797年的狄道县（今临洮县）人吴镇，号松崖，又称松花道人，平生博学，长于文章，尤精于诗词，诗文有明显的地方特色和浓郁的乡土气息，十首《我忆临洮好》是他的代表作品。其中的第九首末尾两句是"花儿饶比兴，番女亦风流"。[14]在封建礼教主导社会精神世界的封建社会时期，"花儿"被士大夫阶级视为粗野鄙俗、淫荡之音，不屑一顾。为什么吴镇这样一个在当时很有社会影响力的士大夫敢于公开把"花儿"写诗文里呢?毋庸置疑，在当时，"花儿"已经十分广泛地流传，以至于从村野百姓到庙堂大夫都接受了"花儿"。无独有偶，清人黄陶庵所编纂的《导河县志》中，引用了当时闻名陇原的著名诗人张建的一首名为《游松鸣岩》的诗中写道："松鸣佳景出尘埃，一度登临一快哉；石嶝疑从云际上，天桥浑向画中排，林藏虎豹深山古，路接羌戎绝径开。我也龙华游胜会，牡丹听罢独徘徊。"这是清朝时期松鸣岩"花儿会"的盛况，这也是目前松鸣岩"花儿会"见诸文字的较早记载。[15]从吴镇的《我忆临洮好》和黄陶庵所编纂的《导河县志》来看，最迟在18世纪，花儿已经在河州和洮岷一带相当兴盛了。

"花儿"的传承与流行需要一批演唱者和传承者来实现，他们是"花儿"保护和传承、流行的主体。传承主体，就是"花儿"的杰出传承人和一般传承人组成的传承群体，在这个群体中，传承者们的地位是平等的，也就是共同的身份认同。也就是说，"花儿"的每一位传承人，无论他们是杰出的还是一般的传承人，甚至广大的"花儿"爱好者（好家），都对"花儿"的传承做出过贡献。保护主体是指"花儿"传承者们同时也是花儿的保护者，传承就是一种保护。在县委、县政府的关怀下，一大批"花儿"农民新手脱颖而出。2002年3月，董明巧等6名"花儿"歌手被甘肃省民间文艺家协会授予"甘肃省花儿歌手"称号，岷县被授予"甘肃省花儿之乡"，2003年9月李玉琼、尹佛恒、王小伟等10人被授予"甘肃省花儿歌手"称号，标志着岷县"花儿"歌手的队伍进一步发展壮大，使岷州"花儿"之花更加艳丽多姿。岷县各个乡（镇）男女老少都喜欢歌舞，都有"花儿歌手"。

"花儿"的传承需要文化空间。"花儿"如同其他民族的歌会一样，有其传唱的特殊场所（文化空间），即每年一度的"花儿会"。甘肃的"花儿会"究竟有多少，没有确切的统计，据说仅洮岷地区就有50多处，其中以莲花山、松鸣岩、二郎山"花儿会"最为出名。这三个享誉中外的花儿会已经进入国家名录，自然成为世界非物质文化遗产——花儿的保护基地。流行起来的花儿，除了农事劳动和山野运货等劳动场合歌唱外，还有"花儿会"习俗，一般在农历四五六月间，群众云集，对歌声此起彼伏。每年农历五月前后，岷县全县境内有富于特色的大小 30 多处"花儿会"，从五月十四日大沟寨"花儿会"开始，直到五月二十三日北路牧场滩和西路大庙滩"花儿会"结束，在诸多"花儿会"中，尤以"五月十七"二郎山"花儿会"最为热闹，参加人数之多，内容之丰富多彩，达到了白热化高潮。它是岷县人民的狂欢节。当然，除了"花儿会"上演唱"花儿"外，男女老少从初春到深秋，一年四季，山花开不败，歌声不间断，以歌代言，倾吐心声，诉说衷肠，互表爱慕，赞扬政策，憧憬未来，用生动的语言和朴实的感情描绘着岷县的美好明天。

"人说岷州花儿窝，花比山里野花多，一天要唱一大坡。你一声我一声，唱得石崖裸一层。石崖石崖你莫裸，底下还有你连我。"这段"花儿"歌词是人们用来形容岷县花儿之盛的。其实这里面没有形容词，全是写实之语。"洮岷花儿"是甘肃最具代表性的"花儿"，岷县是 "洮岷花儿"典型的流行地。岷县位于甘肃南部，岷山深处。岷山就是毛泽东诗中"更喜岷山千里雪"的那座山，东西横亘，一山隔出了甘川二省，也隔出了一方民风。黄河上游最大的支流洮河，挟藏地草原之犷悍，一路冲突西来，叠藏河依岷山地势，自南而北奔泻而下，两条激情澎湃的水流在二郎山下狭路相逢，撞出了一片河谷平地。四面皆山，岷县一城而控两水，弹丸之地，山水交错，五路通衢，从来都是要津。二郎山是一座名山，峭立县城西南方，圆圆整整，莽莽苍苍，脚踏两河口，头顶白云天，踞高鸟瞰，岷县城呈扇形在脚下散开，街衢人物，历历毕现。这是一座不用借助航拍手段即可拍到全景的、拥有 10 万居民的大县城。当然，二郎山的有名，不仅是其山势峻峭，还因为这是"洮岷花儿"的主会场。每年 5 月 17 日，周边数十州县的人潮涌而来，满城的人，满城的歌，满山的人，满山的歌。这一唱，就是三天。这三天，在城里走出百步地，往往需要一天时间，山上就更不用说了，除非你是提前几天上山的。二郎山是用花儿堆积起来的一座山，无论是谁，能在这三天的二郎山上，面朝人山人海一展歌喉，而且，能够赢得了喝彩声，那便是一生的荣耀，哪怕身在困境，哪怕生命之烛摇曳不定，想起这三天的风光，便会觉得人生无憾了。二郎山的"花儿会"，在人们心上的分量超过了任何一个盛大的节日。这三天，把所有的艰难撂下，把所有的烦恼撒开，把所有的清规戒律砸碎，把人世间的一切都化为歌声。这是中国式的狂欢节，这三天，人们丢弃了一切，留下的只有彻底的自由。一年当中有过这么三天，所有的苦难和烦忧都不算什么了。二郎山花儿会的场景是不能用任何语言进行描述的，让我们以管中窥豹之法稍做领略吧。这是一对男女在走向二郎山和在"花儿会"上演绎的一段情爱故事，他们的心底波澜当然都是用歌声表达的。二郎山的"花儿会"是歌手们的擂台，一切以歌声品评取舍人物，谁的歌声盖过了对方，谁把对方唱得口中没词了，谁就是英雄。谁用歌声唱动了对方的心，谁就会得到尊重、追捧，还有爱情。这三天是彻底自由的，而且是民主的，上了山的人，尽情尽性，与天地大化自然物理水乳交融，歌声是天下至尊，是评判一切的标准。败下擂台的人，也不丢人，也用不着沮丧，因为总有一个他或她会属意于你；唱遍满山无对手的人，披红挂彩，尽情地风光吧，一副好嗓子让你赢得了宽广的自由空间。

词曰：

女：我到娘娘庙，你打发人叫来了。
　　树林背后闹开了，说是打开擂台了。

男：尕秀秀，快快走，擂台会上打个头；
　　左右前后再别瞅，不打头了惹人羞。

女：二郎山修下庙着哩，阿哥把我叫着哩；
　　唱着哩，笑着哩，心里烟雾罩着哩。

男：二郎庙，修得高，人伙伙里你别叫；
　　你站哩，我看哩，心上烟雾就散哩。

女：二郎山上浪去哩，跟上阿哥唱去哩；
　　嗓子里火冒烟扬哩，谁怜惜我的孽障哩。

男：账房扎到山上哩，我跟花儿商量哩；
　　你不唱时我唱哩，干柴架火火旺哩。

女：你拿漏勺别舀水，我把功夫不枉费；
　　阿哥给我冰糖哩；冰糖润嗓嗓亮哩。

男：你吃冰糖我给哩，你不唱了我走哩；
　　我走哩，你瞅哩，别人给你招手哩。
　　吃肉哩，喝酒哩，阿哥气得发抖哩。

女：妹吃哥的冰糖哩，哥拿冰糖换唱哩；
　　唱曲唱个像样哩，火上浇油火旺哩。

男：二郎庙有个娘娘哩，她有装曲的筐筐哩；
　　你说别唱我偏唱哩，把你气成和尚哩。

女：狗啃骨头打仗哩，谁给花儿帮腔哩；
　　酒鬼来了胡唱哩，谁知我的孽障哩。

男：骚羊跌到地窖里，母羊哈哈大笑哩；

猪吃酒糟乱撞哩，酒鬼把你缠上哩。
女：他追哩，我跑哩，他把我追到山堎里；
　　眼看把我抓住哩，你不护我谁护哩。
男：给了锤锤别给锣，给了烟锅别给火；
　　给了筷子别给碗，给了语言别给脸。
女：二郎山，九道弯，扯莲扯住白牡丹；
　　哥妹拧成一股线，酒鬼不敢把我缠。

　　"花儿"是一种公共文化资源，保护它是政府的责任。经过近年的保护和传承，在岷县政府和民间歌手的共同努力下，联合国教科文组织、中国民歌协会分别授予岷县"联合国民歌采录基地""中国花儿之乡"的称号，每年举办"花儿"会的二郎山也被命名为"中国花儿传承基地"。"洮岷花儿"现有国家级代表性传承人1名，省级代表性传承人3名，还有授予"甘肃省花儿歌手"称号的农民"花儿"歌手。被省民协命名为"甘肃省花儿歌手"的有41人，是岷县"花儿"传承的中坚力量，他们大多年龄都在30岁到40岁之间，可他们大部分不识字，文化程度低。像董明巧、刘国成、刘尕文、郎雪慧、白绪娥、姜照娃等一批"花儿"歌手，成长在20个世纪60年代末到70年代初，家庭生活困难，没有机会读书，在长期的生产劳动中锻炼成长为"花儿"歌手。相对而言，出生于80年代或90年代的年轻人大都走进了学校，他们基本没有机会学习"花儿"，而校园文化和流行歌曲等新兴的娱乐活动也在弱化着"花儿"对年轻一代的熏陶。从2000年开始，县上每年组织开办"二郎山花儿会"，这种融投资、商贸于一体的"花儿会"，逐渐改变了老百姓的观念。赛会期间，有关部门还对"花儿"歌手进行培训，培养了一大批农民"花儿"歌手。为让"花儿"流行下来，岷县政府每年依托"花儿会"举办花儿歌唱大赛，各乡镇也是。2016年7月23日，岷县秦许乡举办了第一届"花儿"歌手大奖赛，来自全县的29名"花儿"歌手汇聚沙才门村，用自己特有的方式为现场观众奉献了一场浓郁、淳朴、热情、奔放的"民歌大赛"，展示了"洮岷花儿"的艺术魅力。"白杨树树儿尖子黄，这会儿政策真个馕，拨的款来盖新房""镰刀要割青草呢，精准扶贫搞好呢，水电路房都有呢""高山要栽松树呢，十八大文件引路呢，才让农民致富呢……"一曲曲优美舒畅的花儿声从岷县秦许乡沙才村文化广场徐徐传向四方，走向当代，绵延未来。

　　随着改革开放的不断深入，时代赋予"花儿"新的内容，在党和政府高度重视下，岷州"花儿"之花将在农村广阔的天地更加艳丽多姿。在岷县当地，李璘、宋志贤、景生魁等一些洮岷花儿产地学人，通过大量采风、整理、挖掘，将一些原始的、濒临灭绝的老一代花儿传唱艺人的唱词和曲调，从民间抢救出来。新华社、《人民日报》《甘肃日报》《甘肃农民报》《定西日报》等各级新闻媒体都先后宣传报道了岷县"花儿"。县上为挖掘、保护"花儿"资源，成立了由景生魁等组成的民间文学研究小组，专题研究岷县"花儿"，使许多濒于失传的优秀传统"花儿"曲目得以继承、流传，填补了全省民俗"花儿"研究的空白。

**参考文献：**

[1][5][15] 武宇林. 关于西北口传民歌"花儿"中的牡丹[J]. 西北第二民族学院学报，2002（3）.

[2] 乔继堂，朱瑞平，任明. 中国岁时节令辞典[M]. 北京：中国社会科学出版社，2011.

[3][6][8][9][12] 张亚雄. 花儿集[M]. 北京：中国文联出版社，1986.

[4] 雪犁·柯杨. 西北花儿精选[M]. 西宁：青海人民出版社，1987：290.

[7] 陈澄之. 伊犁烟云录[M]. 中华建国出版社，1948：23.

[10] 李昉，等. 太平广记[M]. 北京：中华书局，1961.

[11] 张慎微. 洮沙县志：方言风谣志[M]. 油印本. 1943（民国32年）.

[13] 顾颉刚. 浪口村随笔[M]. 沈阳：辽宁教育出版社，1998.

[14] 临洮县志[M]. 内部发行，1983：549.

# 民俗文化空间保护的可持续性策略初探

## ——以甘肃岷县锁龙乡月露滩青苗会的可持续发展为例

闫 晶①

（甘肃中医药大学定西校区 学前教育与体艺教学部）

【摘　要】民俗文化对其生存的环境空间有着很大的依赖性，同时受各种因素的影响具有自身的脆弱性，对民俗文化的保护并使其可持续发展是民俗文化研究的重要部分。甘肃岷县锁龙乡月露滩青苗会是农耕文化的一部分，对它的保护和发展可从巩固其生态空间，拓展其精神空间和拓宽其外围空间等方面展开。

【关键词】文化空间；可持续发展

民俗文化有其独特的文化魅力和文化特质，其蕴含着深刻而丰富的文化意蕴，它涵盖的范围在某种程度上远远超越了广义文化的精神内涵，尤其是它的神秘性和不可复制性在文化历史的长河中具有独特的属性和地域特色，这种独特的属性和魅力只有身处其中的人们才能够深切的触摸、感受和传承，也就是说，每一种民俗文化只属于它生长的这一块土地，它不能被迁移和转承，这也是民俗文化发展的特性之一。固然民族融合可以促进多种文化的交流和繁衍，但是那将是另一种或多种文化的诞生和发展，而不是原成型文化的有效传承方式，所以，就固有的成型的民俗文化而言，该如何在它衍生的热土上有效的传承和可持续发展是值得我们深思和急需解决的问题。

就甘肃省岷县锁龙乡月露滩的青苗会而言，其发展的可持续性也是国内每位专家和学者所深虑的问题。该地青苗会目前发展的现状是比较完善和健全的。但在调研和走访中我们发现，组织开展青苗会的主要人群是由当地德高望重的中老

---

① 作者简介：闫晶（1978—），女，甘肃静宁人，甘肃中医药大学定西校区学前教育与体艺教学部讲师。研究方向：学前教育学，世界近现代史，民俗学。

年人组成，而青年人参与的较少，在访谈的过程中我们发现，有一部分青年人并没有从思想上建立传承该地民俗文化的责任和意识，而只是因为家长的参与和乡村庙会活动的需要而暂时性的参与这一活动，而并没有从思想意识的深度认识到青苗会的文化价值，也没有建立起应有的文化传承意识和责任感。为此很多学者不得不质疑，如果等这片土地上的老一辈逐渐去世，而新的一代在当下城市化不断兼并农村的大潮下，该地的青苗会——这块热土上的民俗瑰宝该由何人来继承和发展，青苗会的未来将何去何从？作为非物质文化遗产的青苗会，在保护各个门类单一的文化表现形式的同时，应该如何保护遗产中综合的大型的文化空间活动，这是我们非物质文化遗产保护的重点和难点。我们必须找到一把开启难关的钥匙，才能解决我国文化保护这一难题。[1]

基于这些相关的专家和学者从文化传承、人类学及跨域文化传承的角度都给出了各种建设性的论证和假设，这些良策从不同的侧面都构建了民俗文化保护与传承的稻粱谋。结合前人的观点和个人的思考，笔者以为，青苗会的保护和传承必须与当地的社会特点和自然环境紧密结合，也就是从本土特点出发，就其存在的文化空间维度而言，青苗会生于斯，必有其存在的环境和文化背景，青苗会与农耕文化有着天然的渊源，甚至就是农耕文化在该地本土化的一种衍生形式，它只存在于农耕的环境，若皮之不存，毛将焉附？所以，要有效地保护和发展该地的青苗会，就必须发展本地的农业，有效地巩固农业人口在此从事生产劳动，农业发展了，也就奠定了青苗会存在和发展的生态空间和存续基础，也就巩固了青苗会这种民俗文化可持续发展基本条件。

为此，构建生态农业发展体系是巩固本地民俗文化的根本所在，留住农业人口是促使青苗会可持续传承和发展的首要策略。稳固了其发展的根本空间，结合培养其传承和发展的精神空间，拓展其外围空间，方是本地民俗文化可持续发展的有效策略。具体从以下几方面综合展开。

第一，政府出面，多方构建该地农产品产销信息网络，以巩固青苗会的原生空间。

岷县地处甘肃南部，植被丰厚，物产丰饶，遍地美食。其地域特点高寒阴湿，生长于此的农作物具有独特的营养价值和医药价值。如本地的大豆、燕麦、豆苗等农作物和党参、黄芪等药材，都是生长在高山地区的绿色无污染作物。还有蕨麻猪、土鸡和牛羊肉等，都是独具特色的高档食材，但由于该地相对偏僻，信息不通，以至于本地如此丰饶的农业资源都没有得到有效的开发和培植，只是处于简单的自给自足的耕作状态，当然也没有给本地带来应有的经济支持，使得很多青壮年劳动力谋生的手段依然是外出打工。而留在这块土地上的依然也是老一代的人们。舍下这么丰饶的资源而外出打工，真的让人有种舍本逐末的惋惜和感慨。但客观而言，本地居民不是不了解其家乡资源和文化的价值，而往往是心有余而力不足，推动一种产业结构的发展乃至农业产销的建构不是个人一朝一夕的问题，而是多方面的综合努力和长期的战略。

影响该地农业发展的瓶颈是信息不畅，农产品无法畅销，农业资源没有受到应有的重视和开发。当地农民没有从农业生产中获得现实的经济效益，农业生产积极性自然不高，随之农业人口流失自然很严重，当然他们也没有足够的条件去构建农产品的市场产销网络，这就需要依赖政府的有效支持和帮助，利用政府资源推出该地的农产品，打造该地的农产品品牌，拓展拓宽其销售渠道，让老百姓从农业中获得经济实惠，以吸引本地的农业人口回归乡村，回归农业，乐于从事农业，进而成为这块土地文化——青苗会的传承者、推动者和真正的参与者。同时，政府可出面与相关的农业科研单位合作，在保护传统农业的基础上，开发创新型的农业品种，以加大拓宽该地农业产业购销及科研一体化发展，在带动农业文化发展的同时，有效地促进该地民俗文化的传播和研究。

第二，普及教育，以拓展青苗会的精神空间。

教育是文化传承的直接手段，民俗文化作为地方文化的瑰宝，是值得让该地的每一个人了解和传承的东西，所以，加强对民俗文化的普及是它赖以存在和传承的重要方式。据调查发现，影响锁龙乡月露滩青苗会可持续发展的主要问题之一是思想意识的问题，受到多年思想文化单一化模式的影响，尤其是"文革"的熏染，在这个思想文化相对封闭的乡村地区，很多人对民俗文化了解并不多，对其文化价值了解并不深刻，有相当一部分人把这些活动视之为封建迷信，不但自己反对青苗会活动，甚至动员、教唆他人反对青苗会活动。[2]由此可见，当地很大部分人对本地这一民俗文化了解不深，对其价值发掘认识不足。而民俗文化具有动态特征，蕴含在当地人的行为和事件的过程之中，因此，民俗文化的保护和传承及发展最直接的策略需从当地人入手，只有当地的人们，才是承载这一文化存续的活载体。为此，一方面要做好保存和保护民俗文化的工作。可以通过收藏一些民俗文物，记录一些民俗活动，并运用高新技术，记录每一次活动的内容和形式，将民俗文化的每一项，其中包括参与民俗活动的人，民俗活动的图像、声音、活动全过程，以及背景、场地、道具等全方位地记录下来，使我们能够更好地把握民俗活动的发展过程和趋势。[3]也使得当地人更直接的了解他们的文化内容及文化价值，从而为更深入地保存、展示和研究民俗文化奠定资料基础。

另一方面借助教育的力量，可以通过编写民俗文化教材，以园本课程或校本课程等地方课程的形式在中小学及幼儿园中推广，让下一代了解青苗会的文化内涵和文化精髓，知道青苗会的文化价值所在，并为自己的家乡有这样丰富而神秘的文化资源而骄傲，从而树立热爱民俗文化，继承和研究本地民俗文化的热情和责任感。我们只有致力于民俗文化精神空间的建构和拓展，才能够有效地存续它的"精神温度"。

第三，结合科研挖掘民俗文化的深层内涵和社会价值，从而拓展青苗会的外围空间。

我们可以自豪地说，凡是民俗的，就是世界的。但是在历史的长河中被湮灭的文化，固然有其存续的规律，但很大一部分是因为没有被世人关注和推崇就被埋葬在了浩瀚的历史文化的长河里。民俗文化发展的脆弱性亦是如此。所以，对青苗会的保护和传承除了稳固其农业根本和通过教育的普及传承构建起精神文化空间外，最重要的方式就是要依靠科研深究其文化内涵和普世价值，在保持原有文化元素的基础上拓展其内涵和外延，提升青苗会在乡村文化建设中的社会功能，提炼其文化精髓，使得这种文化特质成为促进地区发展的精神内核，这本身就是其内在精神力量的构建。具体而言一方面我们维护民俗文化的生长环境，充分展示民俗文化的精神内涵，同时把握好民俗文化与民俗表演的关系，最大限度发挥民俗文化的影响和作用。民俗文化即是生活本身，保护民俗文化不是将其封闭起来，而是充分展示和发掘民俗的文化魅力和现实力量，保持其内在的生存活力，保证其正常发展，并不断地扩大其影响。体现民俗文化的内涵和价值，可以开展一系列健康有益的民俗文化交流活动，利用多形式多层面的民俗文化交流手段，借助于现代传媒扩大民俗文化的影响，从而促进民俗文化更好地生存，使保护民俗文化与展示民俗文化两者相辅相成，以更好地拓展民俗文化持续发展的外围空间。另一方面，结合其他地区的民俗文化特质，在青苗会这种独特的文化所承载的新的历史使命的基础上，整合其共性和个性，扬长补短，形成跨文化的比较研究，得出民俗文化产生发展和传承的规律性和特殊性，从而让该地的文化精神在保持独立发展的同时走出本地，走向世界，因为非物质文化遗产绝不仅仅是以遗产的方式存在的，她具有自身的生命力和存续规律，而科研的力量就在于为其构建良好的存在空间，为其拓展多维度的发展空间和多角度的传承方式。唯有如此，青苗会的可持续保护和发展才能得到有效保障。

总之，文化是一种意识形态的东西，对其生长的水土有很大的依赖性，民俗文化的代表之一青苗会更是如此。民俗文化保护是一项系统工程，它所涉及的理论和策略应该受到高度的重视。当然，作为民俗文化传承主体的我们，在进行民俗文化保护的过程中，应当具有充分的文化自尊和自信。[4]我们在保护和传承锁龙乡青苗会的策略上，当在巩固其赖以生存的农耕文化即农业之根本，辅之以教育和科研的长期传承和持续挖掘的方式，发掘青苗会的现实潜力和文化魅力，积极搭建一个良好的外围空间，使得青苗会无论从根本空间还是精神空间真正成为当地老百姓的生活内核时，才能使得青苗会这颗文化明珠在历史的长河中不断绽放异彩。

**参考文献：**

[1] 张润平．地方湫神与社群和谐[M]．兰州：甘肃文化出版社，2016：208．
[2] 张润平．地方湫神与社群和谐[M]．兰州：甘肃文化出版社，2016：207．
[3] 王献忠．中国民俗文化与现代文明[M]．北京：中国书店，1991：89．
[4] 陶立璠．民俗学[M]．北京：学苑出版社，2003：56．

# 浅析"岷县青苗会"的文化功能

宋 梵[①]

（甘肃中医药大学定西校区 学前教育与体艺教学部）

**【摘　要】** "岷县青苗会"是流传于甘肃岷县锁龙乡的一种古老的祭祀性民俗庙会活动。2014年经国务院批准列入第四批国家级非物质文化遗产代表性项目名录。经田野调查与文献研究，发现"岷县青苗会"包含丰富而又充满正能量的文化功能：道德教化功能、礼仪教化功能、爱国教育功能、敬业教化功能、诚信教化功能、友善教化功能和奉献教化功能。通过对"岷县青苗会"这一国家级非物质文化遗产的挖掘、整理和研究，揭示其文化功能对形成社会主义核心价值观的价值，对实现"两个一百年"奋斗目标、对实现中华民族伟大复兴的"中国梦"，具有积极的现实意义。

**【关键词】** 国家非遗；岷县；青苗会；文化功能

"岷县青苗会"是流传于甘肃岷县锁龙乡的一种古老的祭祀性民俗庙会活动。2014年经国务院批准列入第四批国家级非物质文化遗产代表性项目名录。

岷县历史悠久，文化积淀深厚。早在远古时代，仰韶文化、马家窑文化、齐家文化、寺洼文化遗址遍布洮河沿岸，据不完全统计这里有40多处史前文化遗迹。岷县锁龙乡位于县城东部，东靠岷县马坞乡、西连间井镇、南邻礼县洮坪乡、北与漳县东泉乡接壤。境内有大片草地和湿地，是天然牧马场，历来为官家牧地，一直延续到20世纪末，牧马官地长达两千多年。据史书记载，锁龙先秦时为古羌地，后为多民族杂居地。但该地民风淳朴、乡里和谐、崇尚文化、追求善德。

"岷县青苗会"已有400多年历史，是当地群众为祈求风调雨顺、保佑青苗生长而流行于岷县锁龙乡的一种独特而神秘的传统神灵祭祀活动。改革开放后的1989年这一活动得到恢复，至2016年共连续举办28届。

---

[①] 作者简介：宋梵（1980—），女，甘肃定西人，甘肃中医药大学定西校区学前教育与体艺教学部副教授。研究方向：学前艺术教育、中国传统文化。

每年农历六月初八,锁龙乡一带的群众聚集在该乡严家庄、赵家庄所在的山涧盆地"月露滩"举办庙会,陪伴"娘娘"(当地人崇拜的神灵)迎接远近信众的膜拜。

娘娘庙在中国各地常见,尤其以北方居多,并且流传着不同的故事。"月露滩"的两位娘娘,相传是明朝万历年间的一对姐妹,她们寄居在锁龙乡一户普通人家,因为反抗包办婚姻而出走,之后在附近的一座山头成仙而去,老百姓常常去那里祭拜求雨。为了回馈娘娘,当地信众每年为两位娘娘各选一位"老爷",两位老爷要背上取水宝瓶,代表所有信众到灵泉取得"圣水",遍洒四方,润泽万民,整个过程车马轩昂,环环相扣,神秘庄严。

"岷县青苗会"具有群众参与广泛、活动方式独特、文化功能显著等特点。通过田野调查与文献研究,我们发现"岷县青苗会"包含丰富而又充满正能量的文化功能。

## 一、道德教化功能

"岷县青苗会"活动的主要组成人员有:大老爷(大水头)、二老爷(二水头)各1人,伞客2人,锣客2人,司家2人,总会长1人,五大会分会长各1人,二陪官2人,三陪官2人,四陪官2人,老友若干。这些人员的评选标准有严格规定,如大老爷,必须是德高望重之人,且其家庭儿女孝顺、妻子贤良、家庭和睦,经济宽裕。据记载,不是民众公认的德高望重之人,即使家庭多富裕也不能当选老爷。[1]反过来,当选老爷是当地民众人人渴望的职位,一人当选,全族光荣。其他组成人员的评选要求也是如此,如会长评选标准是:人品好、不贪财、责任心强、德高望重、有一定的号召力。一方面,一年一茬的评选活动树立了一代接一代的道德典范,另一方面,评选活动引导民众成为道德高尚的人。这一现象促使民众自觉争当道德高尚者,对道德教化具有直接的积极作用。"岷县青苗会是一种独特的宗教活动,儒教成分浓厚,是真正辜鸿铭意义上的'良民宗教',有极强的凝聚力,对于提高当地人道德品味有很大的作用和意义。"[2]据岷县民俗学家张润平先生调查,锁龙乡多年来违法犯罪率是全县最低的乡镇,近年来未发生过一起刑事案件,[3]可见其道德教化的现实意义。

## 二、礼仪教化功能

"岷县青苗会"具有严格的礼仪规范,表现在两个方面,一是活动本身的宗教性祭祀礼仪,二是活动期间民众之间的礼仪。活动仪式本身具有完善、系统的礼仪规范甚至清规戒律，同时活动把自然和人伦秩序完美合一、个人和群体及社会利益浑然一体相结合，崇尚正义、正直、崇高、合法、合情、合理的礼制思想，这对民众日常生活具有引导作用。活动期间，由于气氛的感染，民众交往也特别讲究礼仪。潜移默化地，文明礼貌成为锁龙人的自觉行为。

### 三、爱国教育功能

"岷县青苗会"是一种约定俗成的集体大型活动，这种活动具有强烈的凝聚力，形成了该地区民众热爱家乡、建设家乡的良好传统。爱国首先要爱集体、爱家乡。锁龙人长期热衷于"青苗会"活动，特别是其被列入国家级非物质文化遗产名录后，更是以此为豪，以家乡为豪，以锁龙人为豪。这种情怀是爱国的基础和基石，对形成"爱国"的社会主义核心价值观具有积极意义。

### 四、敬业教化功能

"岷县青苗会"老爷的选举还有一个条件，就是家道殷实、经济宽裕。首先，家道殷实、经济宽裕是家庭成员勤奋、刻苦的结果。作为农民，勤耕、勤种、勤锄、勤收，就是敬业。由于敬业，他们才过上了幸福的生活。其次，家庭要出老爷，必须勤奋、刻苦，必须具有敬业精神，以使家庭富裕，达到参选基本条件。据资料显示，在整个历史上，锁龙乡一直是邻近乡镇最为富裕的乡，这与锁龙乡民众勤奋、刻苦的敬业精神息息相关。

### 五、诚信教化功能

"岷县青苗会"活动主要组成人员的选举及其事后活动彰显着该地民众强烈的诚信意识。对被当选者而言，如果自认为某些地方不符合被当选条件，都会主动提呈选举委员会，由选举委员会定夺；对选举者而言，都会实事求是地严格按照条件推荐和选举，从不以个人私情提名投票。组成人员确定后，都会信守诺言，严格按照职责行事，即使家庭有突发性事件引发的困难，也会想方设法完成职责，绝不失信。

### 六、友善教化功能

青苗会期间，大老爷、二老爷、二位锣客、二位伞客都分别在自己家里坐床过宴席,在六个村庄创造了相互沟通、相互了解、增进感情、增进友谊的机会。[4]青苗会老爷、锣客、伞客、会长等人最后都成为"老友"——老朋友,通过届届选举,老友队伍逐渐壮大,他们之间就是一种"老友"的关系,互帮互助,和谐友善。他们之间这种和谐友善的行为通过言传身教,潜移默化地教育和影响子孙,日积累月,形成了该区域民众求善向上、和睦相处的优良道德伦理风俗,对促进邻里友善、家家友善、人人友善,对建设社会主义和谐社会具有促进作用。

## 七、奉献教化功能

"岷县青苗会"老爷当选后,就要在一年的任职之内全身心地为延川子(锁龙五大会的统称)五大会百姓着想,时时为他们祈福,处处为他们服务,同时还要资助、帮助困难户和困难人群。青苗会"尽管整个活动要花费大量的精力和财力,但为了严川子五大会黎民百姓风调雨顺、五谷丰登,青苗会所有组成人员个个无怨无悔,乐此不疲"[5]。由于老爷家是比较富裕的家庭,届届老爷都会慷慨地资助、援助别人,都会尽力从事公益性善事活动,奉献自己的同时,还会毫不犹豫地奉献家庭财富。"青苗会"其他组成人员也是如此,这种奉献精神代代相传,逐渐扩大,形成优良传统。

"岷县青苗会"表面上看是一种庙会式的祭祀活动,甚至有"迷信"色彩,但挖掘其隐含的文化因素,与社会主义核心价值观十分吻合。"爱国、敬业、诚信、友善"这一社会主义核心价值观个人层面的基本要求,在其活动中表现明显、突出,道德教化、礼仪教化和奉献精神教化的功能也十分突出。通过对"岷县青苗会"这一国家级非物质文化遗产的挖掘、整理和研究,揭示其文化功能对形成社会主义核心价值观的价值,对实现"两个一百年"奋斗目标、对实现中华民族伟大复兴的"中国梦",具有积极的现实意义。

**参考文献:**

[1][2][3] 张润平. 地方湫神与社群和谐——岷县青苗会研究[M]. 兰州: 甘肃文化出版社, 2016.

[4][5] 季绪才. 古老而神秘的青苗会——岷县锁龙传统庙会中民俗文化纪事[N]. 定西日报, 2007-10-07.